教育部人文社科青年基金项目（ 17YJC820020 ）的阶段性成果

国家社科基金一般项目（ 18BFX109 ）的阶段性成果

中国海洋大学一流大学建设专项经费资助

李波 著

刑法教义与刑事政策

XINGFA JIAOYI YU XINGSHI ZHENGCE

中国政法大学出版社

2020·北京

图书在版编目（ＣＩＰ）数据

刑法教义与刑事政策/李波著. —北京：中国政法大学出版社，2020.5

ISBN 978-7-5620-6531-9

Ⅰ.①刑… Ⅱ.①李… Ⅲ.①刑法—研究—中国②刑事政策—研究—中国 Ⅳ.①D924.04

中国版本图书馆 CIP 数据核字 (2020) 第 087604 号

出 版 者	中国政法大学出版社
地　　址	北京市海淀区西土城路 25 号
邮寄地址	北京 100088 信箱 8034 分箱　邮编 100088
网　　址	http://www.cuplpress.com（网络实名：中国政法大学出版社）
电　　话	010-58908586（编辑部）58908334（邮购部）
编辑邮箱	zhengfadch@126.com
承　　印	北京朝阳印刷厂有限责任公司
开　　本	720mm×960mm　1/16
印　　张	20.25
字　　数	360 千字
版　　次	2020 年 5 月第 1 版
印　　次	2020 年 5 月第 1 次印刷
定　　价	69.00 元

探寻刑法教义与刑事政策的融通之路

刘仁文 *

李波副教授北大博士毕业时曾因联系做博士后一事来中国社科院法学所与我有过几次接触和交流，后来虽然因他入职中南财经政法大学没再来读我的博士后，但我们仍然时有联系。他的刻苦、感恩和文才都给我留下深刻印象。这次，他邀我给他的大作《刑法教义与刑事政策》作序，理由是我早年对刑事政策有过研究，近年我提出的"立体刑法学"也对他思考刑法教义与刑事政策的关系产生过启发，并且我与他的博士导师王新教授和博士后合作导师齐文远教授都是很好的朋友。经他这么一说，纵使正在差旅途中，又交稿时间在即，也只好贸然答应："你有情，我也得有义！"

尽管作者谦虚地说，本书名不副实，不是专门的体系性研究，而是所谓"悔少作"中的"少作"，但《刑法教义与刑事政策》这个书名还是吸引了我，它表明作者重视并有意识地去思考刑法教义与刑事政策之间的关系，具有重要的方法论意义。[1]这让我想起德国学者罗克辛的那本《刑事政策与刑法体系》，该书主要论述了刑事政策对刑法（学）体系的影响，很多地方引起我的共鸣。与不考虑刑事政策的封闭体系相比，刑事政策给刑法体系增加了解释渠道，使案件处理所要考虑的因素呈现出某种程度的开放性和可选择性。例如，

---

* 中国社会科学院法学研究所研究员、刑法研究室主任、博士生导师，中国社会科学院刑法学重点学科负责人。

[1] 当然，如何真正打通刑法教义与刑事政策之间的关系，使二者得以融会贯通，作者可能确实还需要下更多的功夫。

罗克辛在前述著作中，就针对"罪责"提出了"答责性"，认为罪责之外，还要考虑以预防为目的的处罚必要性，为此他举了两个例子，一是法兰克福一个警官对一绑匪实施刑讯以逼迫他交代出藏匿人质地点的真实案例，二是在飞机被恐怖分子劫持将撞击高层建筑导致他人生命损失时，空军飞行员不得已将其击落的假想案例，他认为在这两个案例中行为人都是有罪责的，但从良心来拷问，他主张从完善超法规的答责阻却事由来实现此种情形下不需要动用刑罚的立论，[1]这显然是一种立足法律规定和刑法教义又融合刑事政策考量的结果。

刑法体系是在法条基础上建构起来的，而刑法教义则是在法条解释过程中形成的理论通说。正是针对一个个具体法条提炼出的教义，最后形成一个国家的刑法学体系。而无论是刑事立法、刑事司法还是刑法解释，都会受到刑事政策的影响。因此，如果说刑法体系是人的骨架，则刑法教义是人的血肉，而刑事政策则是人的灵魂。

"法律教义就是法律的货币"，它"使得我们从主流的规范性方法中获得启发"。[2]借助于刑法教义，特定类型的裁判在一定时期内得以不失其可预见性。由于体系具有一定的稳定性（另一方面也可能导致僵化），作为刑法教义推论的案件处理结果在某些情况下不一定符合刑事政策的最优要求，此时就需要在刑事政策的目的导引下对刑法教义做一定的调整与创新。中外刑法学的发展表明，作为教义的通说不是一成不变的，它会随着时代的变迁而发展，这其中的一个重要影响因子就是刑事政策。可以说，没有刑事政策导引的刑法教义是盲目的，当然，没有刑法教义支撑的刑事政策也将是空洞的。

刑法教义与刑事政策的关系至少可以从以下几方面来考察：首先，现代刑事立法越来越多地渗透进一些刑事政策的内容，这些刑事政策的内容成为提炼刑法教义学的重要来源；其次，刑事政策影响刑法教义的形成，如在某些法条和教义已经不能适应社会发展及其催生的新的刑事政策时，可以经过重新解释形成新的教义；[3]再次，刑法教义也会对刑事政策产生影响，一方

---

〔1〕 参见［德］克劳斯·罗克辛：《刑事政策与刑法体系》，蔡桂生译，中国人民大学出版社2011年版，第79~81页。

〔2〕 参见［荷］扬·斯密茨：《法学的观念与方法》，魏磊杰、吴雅婷译，法律出版社2017年版，第108~109页。

〔3〕 如随着税收监管制度的完善，国家对虚开增值税专用发票犯罪的打击也从过去的一味从严转向区别情况分别对待，相应地，刑法教义也把虚开增值税专用发票罪从过去的抽象危险犯解释为具体危险犯甚至进一步限缩为结果犯。

面刑事政策的制定和执行要受到刑法教义的必要约束，另一方面，刑法教义还可"成为形成新的法政策的动力"；[1]最后，刑法的运行一定是刑事政策与刑法教义共同塑造的结果，二者的良性互动程度影响着刑事法治中天理、国法和人情的统一程度。

值得注意的是，即便在以刑法教义学著称的德日刑法学界，也有不少学者重视从刑事政策的视角来研究刑法教义学。罗克辛就指出："一个现代的刑法体系应当是有目的地组织的，也就是说，必须是建立在评价性目的设定的基础之上的"，而"建立这个刑法体系的主导性目的设定，只能是刑事政策的。"[2]根据他的论述，在刑法教义学中发挥目的性指引功能的是刑事政策性的"评价性目的"，这种"评价性目的"的核心体现在以下三个方面：在构成要件层面，通过法的明确性限制公权力，确保个人自由；在违法性层面，通过具体情况下的利益平衡，确保法益得到有效保护，而不过分限制个人的自由；在罪责层面，通过刑罚的一般预防确保预防和打击犯罪的最佳效果。正是基于此，罗克辛认为，刑事政策对刑法教义学的体系构建具有重要的指导作用，刑法教义学内部的体系设计——包括具体的各个要素——都是实现刑事政策目标的工具。

如果说罗克辛的这种视角侧重刑事政策与刑法教义学关系的体系性思考，那么日本学者前田雅英的视角则更带有问题性思考的意味，他指出，具体的刑事政策可以贯穿到犯罪论与刑罚论的各个部分，在违法性的建构、未遂的处罚范围、中止犯的量刑判断、业务过失的加重处罚、责任阻却的范围、共犯中止的范围、自首的成立以及没收的适用范围等问题上，都存在相应的刑事政策的考量。如在未遂犯的处罚范围上，"在必须严厉地禁止、镇压相应犯罪的请求相当强烈的社会或时代，会出现预防性地、广泛处罚未遂的倾向。"又如，在"没收"这种财产刑的适用中，"包含着使犯罪人不能保有通过犯罪所得的利益、去除目的物的社会危险性这一刑事政策上的目的"。[3]

如同刑法学研究既要有体系性的思考，也要有问题性的思考，研究刑事政策与刑法教义学的关系也需要体系性思考与问题性思考的结合。事实上，

---

[1] 参见[德]伯恩·魏德士：《法理学》，丁晓春、吴越译，法律出版社2005年版，第136页。

[2] [德]克劳斯·罗克辛：《德国刑法学总论》，王世洲译，法律出版社2005年版，第133页。

[3] 参见[日]前田雅英：《刑法总论讲义》，曾文科译，北京大学出版社2017年版，第89，371~372页。

罗克辛在体系性思考之外，也有问题性思考，本文前面所举的超法规答责阻却事由即为一例；前田雅英的问题性思考，综合起来也可以成为一种体系性思考。

李波的这项研究与罗克辛和前田雅英有相似之处，他们的共同点是，不主张封闭、静态地去研究刑法理论，也不主张把刑法理论与刑事政策截然分开，而是强调二者的融会贯通和良性互动。在我看来，这是比较清醒和务实的学术立场，特别是在当前我们这个时代。当前我们这个时代是个什么时代呢？是个社会转型的时代，是个全球化的时代，是个网络飞速发展的时代，总之是个国内外社会结构急剧变化的时代。在这样一个时代，一个封闭、静态的刑法教义体系是注定无力去有效回应社会的发展和民众对法治的更高层次诉求的。近年来许多影响性刑事案件如于欢案等，一审也可谓依法判案、依通说判案，但结果出来后舆论哗然，直至二审改判才取得较好的社会效果。

在我与李波的多次沟通中，我们在以下方面的认识是一致的：刑法体系和刑法教义皆需考虑刑事政策的影响，体系之外的因素也应该有渠道进入体系之内；刑法教义学要走出"法条主义"的泥淖，就必须有更宽广的视野；引入刑事政策的因素和视角，不仅能更好地实现刑法的机能，也可以使"刑法的刑事政策化"和"刑事政策的刑法化"相得益彰，避免刑法体系和刑法教义的僵化，同时把刑事政策纳入法治的篱笆内；要实现刑事政策所追求的刑罚效果，在刑法解释过程中就必须处理好规范保护目的与法益的关系，法益只是规范保护的对象，它无法确定法益保护的具体范围或程度，也无法确定针对法益的某种形式的损害是否是刑法所禁止的对象，规范保护目的则可以弥补法益的这一缺陷，发挥一种使刑事政策进入刑法教义学的通道功能。

写这篇序时，得知李波已经为了与家人团聚，告别了他依依不舍的中南财经政法大学，来到自己的老家中国海洋大学法学院任教。说来也巧，我前段时间刚好与海大法学院院长桑本谦教授有过一番交流，起因是我读到他的一篇文章"法律教义是怎样产生的"，在这篇文章里他从法律经济学的角度对我们目前的刑法教义学提出了批评，指出"真正能够让法律面孔生动起来的，是法律和法律教义共同遵循的实践逻辑。"[1]有意思的是，桑教授把他这种典

---

〔1〕 参见桑本谦："法律教义是怎样产生的——基于后果主义视角的分析"，载《法学家》2019年第4期。

型的社科法学进路称之为"操作性法律教义",这与我去年底在中国政法大学的一个讲座中所提出的观点似有暗合之处:既然社科法学和刑事政策都能影响刑法的运作,为何要把它们与刑法教义学对立起来呢?难道社科法学和刑事政策学就不可以属于一种广义的刑法教义学么?由此我也有一种预感,海大法学院这样一种学术氛围或许有利于李波从事跨法教义学与社科法学的研究。

李波在北大的博士论文是比较纯粹的刑法教义学研究,却也属于罗克辛一脉不排斥刑事政策影响的路数。[1]到中南后的这几年,他又相继主持以刑罚制度与实践的社会学分析为主题的国家社科基金与教育部人文社科基金项目,其不为法条所围、跳出刑法看刑法的特点更为明显。就刑法教义与刑事政策的深度关系而言,这本书应还只是他打通任督二脉的雄伟学术抱负的第一步。我相信,凭他已有的基础和一贯的勤奋,下一步还会在这方面产出更多的深耕细作的成果来。

作者认为,他对刑法教义与刑事政策的思考属于我的"立体刑法学"构想中的一部分,并提出在"立体刑法学"的框架中建立起一个分享机制,使得各个部分能够彼此及时分享最新成果。去年,我承担了一个国家社科基金重点项目"关系刑法学研究",按自己申报时的设想,也是想打造"立体刑法学"的升级版。曾有学者指出,在立体刑法学里似乎没有给刑事政策应有的位置,[2]现在可以说的是,在即将推出的关系刑法学建构中,刑法教义与刑事政策的关系将是其中一组重要的关系。我期待与李波有更多的分享,互相鼓励,互相促进,在为学为人上日有所获,终有所成。

谨以此与李波副教授及读者诸君共勉。

刘仁文

2020 年 4 月 28 日

---

[1] 参见李波:《过失犯中的规范保护目的理论研究》,法律出版社 2018 年版。
[2] 参见焦旭鹏:"立体刑法学:观察与评析",载《北京工业大学学报(社会科学版)》2017年第 6 期。

目　录

第二编　刑法教义研究

第三编　刑事政策研究

第四编 外国刑法译文

第一编

刑法教学研究

第一章
社科法学与法教义学共生论[1]
——兼论刑事政策与刑法教义学之关系

一、问题的提出

社科法学和法教义学是当前我国法学研究的两大路径。社科法学主要从人文社会科学的角度研究法律，把法条看作是可批判的对象。相反，法教义学则在信仰而非批判法条的前提下对法律展开研究。二者的主要区别在于：社科法学大体上属于立法论的思考，法教义学则属于司法论的思考。陈兴良教授指出："立法论的思考是一个'应当'与'不应当'的问题，而司法论的思考是一个'是'与'不是'的问题。前者是对法的正当性与合理性的评判，而后者则是以法律为逻辑起点的推理。"[2]对于法学研究而言，立法论的思考和司法论的思考不但不是矛盾的，而且在功能上是互补的。但是，作为法学思潮或流派来说，如果同时存在于一国或地区，就可能产生相互竞争、争夺话语权的问题。

社科法学与法教义学之争始于 2001 年。当时，在《也许正在发生——中国当代法学发展的一个概览》一文中，苏力教授将改革开放之后中国法学的研究范式区分为三个分支：政法法学、诠释法学与社科法学。其中，政法法学主要从政治意识形态角度，论证法学作为一门学科存在的必要性、合法性和正当性；诠释法学高度关注具体的法律制度和技术问题，注重解释和适用

---

[1] 本章原载于陈兴良主编：《刑事法评论：不法评价的二元论》，北京大学出版社 2015 年版，第 21~45 页，有改动。

[2] 陈兴良："立法论的思考与司法论的思考——刑法方法论之一"，载《人民检察》2009 年第 21 期。

法条，注重研究现实生活中的具体案例与法律问题；社科法学则试图寻找支撑法条背后的社会历史根据，探明制定法在中国社会中实际运作的状况以及构成这些状况的诸多社会条件。苏力教授认为，政法法学已经没落，未来占据中国法学格局核心的将是诠释法学和社科法学；它们在功能上是互补的，共同服务于中国法学研究的推进。[1]客观地说，当时苏力教授对诠释法学和社科法学的评价还是比较中肯的，也得到了许多部门法学者的认同。[2]不过，笔者认为当时法理学者和部门法学者对诠释法学在认识上并不一致。在部门法学者眼中，诠释法学主要是指注释法学；而在苏力教授等法理学者看来，诠释法学与法条主义、概念法学等概念同义，只是因为法条主义和概念法学有贬低的意思，才改称为诠释法学。[3]

2006年，邓正来教授首次提出对"法条主义"的担忧和学术"告诫"。[4]对此，林来梵教授指出："邓著全篇虽然没有出现'法教义学'的概念或近似的术语，但其所诟病的四大理论模式之一——'法条主义'，则与法教义学存在着实质性的联系。"因为，"邓著在后面概括'法条主义'两种理论倾向时援引的尽是学术史上针对作为方法论的法教义学的批评"。[5]林教授站在法教义学立场上，对邓正来教授的社科法学观点进行了反批评，社科法学和法教义学之争日益明朗化。2009年，苏力教授进一步批评了"法条主义"。他明确指出，这里的"法条主义"主要是指法教义学和法律论证推理。[6]2013年，苏力教授继续从思维逻辑上批判法教义学，建议法律人"不要过多关心语词的逻辑结论或推理（即当代中国法律人所谓的'法律后果'），而是要

---

〔1〕 苏力："也许正在发生——中国当代法学发展的一个概览"，载《比较法研究》2001年第3期。

〔2〕 比如，曾因从事刑法哲学研究而被苏力教授归入社科法学的陈兴良教授，当时"有感于刑法理论局限于、拘泥于和受掣于法条，因此以注释为主的刑法学流于肤浅，急于改变这种状态，因而提出了从注释刑法学到理论刑法学的转变问题"。参见陈兴良：《刑法哲学》，中国政法大学出版社1992年版，前言；陈兴良：《刑法的知识转型（方法论）》，中国人民大学出版社2012年版，第23页。

〔3〕 苏力教授指出："由于法条主义或概念法学在当下的中国法学界中似乎有某种道德或学术的贬义，因此我暂且称第二派为诠释法学。"参见苏力："也许正在发生——中国当代法学发展的一个概览"，载《比较法研究》2001年第3期。

〔4〕 参见邓正来：《中国法学向何处去——建构"中国法律理想图景"时代的论纲》，商务印书馆2006年版，第66页。

〔5〕 林来梵、郑磊："基于法教义学概念的质疑——评《中国法学向何处去》"，载《河北法学》2007年第10期。

〔6〕 参见苏力："法条主义、民意与难办案件"，载《中外法学》2009年第1期。

关心语词在社会实践中的实在后果（当下中国人称其为'社会后果'和'政治后果'）"。[1]孙笑侠教授对上述观点进行了回应。他认为，进行社会后果考量时不能夸大"超越法律"的功能和意义，不能以英美法系的特有方法遮蔽和否定成文法系法教义学方法中原本已然存在的"超越法律"的功能，更不应否定法教义学上法律人特有的思维方法。[2]

　　以上，笔者"流水账"似地梳理了社科法学和法教义学在中国的"结怨"史，现在作一个简单的评论。首先，这场争论始于法理学界，一开始只是在方法论意义上抽象地争论，后来部门法学者才开始加入，因为法教义学的兴起是从部门法开始的。其次，社科法学学者将法条主义、概念法学、注释法学、法教义学笼统地看待，并在此基础上展开对法教义学的批评，实际上批错了对象。法教义学在历史上先后经历了注释法学、概念法学、评价法学、新理性法等阶段。[3]早在11世纪末，围绕在意大利波伦亚发掘出的《学说汇纂》等古罗马法文献，学者们采用当时神学中流行的注释方法展开研究。在此过程中，法学渐渐从神学中脱离出来，同时也产生了所谓的注释学派。注释学派与之后出现的概念法学认为，法学主要是一门技术学，"技术就是：尽可能地透过其积极的实用性代替素材广泛的丰富性，用一个概念或原则达成相同的目的"。[4]对于法学的科学性及学科的独立性而言，强调技术、体系和逻辑是合适的。但当"技术关"过后，再过分强调技术、体系和逻辑就可能使法学"一条道走到黑"。耶林后来之所以从概念法学转向利益法学，就是因为其认识到过分强调概念和技术会使法学形式化甚至僵化。为此，他提出"目的"和"利益"概念，作为平衡形式理性的实质要素，使法学与社会现实不至于离得太远。不过，由于"利益"概念同样具有多义和模糊的缺陷，在批评利益法学基础上又出现了评价法学，将法律界定为"对利益的评价"，而不是将利益与法律等同，进一步区分了评价对象与评价标准。

　　由此可见，注释法学、概念法学等都是法教义学的前身或雏形，而法教

---

　　[1]　苏力："法律人思维?"，载《北大法律评论》2013年第2期，第432页。

　　[2]　参见孙笑侠："法律人思维的二元论兼与苏力商榷"，载《中外法学》2013年第6期。

　　[3]　参见蔡桂生："学术与实务之间——法教义学视野下的司法考试（刑法篇）"，载《北大法律评论》2009年第1期，第217页。

　　[4]　吴从周：《概念法学、利益法学与价值法学：探索一部民法方法论的演变史》，中国法制出版社2011年版，第85页。

义学是法学（狭义）的成熟形态。现在的法教义学已经和早先的注释法学、概念主义、法条主义等不可同日而语：不但其分析技术更为精湛，而且也不再是封闭的，而是广泛地从其他学科知识中寻找解释资源。比如，车浩教授在《"扒窃"入刑：贴身禁忌与行为人刑法》一文中，就从生物社会学和身体社会学上"人总是尽力避免与陌生人的身体接触"这一点经验，提出了"贴身禁忌"的概念，并借助它探寻扒窃这种犯罪类型所侵害的法益，对扒窃入刑的范围进行合理限缩，最终被司法解释所采纳。2013 年 3 月 8 日，最高人民法院、最高人民检察院联合发布的《关于办理盗窃刑事案件适用法律若干问题的解释》，将扒窃行为中"随身携带的财物"限缩解释为"未离身的财物"。认识到现代法教义学与历史上的注释法学、概念主义、法条主义具有本质差异这一点非常重要：正因为没认识到这一点，社科法学学者才将法教义学等同于概念法学或法条主义。法条主义原本是英美法中的概念，旨在批评学者过分强调法条或机械地理解法条，忽视法条之外的其他要素。用法条主义的概念批评注释法学、概念法学是可以理解的，[1]用它来批评利益法学、评价法学乃至法教义学则是混淆了对象。我们知道，法官审判案件不是一个纯粹比较事实可靠性的过程，它需要看法律是怎么规定的，但是，理解法条是一个见仁见智的解释过程。在这种情况下，提出法教义学的本意即在于尽可能地将解释客观化。否则"事实科学（诸如法官心理学或法官社会学）将会取代规范性法学"，即只能探究"法官为裁判时，其事实上的动机为何"，[2]这显然是更不科学的。解释法条客观化不可能仅依赖于法条，更不可能机械地理解法条，它没必要（也不可能）拒绝其他学科所提供的资源。

笔者认为，考虑到中国法学自 20 世纪 80 年代初才重新恢复发展的历史，可以说，社科法学和法教义学都处于发展初期，相互攻击并不利于双方的发展。相反，应该在二者之间搭建一座相互沟通的桥梁，以资互相借鉴和利用

---

〔1〕 仅仅是"可以理解"而已，而不是必然正确。因为"新近的研究进一步提出，后世对概念法学的主要代表——普赫塔有很大的误解，这主要是因为耶林在观点转向时对概念法学的批判基于普赫塔在 1838 年所著的《学说汇撰》，而忽视了普赫塔在 1841 年所著的《法学阶梯》"。后一部著作"必定使他完全免于这种指责——他只知道形式的、法律逻辑的和概念的问题"，"虽然相比于萨维尼，普赫塔更加强调设置法概念的体系，但从他作品的任何地方——与不同的主张相反——都得不出，这个体系必须是封闭的"。参见张青波：《理性实践法律：当代德国的法之适用理论》，法律出版社 2012 年版，第 53 页。

〔2〕 ［德］卡尔·拉伦茨：《法学方法论》，陈爱娥译，商务印书馆 2003 年版，第 3 页。

彼此的研究成果。两个领域的学者都不应逞意气之盛，将精力浪费在口舌之争上。这并不意味着要社科法学放弃其外部视角和方法论，也不意味着要法教义学走立法论的路径，放弃自身的研究范式，而是说"没有社科法学的教义学是空洞的，没有教义学的社科法学是盲目的"。[1]在法学史上，人们很早就寻求自然法与实证主义、形式主义与现实主义、规则主义与功能主义、科学范式与社会目标的统一。比如，英国学者"边沁寻求使法律立足于科学的基础之上，使之成为一种实用的人类工具，用以实现诸多确定的社会目标"。[2]实际上，法教义学对于部门法的科学化具有重要意义，它使法学成为一门自足的学科。不过，法教义学需要从其他人文社会科学中汲取可资利用的解释资源。法教义学的发展有利于社科法学的发展，社科法学的落后也会制约法教义学的进步。本章以论证社科法学与法教义学的共生之道为宗旨。在框架结构上，除了引言和结语，本章主要包括三部分：第一部分梳理社科法学与法教义学在两大法系的关系状况；第二部分站在中国法学立场上探讨二者之间的互补关系；第三部分以刑事政策与刑法教义学的关系为例，论证社科法学与法教义学的合作是法学发展的必然结果。

二、国际视野下的社科法学与法教义学之争

中国法学在发展过程中一直存在对外国法律、法学学习和移植的问题。这个过程可以被划分为三个阶段：新中国成立到 20 世纪 50 年代末是第一阶段，其主要特征是"以苏为师"；20 世纪 60 年代到 20 世纪 70 年代末这一段时间是第二阶段，中国法学经历了 20 年左右的反思期；之后在 20 世纪 70 年代末 80 年代初改革开放的大潮中，中国法学逐渐走向兼容并包、"学习+创新"的道路，到现在为止是第三阶段。以苏力教授为代表的法理学者认为，中国法学先后受到苏俄法、大陆法系和英美法系的影响，并由此奠定了政法法学、诠释法学和社科法学三分的当代格局。[3]对此，笔者表示部分同意。

---

[1] 这里活用了赫尔曼·坎托罗维奇的格言："没有社会学的教义学是空洞的，没有教义学的社会学是盲目的。"[德]托马斯·莱塞尔：《法社会学基本问题》，王亚飞译，法律出版社 2014 年版，第 98 页。

[2] [美]理查德·A.波斯纳：《法理学问题》，苏力译，中国政法大学出版社 2002 年版，第 17~18 页。

[3] 参见苏力：《也许正在发生：转型中国的法学》，法律出版社 2004 年版，第 11~12 页；侯猛："社科法学的跨界格局与实证前景"，载《法学》2013 年第 4 期。

简言之，社科法学和法教义学的分野确实是中国法学受大陆法系和英美法系不同影响的结果，但是政法法学和社科法学之间却并非分野的关系。笔者认为，政法法学是和注释法学相对应的概念，社科法学是和法教义学对应的概念；政法法学是社科法学的前身，而注释法学是法教义学的雏形。政法法学和社科法学都是从外部视角看待法律和法律现象的，注释法学和法教义学所采的则是内部视角。政法法学和注释法学具有一定的意识形态色彩，而社科法学和法教义学则具有浓厚的法律移植色彩。相比而言，法教义学更盛行于德日等大陆法系国家，而社科法学则在英美法系国家取得了重要成果。[1]这一部分主要探讨社科法学和法教义学在两大法系主要国家的关系情况，为我国探讨相关问题提供借鉴。

（一）大陆法系社科法学与法教义学的关系

这里以法社会学（社科法学的一种）与法教义学之间的关系为例，探讨大陆法系国家对社科法学和法教义学关系的处理问题。从注释法学派前后期不同的侧重[2]来看，法教义学和法社会学在罗马法复兴运动中都有所萌芽，但在之后的发展过程中，后者显然不如前者发展得快。据约翰·莫里斯·凯利研究，形塑1804年《法国民法典》的精神和历史情境，滋生了实证主义法律观。这一思潮认为，至关重要且唯一真实的法律形式就是立法。在实证主义法律观的影响下，法国出现了所谓的"诠释学派"。这一派法学教授认为自己的唯一职责在于，按照立法者采纳的体例，逐条注释法典。[3]到20世纪上半期，以欧根·埃利希和赫尔曼·坎特罗维奇为代表的德国自由法学者，对法教义学"过于拘泥字面，并往往因此纠结于荒谬、不公正的成文法规定"的倾向提出了质疑和批评。[4]

---

〔1〕 如下文所述，主要是美国。

〔2〕 在罗马法复兴运动中，前期注释法学派主要是对古罗马法文献进行文字注释，以后发展为较详尽的注释，包括列举注释者之间的分歧意见、各方论据以及作者本人结论，为供适用法律规则参考的有关案例，为便于记忆而归纳的简要准则和定义，以及对某一法律领域的论述，等等。后期注释法学派又称评论法学派，他们致力于将罗马法与实际生活相结合，对罗马法的研究已从注释转变为提出法律的原则和根据，建立法律的分析结构，促进判例法的发展。

〔3〕 ［爱尔兰］约翰·莫里斯·凯利：《西方法律思想简史》，王笑红译，法律出版社2010年版，第265页。

〔4〕 ［爱尔兰］约翰·莫里斯·凯利：《西方法律思想简史》，王笑红译，法律出版社2010年版，第302页。

对于法社会学和法教义学的关系问题，尤根·埃利希、马克斯·韦伯、尼古拉斯·卢曼、托马斯·莱塞尔等学者都进行了论述。

尤根·埃利希是第一位法社会学的自觉者，他为法社会学的创立作出了很大贡献。为了给法社会学争取生存空间，埃利希对法教义学（实际上是概念法学）进行了尖锐的批评。他认为，法教义学只是一门使法律服务于法律生活中各种特别需求的技艺，除此之外无法告诉我们更多的东西。换言之，法教义学并非真正的科学。埃利希强调，既然法教义学服务于给法官提供法律命题，以便法官据此解决案件纠纷这一实用目的，那么它的方法必然是抽象的和演绎的。"在这方面，法学总的说来不同于真正的科学，后者主流的方法是归纳性的，它寻求通过观察与经验来增进我们对事物性质的深刻洞察。"[1]埃利希认为，应该将法学区分为实用法学（法教义学）和理论法学（法律科学）两种，前者服务于解决案例纠纷，后者"不是为了促进实用而是服务于纯粹的知识"。[2]

马克斯·韦伯也探讨了法社会学和法教义学的关系问题。在区分形式理性和实质理性的基础上，韦伯对当时民法教义学中所坚持的形式理性方法表示赞赏。但是，接着他还是直言，传统法教义学必然造成私人的法律利害者的期望落空，导致该后果的原因"绝不是近代法学特别愚蠢，而多半是因为，一方面，任何一种形式的法思考皆具其逻辑的固有法则性；另一方面，利害关系者们的协同合意与法律上的重要行为，乃是以经济的效果为目标，以经济的期待为取向，这两方面的不一致，产生了不可避免的冲突"。[3]联系到当时德国流行的自由法运动，韦伯认为，法教义学的力有未逮源于其形式理性的特质在面对生活中的各种非理性时所产生的冲突。很多时候似乎案件是通过解释法律解决的，事实上依据的却是具体的利益权衡和价值考量。

在尼古拉斯·卢曼的社会系统理论中，法社会学和法教义学也是彼此分离的，不过二者还可以进行交流和合作。在其早期著作《法社会学》一书中，

---

〔1〕［奥］尤根·埃利希：《法律社会学基本原理》，叶名怡、袁震译，中国社会科学出版社2009年版，第6页。

〔2〕［奥］尤根·埃利希：《法律社会学基本原理》，叶名怡、袁震译，中国社会科学出版社2009年版，第1页。

〔3〕［德］马克斯·韦伯：《法律社会学：非正当性的支配》，康乐、简惠美译，广西师范大学出版社2011年版，第325页。

他指出，法教义学所具有信息处理和获取决定的可能性是法社会学所不具有的。法教义学是一门决定科学，它不大可能从法社会学中获得某些直接的决定上的帮助，但是，通过与法社会学的合作，它还是可以反思自己的选择性，从而确定判决是否具有合理性。〔1〕在其后期著作《社会的法律》一书中，卢曼认为法教义学是法学家从内部观察法律的结果，法社会学是社会学家从外部观察法律的结果。法教义学涉及的是一种规范性秩序，而法社会学处理的是社会行为、制度、社会性系统等制度性层面的问题。这两种视角和学科之间必须克服"彼此老死不相往来的状态"。〔2〕

在归纳上述观点的基础上，托马斯·莱塞尔将法社会学和法教义学之间的关系模式区分为两种：一种是分离模式，另一种是合一模式。合一模式强调法社会学和法教义学的共同点，倾向于消弭两者之间的学科界限；分离模式正好相反。不过，莱塞尔既不同意合一模式的抽象论述，也不赞同过分强调二者差异的做法。他指出，埃利希虽然激烈批评了法教义学，但是作为法教义学者，他只是倾向于利用法社会学改革稍显僵化的法教义学。韦伯和卢曼也没有真正填平法社会学和法教义学之间的鸿沟，没能在二者之间建立沟通的桥梁。为此，莱塞尔提出了自己的看法。他认为："若想打破法社会学和法教义学之间的知识樊篱并改善这类研究的先决环境，关键在于理论反思的层面，在两个学科之间建立起一体化的或彼此渗透的模型，以取代或至少弥补自决和自创生模型的不足。"〔3〕

由此可见，大陆法系学者在沟通法社会学和法教义学上进行了充分的努力。需要注意的是，埃利希、韦伯和卢曼都将法社会学置于社会学之内进行研究，这导致法社会学研究的法律性不足，有碍其与法教义学的沟通。正如李猛教授所指出的，传统法律社会学的研究通常都是针对法律现象的社会学研究，这种研究不仅在本质上是"非法律"的，在实质上也存在着"去法律化"的危险。真正的"法律与社会"研究则是要通过构建"法律–社会"的理论来探求法律的法律性。〔4〕以笔者之见，借助于社会学方法探求法律的法

〔1〕 参见〔德〕尼克拉斯·卢曼：《法社会学》，宾凯、赵春燕译，上海世纪出版集团2013年版，第435页。
〔2〕 〔德〕卢曼：《社会的法律》，郑伊倩译，人民出版社2009年版，第4~5页。
〔3〕 〔德〕托马斯·莱塞尔：《法社会学基本问题》，王亚飞译，法律出版社2014年版，第124页。
〔4〕 李猛："法律与社会　导言"，载《北大法律评论》1999年第2期。

律性，需要立身于（广义）法学之内进行。法律社会学并不排斥法教义学，而是在法教义学基础之上展开研究：它不但了解法律和法教义学（法社会学也不乏对文本的理解性分析[1]），还知道它真正的需求是什么（弥补教义学的局限和不足[2]）。在此基础上，莱塞尔的观点是值得赞同的。一方面，他将法社会学和法教义学置于广义法学的框架内；另一方面，他还指出抛弃本学科研究范式的合作是不可取的。"如果任何一方都不愿其工作堕落为花拳绣腿，那么就不应当过早地抛弃其久已检验的方法的可靠性。"不过，过分的自我限制也"容易酿成花果寥寥的孤芳自赏的下场"。[3]这些论断对于社科法学和法教义学的沟通都是值得汲取的宝贵经验。

（二）英美法系社科法学与法教义学的关系

"从学科格局来看，美国法学可以划分为判例法学和社科法学。其中，判例法学与中国的诠释法学功能相当，本质上都是以文本为中心来解释法律问题。而且，判例法学与社科法学在知识谱系上同源。"[4]这一观点对英国也适用，因为英国与美国上同属判例法国家，在司法体制上也比较相似。但是，在作出判决或采取其他法律行动时，在美国法律体系中能够运用的实质推理远比形式推理广泛，而在英国法律体系中，情形恰好相反。[5]由于在法律论证中推理方法运用上的差异，可能会对两国法教义学的发展状况产生一定的影响，进而影响其法教义学与社科法学之间的关系，因此笔者打算区分论述。

1. 美国判例法学与社科法学的关系

美国法官在判决及其他法律活动中喜欢使用实质推理，表现在具体判决中，就是喜欢在法教义学分析的同时运用政策等法外要素决定案件的结果。在案件审理过程中，法官不仅要考虑法律效果，即判决结论是否符合法律或先例，是否符合形式正义，还要考虑社会效果，即判决结论是否符合实质正

---

[1]　参见［德］托马斯·莱塞尔：《法社会学基本问题》，王亚飞译，法律出版社2014年版，第98页。

[2]　参见［德］托马斯·莱塞尔：《法社会学基本问题》，王亚飞译，法律出版社2014年版，第126页。

[3]　参见［德］托马斯·莱塞尔：《法社会学基本问题》，王亚飞译，法律出版社2014年版，第94页。

[4]　侯猛："社科法学的跨界格局与实证前景"，载《法学》2013年第4期。

[5]　参见［美］P. S. 阿蒂亚、R. S. 萨默斯：《英美法中的形式与实质》，金敏、陈林林、王笑红译，中国政法大学出版社2005年版，第1页。

义。这是规则怀疑论者的立场。在美国，法律本身的合法性并非只要制定者和程序合法即可，在形式有效性判断之外，还需要实质判断。判例也一样，如果法官能够提出实质理由证明先例不合法或不合理，就可以推翻它。大陆法系法教义学的立场是这样的："据康德，教义学是'对自身能力未先予批判的纯粹理性的独断过程'，教义学者从某些未加检验就被当作真实的、先予的前提出发。"[1]美国判例法学显然达不到这个要求。当然，即便是崇尚实用主义的美国人也不可能将法律、规则和判例完全抛在一边，完全依靠法官的自由裁量权进行审判。既然如此，这里就涉及对法律、法条、规则、判例的理解问题，就需要解释，就需要利用涵摄技术将规范与事实联系起来。因此，美国法官在审判过程中具有双重作用：一方面，系统阐述先前的规范或判例并据其决定案件；另一方面，解释立法中体现出来的利益集团的交易，并提供权威性的纠纷解决这种基本的公共服务。[2]

在这种情况下，美国判例法学的发展主要依靠法官在判决中的说理，其次才是学者的教义学研究。由于法官具有造法功能，判决不但是一种决定，而且具有政策导向功能，因此，对判例的教义分析显然比社会学分析、经济学分析等更具有吸引力，也更有用。这导致美国判例法学比大陆法系法教义学更具开放性。它没有理由封闭自己，它乐于吸收其他相邻学科的经验和成果。判例法学和社科法学在美国是相互交融的，在功能上相互补充。实际上，正如侯猛教授所指出的，判例法学与社科法学在知识谱系上同源。社科法学的诸多先驱（例如霍姆斯、布兰代斯和卡多佐等人），都是美国联邦最高法院的法官。当代最有影响力的法律经济学者——波斯纳——至今仍担任美国联邦上诉法院法官，他们不仅有所著述，在案件判决中也常常运用社会科学的分析。[3]

在美国法理学中，出名的社科法学家远比判例法学家多，在此仅举霍姆斯、德沃金、庞德为例。霍姆斯指出，形式主义有三点让他反感：首先是它的概念主义和科学主义，其次是形式主义的僵化特点，最后就是法律脱离生

---

〔1〕［德］阿图尔·考夫曼："法哲学、法律理论和法律教义学"，郑永流译，载《外国法译评》2000年第3期。

〔2〕［美］理查德·A.波斯纳：《法理学问题》，苏力译，中国政法大学出版社2002年版，第444页。

〔3〕侯猛："社科法学的跨界格局与实证前景"，载《法学》2013年第4期。

活。他认为应该从法律之外，至少是常规定义的"法律"之外寻求法律规则和结果、法律原则和制度的解释。[1]德沃金也直言，在一定意义上，法官的判决必定是政治判决。[2]在他那里，法律被界定得非常宽泛，不仅包括道德规范、政治规范，也包括公共政策，法官在审判中要考虑上述诸要素。庞德把法律视为社会控制的一种工具，并认为分析或历史或哲学（无论是单一地还是组合地）都无法提供一种完整且自足的法律科学。在庞德那里，法理学被视为社会科学当中的一门科学。[3]20 世纪 70 年代以来，美国社科法学进入快速上升期：一方面，法律之外的诸多领域比如经济学、博弈论、社会和政治理论、认知心理学甚至文学理论的进展，为法学研究铸就了全新的工具；另一方面，法律和社会日益增长的复杂性，也揭露了教义分析作为解决法律制度中存在之问题的工具的贫困。[4]在此形势下，法社会学、法经济学等社科法学的子学科也取得了重大进展。

但美国社科法学与判例法学是相互交融的，社科法学从判例法学这里搜集素材，判例法学也从社科法学那里汲取营养。例如，波斯纳所倡导的法律经济学，其包括启示、描述和规范三个层面。"在启示性层面上，它试图展现法律教义和法律制度的潜在统一；在描述性层面上，它寻求识别法律教义和法律制度的经济逻辑与作用，以及法律变化的经济原因；在规范性层面上，它为法官和其他政策制定者提供通过法律进行管制的最有效方法。"[5]

2. 英国判例法学与社科法学的关系

英美对法律科学本身（即不含政治科学和政治哲学的法律科学）的研究始于奥斯丁的《法理学范围之确定》。[6]不过，美国法理学很快就走上了批判奥斯丁的道路，而英国法理学则沿着奥斯丁的分析方法一直前进，到哈特

---

〔1〕　[美] 理查德·A. 波斯纳：《法理学问题》，苏力译，中国政法大学出版社 2002 年版，第 20~24 页。

〔2〕　[美] 罗纳德·德沃金：《原则问题》，张国清译，江苏人民出版社 2008 年版，第 3 页。

〔3〕　[美] 罗斯科·庞德：《法理学》（第 1 卷），邓正来译，中国政法大学出版社 2004 年版，第 295 页。

〔4〕　[美] 理查德·A. 波斯纳：《法律理论的前沿》，武欣、凌斌译，中国政法大学出版社 2003 年版，第 3 页。

〔5〕　[美] 理查德·A. 波斯纳：《法律理论的前沿》，武欣、凌斌译，中国政法大学出版社 2003 年版，第 5 页。

〔6〕　参见 [美] 罗斯科·庞德：《法理学》（第 1 卷），邓正来译，中国政法大学出版社 2004 年版，第 11 页。

时取得了重大理论成果。或许可以说，社科法学在美国略胜一筹，而判例法学在英国则是佼佼者。与美国法理学有所不同，英国知名的法学家多属于判例法学，在此仅以奥斯丁、哈特为例。奥斯丁认为，作为一门科学，尤其是严肃的"政治社会治理科学"的学科，"语词的诸侯割据"是无法容忍的。在"打扫""剔除"自然法、万民法、国际法、礼仪法、尊严法、仅仅具有解释作用的法、没有规定责任的法、宪法这些"并非准确意义的"法的清单之后，奥斯丁给出自己的理解："法"是一种命令，一类"要求"、愿望，其中包含了"义务"和"制裁"。[1]哈特坚持了奥斯丁的分析方法，但也承认规则具有开放性结构（即模糊的边缘）。法律的这个面向，经常被用来证明以"规则"这个概念阐释法律之不当。在面对法律所必然具有的模糊面向时，如果有人坚持仍然要以"规则"来理解法律，这种立场通常会被贬为"概念法学"或"形式主义"。[2]哈特一方面批判了形式主义，另一方面也批判了规则怀疑主义，从而"将一种分裂的分析法理学从'研究实际有效的法律'中解放出来"，[3]最终成为分析实证法学的集大成者。

英国法理学的形式面向与其法律文化有关。自布莱克斯通以降，强调法官应严守法律的观念在英国一直有相当影响力。受英国法官法律职业化的影响，法教义学或法条主义的观念仍在英国司法中持续地发挥作用。[4]英国人对待法律的方式较为形式化。例如，"在英国，主流意见认为法律的内容向来与法律的有效性问题无关，……无论结果如何，正式订立的制定法就是法律，对其进行解释时也必须遵循正确的解释准则；依据遵循先例原则，判例也是具有拘束力的，即便后来的法官认为某些据此而来的判决结果是难以接受的"。[5]在这种规则功利主义立场下，法律和判决更可能得到尊重。只要主体和程序合法，即使内容有瑕疵，法官也不得拒绝适用，这样就保证了法律的

---

〔1〕 参见刘星："重读奥斯丁的《法理学的范围》"，载《环球法律评论》2002年第1期。

〔2〕 参见［英］哈特：《法律的概念》（第2版），许家馨、李冠宜译，法律出版社2011年版，第112页。

〔3〕 ［美］罗斯科·庞德：《法理学》（第1卷），邓正来译，中国政法大学出版社2004年版，第79页。

〔4〕 参见［美］理查德·A.波斯纳："法律经济学与法律实用主义"，陈铭宇译，载《北大法律评论》2013年第1期，第7页。

〔5〕 ［美］P.S.阿蒂亚、R.S.萨默斯：《英美法中的形式与实质》，金敏、陈林林、王笑红译，中国政法大学出版社2005年版，第39页。

确定性和稳定性。判例也一样，具有拘束力的先例不像在美国那样容易被突破。英国法官在审判案件时，较少适用法律之外的其他要素（如公共政策）。从边沁时代算起，法律实证主义和形式化的法律观就被广泛接受，这与英国18世纪晚期以来的政治法律体系是相适应的。随着议会的法律权威愈来愈高，法官们愈来愈从政策的领域退守技术规则问题，后者渐渐被称为"法律家的法"，似乎只有法律家才会对这些问题感兴趣。[1]此后，"英国法学家关注对法律现象的中立或形式的分析；在这类形式分析中，运用法律概念的语境和目的似乎是无关紧要的"。[2]显然，这种情形更有利于判例法学的发展。由于法官对法律的解释较多使用形式解释，使判决具有更强的预测性。英国学者不像他们的美国同行那样对法律或判决进行社会学、经济学或其他交叉研究，而是更多地从形式解释的角度从事法教义学的研究。

三、作为中国问题的社科法学和法教义学的互补性

在我国语境下，在社科法学与法教义学的关系问题上，法理学者与部门法学者的态度值得玩味。与法理学者激烈批评法教义学相反，部门法学者在这个问题上表现得很温和。例如，倡导刑法教义学的陈兴良教授认为："在法治进程中，我们需要的是完整的法学知识，即法哲学（思辨理性）、法理学（实践理性）以及法社会学（难以归入思辨理性和实践理性）。上述三种法学知识在我国都有存在的合理性，应当厘清三者的知识界限，确立各自的理论领域、研究方法和学术规范，并且使三种法学知识产生良性的互动关系。"[3]倡导宪法教义学的张翔教授也承认："传统法学是一种对法律的规范性自我理解的系统，强调法律自身的逻辑周延和自足，把法律系统看作以自控方式把自己包裹起来、封闭起来的系统。而社会科学进路的引入，是对这种理性法传统的规范主义的破坏，是对法律知识和法律技术迷信的破除，这是一个祛魅的过程。"[4]笔者将法理学者和部门法学者对法教义学和社科法学二者关系

---

〔1〕　[美] P. S. 阿蒂亚、R. S. 萨默斯：《英美法中的形式与实质》，金敏、陈林林、王笑红译，中国政法大学出版社 2005 年版，第 194 页。

〔2〕　[美] P. S. 阿蒂亚、R. S. 萨默斯：《英美法中的形式与实质》，金敏、陈林林、王笑红译，中国政法大学出版社 2005 年版，第 205 页。

〔3〕　陈兴良：《刑法的知识转型（方法论）》，中国人民大学出版社 2012 年版，第 20 页。

〔4〕　张翔：《宪法释义学：原理·技术·实践》，法律出版社 2013 年版，第 51 页。

的界定模式，分别称为对立模式和合作模式。笔者支持合作模式，并认为目前社科法学和法教义学在我国都处于发展初期，学科本身都不成熟，相互攻击并不利于双方的发展。相反，应该在社科法学和法教义学之间搭建一座沟通的桥梁，以利于借鉴和利用彼此的研究成果。在此之前，笔者还想简要梳理一下学术史，探究对立模式的渊源何在。笔者认为，对立模式产生于政法法学和注释法学的对立，后者则受影响于苏俄法学。

（一）社科法学与法教义学对立模式的渊源

这里，笔者以刑法教义学和法社会学之间的互动为例，探讨苏俄社科法学与法教义学之间的关系。研究发现，1917 年之前，俄国刑法学倾向于旧派的研究范式。旧派强调罪刑法定原则，构建了对后世刑法学产生深远影响的犯罪构成要件体系。当时的学者斯巴索维奇、季斯加科夫斯基、塔甘采夫等都很重视犯罪构成要件体系的设计，相关讨论也非常活跃，最终形成了犯罪构成体系多元化图像。1903 年，塔甘采夫主持起草了被后人广为赞赏的《俄国刑法典》。《俄国刑法典》破天荒地构建了刑法"总则"，废除了类推，并将犯罪定义为"在其实施时刑法以刑罚相威胁所禁止的行为"。[1]上述情况反映了刑法教义学在俄国的萌芽。法教义学者认为，刑法教义学的核心部分即犯罪构成理论（也称一般犯罪理论），是在"对分则具体构成要件加以抽象"的基础上发展起来的，历来是"总则全部理论表述的核心部分"。[2]不过，法教义学的萌芽并没有引起俄国学者的重视，就连曾留学德国的塔甘采夫也缺乏清醒的方法论意识。塔甘采夫师从德国学者密特尔·迈耶，后者反对"为科学而科学"，反对用抽象的方法分析刑法制度，因此也反对对法律规范进行注释而不考虑司法实践，这些恰恰是德国古典学派的特征。[3]受迈耶的影响，塔甘采夫一开始就偏离了德国法学处理理论与实践关系的主流观点，没有弄清楚德国教义学的真正意义所在。

随着布尔什维克党取得政权，俄国法教义学的萌芽作为旧制度的残留物

---

〔1〕 ［俄］Н·Ф·库兹涅佐娃、И·M. 佳日科娃主编：《俄罗斯刑法教程（总论）》（上卷·犯罪论），黄道秀译，中国法制出版社 2002 年版，第 22 页。

〔2〕 ［德］克劳斯·罗克辛：《德国刑法学　总论》（第 1 卷），王世洲译，法律出版社 2005 年版，第 118 页。

〔3〕 参见 ［俄］Н·Ф·库兹涅佐娃、И·M. 佳日科娃主编：《俄罗斯刑法教程（总论）》（上卷·犯罪论），黄道秀译，中国法制出版社 2002 年版，第 556 页。

被清理掉了。十月革命之后，苏维埃法学家就"社会主义国家需不需要法律""如何构建与资本主义法律截然不同的社会主义法"等问题展开了争论。结论是，社会主义国家仍然需要法律，但是"无产阶级的法律不仅在内容方面，而且在形式方面都应当是崭新的"。[1]基于此，旧派思想被打击，当时正处于上升期并对旧派思想大加鞭挞的新派（刑事社会学派）则得到了主流苏维埃刑法学家的赞赏，并成为1920年、1921年《苏俄刑法典（草案）》以及1922年、1926年《苏俄刑法典》的主导思想。在这种情况下，犯罪构成要件体系的意义被严重低估，在一定程度上也助长了法律虚无主义。当时，苏联著名法学家帕舒卡尼斯曾言："须知，连资产阶级进步的犯罪学在理论上也确信，可以把与犯罪做斗争本身看作是一项医疗教育性质的任务。对于解决这一任务来说，什么法学家，什么'犯罪构成'、法典、'罪过'，什么'完全责任能力或减轻责任能力'的概念，以及共犯、帮助犯、教唆犯之间的细微区别等等，统统都是不需要的。"[2]

20世纪30年代初，苏联刑法学界对新派思想进行了批判和清理，开始强调罪刑法定原则以及犯罪构成要件体系的构建。官方将在刑法理论中发展新的社会主义思想，在立法规范中巩固这种思想，并由审判、侦查机关付诸实践，作为苏联刑法科学的主要方针。[3]这里所谓的"社会主义思想"，特指坚持阶级斗争，强调国家和法的关系之类的观点。它在社会科学研究中不只是作为"指导思想"，而且是作为具体研究方法推行的。由此，政法法学（社科法学的前身）借助阶级分析法得以滋生，法教义学却仍然没有发展空间。虽然20世纪30年代之后，苏联政府重新开始重视法律，但是截止到苏联解体，刑法学一直处于注释法学的水平上。事实上，直到20世纪末俄罗斯联邦成立之后，在刑法典解释上仍然存在诸多禁忌。一本当时很著名的刑法注释书曾经写道："在一个民主的法制国家，既不允许对法律进行限制性解释，也不允许进行扩展性解释，因为它可能导致对法律规定评价的主观主义，实质

---

〔1〕　[苏] A·A. 皮昂特科夫斯基等：《苏联刑法科学史》，曹子丹等译，法律出版社1984年版，第14页。

〔2〕　[苏] A·A. 皮昂特科夫斯基等：《苏联刑法科学史》，曹子丹等译，法律出版社1984年版，第40页。

〔3〕　[苏] A·A. 皮昂特科夫斯基等：《苏联刑法科学史》，曹子丹等译，法律出版社1984年版，第8页。

上是导致以非立法的途径修改法律。"〔1〕在法律解释和适用中也一直带有强烈的意识形态色彩。1999 年，库兹涅佐娃和佳日科娃在其《俄罗斯刑法教程（总论）》中，仍将辩证唯物主义和历史唯物主义等哲学思想作为研究刑法的"具体方法"而非"指导思想"。"关于确定性的辩证学说在研究犯罪行为（不作为）和有害后果之间的因果关系、在研究是否存在共同犯罪的事实方面得到应用。可能性向现实性转化的辩证法为关于犯罪阶段的规范的立法和法律适用，即为预备犯罪和犯罪未遂的研究提供了根据。"〔2〕直到 21 世纪初，俄罗斯刑法学才开始淡化刑法研究的意识形态色彩，开始区分"刑法学的方法"和"作为部门法的刑法的方法"，〔3〕真正开始用教义学方法研究刑法。

通过上面的论述，我们可以发现，苏俄法教义学萌芽的凋零与统治者在法学领域推行阶级分析法，过分强调法律的阶级区分，强调敌我矛盾和阶级斗争等政治意识形态要素有关。尽管有一些论述法律的只言片语，马克思、恩格斯、列宁等人的著作实际上大都属于哲学、政治学、社会学或经济学范畴，在刑法学领域作为"具体的"研究方法推行，只能促进社科法学的发展，作为法学安身立命的教义学却无从谈起。而且，苏俄学术界没有严格区分学术和政治，也使得社科法学停留在政法法学或前政法法学的水平。

苏俄法学生态对中国法学产生了重大影响，即使现在势头已大大减弱，但是这种影响却一直持续着。苏力教授将改革开放以来中国法学的发展立场区分为政法法学、诠释法学和社科法学，实际上就是要和政法法学划清界限。为了给社科法学赢得生存空间，在此基础上建构"中国法律理想图景"，苏力、邓正来等人对法教义学展开激烈批评，仿佛是法教义学阻碍了社科法学的发展。事实并非如此。实际上，上述模式延续了政法法学和注释法学的对立，而二者之所以有对立，是因为缺乏教义学方法的注释法学确实流于肤浅，采取了一种封闭的态度。现在的法教义学不仅在法律概念上相对开放，而且积极吸收社科法学研究成果作为解释资源，与以往的注释法学不可同日而语。

---

〔1〕 转引自［俄］Н·Ф·库兹涅佐娃、И·М. 佳日科娃主编：《俄罗斯刑法教程（总论）》（上卷·犯罪论），黄道秀译，中国法制出版社 2002 年版，第 120 页。

〔2〕 ［俄］Н·Ф·库兹涅佐娃、И·М. 佳日科娃主编：《俄罗斯刑法教程（总论）》（上卷·犯罪论），黄道秀译，中国法制出版社 2002 年版，第 8 页。

〔3〕 ［俄］Л. B. 伊诺加莫娃－海格：《俄罗斯联邦刑法（总论）》（第 2 版：修订和增补版），黄芳、刘阳、冯坤译，中国人民大学出版社 2010 年版，第 4 页。

在这种情况下，两个学科都应该保持一种兼容并包、互通有无的态度，在互相学习中壮大自己。

应该说，苏力教授并非没有看到法教义学的价值。实际上，他也认为："在未来中国法学中起主导作用的更可能是诠释法学和社科法学"，只是"这两派在社会中所起的作用是不同的。对于法治和法学的发展来说，它们的功能是互补的，尽管它们之间不无可能产生激烈的、有时甚至是意气化的争论。"[1]或许可以认为，苏力教授的批评与其说是对法教义学的批评，不如说是对一些贴着法教义学标签的学者的批评。或许他的意思是说，有些教义学学者将法教义学理解得过于狭隘了，机械地理解了法条，成为苏力教授所批评的（英美法意义上的）法条主义。相比而言，邓正来教授走得更远。他将法条主义作为盲目信奉西方法学经验的"现代化范式"予以批评，继而认为中国论者过分专注对既有法条或概念的注释，而不可能或者认为没必要对中国的现实法律世界做"切实"的关注。[2]对于当今法教义学来说，这一批评显然是不合适的。因为即便有学者专注于西方法学知识的引入，但是更多的法教义学者利用所掌握的教义分析方法分析中国问题。目前，我国在法教义学研究水平上的确不如德日等西方国家，引入和借鉴德日法教义学知识当然是有益的。何况中国学者更在意对西方法教义学分析工具和方法的掌握，并没有过分关注似乎与我们并不相干的西方问题。

（二）社科法学和法教义学合作的可能

1. 社科法学对法教义学的辅助功能

首先，社科法学研究通过引入对当事人、其他相关人或社会大众可预见结果的考察，可以改善法官对事实的认知，在此基础上作出更具说服力的判决。司法判决不但要取得好的法律效果，还要取得良好的社会效果，这样的判决才是好的判决。良好的法律效果依赖于良好的法教义学分析，而要达到良好的社会效果，纯粹的法教义学分析是无能为力的。如果不清楚当事人、其他相关人及社会大众对该案的可预见结果，判决就有可能超越国民的可预测性。为了防止阻碍国民的自由行动，不致使国民产生不安感，就必须使国

---

[1]　苏力：《也许正在发生：转型中国的法学》，法律出版社2004年版，第20页。
[2]　参见邓正来：《中国法学向何处去——建构"中国法律理想图景"时代的论纲》（第2版），商务印书馆2011年版，第122页。

民事先能够预测自己行为的性质和后果，这是人权保障原则的要求。不过，后果考察必须在法教义学允许的范围内进行，否则就会违背刑法的基本价值。例如，刑法中有争议的"量刑反致定罪"问题，其涉及的案件类型往往是这样的：如果严格地按照法教义学仅能保障形式正义，难以保障实质正义；如果为了实质正义而变换罪名，则又会违反法教义学。该问题是刑事立法缺陷在司法审判中的体现，量刑反致定罪体现了后果考察的思路。该观点摆脱了教义学对司法权力的制约，但容易走到以社会危害性来量刑定罪的老路上。这种以个案结果导向或个案实体公正的做法很难保证得到良好结果，相反，可能更多诉诸法官的个人道德、直觉或民众情绪。[1]

其次，在法教义学分析中，"有些概念，要求法官裁决一项纠纷时，不是遵循抽象的法律规范或个人的判断力，而是参照民众中主流的看法和习俗"。[2]教义分析是一个依据规范进行价值评价的过程，既需要对法律概念进行解释，也需要具体判断。这种解释和判断如果只反映了法官自己的价值观，却反映不了社会一般价值观，就难以保证判决的公正性。例如，在"李某奎故意杀人案"中，被告人李某奎一审被判处死刑立即执行，上诉之后二审法官基于自己关于死刑的立场改判李某奎死刑缓期执行。媒体报道之后，在沸腾激烈的民意批评之下，云南省高级人民法院基于压力提起再审，最终判处李某奎死刑立即执行。这里有一个对死刑适用的教义分析问题。对于李某奎该不该判死刑立即执行，法官基于自己的良心及教义分析改判死缓，没有违法、违纪或违反程序之处，表面上看在教义学上并无不当。但是，这一改判并没有起到良好的社会效果，这也是社科法学者批评的重点。其实，法教义学者也同意"当一项法律纠纷的关键在于适用这类'法律外'的裁判标准时，法院就不允许基于自己的观点进行裁判，而是要探察'人民'的意见"。[3]否则，"基于某个法官个人观点作出的裁判，是与'法治'的观念背道而驰的"。[4]在对被告人是否适用死刑等问题上，判断的基础不应该是法官主观的看法，而是相对客观的"社会一般人的观念"。对社会一般人观念的探察，不是法教

---

〔1〕 参见苏力："法条主义、民意与难办案件"，载《中外法学》2009 年第 1 期。

〔2〕 ［德］托马斯·莱塞尔：《法社会学基本问题》，王亚飞译，法律出版社 2014 年版，第 226 页。

〔3〕 ［德］托马斯·莱塞尔：《法社会学基本问题》，王亚飞译，法律出版社 2014 年版，第 226 页。

〔4〕 ［美］布赖恩·Z. 塔玛纳哈：《法律工具主义：对法治的危害》，陈虎、杨洁译，北京大学出版社 2016 年版，第 319 页。

义学能够完成的，它需要社会科学的帮助。

最后，社科法学的研究成果往往具有批判性，它能够指出法条潜在的矛盾、冲突或疏漏之处，给法教义学通过解释弥补缺陷的机会。一般来说，社科法学借助于法学之外的视角和方法，能够更清楚地看到法条本身的缺陷。例如，通过统计学、经济学或社会学的路径可以发现某些法条在处罚范围与效果上不适合当前的社会需要，则可在司法实务中对其进行限缩或扩张适用。特别是在立法久远或社会转型期的场合，法条与社会事实的对接日益困难，这时候就需要法官更好地发挥自由裁量权。但是，如何发挥自由裁量权，不可以跟着感觉走。社科法学的研究成果有利于法官权衡各种利益和价值选择，有利于在适用自由裁量权过程中实现公正和效率的统一。有些学者认为教义学的分析都是形而上学的逻辑分析，这是不正确的。教义学的分析从不排斥经验研究，在判决理由中引入经验研究能够增强司法判决的说服力。正如金德豪伊泽尔所指出的："刑法是和社会实践相联系的。因而如果刑法的实证经验基础越为根本、越为基本的话，那么，该实证经验基础就会越贫瘠。在该方面，人们常常会面对一种强烈的诱惑，即运用形而上学的大词来粉饰性地填充实证经验地图上的这一空白部位，而并不进行实际研究，这在科学上是种很可疑的有问题的方法。"[1]

2. 法教义学对社科法学的辅助功能

首先，法教义学关系到整体中国法学的大气候，是重要的基础学科。拉伦茨曾言："法学（即法教义学——引者注）使我们充分认识到正义的内涵，发现主导性的法律原则，并且在不同的情境下将之具体化，发展成'内部'的体系，借此我们对正当法秩序的原则能有更好的认识。"[2]换言之，法教义学建构了对规则的尊重，通过涵摄等分析技术将事实与规范连接在一起，实践了罪刑法定原则，是人权保障的重要基础。与社科法学相比，法教义学是整体法学的基础。良好的法秩序是社科法学持续、快速和健康发展的重要条件。对于营造良好的法秩序而言，法教义学有六大功能：①稳定功能，即使实务中经常出现的问题有比较稳定的解决方案；②进步功能，即教义学积累

---

〔1〕 〔德〕沃斯·金德豪伊泽尔："适应与自主之间的德国刑法教义学——用教义学来控制刑事政策的边界？"，蔡桂生译，载《国家检察官学院学报》2010年第5期，第146页。

〔2〕 〔德〕卡尔·拉伦茨：《法学方法论》，陈爱娥译，商务印书馆2003年版，第119页。

案件的解决方案，有利于促进对相关问题的深入思考，避免思维上的精力浪费；③减负功能，即减轻法官乃至全社会对法律相关问题的讨论负担；④技术功能，即有利于法学研究成果的教导和学习；⑤控制功能，即通过法律内部的和谐实现正义的普遍化；⑥发现功能，即有利于发现新的知识增点。[1]借助于上述功能，法教义学在法律适用过程中实现了正义、平等、经济等价值。"以现存规则为中心，法教义学研究不仅有助于推进法学学术，而且可以通过司法考试这一连接实务的桥梁对法律实务产生良性影响，从而推进法治价值。此亦为法律知识共同体的整合之道。"[2]

其次，法教义学能够提升社科法学研究的层次。社科法学所研究的对象无非是法律、判决及法学生态等。法教义学是法学安身立命之所，其发达或落后严重影响法学生态的状况，当然不会与社科法学无关。如金德霍伊泽尔所言："教义学可以将其感兴趣的问题告诉给相关的实证科学领域，这样，这些学科的研究对象和知识兴趣就受到教义学的影响了，或者，也会引发交叉学科的研究课题的产生，就像在犯罪学和法医学中发生的那样。这最终还有可能间接地影响到立法和司法判决。就这点来说，在遇到疑难问题时，刑法教义学针对实证科学所提出的疑问，有助于立法和司法判决（更好地）把握有益的信息。"[3]可见，法教义学的发展进一步刺激了社科法学的发展，高水平的法教义学能够给社科法学提供更好的研究对象和课题，它所提出或所感兴趣的问题必定胜于落后的法教义学，这样就会间接地影响社科法学研究的层次。其实，社科法学要做的恰恰是法教义学所难做到的，它对法教义学具有补充功能。因此，没有发达的法教义学，社科法学即便在一定时期有所发展，最终也会受到限制。

最后，法教义学与社科法学一样具有批判性，二者共同锻造了良法美治。陈瑞华教授曾指出，对策法学的最高目标是创造一个良法，而法解释学的最高境界则是创造美治的状态，两者的结合就是"良法美治"的理想境界。[4]

---

[1] 参见颜厥安：《法与实践理性》，允晨文化实业股份有限公司1998年版，第170~172页。

[2] 蔡桂生："学术与实务之间——法教义学视野下的司法考试（刑法篇）"，载《北大法律评论》2009年第1期，第219页。

[3] ［德］沃斯·金德豪伊泽尔："适应与自主之间的德国刑法教义学——用教义学来控制刑事政策的边界?"，蔡桂生译，载《国家检察官学院学报》2010年第5期，第146页。

[4] 参见陈瑞华：《论法学研究方法：法学研究的第三条道路》，北京大学出版社2009年版，第68页。

在一定意义上，社科法学也属于对策法学。社科法学通过社会学、经济学等视角的考察，可以发现法条可能引起何种有益或有害的社会后果。通过这种外部批判，社科法学有利于锻造良好的法律，给法教义学提供了好的起点和前提。不过，如果没有良好的法教义学，社科法学对法条的锻造功能也会大减，因为即便再好的法律，放到一个坏的适用者和解释者那里，都会漏洞百出，误差频现，这实际上就削弱了社科法学的作用。相反，如果有发达的教义学，即便是一个刚及格的法律也可以发挥九十分的功能。法教义学对法条并不是没有批判，只不过这种批判——和社科法学不同——是内部批判。对于解释不好的法条，法教义学也会限缩其适用范围甚至将其闲置不用，因为法教义学最终服务于社会治理，它不能只顾法条本身而不顾现实的社会效果。事实上，封闭的法教义学只在贝林、李斯特时代存在，现代法教义学不可能没有刑事政策的指引，而良好的刑事政策需要借助于社科法学的研究成果才能制定。可见，只有社科法学的外部批判和法教义学的内部批判具有互补性，只有在二者合力之下才会有良法美治。

四、旁论：刑事政策与刑法教义学的关系探讨

目前，刑法学界讨论较多的刑事政策与刑法教义学的关系问题，也涉及了社科法学和法教义学的关系。社科法学与法教义学在刑法领域的展开，形成了刑法的社会研究与教义研究的分野。这两种研究之间并不是冲突的关系，而是共生的、相互影响、共同进步的。目前，在刑法领域，教义研究是显学，但这并不意味着刑法的外部研究并不重要。实际上，教义研究是刑法学的基础，刑法教义学的兴起实际上说明中国刑法研究目前仍处于起步阶段。发达国家的刑法教义学研究都已经过了兴盛期，"刑法+X"的外部研究正处于刑法研究的尖端。这给我们敲响了警钟，中国刑法研究不能只停留在教义研究的阶段，而是要发挥发展中国家的后发优势，充分借鉴国外法学的优秀成果，推进刑法的教义研究和社会研究同步发展。"在刑法研究中引入社会理论，能够帮助我们对刑法规范的社会流变作出谱系学的梳理，也能够在对形塑和调整刑法规范的社会因素的分析中观察刑法系统运作的复杂性。更为重要的是，通过对刑法规范的外部观察，社会理论不仅能够使得我们看到规范性在社会运作中的图景，也促使我们对刑法解释——这一刑法内部研究核心问题作出

具体的反思。"[1]

目前，在刑法领域引起关注的"刑事政策与刑法体系的关系"问题，其核心问题在于：在刑事判断中，外部的价值观如何影响判决的形成。判决的生产不是一个纯粹形式的、道德中立的逻辑推理过程，而是一个价值先导的、目的论的评价过程。形式判断对于刑事判决的产出是不够的，在犯罪构成体系中的任何阶层无疑都有实质判断的参与。其实在形式判断的背后也隐藏着大量的价值判断。而且，由于刑法体系是面向社会生活的开放体系，不断有法外的价值判断通过规范保护目的等渠道进入刑法体系之内。既然刑法体系是一种开放性的价值体系，既然法律适用并非是单纯运用形式逻辑便可完成的涵摄过程，而需要司法者进行实质性的价值判断或利益权衡，刑事政策上的考虑于是有可能通过影响实质性的价值判断，而对法适用的过程与相应的法解释活动产生有意义的影响的。[2]

在刑法历史上有一种学说，阻碍了刑法体系与刑事政策之间的沟通，这就是德国学者李斯特所提出的"李斯特鸿沟"命题，亦即"刑法是刑事政策不可逾越的屏障"。"李斯特鸿沟"这个名词随着德国学者罗克辛教授的《刑事政策与刑法体系》一书在我国的出版而大热，后者提出了在新形势下跨越"李斯特鸿沟"（即"桥梁命题"）的必要性。可以说，"李斯特鸿沟"命题契合了古典刑法学追求绝对的罪刑法定原则，从刑法体系中排除法外价值判断的力图。跨越"李斯特鸿沟"则体现了现代刑法学认识到罪刑法定原则的相对性，在社会保护与人权保障之间通过功能性的解释论进行动态平衡的努力。由于仍有学者否认跨越"李斯特鸿沟"的必要性，[3]甚至从宪法学的角度论证"李斯特鸿沟"的时代意义，[4]因此有必要对此再做论证，以便在刑法学的场域中恰当定位"李斯特鸿沟"。笔者认为，"桥梁命题"的提出促成了刑事政策与刑法教义学的分离与独立，"桥梁命题"则在新形势下提出了两个学科合作的畅想。合作不等于合并，刑事政策的价值选择对刑法教义学的

---

[1] 刘涛："惩罚的社会维度：加兰刑事思想检讨——兼论社会理论下的刑法研究"，载《刑事法评论》2016年第1期，第253页。

[2] 劳东燕："功能主义刑法解释论的方法与立场"，载《政法论坛》2018年第2期。

[3] 邹兵建："跨越李斯特鸿沟：一场误会"，载《环球法律评论》2014年第2期。

[4] 张翔："刑法体系的合宪性调控——以'李斯特鸿沟'为视角"，载《法学研究》2016年第4期。

指引并没有取消刑事政策这门学科，但是很明显，两个学科之间再也没有了那种"不可逾越的屏障"，而是互通有无，相互促进，这对于刑事政策与刑法教义学的发展都是极为有利的。刑事政策的价值选择通过"目的"管道注入刑法教义学中，保证了刑法教义学与现实的联系。

（一）"李斯特鸿沟"的时代意义

在李斯特的时代，"桥梁命题"具有重要意义，它标志着刑法教义学的独立。"李斯特鸿沟"的核心要义是刑事政策与刑法体系的分离，这样做的好处是：前者"通过以犯罪之人为中心的制裁体系，实现最高度的目的性"，后者"通过客观主义和形式主义，为处罚的先决条件提供最为可靠的法安全"。[1]作为司法解释技术的刑法教义学不同于代表统治者政治策略的刑事政策，前者代表公义（集体意识）和法律（社会契约）的精神，要求明确性和稳定性，是罪刑法定原则的要求，后者代表统治需要。二者分离反映了政治对司法的干涉日益减少，刑事政策被排除出司法领域。从此，刑事司法实务日益技术化、职业化，判决的可预测性不断提高，国民自由受到充分尊重。借助于"李斯特鸿沟"，"刑法学从政治、宗教和意识形态的纠葛中解脱出来，形成自成一体的知识体系"，[2]标志是犯罪论体系的成型，"它能直接导向正确的问题点，在于它能揭示所考虑的各种解决方案的后果，并且从而确保相关争论和解决方案的秩序化"。[3]

另一方面，"李斯特鸿沟"对刑事政策学的独立发展与功能扩张也具有重要意义。日本学者正木亮认为"刑事政策"一词，在18世纪末的德国便开始使用，"但现代意义上的刑事政策的称呼则始于费尔巴哈，他将心理学、实证哲学、一般刑事法及刑事政策作为刑事法的辅助知识，赋予了刑事政策的独立地位"。[4]笔者认为，认为费尔巴哈赋予刑事政策以独立地位是不合适的。费尔巴哈将刑事政策定位为"立法政策"，此时的刑事政策还是依附于刑法学的"辅

〔1〕［德］汉斯·海因里希·耶赛克、托马斯·魏根特：《德国刑法教科书》，徐久生译，中国法制出版社2001年版，第252页。

〔2〕参见陈兴良："刑法教义学与刑事政策的关系：从李斯特鸿沟到罗克辛贯通　中国语境下的展开"，载《中外法学》2013年第5期。

〔3〕［德］许迺曼："刑法体系思想导论"，许玉秀译，载许玉秀、陈志辉合编：《不移不惑献身法与正义——许迺曼教授刑事法论文选辑》，新学林出版股份有限公司2006年版，第252页。

〔4〕日本学者正木亮语，转引自［日］大谷实：《刑事政策学》（新版），黎宏译，中国人民大学出版社2009年版，第8页。

助知识"，其用以实现刑事政策目的的手段仅限于刑法。李斯特扩张了刑事政策的内容，将其定位为国家或社会团体"通过对犯罪人个体的影响来与犯罪做斗争"[1]的各种措施。此时，刑事政策发挥作用的领域不再局限于立法，而是将重心向犯罪人处遇倾斜。可见，现代意义上的刑事政策实际上始于李斯特。

遗憾的是，法律天然地具有滞后性，立法因为有程序的限制，不能随时进行，如此法律与现实之间的脱节就很容易理解了。出于对罪刑擅断的警惕，李斯特时代仍然坚持启蒙思想家所主张的绝对的罪刑法定原则。贝卡利亚反对在解释法条时诉诸法律的精神，因为法律的精神很不稳定，不同法官对法条目的的想法可能都是不同的，"知识愈是复杂，观点的差距愈大"。在这种思想影响下，刑法体系的建构极力避免价值判断的介入，在社会防卫与个人自由这对矛盾之中选择了守卫个人自由，在一定程度上放弃了社会防卫。古典刑法体系又称"贝林-李斯特"体系，其主要特点就是主张自然因果主义，主张描述性的构成要件，主张文义解释绝对优先。但是，随着社会发展的加快，矛盾、冲突和纠纷的增加，上述类型的刑法适用不再适应快节奏的社会现实。绝对主义的罪刑法定观念，表面上看有利于保护个人自由，实际上却难以展开。这种僵化的解释体制无法在个人自由与社会保护之间根据宪法和社会需要及时、灵活地调整和权衡，最终的结果只能是既不利于社会保护，也不可能真正有效地保护个人自由。最终，规范的构成要件要素和主观的构成要件要素的发现，打开了古典刑法体系的第一个缺口，自此刑法体系与犯罪构成便不再是封闭和价值中立的了。

由此可见，"李斯特鸿沟"的意义具有时代性，其根本宗旨在于刑法教义与刑事政策在学科上的独立。从此，刑事政策仅在立法论上与刑法学发生关系，在司法论上却与其无关。与李斯特时代有所不同，现代意义上的"李斯特鸿沟"只是表达了下面这一理念：相对于代表立法者意图的刑事政策而言，刑法体系只是一种工具。一方面，工具对目的具有限制功能；另一方面，工具本身需要具有合法性，不能为了实现特定目的而不择手段。由于刑法体系不只是实现刑事政策的工具，还是限制刑事政策的重要措施，后者通过刑法体系与解释技术所内含的逻辑性发挥作用，刑法体系与刑事政策不可能是完全割裂的。刑法教义学不能过分强调"李斯特鸿沟"，从而将立法者的价值判

---

〔1〕 ［德］弗兰茨·冯·李斯特：《德国刑法教科书》，徐久生译，法律出版社2000年版，第13页。

断排除在体系之外。其实，古典刑法体系之后，在新康德主义价值哲学的影响下，构成要件、违法性以及有责性都融入了价值判断要素。这是因为，在剧烈的社会转型背景下，放弃社会防卫，片面追求人权保障，并不一定有利于国民的整体利益。实际上，自由与安全、社会防卫与人权保障之间的矛盾并没有一个终极的解决办法，而是随着社会发展呈现出一个动态的值，希望一劳永逸地解决这一对矛盾是不现实的。相应地，法条本身不可能有一个固定的边界，只可能随社会治安形势的变化进行目的性的限缩或扩张式适用。当社会治安恶化时，刑法适用中法条的处罚范围可能适当地予以扩张解释，而当社会治安良好时，相关法条的处罚范围通过解释进行适当的限制。为了避免恣意解释、同案不同判等问题，解释尺度的把握由统治者通过刑事政策的指引功能在宪法范围内对刑法的解释和适用进行指导和制约。

（二）跨越"李斯特鸿沟"的必要性

毋庸置疑，评价任何事物都要将其放在一定的时空环境和社会形势下进行，不可能有一种事物无论在任何时空都是先进的、科学的。"李斯特鸿沟"的时代贡献只是相对于以往的罪刑擅断而言，随着文明社会的发展变迁，当罪刑法定原则成为刑法教义学中的帝王条款之后，"李斯特鸿沟"的缺点逐渐显现出来。虽然李斯特明确指出："刑事政策给予我们评价现行法律的标准，它向我们阐明应当适用的法律；它也教导我们从它的目的出发来理解现行法律，并按照它的目的具体适用法律。"[1]但他将刑事政策的指引功能局限在刑罚论中，对于犯罪论则不发挥这种指引作用。因为李斯特"误以为价值的问题，已经透过刑法典加以解决，并且没有认识到，例如在刑法总则里，极大部分的规范问题，根本不曾被立法者及19世纪的刑法学者认识到，遑论被解决"。[2]

这里的关键问题是，为什么机能的思考不能仅仅适用在刑罚论中，为什么刑事政策的指引功能必须运用到定罪中？罗克辛教授指出，如果没有刑事政策的指引，刑法适用就可能忽略具体案件中的正义性，减少解决问题的可能性，不能在刑事政策上确认为合法的体系性引导。[3]在其主张的目的理性

---

〔1〕　［德］弗兰茨·冯·李斯特：《德国刑法教科书》，徐久生译，法律出版社2000年版，第2页。

〔2〕　［德］许逎曼："刑法体系思想导论"，许玉秀译，载许玉秀、陈志辉合编：《不移不惑献身法与正义——许逎曼教授刑事法论文选辑》，新学林出版股份有限公司2006年版，第270页。

〔3〕　参见［德］克劳斯·罗克辛：《德国刑法学　总论》（第1卷），王世洲译，法律出版社2005年版，第128~130页。

刑法体系中，罗克辛教授认为："在不危及法治国这一绝对原则的前提下，刑事政策的问题不仅影响到了其本身的具体内容，而且也影响到了犯罪论一般理论。"〔1〕该体系以刑事政策为基础建构，具有结果导向、开放性、机能性等特点，与充满自然主义色彩的"李斯特-贝林"体系形成鲜明对照。在李斯特看来，犯罪论体系是价值无涉的，统治者的刑事政策只能在刑罚适用阶段发挥作用。"根据此种刑法自然主义，所有法律条文未予以规范的问题都被视为经验问题。"〔2〕在今天看来，这无疑是不正确的，犯罪论体系根本不是价值无涉的，而是同样代表了统治者（立法者）的价值选择。在犯罪论部分，也可能出现"旧解释不符合新需要"的问题，这时刑法解释也要根据刑事政策的转变做出调整。即便李斯特正确地指出"刑法及其基本概念的本质特征必须从刑罚的概念和社会功能去理解"，〔3〕却止步在犯罪论之前。他希望通过"区分势力范围"的方案调和犯罪论（实证主义）与刑罚论（利益法学）的关系，虽然意图美好，但是方案并不成功。

李斯特的做法主要有三方面的缺陷：

首先，在罪刑关系上，一般来说，犯罪决定刑罚，犯了什么样的罪，就要负与之相应的刑罚。仅将刑事政策适用于刑罚论，以实现新派特殊预防的目标，不可能达到目的。而且，旧派所主张的犯罪论并不是中性的，而是以报应刑为宗旨的。李斯特接受旧派的批评，将刑事政策逐出犯罪论，必将与其刑罚论部分所主张的特殊预防论相冲突。

其次，李斯特认为刑罚不是盲目的、本能的反应，而是服务于法益保护的。要实现法益保护，最根本的措施是矫正罪犯。与以龙勃罗梭、菲利等人为代表的刑事人类学派不同，李斯特相信罪犯是可以矫正的。他曾指出："所谓旧学派即欲保存从来就有见解之人，尚非我们所要急于反对的，最危险的是不信仰人类有教化可能而属于极端自然派的刑事人类学派。"〔4〕但他没有看到，将刑事政策逐出犯罪论之后，定罪又重新变得盲目了。因为报应本身并

〔1〕［德］克劳斯·罗克辛："刑事政策与刑法体系"，蔡桂生译，载《刑事法评论》2010年第1期，第250页。

〔2〕［德］许逎曼："刑法体系与刑事政策"，王效文译，载许玉秀、陈志辉合编：《不移不惑献身法与正义——许逎曼教授刑事法论文选辑》，新学林出版股份有限公司2006年版，第42页。

〔3〕［德］弗兰茨·冯·李斯特：《德国刑法教科书》，徐久生译，法律出版社2000年版，第1页。

〔4〕马克昌主编：《近代西方刑法学说史》，中国人民公安大学出版社2008年版，第230页。

不是刑罚的目的，预防才是。李斯特虽然认识到法官必须了解被自己判刑的犯罪人，"我们关注的是人，而不是由该人实施的行为"，但却没有认识到刑罚目的对定罪也有影响，仅将特殊预防用于刑罚适用无异于"头疼医头，脚疼医脚"，对矫正罪犯是不够的。

最后，将刑事政策的价值选择排除出犯罪论，实际上割裂了体系性思考与问题性思考的关系，将二者对立起来。罗克辛指出，体系对刑法学意义重大，没有体系，刑事司法就会变成"摇奖机"，定罪量刑为专断和恣意所充实。体系促进思考的经济性，避免评价过程中遗漏信息，刑法也变得更有操作性。刑法体系给不同法官提供了同一种评价规程，在更大限度上促进了同案同判，促进社会公平正义的实现。但体系也有缺陷，其一就是容易僵化。体系是从司法过程中不断归纳提升固定下来的，对于一些特殊问题，体系作用不大。在解决这类问题时，需要我们"从刑事政策上主动放弃那些过于僵硬的规则"。如果坚持将旧体系套在新问题上，就会出现不合乎实际的结果，这时候就需要通过刑事政策的价值选择"对教义学上概念性方案进行纠正"。如耶赛克所言："人们也不能忽视按照抽象规则建立起来的刑法教义学所带来的危险，这种危险存在于：法官机械地依赖于理论上的概念，从而忽视了具体个案的特殊性。这时，决定性的首要任务总是解决案件问题，而对体系的需要则必须退居第二位。"[1]

总之，如果不将刑事政策评价融入犯罪论，仅在司法过程中针对个案进行个别调整，不仅体系本身会遭到人为的破坏，在结果上也会"导致不平等或者专横地适用法律"。有没有一种"不依赖于任何体系的、可以直接进行评价的，又具有法安全性，可以对法律素材进行控制支配的"做法？[2]罗克辛教授认为：有，那就是建立在刑事政策基础上的目的理性刑法体系。在该体系中，构成要件、违法性、有责性都不再是中性的，而是建在立法者的评价性目的之上。借助于刑事政策的实质评价，法官才能从一般行为中选出具有刑法意义的行为，而且，通过考虑刑事政策，将行为判断与现实需要紧密联系在一起。

---

〔1〕　转引自［德］克劳斯·罗克辛："刑事政策与刑法体系"，蔡桂生译，载《刑事法评论》2010年第1期，第247页。

〔2〕　［德］克劳斯·罗克辛："刑事政策与刑法体系"，蔡桂生译，载《刑事法评论》2010年第1期，第248页。

（三）跨越"李斯特鸿沟"的路径

跨越"李斯特鸿沟"意味着，刑法体系与刑事政策不再是割裂的，而是双向影响的。刑法的刑事政策化与刑事政策的刑法化，都是跨越"李斯特鸿沟"的表现形式。刑法的刑事政策化，强调的是刑事政策对刑事立法与刑事司法的指引作用；刑事政策的刑法化，强调的是刑法体系对刑事政策的制约作用。认同"李斯特鸿沟"的学者，生怕刑事政策不受制约，将刑法体系引入泥洼。只有受到刑法体系制约的刑事政策，才可以避免这样的忧虑。其实，这里所讲的"刑事政策"既不是解释者的臆想，也不是立法者的恣意，而是受宪法制约的立法者的价值立场。学者指出："部门法解释所需的价值补充应当首先在宪法中寻找，而不能轻易超越实证法秩序而诉诸伦理观、政治哲学或者比较法。"[1]其实不然，立法者的价值立场随社会治安形势而动，作为应对犯罪态势的合理反应，刑事政策本身可能出于宪法法条表述，也可能出自政治哲学、比较法、社会伦理或者其他，只要其宗旨不与宪法法条或精神相违背即可。在刑法体系与刑事政策双向影响、双向制约的机制之下，"建构起一个可以接受刑事政策的引导但同时又能对刑事政策的考量进行有效约束的刑法体系"[2]才有可能。

一般来说，"刑事政策必须经由目的管道才能进入刑法体系，和规范目的与预防目的无关的政策诉求会被排除在外"。[3]可见，跨越"李斯特鸿沟"必须借助于目的管道，经由规范目的或刑罚目的，刑事政策被注入刑法体系。这一过程既是刑法体系限制刑事政策的一环，也是刑事政策指引刑法体系的重要方式。这里重点谈一下规范保护目的。规范保护目的不同于法益，后者实际上也是一定规范目的下的产物。[4]一方面，规范保护目的是影响犯罪化（立法）的重要因素。"犯罪化的根本不是如何限制国家权力，而是如何建构国家和公民之间的关系，以及如何在这种关系中适当地建构刑法。……犯罪化与否不能仅仅考虑旨在保护的法益，也要考虑保护的目的或目标，即通过

---

〔1〕 张翔："刑法体系的合宪性调控——以'李斯特鸿沟'为视角"，载《法学研究》2016年第4期。

〔2〕 邹兵建："跨越李斯特鸿沟：一场误会"，载《环球法律评论》2014年第2期。

〔3〕 劳东燕："刑事政策刑法化的宪法意涵"，载《中国法律评论》2019年第1期。

〔4〕 许玉秀：《当代刑法思潮》，中国民主法制出版社2005年版，第26页。

法律保护达成一定的秩序。"[1]另一方面，规范保护目的在定罪量刑（司法）时也不可忽视。"若是将规范有效性理解为法益的唯一内容，则规范目的所指向的便只有法益。"[2]不过，由于规范有效性并非法益的唯一内容，规范保护目的所指向的也并非仅是法益。目前，刑事司法上对目的解释的适用仍然不尽人意，在认知上也存在误区，其中最大的问题就是将规范保护目的等同于法益，造成了一些问题。

比如在"王某军非法经营案"中，原审法院以王某军没有办理粮食经营许可证和工商营业执照而进行粮食收购活动，违反《粮食流通管理条例》相关规定为由，依据《刑法》第225条第4项的规定，以非法经营罪判处王某军有期徒刑1年，缓刑2年，并处罚金人民币2万元。最高人民法院认为，《刑法》第225条第4项是在前三项规定明确列举的三类非法经营行为具体情形的基础上规定的一个兜底性条款，在司法实践中适用该项规定应当特别慎重，相关行为需有法律、司法解释的明确规定，且要具备与前三项规定行为相当的社会危害性和刑事处罚必要性，严格避免将一般的行政违法行为当作刑事犯罪来处理。[3]实际上，在适用《刑法》第225条第4项时，需要在该条规范的保护目的之下评价行为人违反《粮食流通管理条例》相关规定的行为，而非只要存在后者就一定具有刑事处罚必要性。刑法规范的保护目的不同于行政法上的保护目的，后者虽然有时也具有保护法益的目的，但是大部分法条以行政管理为主要目标，因此对于违反行政法的行为是否成立犯罪需要根据刑法上的规范保护目的进行再评价。

由于"规范保护目的"并非"法益"的等同物，仅根据法益的重要性评价行为是否值得处罚，会扩张处罚范围。严格来说，法益是规范的保护对象，而非规范保护目的本身。刑法目的是辅助性的法益保护，法益被保护的程度和范围应该在刑法规范的保护目的之下确定。在犯罪化的过程中，立法者不仅要考虑保护对象的重要性，还要考虑行为的有用性及一般人的行动自由，以免提出过于苛刻的要求。根据保护对象的重要性，立法者从一般法益中筛选出刑法上值得保护的法益。为了避免法益保护范围的扩张，立法者根据行

[1]　参见李波："规范保护目的：概念解构与具体适用"，载《法学》2018年第2期。

[2]　劳东燕："刑事政策刑法化的宪法意涵"，载《中国法律评论》2019年第1期。

[3]　参见"最高法指定再审内蒙古农民王力军非法经营案"，载 http://news.sohu.com/20161230/n477363732.shtml，访问日期：2017年10月22日。

为的有用性及一般人的行动自由，对值得处罚的法益侵害进行进一步限制。在"王某军非法经营案"中，法官仅考虑了行为所侵害的法益的重要性，而未对刑法规范保护目的进行全面的考量，没有处理好法益重要性与行为有用性之间的关系，导致机械性的司法。[1]

五、结语

本章从我国社科法学学者对法教义学的批评开始，在社科法学和法教义学关系问题上提出"共生论"命题。笔者认为，社科法学和法教义学是广义法学的两个分支，它们之间的争论是法学内部的学派之争，不应将争论扩张到社会学、经济学或其他学科。追溯大陆法系与英美法系相关争论的学说史，可以发现，其学者致力于沟通社科法学和法教义学，希望在二者之间架起一道沟通的桥梁。探讨完国外状况之后本章将视角转向国内，挖掘我国社科法学和法教义学对立模式的渊源，探讨其互补性，为二者合作做铺垫。最后，本章考察了将刑事政策的价值选择融入刑法教义学的效果，为沟通社科法学与法教义学提供例证。

笔者认为，要理性看待二者之间的争论。学者指出："规范法学（即法教义学——引者注）过分强调解决法制问题，而忽略了对社会科学的核心问题——因果关系的分析。"[2]法教义学解决不了法条之外的因果关系问题，社科法学也解决不了具体法条解释和适用的问题，它们谁也代替不了谁。虽然社科法学可以通过经济分析、社会分析弄清楚适用哪个条文更有效，更符合社会常识，但是，具体到法条文字，它就不能不借助于法教义学更为系统的解释规则。而且，法教义学和社科法学的合作不但是可能的，而且是必需的。它们从不同的方向和视角来认识、看待法律和法律现象，视角的不同丰富了法学研究，带给了我们更多的可能性。如果没有社科法学，我们只看到法律作为规范的一面，却看不到法律作为人文景观、作为国家治理的一面。对法律性质认识不清，当然会有碍于对法律现象的教义分析。相反，如果没有高水平的法教义学，便难以将一些劣质的法条解释好，社科法学就会疲于批判

---

〔1〕 更详细的讨论请参见李波："规范保护目的：概念解构与具体适用"，载《法学》2018年第2期。

〔2〕 陈瑞华：《论法学研究方法：法学研究的第三条道路》，北京大学出版社2009年版，第106页。

法条，实际上却对判决毫无影响。

在我国，社科法学和法教义学的合作需要借鉴大陆法系和英美法系的相关经验。相比来说，中国法学只有三十几年的历史，无论和大陆法系相比还是与英美法系相比都显得稚嫩。我们需要看到，西方社科法学是在法教义学已经很强大的时候，为弥补法教义学的局限而发展起来的。认识到这一点，对我们来说非常重要。如果过分强调二者的对立，强调社科法学的第一位，就无异于将大厦建在沙滩上。我国没有法教义学的传统，在我们的社会上，在我们的文化中，在我们的骨子里都充斥着一种实质的观念，这使得社科法学更容易受到青睐。实际上，政法法学本身就是一种带有意识形态色彩的社科法学，它所采取的研究方法基本上都是来自于哲学、社会学、伦理学等社会学科。鉴于此，在我国推进法教义学，促进社科法学和法教义学的沟通和共赢，任重而道远。

第二章
行为人刑法转型与当代中国的选择[1]

一、问题的提出

《刑法修正案（八）》将"扒窃"这种行为类型纳入盗窃罪中。按照《刑法》第264条字面的文义，扒窃入罪没有数额限制，其合理性问题引起了众多学者的热议。为了探明"扒窃"概念的内涵，进而合理确定处罚范围，一些学者开始寻找限缩解释的路径和方法。其中，梁根林教授和车浩教授的观点引人注目。梁根林教授从人格刑法学的角度展开。他认为："《刑法修正案（八）》将扒窃入罪，与其说加强了对扒窃行为的否定评价，不如说更多地关注了实施扒窃行为的行为人即'扒手'扒窃已成习性（常习犯）、以扒窃为业（常业犯）或者意图以扒窃为业等人的主观不法属性。"[2]人格刑法学强调人格要素在定罪中的制约作用，是行为人刑法的一种。车浩教授认为："扒窃入刑的法理构建，是被害人教义学与行为人刑法分工合作的结果。"他建议："发掘立法原意中的行为人刑法思想，在责任阶段限缩扒窃犯罪的打击范围；利用功能性的责任概念，在责任层面视情形给予扒窃的偶犯予以责任的减免。"[3]在扒窃条款的限缩适用上，两位学者不约而同地到行为人刑法那里寻找解释资源，值得我们思考。

行为人刑法与行为刑法，在德国刑法学中是相对应的概念。罗克辛教授

---

[1] 本章原载于《政法论丛》2015年第4期，有改动。

[2] 梁根林："但书、罪量与扒窃入罪"，载《法学研究》2013年第2期。

[3] 车浩：" '扒窃'入刑：贴身禁忌与行为人刑法"，载《中国法学》2013年第1期。

指出:"行为刑法是一种法定规则,根据这个规则,刑事可罚性是与行为构成方面加以限定的单一行为(或者可能情况下的多个行为)相联系的,同时,惩罚仅仅表现为对单个行为的反应,而不是表现为对行为人整体生活导向的反应,更不是表现为对一种行为人所期待的未来危险的反应。行为人刑法则相反,刑罚是与行为人的人格性相联系的,同时,刑罚是由行为人对社会的危害及其程度决定的。"[1]由此可见,行为刑法与行为人刑法是两种不同的刑法模式,其在思考重心、惩罚根据、对象等方面都有所不同。行为刑法以"行为"为思考的重心,这种模式主导的立法通常致力于"犯罪行为的类型化",犯罪论体系以"行为构成"为基础,针对"单个行为"发动刑罚;行为人刑法以行为背后的"人"为思考的重心,这种模式主导的立法通常致力于"犯罪人格的类型化",犯罪论体系以"行为人构成"为基础,针对整体的"行为人"发动刑罚。

在学术史上,一般认为旧派主张行为刑法,新派主张行为人刑法。但由于人格与行为实际上很难区分,纯粹的行为刑法或纯粹的行为人刑法在学说史上都很少有学者主张,居于主导地位的是以某一种思考模式为主导的刑法体系。例如,自1902年刑法改革以来,德国刑法都属于行为刑法,但是一直受到行为人刑法的影响。比如,"司法解释与主流的观点,到今天还使用行为人类型的考虑来限制背信罪的行为构成(第266条)"。[2]一般来说,基于定罪对量刑的决定性影响,"是否在定罪中考虑行为人要素"被认为是判断"真正的"行为人刑法的核心标准。只有在定罪中考虑行为人要素才是"真正的"行为人刑法,仅在量刑或执行阶段考虑行为人要素的体系不是"真正的"行为人刑法,因为在定罪阶层考虑行为人要素的刑法通常会在量刑阶层继续考虑行为人要素,在量刑阶层考虑行为人要素的刑法却不一定在定罪时考虑行为人要素。在阶层犯罪论体系中,将行为人要件安置在不同阶层意味着行为人刑法具有多样性,不同的体系设计也反映了同一体系中行为人要素与行为要素的不同程度和比例。

行为人刑法可分为激进和改良两种类型。在这两种基本类型中,行为人

---

〔1〕 〔德〕克劳斯·罗克辛:《德国刑法学 总论》(第1卷),王世洲译,法律出版社2005年版,第106页。

〔2〕 〔德〕克劳斯·罗克辛:《德国刑法学 总论》(第1卷),王世洲译,法律出版社2005年版,第110页。

要素的地位有所不同。在激进的行为人刑法（"纯粹的行为人刑法"）类型中，行为人要素在定罪阶层的地位是首要的。最初，该派认为只要存在人身危险性，即便尚未实施犯罪行为也能入罪处刑，后来在旧派的批评下，转而将行为作为犯罪人格的表征。在改良的行为人刑法（"行为刑法之辅翼"）类型中，行为人要素作为独立的要件被纳入犯罪论体系，但其处于行为要素的辅助地位，或者作为评价违法性的内容之一，或者作为解释罪责的要素，或者作为取代罪责的要素，或者作为判断预防必要性的事由之一，或者作为主观处罚条件适用。根据行为人要素体系性地位的不同，激进的和改良的行为人刑法都发展出了多个分支。例如，后者在今天又发展出了人格刑法学、新人格刑法学等派别。从发展过程来看，目前国际范围内的行为人刑法呈现出一种从激进到改良的变化趋势。

在当前的刑法框架下，研究行为人刑法有其现实意义。毋庸置疑，当代中国刑法仍属于行为刑法，但其中也有一些体现行为人刑法的条款，比如扒窃，累犯从重，未成年人犯罪从轻、减轻处罚等。虽然行为人刑法还无法取代行为刑法，但它一直潜移默化地影响着后者，通过一些特殊的立法条款调节和弥补其功能上的缺陷。行为刑法以抽象的理性人为基础，将罪犯看作无个性的符号，"一视同仁"地根据行为定罪处罚；行为人刑法强调罪犯是有血有肉的具体人，强调罪犯人格和处遇的个别化。行为刑法注重报应和一般预防，行为人刑法注重矫治和特殊预防，报应和一般预防不需要考察单个人的人格，特殊预防和矫正却不能不考虑行为人的人格。行为刑法有利于坚持罪刑法定原则，却不利于有针对性地教育矫正罪犯，行为人刑法有助于纠正行为刑法的上述缺陷。从这两方面来看，行为人刑法与行为刑法各有优势，互相补充。事实上，一部刑法经常同时存在着体现行为刑法与行为人刑法思想的条款，但是对于特定国家的犯罪论体系而言，二者之中只有一种能够成为主导。[1]在本章中，笔者梳理了行为人刑法演进的学术史，比较了激进与改良两种行为人刑法模式。笔者认为，隶属改良派的人格刑法学是当前较为理想的刑法模式。

---

〔1〕 比如就德国刑法而言，罗克辛指出："人们公认，现行法律绝大多数是一种行为刑法。"但在行为刑法之外，也存在着行为人刑法的重要影响，这种影响既包括从重处罚，也包括从轻处罚。参见〔德〕克劳斯·罗克辛：《德国刑法学　总论》（第1卷），王世洲译，法律出版社2005年版，第110页。

二、行为人刑法转型：从历史到现代

（一）行为人刑法的历史

1. 行为人刑法：从激进到改良

行为人刑法最初是由新派学者提出来的。菲利率先指出，新派应以预防犯罪为宗旨，致力于设计一种以犯罪人的人身危险性为基础的刑法典。"评判犯罪人是否具有人格危险性，很重要的一个参考标准就是'客观环境'因素。此评价标准建立在，犯罪人是否是精神病人或者从生物遗传基因角度综合予以考察。若经过上述价值判断，犯罪人并不属于以上任何两种情形之一，并且，该危险不依赖所谓特殊的情境限制，这种危险仍然需要被审查，只不过，此时的'危险性'判断，是一种面向未来的价值评判，是确定在未来的如果发生同样类似情境下，犯罪人是否仍然会实施同样的犯罪行为，最终方可确定犯罪人的犯罪行为是否必须依赖某种特定环境才会产生相应的犯罪行为。"[1]可见，人身危险性的判断是一种由外而内的过程，既需要考察行为人的生理或心理特征，也需要观察其行为。不过，最终的目的是判断行为人有无内在的"犯罪倾向"。行为人是否有罪，以其是否具有上述"人身危险性"或"犯罪倾向"为准。这种"激进的行为人刑法"类型当时并没有实现，菲利起草的《意大利刑法草案》也没有被通过。

之后，李斯特与普林斯、哈默尔等人共同创立国际刑事法协会，将"如何构建行为人刑法"作为会议的重要议题。1905年国际刑法大会提议以人身危险性代替犯罪行为成为定罪处刑的根据；1910年会议进一步考虑行为人刑法的可接受性问题，希望能够将社会危险性观念在社会政策上与个人自由相协调；1913年会议则将上述议题具体化，考虑到危险性犯人的认定和处遇问题。[2]总体来说，李斯特等人的做法与菲利有所不同，李斯特将定罪与刑罚分开，仅在刑罚部分考量犯罪人的人格，这种行为人刑法无疑属于改良派。如罗克辛所言，改良的行为人刑法类型"以人格为限制条件的违法犯罪人的危险性就直接表现为罪责的要素。但是性格方面的情况，从法治国的理由出发，也是作为刑法性惩罚的条件与单个行为相联系的，也就是说，不是顺着

---

〔1〕 韩啸："意大利实证学派罪犯矫正理论研究"，北京大学2015年博士学位论文，第118页。

〔2〕 蔡墩铭：《现代刑法思潮与刑事立法》，汉林出版社1976年版，第127页。

激进的行为人刑法的道路发展的，而是要将其影响限制在犯罪行为的法律后果之上的”。[1]此后，在很长一段时间内，行为人刑法的发展都没有超出这种改良类型的范围。

学派之争后期，李斯特等人基本上接受了旧派所提出的“区分所在的不同领域，协调学派之争”的建议，即将行为刑法对应刑法教义学，主要体现在犯罪论体系部分，同时将行为人刑法对应刑事政策，主要体现在法律后果的裁量和执行上。新派学者起家多在犯罪学领域，许多学者都对犯罪人做过类型化，但是众说纷纭、歧见迭出。相比来说，行为比行为人更容易类型化，更容易判断。因此，两派的合作以旧派为主导，同时吸收了新派的一些新见，“从而考虑到了现实状况”。正如拉德布鲁赫所指出的：“报复罚（属于行为刑法——引者注）在事实上之所以有特别根据被称为‘法律罚’，是因为在行为与责任的确定性方面，它为量刑提供了一个比教育罚和保安罚（属于行为人刑法——引者注）更为明确的标准，也同时因为它为针对行为与责任的刑罚提供了单一的对应。相反，教育罚和保安罚则依赖于因人而异且易出错的行为人人格的理解，另外也提供了过多处治方法，使人难以选择。”[2]李斯特强调人格要素对罪责判断的重要性：“只有这个将行为人的危险性考虑进去的罪责观能在普通犯罪行为学说与普通犯罪人学说之间架起一座桥梁，并能解释为何社会对习惯犯的犯罪行为作出的刑法反应要比偶犯的犯罪行为更严厉。”[3]在罪责阶层考虑人身危险性，主要是为了在量刑阶段对罪犯妥当施以刑罚。拉德布鲁赫在学派之争初期就站在李斯特这边，其刑法体系包括“犯罪”和“犯罪人”两部分，前者包括“构成要件该当性”和“违法性”，后者包括“归责可能性”和“归责能力”。拉德布鲁赫也将行为刑法与行为人刑法予以分割，前者是刑法教义学的应然考察，涉及的是概念问题，后者是刑事政策的应然考察层面，涉及的是要以生活来充实刑罚的概念。[4]对此，考夫曼认为：“拉德布鲁赫也不曾打算废止责任原则，相反，他最终却做到了使责任学说‘精致化’。……坚持废除责任刑罚的那些人不可能从拉德布鲁赫

---

〔1〕［德］克劳斯·罗克辛：《德国刑法学　总论》（第1卷），王世洲译，法律出版社2005年版，第107页。

〔2〕［德］拉德布鲁赫：《法学导论》，米健、朱林译，中国大百科全书出版社1997年版，第86页。

〔3〕［德］李斯特：《德国刑法教科书》，徐久生译，法律出版社2006年版，第262页。

〔4〕［德］拉德布鲁赫：《法学导论》，米健译，商务印书馆2013年版，第75页。

那里找到（立论的）根据。"[1]

　　受纳粹思想的影响，激进的行为人刑法类型在 20 世纪 30 年代的德国刑法学中有所回潮。这一时期激进的行为人刑法是在纳粹刑法推进之下发展起来的。在 1939 年 9 月 5 日的"反对人民的祸害的命令"和 1939 年 12 月 5 日"反对暴力罪犯的命令"中就包含了难以理解的"人民的祸害"和"习惯性罪犯"这种人格类型。[2]与此相应，一些学者（例如达姆）提出将这种"规范的行为人类型"应用到传统刑法中去。梅茨格尔提出："生活方式的罪责"思想，主张"在错误的生活方式中，存在着行为人罪责的性质。"[3]坎托罗维奇、米特迈尔等人也提出所谓的"性格罪责说"，该说是一组"行为—人格"二元犯罪论体系学说的组合。其中，坎氏将"可罚的行为"定义为"行为者有责的实行适合于构成要件且非适法的行为"，并将可罚的行为分为"客观的行为面"与"主观的行为者面"。其中，行为面又可以被分为"行为""构成要件适当性"及"阻却违法事由之欠缺"，行为者面则可以被分为"行为者""责任"及"阻却一身的处罚事由之欠缺"等项。米氏则将犯罪论体系分为三部分："适合于构成要件之违法的举动""行为者人格"以及"责任"。[4]

　　第二次世界大战结束之后，格拉曼迪卡与安塞尔分别提出社会防卫论与新社会防卫论。沿袭菲利的思路，格拉曼迪卡认为旧派框架下的犯罪、责任、刑罚等概念不利于罪犯的社会复归，应该用"反社会性""反社会性的指标及其程度"以及"社会防卫处分"予以替代。反社会性是指人对社会生活准则的反抗个性，其指标应该在社会防卫法典中事先予以规定；在司法过程中，国家通过人格调查了解行为人的反社会性程度，然后分配相应的社会防卫处分。[5]虽然格拉曼迪卡没有否定罪刑法定原则，但他主张的反社会性指标的法定化与社会防卫处分的人道化在"残酷的现实"面前无法实现。与格拉曼迪卡直

---

　　[1]　[德]拉德布鲁赫：《法学导论》，米健译，商务印书馆 2013 年版，第 67 页。

　　[2]　[德]克劳斯·罗克辛：《德国刑法学　总论》（第 1 卷），王世洲译，法律出版社 2005 年版，第 109 页。

　　[3]　[德]克劳斯·罗克辛：《德国刑法学　总论》（第 1 卷），王世洲译，法律出版社 2005 年版，第 109 页。

　　[4]　[日]大塚仁：《刑法概说（总论）》（第 3 版），冯军译，中国人民大学出版社 2003 年版，第 121 页。

　　[5]　马克昌主编：《近代西方刑法学说史》，中国人民公安大学出版社 2008 年版，第 477 页。

接废黜传统刑法不同，安塞尔将自己的理论定位为刑事政策理论而非刑法理论，更强调其指导意义而非对现行刑法的取代。由此可见，安塞尔采纳了类似李斯特的立场，他建议在刑事诉讼程序中区分定罪和量刑，定罪根据犯罪行为所造成的客观的社会危害，量刑在此基础上进一步参考人格要素。[1]

2. 激进派衰退：原因与评价

激进派以人身危险性为核心建构犯罪论体系的做法遭遇了重重障碍。其一，只要有人身危险性，即使没有实施犯罪行为也要定罪处刑，这种做法不符合启蒙运动以来主导性的人权保障精神。"法治国的考虑也是这种刑法的障碍。刑事诉讼中有足够的把握查明的，只有特定的行为。在查明故意、特定意图和动机等心理要素时会遇到很多重大困难，只有从外部事实以及心理学上的经验法则进行多少是必要的反推，才有可能解决这些问题。如果想就特定行为是否符合行为人的人格得出进一步的结论，则又会导致碰到与预测研究同样不确定的问题。"[2]其二，行为人刑法给予法官过分宽泛的自由裁量权，而后者并不被信任。正如拉德布鲁赫所言："没有全新型的刑事法官，新的刑法也无法变成生活事实。"[3]行为人刑法无论在人性、道德、心理认知，还是在纯粹技术方面，对法官的要求都提高了。在缺乏科学的人格鉴定技术的条件下，犯罪是否成立的判断受制于法官的感觉。其三，既然现代学派认为犯罪行为是人格要素与环境要素共同作用的结果，环境对人格的养成具有重要影响。"国家如不改善影响性格形成之各项环境，而斤斤于处罚性格恶劣之人，实有负国家对人民所尽之义务。"[4]其四，激进的行为人刑法缺乏坚实的社会基础。拉德布鲁赫曾提到，《刑法典备选草案》中一些偏向行为人刑法的条款在联邦议会表决时被采纳，却因为政府不肯投资而被废止。[5]政府之所以不肯投资，也是因为这些偏向于行为人刑法的条款与当时主流的道德责任论不相符合。

在旧派批评下，新派学者在主张目的刑、教育刑、保安刑的同时，对其

---

〔1〕 马克昌主编：《近代西方刑法学说史》，中国人民公安大学出版社 2008 年版，第 487 页。

〔2〕 ［德］冈特·施特拉腾韦特、洛塔尔·库伦：《刑法总论 I——犯罪论》，杨萌译，法律出版社 2006 年版，第 38 页。

〔3〕 ［德］拉德布鲁赫：《法学导论》，米健译，商务印书馆 2013 年版，第 144 页。

〔4〕 蔡墩铭：《现代刑法思潮与刑事立法》，汉林出版社 1976 年版，第 129 页。

〔5〕 ［德］阿图尔·考夫曼：《古斯塔夫·拉德布鲁赫传——法律思想家、哲学家和社会民主主义者》，舒国滢译，法律出版社 2004 年版，第 71 页。

弊端也有了清晰的认识。李斯特指出，目的刑合乎逻辑的实施受到目的刑思想以及其他一些重要限制。其一，社会防卫应该有限度。"不得为了公共利益而无原则地牺牲个人自由。……在法制国家，只有当行为人的敌对思想以明文规定的行为表现出来，始可科处行为人刑罚。"[1]其二，要注意目的刑对社会的反作用，防止为了正确的目的而不择手段。"过分强调矫正思想对于全民的法律意识及国家的生存，都会造成灾难性的后果。……目的刑思想有其界限。不考虑所要达到的目的，而一味地强调自我保护方法，永远也不会收到满意的效果。"[2]其三，社会环境对犯罪的产生也有责任，不能一味只责备犯罪人。"'社会集体罪责'的信念给国家的惩罚行为预先规定了一个界限。无论对个人还是对社会，预防犯罪行为的发生要比处罚已经发生的犯罪行为更有价值，更为重要。"[3]

行为人刑法的激进方案在刑法教义学中的初步尝试未能成功。尽管如此，在刑事政策上考虑行为与行为人、一般预防与特殊预防的平衡，在刑法实践中将二者有机结合的观点仍然获得了通说的支持。虽然囿于当前社会发展和科学水平，旧派根据犯罪行为及其社会危害定罪量刑的做法还难以取代，但新派的行为人刑法思想还是展示了巨大的理论穿透力，揭示了行为刑法的缺陷，提出了预防和弥补之策。如罗克辛所言："虽然行为刑法在刑法典的适用中并没有被彻底地改变，但是，它应当总是在分析（时光流逝之后在其表现中和强烈程度得以变换中）行为人刑法的影响，并且已经融入这种影响中。"[4]

（二）现代的行为人刑法

行为人刑法经历从激进到改良的转型之后，已无法与行为刑法相抗衡。现代刑法基本上是以行为刑法为主，同时采纳行为人刑法的部分成果。行为刑法与行为人刑法之间并不是绝对矛盾的。比如，德国刑法学说史上达姆的"规范的行为人类型"概念，被称为行为人刑法的极致，其背后的思维却属于行为刑法。规范的行为人类型将典型的行为人形象填充到具体的构成要件之中，当某个构成要件行为满足这种形象标准时，就将其归入这个构成要件之

---

[1]　[德] 李斯特：《德国刑法教科书》，徐久生译，法律出版社 2006 年版，第 23 页。

[2]　[德] 李斯特：《德国刑法教科书》，徐久生译，法律出版社 2006 年版，第 23 页。

[3]　[德] 李斯特：《德国刑法教科书》，徐久生译，法律出版社 2006 年版，第 23 页。

[4]　[德] 克劳斯·罗克辛：《德国刑法学　总论》（第 1 卷），王世洲译，法律出版社 2005 年版，第 106 页。

下。可见，在达姆的规范的行为人类型中，"行为"本身被"行为人形象"完全替代，这无异于在行为刑法的框架下，用行为人形象解释行为构成。其"关心的并不是行为人的人格，而是把这个行为人的单个构成行为，与一种由行为构成类型的行为人所期待的行为所想象的举止行为形象进行了比较"。[1]笔者认为，规范的行为人类型不同于犯罪学上的行为人类型，后者的判断是基于经验，需要判断某个人的人格是否与某一类罪犯的犯罪学特征（比如惯犯）相吻合，而前者是一种价值判断，法官根据自己的观念决定是否将某种行为人形象归入某构成要件之下。不过，规范的行为人类型应该是在犯罪学的行为人类型基础上所做的评价，不可能是纯粹的价值判断。换言之，没有存在基础，规范评价只能是恣意的。由于缺乏犯罪学上的科学的行为人类型为基础，达姆的规范的行为人类型始终停留在抽象的层面，最终为纳粹恣意杀戮犹太人所用。可见，行为人刑法并非生来就有人权保障的基底，要实现最大限度地保障国民自由的目的，需要将行为刑法与行为人刑法结合起来。下面，笔者将介绍几种新的结合行为刑法与行为人刑法的做法，并简要评论。

1. 行为刑法与行为人刑法的结合

第一种是大塚仁等人所主张的"人格不法+人格责任说"。与旧派所主张的行为责任论相比，"性格责任论直视行为人的性格本身，结果就没有考虑行为人的主体性，导致排斥责任中的非难的意义"。[2]德国学者梅茨格尔、博尔克曼等人提出人格责任论，将行为责任和性格责任结合起来。与性格责任论相比，人格责任论建立在相对意志自由的基础之上。其中，行为责任考量的是作为"人格主体性现实化了的行为"，性格责任则考量的是"人格形成中的人格态度"。[3]日本学者团藤重光在人格责任论的基础上提出人格行为论，认为行为本身即行为人人格的现实化。人格，一方面以先天的以及后天的素质为基础，另一方面由于个人经验的不同而逐渐形成。[4]在此基础上，大塚仁又结合威尔泽尔所创立的"人的不法理论"，提出"人格刑法学"。该说认

〔1〕 ［德］克劳斯·罗克辛：《德国刑法学　总论》（第1卷），王世洲译，法律出版社2005年版，第110页。

〔2〕 ［日］大塚仁：《刑法概说（总论）》（第3版），冯军译，中国人民大学出版社2003年版，第434页。

〔3〕 ［日］大塚仁：《刑法概说（总论）》（第3版），冯军译，中国人民大学出版社2003年版，第434页。

〔4〕 马克昌主编：《近代西方刑法学说史》，中国人民公安大学出版社2008年版，第518页。

为："在理解关于个别行为的行为人的人格态度时，当然必须考量行为人过去的人格形成问题。可以说，在人格形成受到素质和环境的制约时，对行为人人格的非难就轻，相反，在素质和环境对人格的形成影响很少的领域，对人格的非难就重。但是，在刑法的责任论中，这一点不是在应该决定责任的存否方面发生的问题，而是在认为存在责任之后，在判断责任程度的阶段应该考虑的问题。"〔1〕

　　第二种是耶赛克等人所主张的"人格责任+人的处罚条件说"。该说认为，人格要素在责任阶层以及人的处罚条件部分发挥作用。在责任阶层，人格责任可被分为行为责任与生活方式责任，前者是主要的，后者是次要的。一般情况下，符合不法和责任即能确定行为的应受处罚性，但在特殊情况下，要确定行为的应受处罚性还需要在不法和责任之外附加一些要素，其中包括客观的处罚条件和人的处罚条件。其中，人的处罚条件"既与被保护的法益、行为的实行方式无关，也与行为中所表现的行为人对法律的态度无关，它们存在于不法和责任之外，但均与行为人的人格具有联系"。〔2〕人的处罚条件具有限制刑罚的作用，它可被分为"个人之阻却刑罚事由"和"个人之解除刑罚事由"。〔3〕前者是指虽然成立犯罪但由于行为当时存在特殊的身份关系进而排除可罚性的情况，例如亲属相盗例中的直系亲属、配偶、同居亲属、户主、家属及其配偶者，国会议员的免责特权等；后者是指由于在可罚的行为之后所发生的行为人的特殊态度，消灭已成立的可罚性的情况，例如因自首而免除刑罚等。〔4〕

　　第三种是罗克辛的"预防必要性说"。在目的理性刑法体系中，罗克辛区分了有责性和罪责，罪责只是有责性的一部分，此外还有预防必要性的判断，即"在由于行为人的特别情况而缺乏一种特殊预防或者一般预防的刑罚需要性，并因此能够放弃刑罚时，现有罪责中的责任也能够通过法律或宪法加以

---

〔1〕　［日］大塚仁：《刑法概说（总论）》（第3版），冯军译，中国人民大学出版社2003年版，第377页。

〔2〕　［德］汉斯·海因里希·耶赛克、托马斯·魏根特：《德国刑法教科书》，徐久生译，中国法制出版社2001年版，第665页。

〔3〕　［德］汉斯·海因里希·耶赛克、托马斯·魏根特：《德国刑法教科书》，徐久生译，中国法制出版社2001年版，第664页。

〔4〕　［韩］金日秀、徐辅鹤：《韩国刑法总论》（第11版），郑军男译，武汉大学出版社2008年版，第417页。

排除"。[1]预防必要性判断的内容包括行为人的人格、他过去的生活以及生活环境,借此确定是否缓刑,是否保留刑罚的警告以及是否免除刑罚。

2. 对上述三种结合模式的分析

虽然上述学说都将行为人刑法作为行为刑法的辅翼,但仍可分为两类:一类是"在行为刑法之体制内,另对于社会的危险性人格重大的行为人,规定其处罚的要件";另一类则是"刑法上之处罚的前提仍以行为为构成要件,但关于量刑即依行为人的性格而为决定,于是刑法之内不必有行为人类型之列举,只需在刑法一般规定性格判断及影响刑罚之依据"。[2]前者如大塚仁之人格刑法学,将行为人人格要素推进到不法层面;后者如耶赛克、罗克辛等人的学说,仍将行为人人格要素限制在有责性阶层的生活方式责任部分。在罗克辛的"预防必要性说"中,罪责部分只需考量的是行为责任,预防必要性部分才考虑行为人的人格要素。耶赛克等人的"人格责任+人的处罚条件说",在有责性部分都只是将行为人人格作为犯罪行为背后的说明要素,而不存在独立的"人格责任"。这里的"人格责任"实际上是"人格形成责任",因此该说未能脱离传统自由意志论的窠臼。在人的处罚条件部分发挥作用的"人格"主要是一些涉及主体身份的要素,与行为人人格要素不是一回事。作为可罚性的个人例外,人的处罚条件只能阻却或解除刑罚而不能消灭已存在的罪责。

要评论上述学说之优劣,需要从新派的两个口号说起。一个口号是"应受惩罚的不是行为,而是行为人";另一个则是"刑罚对于犯罪虽为有力之方法,但并非唯一之方法,更非最有力之方法"。前者强调主观主义,后者强调刑事政策的重要性。[3]学者常将二者分开理解,但它们事实上是相通的。刑法和刑事政策的关系问题,与行为刑法和行为人刑法的区分问题紧密联系在一起。新派强调行为人缘于刑罚目的观(即特殊预防),刑罚目的无疑是刑事政策的载体。李斯特采纳了比克迈尔的妥协方案,将刑事政策主要适用于指导刑罚适用之后,必然将行为人要素的考量排除在犯罪论体系之外,即在犯罪论体系部分注重犯罪行为,以服务于罪刑法定原则和罪刑均衡原则,在刑

〔1〕 [德] 克劳斯·罗克辛:《德国刑法学 总论》(第1卷),王世洲译,法律出版社2005年版,译者序。

〔2〕 蔡墩铭:《现代刑法思潮与刑事立法》,汉林出版社1976年版,第132页。

〔3〕 刁荣华主编:《现代刑法基本问题》,汉林出版社1981年版,第14页。

罚论体系部分注重行为人要素，以服务于教育和矫正犯罪人，预防其犯罪的目的。表面上看这种做法两全其美，结果却导致了"李斯特鸿沟"现象，亦即刑法教义学上正确的结论在刑事政策上反而是不妥当的。实际上，案件判决不能只符合封闭的刑法教义学，也应该符合国家的刑事政策。欲达此目的，就应将刑事政策引入刑法教义学之中。刑事政策不能仅在责任层面起作用，仅在责任论中引入人格要素还不够，还需要在不法阶层对行为人人格予以考虑才属妥当。行为人刑法的新口号已经不再是"针对行为人，而不是行为"，而是"针对人，而不是行为人"，即要通过人性看待犯罪行为，而不只是通过犯罪行为观察行为人的人性。不能仅看到"孤立的行为"，要在审查"生命流动的全部"基础上，认识行为人的人格，重新评价其行为。"生命和人如此难以由个别行为构成，就如同海浪并不能构成海洋一样。它们是全部行为，即个别行为交织在一起并运动着的密不可分的整体。"[1]这样，就不能仅仅在责任层面上引入人格要素，犯罪论整体（不法+责任）都要引入行为人人格。

人的违法论的提出，取代了物的违法性，将对行为人的强调从有责性阶层提前到违法性阶层。[2]这说明，大塚仁的人格刑法学是更彻底的行为人刑法。与其他行为人刑法类型相比，人格刑法学坚持从行为判断到行为人人格判断的位阶性，后者是在前者基础上对不法和责任进一步限缩，因此也是更稳妥的行为人刑法。该说主张："由于参与人的不同，同一行为事项的不法的严重程度也可能不同。"[3]根据该说，行为人要素融入一些构成要件中。例如，在惯犯的理解上，通常有两种观点：一种观点注重行为，即惯犯的成立需要行为人反复实施同一种犯罪行为，行为人是否具有习惯本身并不重要；另一种观点注重行为人，即惯犯的成立需要行为人反复实施同一种行为的意志，至于是否已经反复实施该行为并不重要。我国司法实践主要是采后一种观点。在"扒窃入罪"的理解上，扒窃行为是仅指惯犯的行为还是也包括初犯和偶犯的行为，对此学界认识不一。梁根林教授主张将扒窃限制在惯犯这一种行为人类型上，笔者认为是合理的。对于《刑法》第264条的规范保护

---

〔1〕 ［德］拉德布鲁赫：《法学导论》，米健、朱林译，中国大百科全书出版社1997年版，第90页。

〔2〕 陈兴良："人格刑法学：以犯罪论体系为视角的分析"，载《华东政法大学学报》2009年第6期。

〔3〕 ［日］大塚仁：《刑法概说（总论）》（第3版），冯军译，中国人民大学出版社2003年版，第568页。

目的而言，扒窃入罪只是对惯犯予以制裁，偶犯和初犯的扒窃行为并未包括于其中。全国人大法工委负责人曾介绍扒窃入罪的立法目的，即"技术含量较高的犯罪通常具有常习性；具有较高的犯罪技巧和犯罪技能，反侦查能力强；往往为多人共同犯罪，存在进一步伤害被害人人身的可能"。[1]梁根林教授的处理方式与达姆的"规范的行为人类型"有所不同，后者是以"行为人形象"完全取代"行为"本身，梁教授的做法则将行为人人格判断置于行为判断之后，在行为判断基础上进一步发挥堵截功能。刑法将所欲防范的行为的特定主体设置为规范的行为人类型，后者与行为一道成为违法性评价的对象，只有兼具行为不法和行为人不法的行为类型才真正具有违法性。

三、行为人刑法在中国的发展

（一）行为人要素在四要件体系中的应用

在我国，行为人要素最初在犯罪论体系中的应用是在人身危险性概念下展开的，即"在定罪中自觉不自觉地根据预防犯罪的需要，对人身危险性大的犯罪分子定罪施用刑罚"。[2]例如，1992 年 12 月 11 日，最高人民法院和最高人民检察院颁布的《关于办理盗窃案件具体应用法律的若干问题的解释》第 4 条规定，个人盗窃公私财物虽未达到"数额较大"的起点标准，但具有下列情节的，也可以追究刑事责任：劳改、劳教人员在劳改、劳教期间盗窃的；在缓刑、假释考验期间或管制、监外执行期间盗窃的；曾因盗窃被治安处罚三次以上的，或者被劳动教养二次以上，解除劳动教养二年内又进行盗窃的等。在上述情况下，如果严格按照刑法关于盗窃罪的规定不应该定罪处刑，之所以最终还是按犯罪处理，主要是考虑到行为人的人身危险性的缘故。

人身危险性在传统四要件犯罪构成体系中的功能定位，主要存在以下四种观点：第一种观点认为，由于人身危险性是犯罪主体所具有的性质，因而定罪时考虑人身危险性应从犯罪主体着手。当行为人所实施的行为介于罪与非罪之间，如果行为人人身危险性小，根据国家政策则不按犯罪论处；如果行为人人身危险性严重，则要考虑这种人身危险性对危害行为、罪过以及其他情

---

〔1〕 郎胜："刑法修正案（八）解读"，载《国家检察官学院学报》2011 年第 2 期。
〔2〕 翟中东：《刑法中的人格问题研究》，中国法制出版社 2003 年版，第 80 页。

节的影响。如果认为其应受处罚，则要定罪处罚。[1]第二种观点认为，应该在犯罪主体部分考虑人身危险性，但是人身危险性只能作为出罪的根据。[2]第三种观点认为，犯罪构成四要件都反映了行为人人身危险性的大小，定罪时考虑人身危险性应综合考虑四个要件。[3]第四种观点认为，人身危险性是定罪机制中的一种选择性要素。即全部的犯罪必须具备社会危害性的特征方能成立，但是有部分犯罪根据刑法分则的规定需要人身危险性才能成立。[4]

笔者认为，在传统四要件犯罪构成体系中，社会危害性（狭义）和人身危险性都是需要考虑的价值要素。从理论上说，它们对于定罪既有入罪功能也有出罪功能。但就实际而言，二者的出罪功能都是从属于入罪功能的。而且，狭义的社会危害性与人身危险性往往纠缠在一起，形成主客观相统一的社会危害性（广义）。正是这种包含人身危险性于其中的广义社会危害性成了传统定罪量刑的"唯一根据"。进一步来说，四要件"一有俱有、一无俱无"实际上说明了行为与行为人密不可分，但正是这种对行为与行为人绝对地不予区分的做法，结果使得行为评价和行为人评价都没有实现应有的功能。其实，相对来说，定罪更注重对行为的评价，旨在展示行为规范的权威和不可违反性，因此它看见的只是抽象的人，它对行为人的影响也只是一种"后果"而非"结果"；量刑更注重对行为人的评价，因为它旨在惩罚或矫正犯罪人，这是刑事司法程序的社会责任，它除了要求法律效果之外还要注重社会效果，在此定罪只是它的前提而已。如果绝对地不区分行为与行为人，就可能造成人身危险性在犯罪论体系中难以定位的问题，最终使得人身危险性与社会危害性一样，成为凌驾于四要件之上的"尚方宝剑"，极易先入为主而被滥用。

（二）新人格刑法学的提出与评价

自21世纪初德日刑法知识的传入，我国一些学者开始在三阶层体系中思考人身危险性的位置，其中最著名的就是张文教授、刘艳红教授等人提出的"新人格刑法学"。其包括两个阶层的判断：第一阶层是客观的社会危害行为的判断，其判断要素是法定的犯罪行为类型，其中包括行为、行为主体、故意、过失和合法辩护事由排除等要素；第二阶层是主观的犯罪人格的判断，

---

〔1〕　张明楷：《犯罪论原理》，武汉大学出版社1991年版，第224页。

〔2〕　翟中东：《刑法中的人格问题研究》，中国法制出版社2003年版，第109页。

〔3〕　王勇：《定罪导论》，中国人民大学出版社1990年版，第85页。

〔4〕　苗生明：《定罪机制导论》，中国方正出版社2000年版，第122页。

其判断要素是法定的犯罪危险性人格类型，例如反社会型人格、分裂型人格、冲动型人格等。[1]行为人要被确定为犯罪人，不仅要实施了刑法规定的犯罪行为类型，还要具有法定的犯罪危险性人格类型。行为判断要素是前提、基础，人格判断要素是关键、核心。对于那些只实施了法定的犯罪行为类型而没有犯罪危险性人格的行为人，应当非犯罪人化。判定行为人有无犯罪危险性人格应当依法实施。[2]

新人格刑法学提出后，曾经有许多学者提出质疑。例如，有学者提出了人格刑法学在刑事政策上的可接受性问题，有学者提出了人格刑法学在人格检测技术上的科学性问题，还有学者提出了人格刑法学如何防止刑法主观主义危险倾向的问题。作为对上述质疑的回应，2007年张文教授在论文中对新人格刑法学进行了初步的修正。其方案是将"犯罪构成"改为"犯罪人构成"，其包括"法定的刑事违法行为类型"和"法定的刑事责任承担条件"两个层次。前者是事实判断要素，包括行为、结果、行为主体身份、故意、过失等内容；后者是价值判断要素，主要包括排除合法辩护事由以及认定犯罪人格。[3]但是，这一修正并不成功：一方面，犯罪危险性人格根本就是事实判断而非价值判断；另一方面，在法定的刑事违法行为类型阶层同样存在价值判断，例如规范的构成要件要素以及客观归责中对事实因果关系的价值判断等。

笔者认为，首先，在人格鉴定技术尚未取得突破性进展的今天，以犯罪危险性人格鉴定取代责任阶层，就等于将犯罪的裁判权交给了人格鉴定专家，后者只考虑犯罪人的精神与心理状况，而不考虑其成长背景等资料，可能会引起一些不良后果。从目前来看，即便是在技术上比较成熟并且已经在司法实践中大量适用的精神病鉴定也不是一味地按照专家鉴定的结论，而是将专家鉴定结论视为证据的一种，由法官最终决定是否采信。其次，虽然单纯的犯罪危险性人格鉴定可以避免法官滥用自由裁量权，却无法避免鉴定失误可能产生的恶。而犯罪论体系中的责任阶层经历了从心理责任论到规范责任论的发展历程，现在已形成包括责任能力、违法性认识、期待可能性以及其他超法规责任排除事由的集合，它在犯罪论体系中的重要性不可低估。再次，

---

[1] 张文、刘艳红、甘怡群：《人格刑法导论》，法律出版社2005年版，第228~229页。

[2] 张曙光："人格刑法专题研讨会集粹"，载《中外法学》2009年第5期。

[3] 张文："以行为为中心，还是以犯罪人为中心 关于犯罪论体系根基的思考"，载梁根林主编：《犯罪论体系》，北京大学出版社2007年版，第279页。

取消了责任阶层的新人格刑法学并不必然会缩小犯罪圈，相反，仍然存在一些责任阶层能够排除而新人格刑法学却无法排除的犯罪。因此，新人格刑法学在体系设计上还有进一步发展的可能。最后，由于目前犯罪性人格鉴定技术在科学上还没有取得突破性进展，新人格刑法学在实践中还不具有可操作性。

即便如此，新人格刑法学的提出仍然意义重大。其一，行为刑法主导的司法实务立足于抽象理性人假定，很少考虑行为人的具体情况，许多并没有犯罪人格的人被处以刑罚。通过人格鉴定将那些虽然实施了普通犯罪行为却没有犯罪危险性人格的人排除在犯罪圈之外，既避免了不必要的犯罪人化，也节省了刑罚资源。其二，新人格刑法学的论证具有坚实的犯罪学基础。现代犯罪学研究发现，许多犯罪人到一定年龄之后就会终止犯罪生涯，继续实施犯罪行为的只是一小拨人，后者在犯罪人群中只占很小的比例，实际上却实施了大部分的犯罪。可见，犯罪预防和惩罚机制应针对这些人展开。而那些不具有犯罪人格却实施了犯罪行为的人，如果予以社会处遇则可重新社会化。遗憾的是，在行为刑法框架下，后者被贴上犯罪标签并犯罪人化。其三，新人格刑法学提醒我们，行为与人格的不一致应成为责任排除事由之一。"不应认为，因为在最一般意义上刑法不是以行为人的人格为目标，人格对于决定被告是否成立宽恕事由就没有什么作用。人格可能在很多不同方面与行为有关。而且，即使被告的人格不是刑事责任的直接目标，人格与行为的某种联系仍可能是恰当追究刑事责任的必要条件。"[1]借此，新人格刑法学在犯罪行为（构成要件符合性+违法性）基础上，将那些不具有犯罪危险性人格（替代责任阶层）的主体非犯罪化。

笔者认为，如果新人格刑法学不取消传统的责任阶层，而将犯罪性人格鉴定这一判断置于不法和责任之间，由此形成了一个新的三阶层体系，即"不法—犯罪人人格鉴定—责任"，这种修正的新人格刑法学不仅是可行的，而且还可以避免将精神病人或不具有刑事责任能力的人因具有犯罪性人格而被定罪处刑的情形。其实，进一步审视新人格刑法学可以发现：表面上，它缺少责任判断的位置；实际上，责任判断仍然隐藏其中。理由有三：首先，在价值理念上，新人格刑法学更倾向于新派，而新派并未否定责任判断。正

---

〔1〕 ［英］维克托·塔德洛斯：《刑事责任论》，谭淦译，冯军审校，中国人民大学出版社2009年版，第528页。

如新派学者木村龟二所言："意志自由与价值判断是两个不同的问题。即便采用决定论，当责任判断时，也需要进行价值判断。"[1]其次，在犯罪危险性人格鉴定之后加上责任阶层，不仅不会影响二元犯罪人认定体系的效能，还会弥补因犯罪危险性人格鉴定可能出现的疏漏。这就意味着，犯罪危险性人格鉴定的结论只是下一步责任判断的证据材料之一，而不是消极地将责任判断作为犯罪危险性人格判断之后的再次筛选。对于犯罪危险性鉴定的结果，法官可以采用也可以不采用，只是要说明理由。最后，虽然犯罪危险性人格鉴定与违法性阻却事由处于同一阶层，但也无法掩盖二者性质上的重大差异。尽管新人格刑法学同意刑事责任的人格论，即"尽管刑法关注的是行为，但被惩罚的却是行为人。因此，如果行为人能够证明实施行为的不是真正的'自己'，就应该被赋予辩护事由"。[2]显然，这种辩护事由不是排除违法性的辩护事由，而是排除责任的辩护事由。由此可见，新人格刑法学将责任阻却事由与违法性阻却事由一体化了。不过，这种一体化的处理意义不大，鉴于不法与责任的功能差异，新人格刑法学内部仍然保留了违法性阻却事由与责任阻却事由的区分。

需要说明的是，如果将来在科学上解决了犯罪人格鉴定技术，修正的新人格刑法学显然比日本学者大塚仁的人格刑法学更为理想。因为大塚仁的学说对不具有犯罪人格的人排除归责主要还是通过法官的自由裁量权，不如修正的新人格刑法学采取犯罪人格鉴定科学和客观。但是，由于现在科学上尚未解决犯罪人人格鉴定技术问题，修正的新人格刑法学仍然不具有可操作性。何况，行为人刑法需要先弄清犯罪人人格，再对其展开教育和矫正（"从人性到行为"）；刑事程序法则是通过行为认识人性，这就给行为人刑法的适用造成了新的困难。拉德布鲁赫很早就指出："当一个人只是作为'行为人'，只是置于一项个别行为的偶然角度下予以考察时，他的形象将受到何种歪曲！""将社会法院救助与现在刑事程序的诉讼形式相配合的困难，向我们表明了未来的行为人刑法将给刑事程序提出崭新的、几乎刚刚开始进行的任务。"[3]可见，行为人刑法体系的发展不能超越当前社会的经济、科技和文化水平。

---

〔1〕〔日〕木村龟二主编：《刑法学词典》，顾肖荣等译校，上海翻译出版公司1991年版，第17页。

〔2〕〔英〕维克托·塔德洛斯：《刑事责任论》，谭淦译，冯军审校，中国人民大学出版社2009年版，第551页。

〔3〕〔德〕拉德布鲁赫：《法学导论》，米健、朱林译，中国大百科全书出版社1997年版，第90页。

四、结语

近代刑法史的发展证明，旧派和新派各有所长，结合两派学说是可能的。自学派之争以来，行为刑法和行为人刑法都超越了激进阶段（即只考虑行为要素或行为人要素），走向了二元折中论。但是，二元论内部并不存在一个以行为人要素为主兼顾行为要素的体系，而是只产生了一种在考虑犯罪行为的基础上兼顾行为人要素的体系。这既是出于判断上的明晰性，也是罪刑法定原则的要求，与当前中国社会文化、科技发展水平也相适应。通过比较相关理论，笔者认为，建立在一般人格理论基础上的人格刑法学是目前刑法教义学发展的理想模式。它将人格要素贯穿于犯罪论体系的全过程，与将刑事政策考虑引入刑法教义学是一脉相承的。人格刑法学最大的理论推进就是将行为人要素的考量推进到不法阶层。在此基础上：一方面，仅具有行为不法而不具有行为人不法，阻却违法性；另一方面，具有不法，但行为与行为人人格不一致的，也应该排除罪责。由于行为人不法暗含在构成要件规定中，上述做法并不违反罪刑法定原则。另外，行为人不法的考量也吸收了规范的犯罪人类型研究的某些成果，将刑事可罚性限制在法定的行为人类型之内，实质上也限缩了处罚范围。不过，将来在科学上实现了犯罪人人格鉴定技术的情况下，修正的新人格刑法学更具优势。因为它采取的是科学的犯罪人人格鉴定技术，进一步从客观上限制了法官的自由裁量权。

第三章
中国刑法案例研习研究报告[1]
——以车浩"刑法案例研习"与"刑事辩护实务"为中心

一、中国法学教育的现状与案例演习课的价值

(一) 中国法学教育的危机

近年来，案例研习课在中国法学院兴起并流行起来，这一现象与当前法学教育所面临的问题有关。随着社会主义市场经济建设的发展，当前中国社会对法律服务的需求越来越大，相对于此，法律服务的供给却明显不足。"中国社会对于法律服务的需求随着改革开放的深入和普法运动的展开而迅速增长，到了20世纪80年代中期，律师的数量已经远远不能满足这些需求，在法律服务市场上形成了一个巨大的真空地带。"[2]法学毕业生数量不少，质量却堪忧，许多法学毕业生难以深入分析案件并提供合格的法律意见。经过十几年的扩招，法学毕业生像洪流一般融入社会，后者对前者越来越挑剔，法学毕业生逐渐由"香饽饽"变成了"过剩劳动力"。除了基数过大之外，法学毕业生的法律实务技能与现实需要之间的差距，无疑是造成上述危机的重要原因之一。

总体来看，目前法学教育阵地已被法学院、司考培训基地、律所三家所瓜分，但作为传统正规且耗时最长的法学教育模式，法学院对学生法律实务技能的培养责无旁贷。不过，传统法学教育模式严重影响甚至成了法学教育

---

〔1〕 感谢北京大学法学院车浩教授的辛苦指导，同时感谢北京大学法学院陈尔彦博士、苏州大学王健法学院讲师蔡仙博士所提供的无私帮助。

〔2〕 刘思达：《割据的逻辑：中国法律服务市场的生态分析》，上海三联书店2011年版，第19页。

发展的障碍：一方面，在授课模式上广泛采用老师讲学生听的"填鸭模式"，授课老师与学生之间缺乏互动；另一方面，考试模式主要表现为闭卷答题，题目类型包括选择、判断、简答、论述、案例分析等。一般而言，案例分析所占的分值较小，所涉及的案例多是老师设计的教学案例，设计题目的目的主要是考查学生对所学知识的记忆情况而非案例分析的实战经验。由于分析过程简单化，很难考查学生是否掌握了分析案例的技术，并在司法实务中对案例事实保持足够敏感。这种分析技术与敏感性并不简单，而且只有"熟"才能生"巧"。在这种教育模式下，学生不但对所学知识缺乏深层思考，在知识积累方面也存在问题。"中国大学里的学期考试主要强调纯粹的记忆，要求运用的部分太少。"[1]比如，考试题目过分依赖教材，与技能的培养关系不大，学生经常满足于考前的突击记忆，而不是平时对基础知识和技能的掌握。考试一结束，所学知识就"还给"老师了。如何把书本上的法律转化为行动中的法律，成了当前中国法学教育的根本问题。

受教育模式的影响，虽然与其他部门法相比，刑法在立法与解释技术方面已经发展得相当成熟，但目前我国刑事辩护的整体水平仍然存在很多问题。"突出表现之一，就是往往只能纠缠和专注于事实、程序或证据，但是对于实体法上的重要争点缺乏了解，也欠缺与公诉人展开观点对抗和深度说理的能力。"[2]详言之，根据罪刑法定原则，刑事案件判决的得出需要法官目光往返于规范与事实之间，妥当解释法条，并与案件事实建立联系。在此过程中，法官要对案件事实的细节具有敏感性，能够站在正义的立场上对事实的性质作出符合刑法目的的判断，这无疑需要高超的解释技术与理念。（检察官和律师也会经历类似的过程，从不同角度协助法官正确地分析事实，最终对行为人有罪无罪、罪轻罪重、有无宽宥的理由等方面作出判断。）但是，目前刑法适用"仍然出现了法条形骸化、法条无法应对现实当中面临的纠纷，以及法条过于抽象而缺乏操作规范的问题等"。[3]这主要不是立法的问题，而是司法者还不善于解释法条的缘故。

法学院的传统教育模式在理念与技术方面都面临改革。其首要问题是培

---

[1] 卜元石："德国法学教育中的案例研习课"，载方小敏主编：《中德法学论坛》（第13辑），法律出版社2016年版，第45~57页。

[2] 车浩：《车浩的刑法题》，北京大学出版社2016年版，第12页。

[3] 张凌、罗翔编著：《刑法总则案例研习》，中国政法大学出版社2014年版，前言。

养目标的定位问题，也就是"培养什么样的人"，是培养学术型人才还是应用型人才的问题。目前，研究生教育培养学术型人才、本科教育培养应用型人才的观点，得到社会的认可。法学是一门应用性很强的学科，法学毕业生除了极少数进入高校或其他科研机构进行学术研究与教学之外，大多数会进入公、检、法等机关或律所，从事与司法活动有关的法律服务工作。因此，在教学过程中有意识地培养学生起草文书、提供咨询意见和分析案例的能力非常重要。从 20 世纪的状况看来，中国法学教育虽然也讨论案例，但是多将案例作为理论的例证，很少注意从案例出发提出问题，考证理论或进行教义归纳，最终推进理论与司法实践的互动与共进。传统的刑法分论课，因为涉及具体的罪名，与司法实务联系较为密切，但由于法律思维与分析技术的缺乏，具体罪名的探讨也只是对总论知识的复制。法学教育上的问题也反映在司法实务中，在处理刑法案例时，传统犯罪构成体系虽有简单实用的优点，但也具有粗糙、僵化、启发性不足的缺陷。"本应自由争鸣的理论观点，往往被异化为具有唯一性和稳定功能的准政策制度，学界崇尚'通说'而较少实质性的观点对立。在这种环境中受教育和熏陶成长起来的一代法律人，在有罪无罪、此罪彼罪等问题上被灌输进某些标准答案，在很大程度上丧失了发现实体争点并进行针锋相对地辩论的能力。"[1]

如何解决上述问题？2005 年，最高人民法院发布《人民法院第二个五年改革纲要》，启动人民法院新一轮的全面改革。其中一项重要措施就是建立案例指导制度，统一法律适用标准。我国案例指导制度的建立是学习英美法系判例制度的一项成果，最高人民法院所发布的指导性案例对下级法院具有指导功能和约束功能。案例指导制度的建立促进了法学教育对案例研习的重视。在案例研习课程的建构上存在两种基本的主张：一种是学习德国经验，另一种是学习美国经验。"美国法学教育中，法律被认为是松散的、无体系的、不同来源规则的总和，法律教育的目的是帮助学生在规则丛林中如何为客户利益最大化服务；与之相反，大陆法系的律师在其本国的法学教育中被灌输的理念是，法律是前后一致、内部没有矛盾的体系，在具体案件中可以通过正

---

〔1〕 车浩："刑事辩护实务养成记"，载 https://mp. weixin. qq. com/s? _ _ biz = MzA5NDI0Mzgy MA%3D%3D&idx = 1&mId = 401885678&sn = 46d54ff024b2079dc75899e3c87da0dc，访问日期：2017 年 4 月 17 日。

确适用法律而得出一个明确的答案。"〔1〕相比来说，美国案例研习模式注重在短时间内找到与待处理的案件最相类似的判例，因此采用以反面排除为主要特征的"苏格拉底教学法"；德国法具有法典化的特征，案例研习注重法条解释的体系化，以此促进案件处理的一致性。

总体而言，中国多数刑法案例研习课程采取了德国模式，这一发展趋势与我国刑法学的教义学化有关。21 世纪初，陈兴良教授率先提出"刑法的教义学化"等一系列重要命题，掀开了刑法知识转型的序幕。"刑法知识转型"主要是指犯罪论体系由传统的苏俄模式向德日模式转型；"刑法学的教义学化"是指采用教义学的思维方式和方法展开刑法学研究。"教义学"这个概念是从德国传过来的，虽然它与通常所说的"解释学"在一般情况下可以通用，但与"解释学"相比，"教义学"更强调思维的程序性和判断的阶层性。就此而言，英美以反面排除为主要特征的"苏格拉底教学法"并不突出。刑法教义学是面向实务的，它的目的是为在司法实务中得到一个妥当的处理结果提供一种思维上的工具。就像罗马城不是一天建成的，上述案例分析技术也不是一蹴而就的。法学院的学生是未来司法者的主要来源，培养其养成阶层思维，练就案例分析技术，从软件方面为司法改革作出了贡献。案例研习课是法教义学发展到一定程度的必然结果。法教义学与实践主义并不矛盾，前者实际上服务于后者；〔2〕只有在法教义学基础上才能建构"实践刑法学"和"中国法治实践学派"。〔3〕

（二）案例研习课程的价值

随着法学教育的推进，司法系统中的复转军人逐渐被受过系统教育的法学毕业生所取代，律所也是如此，法律行业实现了专业化和职业化。即便如此，司法实践中仍然会出现一些适用法律违背国民情感及可预测性的状况，影响较大的如被称为"新四大奇案"的"气枪案""玉米案""兰草案"和"鹦鹉案"。其实，正如学术活动有自己的"专业槽"，司法活动也并非没有门槛。17 世纪初，爱德华·柯克与英国国王詹姆斯一世之间曾发生过一段很有趣的谈话。詹姆斯一世认为，既然法律是以理性为基础的，而国王跟法官

---

〔1〕　卜元石："德国法学教育中的案例研习课"，载方小敏主编：《中德法学论坛》（第 13 辑），法律出版社 2016 年版，第 45~57 页。

〔2〕　参见齐文远："中国刑法学该转向教义主义还是实践主义"，载《法学研究》2011 年第 6 期。

〔3〕　刘树德：《实践刑法学·总则》，中国法制出版社 2010 年版，第 1 页。

一样都是理性的，那么国王应该可以审判案件。柯克对此并不赞同，他承认国王与法官一样具有自然理性，但是审判活动的开展不仅需要自然理性，还需要人为理性，后者需要经过长期的学习才能形成；而国王没有经过系统的法律学习，并不具有这种人为理性，不能像法官那样审判案件。在法律趋于复杂化的今天，法官必须经过严格学习和练习以具备审判所必需的人为理性。由于就业岗位（如律所）更愿意接收"成品"而非"半成品"，因此法律培训的重任就落在了法学院的教师肩上。

为培养学生分析和处理案例的能力，提高学生的实践水平，法学院的教师们开始尝试案例研习课程。该课程以处理案例（包括教学案例与真实案例）为主，它与传统刑法课程的不同之处在于：前者将处理案例作为课程的重心，将思维方法或理论知识运用于案例分析过程中，通过反复训练将外在的知识与方法转化为学生内在的素质与技能；后者虽然也涉及一些案例，会用到一些分析技术，但它以传授思维方法以及理论知识为主，案例分析只是作为理论研究的辅助技术存在。案例研习课重体验、重经验，重视理论知识的具体运用，这一点与社科法学一致，它们都关注法在实践中的具体运用，关注从纸面法到活法的转换过程。不过，案例研习课的中心是法教义学，强调法条的中心地位以及解释技术在案件中的具体运用，而非像社科法学那样进行法外的社会经验研究。

案例研习课在我国本科课程体系中的地位，随着法教义学的发展成熟而受重视，其课时逐渐增加。比如，刑法案例研习开始只是一门课，后来又区分为总论案例研习与分论案例研习，之后还有兼修总论与分论的"大案例研习"。案例研习可以通过案例发现新的问题，促进理论研究的深化。如车浩教授所言，我们可以从个案入手，但是得到的经验和启发不能仅仅限于个案，而要提升为一般性的辩点归纳和辩护能力。[1]案例研习课具有以下优势与特点：

首先，案例研习课有助于培养学生形成法律思维。只有具有法律思维的人，才能称得上是一个真正的法律人。所谓"法律思维"或者说柯克所说的

---

[1] 车浩："刑事辩护实务养成记"，载 https://mp. weixin. qq. com/s? _ _ biz=MzA5NDIOMzgyMA%3D%3D&idx=1&mId=401885678&sn=46d54ff024b2079dc75899e3c87da0dc，访问日期：2017 年 4 月 17 日。

"人为理性"，是法律人在长期学习过程中所形成的一些思维习惯，比如尊重法条，重视程序、逻辑等特征。法律思维的培养对法律人特别是刑事法律人办理案件非常重要，因为作为最严厉的制裁方式，刑罚对人的自由、财产乃至生命都有限制或剥夺，在适用时应该尤其谨慎。正因此，刑法规定了罪刑法定原则，理论上又提供了严密的方法论，既"为裁决提供依据以及为展开批判性论辩提供可能"，也"有利于法律工作者自我认知和自我监督"。[1]法律思维要反复练习（如阅卷、写作、发言等）才能养成，仅仅听课很难达到这一目的。

其次，案例研习课帮助学生将审判技术（特别是解释技术）从"知识"变成"技能"。一般来说，法律适用可以分为四个步骤：认定事实；寻找相关的（一个或若干）法律规范；以整个法律秩序为准进行涵摄；宣布法律后果。[2]在这个过程中，无论是认定事实、寻找法条还是在事实与规范之间进行涵摄，都有独特的方法论。比如说，在将寻找到的法条向案件事实进行涵摄的时候，要适用复杂的解释技术，因为法条是用抽象的语言进行表述的，而案件事实则是具体的，要在二者之间建立联系需要文义解释、体系解释、历史解释、目的解释等解释方法。另一方面，涵摄过程又不是纯粹形式逻辑的套用过程，它实际上还是一个目的论的价值推理的过程，而在确定法条的保护目的时还要用到教义学方法之外的社会学方法。只有这样才能探知立法者的价值立场，而不是将法官个人的立场适用于具体案件。遗憾的是，这种实践的技艺很难仅通过听课就获得，只能通过深度参与来加强体验。只有通过案例探讨将适用法律的过程重现在具体案件的处理当中，才能真正将课堂讲授的法律方法转化为学生的个人技能。

再次，案例研习课具有过程性，能够让学生有足够的时间进行技术与决策方面的演练。传统的刑法总论或分论课程由于种种原因，课时比较有限，再加上内容庞杂，很难进行细致的案例探讨。这些课程上所探讨的案例多是已被教师简化过的教学案例，即便是真实的案例，多数也经过了法官的简化，不可能是没有经过归纳的案件资料。众所周知，归纳案情并不是一个中性、无价值的表述，而是包涵了归纳者的判断与倾向。相比而言，案例研习之外

---

〔1〕　[德] 伯恩·魏德士：《法理学》，丁晓春、吴越译，法律出版社2013年版，第283页。

〔2〕　[德] 伯恩·魏德士：《法理学》，丁晓春、吴越译，法律出版社2013年版，第286页。

的课程很难让学生作为司法者或律师，真正体验案件判断与决策的过程。而在案例研习课上，教师可以根据需要引入不同的归纳类型，让学生体验法官、检察官、律师等角色，锻炼其认定事实与适用法律的实务技能。简单地说，案例研习课之外的课程只能让学生在某一些点上进行思考或训练，只能考查学生对一些知识点或者部分技能的掌握程度，而不像案例研习课那样全方位锻炼学生归纳案情、寻找法条、解释法条等技能，最终得出法律效果与社会效果相统一的结论。

最后，案例研习课使得学生真正成为适用法律的主体，从而启发其主体性意识，使其亲身感受判决的困难，培养其基于人性的决策能力。司法活动所处理的案件活动，主角都是社会上的普通老百姓，案件的处理结果与他们的切身利益紧密相关，因此案件的处理不是纯粹的法律适用，在技术之外还有人性。如车浩教授所言，在一个案件中，被害人与被告人都不是简单的黑白二分，即便从道德上看案件的发生都是被告人的错，他也是一个有血有肉的人，而非"一个个已经被抽空具体人性的、批量化存在的空壳"，在案件处理中不可能不考虑这些人性因素。但在涉及人性因素时，作为决策者的法官的人生阅历与人性观，其价值立场起了重要作用。对此，车浩教授指出："有了悲天悯人的情怀，有了对人情世故的洞悉，在为一个恶棍辩护或者复核一个死刑犯时，你会对自己的职业有更为深刻的理解，对自己的选择有更坚定的信念，才不会在舆论夹击、权力干预或者午夜梦回中陷入困扰，你才能成为一个大无畏的法律人。"[1]

二、北大刑法案例研习课程情况

北京大学法学院是中国法学的重镇之一，一直处于引领法学思潮的地位，在法学教育方面有独到之处，在案例研习课程上更是如此。本章第二部分主要介绍北京大学法学院车浩教授所主持的《刑法案例研习》与《刑事辩护实务》。因为相比于其他案例研习课，车浩教授这两门课已经比较成熟，在法学界有较强的影响力；而且，笔者在求学期间曾旁听过车老师的《刑法案例研习》，对《刑事辩护实务》也有较多了解。大体而言，这两门课程是一个并行

---

〔1〕 车浩："刑事辩护实务养成记"，载 https://mp. weixin. qq. com/s？＿＿biz＝MzA5NDI0MzgyM A%3D%3D&idx＝1&mId＝401885678&sn＝46d54ff024b2079dc75899e3c87da0dc，访问日期：2017 年 4 月 17 日。

的关系，对学生的不同能力有不同侧重的训练。刑案课注重培养学生分析和解释法条的能力，案例多数是一些真实案例改编的教学案例。刑辩课更注重对事实归纳能力以及实际辩护能力的培养，其案例多属真实案例，学生所要看的也是真实案卷。刑案课从 2012 年至今，每年春季学期都在开，刑辩课则更年轻一些。这两门课都以案例为中心，强调对学生法条解释技术与案例分析能力的培养。

（一）刑法案例研习（2012 年至 2015 年）

车老师一般在第一课时交代本课的课程安排和教学模式，比如案例分析按照三阶层模式进行，同时将学生分成若干小组，并配备助教予以指导。在此后课程中，课前由老师确定教学案例发给学生，学生根据三阶层的分析模式撰写案例分析报告。在撰写案例分析报告之前，助教组织本组成员归纳事实，寻找适当的法条，确定罪名并展开论证。案例分析报告要在课前发给任课教师，任课教师根据需要以及学生分析案例的具体情况确定课堂讲授的重点。上课时，则让学生分组对抗与辩论，助教团作为观察员提问，并为学生打分。授课教师随后对各组表现进行点评，并对案例中一些重要争点和理论问题进行展开。

在课程安排上，刑法案例研习很难像刑法分论那样照顾到刑法分则大多数的罪名，而是精挑细选其中在社会生活中具有高发性、最能体现教义学的特点、在司法实践中分歧比较严重、案件本身能够提出新问题的罪名。刑法分论是传统的大班必修课，车老师创新性地采用了大型案例和开卷的方式，在考试方式和理念上做了富有成效的探索（锻炼学生在事实中归纳要点，在复杂细节中寻找争点，在法条丛林中找法等一系列的能力），但和案例研习课并没有直接的关系。比如 2015 年刑法案例研习中所涉及的"狗友案""妻友案""苦女案"等，都涉及若干罪名而非一个罪名，也都涉及总论和分论的不同内容。比如"苦女案"就涉及总则中的共同犯罪、认识错误、帮助犯、教唆犯等方面的问题，涉及分则中的"故意杀人罪""爆炸罪""破坏交通工具罪""故意毁坏财物罪""非法制造、买卖、运输、邮寄、储存枪支、弹药、爆炸物罪""非法持有、私藏枪支、弹药罪、非法携带枪支、弹药、管制刀具、危险物品危及公共安全罪"等。这表明车老师不仅重视法条解释，更注重培养学生归纳案例事实以及找法的技能。

【妻友案】A 的妻子李四与张三由同学发展为朋友，直至关系暧昧。张三一直想杀死阻碍两人关系进一步发展的 A。某日，A 开越野车去某郊区野外自驾游出现翻车事故，A 在昏迷前拨打电话给李四求救。李四接到电话后赶紧通知张三，两人赶到现场后，发现 A 被侧压在车下已经陷入昏迷状态。张三上前推动汽车，使汽车以更垂直的角度集中更大的重量压在 A 身上。李四大惊，欲阻止张三，但是想到张三也是为了能和自己在一起，终究还是没有上前阻止，泪眼婆娑、一步三回头地与张三离开了现场，后来 A 被路过者搭救。三个月后，张三、李四和 A 共同出席了某个酒会，期间，张三在一瓶红酒中下毒后喊来服务员赵六，把酒瓶交给赵六，示意拐角处与李四谈话的 A 的红酒快喝完了，让赵六去给 A 放在手边的酒杯中加酒。赵六接过酒瓶向 A 走去，当他打开瓶盖准备倒酒的时候，突然想起传闻中张三、李四与 A 的三角关系，于是心中生疑，换了一瓶酒后又去给 A 加酒。看到 A 喝酒后安然无恙，张三感到很吃惊，杀心未止，又自己专门倒了一杯红酒偷偷在其中下毒后，喊来另外一个服务员钱七，让钱七直接把红酒杯端给 A。殊不知钱七同赵六一样，早已看出张三心怀不轨，但是钱七同样对 A 平时飞扬跋扈的风格不满，索性故作不知，接过酒杯后端给了 A。A 接过酒杯后放到嘴边正准备喝下去的时候，钱七终于感到恐惧，上前一步将酒杯打飞，红酒完全洒在了站在 A 旁边的李四身上，"血色罗裙翻酒污"，李四穿的价值上万元的晚礼服被红酒弄脏。张三见事败，只能决定再找机会下手。又过了半年，张三终于游说动李四，同意一起杀掉 A 后再共创美好生活。两人找到王五和王六两个兄弟杀手，打算雇佣两人杀死 A。四人商定计划：晚 8 点左右，李四找个理由打发 A 出门，当 A 出门时，李四会传递一个信号给埋伏在李四家对面高楼顶层的王五，王五接到信号后就开枪射杀 A。张三则在离 A 家最近的北大街上，准备好王五逃跑用的汽车。王六则守在南大街的路口，起到望风和阻拦警察赶来的作用。到了晚上 8 点，李四让 A 出去买烟，A 打开门走了出去，李四向王五传递信号，指示王五可以下手了。但就在这时，王五改变了主意，决定撤退，并短信告知王六，王六收到短信后也离开。又过了两周，张三和李四再次合谋，张三买来毒鼠强交给李四，李四趁 A 因为心脏不好在家卧床休息的时候，将毒药下在水里端给 A，因不忍见 A 毒性发作，李四找借口离开房间。其实 A 早知李四有杀己之心，遂将水倒在痰盂里没有喝。A想到自己对李四一片爱意，但李四却几次三番想要谋害自己，不由得悲从中来，心痛不已，当下心脏病发作，昏厥过去。李四进屋看见A昏迷在床，以为是毒性发作，终究是于心不忍，立即将A送至医院采取急救措施，A最终被抢救过来。问案中人的刑事责任。[1]

在案例设计方面，包括教学案例与实务案例，以前者为主。由于学生已经系统学习过刑法总论和分论，教学案例会尽可能融会刑法总论和分论的知识点，避免单面向的考察。除了教学案例，车老师有时会联系律师，请他们提供一些有意思的、争议点比较多的案例，并从中选优用于课堂讨论。教学案例往往短小精悍，实务案例则比较复杂，给学生提出了更高的要求。在讨论实务案例的场合，车老师也会请具体办案的律师前来授课，学生借此了解律师总结出来的办案经验。当然，由于实务案例是真实案例，有时候在交给学生讨论前需将姓名之类的信息隐去，会增加助教的一些工作量，这也是出于保密原则的要求。

在学生撰写案例分析报告时，由于争议点较多，时间又比较短，这时候助教就要发挥重要的指导作用。有的助教曾经选修过案例研习课程，经验比较丰富，但也有一些助教没有选修过案例研习课程，这时就需要与任课教师以及其他助教多学习一下组织讨论的经验。车老师会在课前给助教开会，确定具体的指导事项、应注意的问题以及评分标准等。一般来说，案例分析报告按照学生在刑法总论课上学习过的三阶层体系进行。但是学习了三阶层体系并不意味着就会利用它来分析具体的案例，在此还要教给学生如何归纳事实，如何将所归纳的事实归入或涵摄到具体的法条中去，这一点很重要。在此，《法律适用方法：刑法案例分析方法》一书提供了一些独立于法律条文之外的分析及解决法律问题的系统性方法，比如归入法和关系分析法，可为学生提供参考。具体到罪名成立与否时，学生要阅读学术论文与判例，了解实务界与学术界在此问题上的争论，根据自己的理解和立场确定观点并予以论证。虽然没有对分析报告的字数有具体的要求，但是按照学生的学习情况，篇幅大体在5000字到30 000字之间。

---

[1] 车浩教授"刑法案例研习课"2012年第3次课之案例。

在分组讨论案例时，由于很多学生是第一次参加案例研习，对案例分析的程序和方法运用不熟，在具体操作时可能会遇到困难。比如在分析案例时分不清主次，抓不住重点，定性出现明显错误，论证缺乏逻辑等。这时就需要助教及时予以纠正，通过基础知识的点拨或梳理解释技术的关系，让学生明白该从哪里下手，重点分析哪一块，所涉及的争点是什么等。具体操作程序是这样的：学生先根据自己的理解撰写案例分析报告，然后助教从思路、法律适用方法、逻辑等方面批改并打分。这期间，助教要注意学生在哪些方面还比较薄弱，在哪些地方容易出现错误，哪些地方掌握较好，为案例讨论做准备。在批阅案例分析报告的基础上，助教会总结出一个大概的问题框架和思考路径。如果学生没想到某个问题，助教可以在带领他们讨论时提出来。助教可以在案例讨论开始或者最后的时候，点评一下小组成员案例分析报告的优缺点，然后带学生通读案例，一句句地分析，涉及什么罪名或问题，让学生回答，以此促使其思考。

具体上课时，每组要选择两名同学上台做分享，然后由教师做点评。在刑法案例研习课的早期，车老师是与陈兴良教授一起授课的，一般先由车老师就本案的争点做详细的分析，陈兴良教授在此基础上做补充，谈一下个人对本案的看法。课后各组还要消化吸收老师所讲的内容，为下一次课做准备。

（二）刑事辩护实务（2015年至2017年）

1. 刑事辩护实务与刑法案例研习的差异

首先，刑事辩护实务与刑法案例研习在案例选择与培养目标方面都有所不同。对此，车浩老师讲得很清楚："刑法案例研习使用的案例，都是我自己设计剪裁的教学案例，案件事实较为清楚，法律争点相对明显，主要是在给定事实的前提下，训练学生的法学素养和基本功，也就是有体系地表达法律意见的逻辑能力，以及面对争点正反说理的理论分析能力。……刑事辩护实务则是以参与授课的刑辩律师亲办的真实案件为主，案件事实复杂，证据错综杂乱，法律争点模糊，学生面对的，不是给定的已经剪裁好的事实，而是未经剪裁的原始事实。教学目的就在于训练学生在海量的原始案件材料中，发现真问题，区分问题的重要性，找到最有效的辩点，从事实和法律两方面

提出妥当的辩护意见。"〔1〕

其次，二者在参加人员上也有不同。刑法案例研习的参加者都是法学院的本科生，刑事辩护实务的参加者既包括学生，也有律所的青年律师。这两类人群在法学知识与实务技能方面都有所差别，但是作为北大法学院的课程，刑事辩护实务以北大的学生为主，在案例选择以及分析技术等方面，都要考虑北大学生的需要。与刑法案例研习一样，刑事辩护实务也将学员分为若干组，每个小组 10 个成员左右，一半是青年律师，一半是北大学生。这种设计有利于他们互相学习，在具体案例讨论中将律师所掌握的实务经验和学生的理论知识很好地结合起来。在具体操作上也分为课前准备与课中讲授两个方面。

2. 具体介绍

第一次课的内容主要分为三块：第一，开课仪式；第二，课程负责人车老师讲述本课的教学模式、案例分析模式以及考试方式等；第三，由请来的律师做关于刑辩方面的报告。比如，2015 年刑辩讲堂第一次课就请王兆峰和刘卫东两位知名律师做了两个刑事辩护一般问题的报告。

> 王兆峰律师从刑辩律师的听说读写四个方面，谈了个人职业生涯的一些经验和体会。我印象比较深刻的是，王兆峰律师提到，在"读"的环节，应当依照先综合证据后具体证据、先言词证据后客观证据、从核心到外围的顺序，在言词证据中应先读嫌疑人、被告人的笔录，在数份笔录中应重点读第一份、最后一份和发生变化的几份。在"写"的环节，需要特别考虑写作的对象，并据此调整写作风格，以使阅读者易于接受。这些都是他的非常宝贵的经验之谈。当晚的第二场讲座，是刘卫东律师给大家做的关于"刑事辩护的机遇与挑战"的一般性报告。他结合当前司法改革的一些最新动向，认为刑事辩护在我国是一个充满前景的行业，从风险、竞争、收入和能力要求等几个方面给青年刑辩律师提出了职业规划上的切实建议。

正式授课从第二周开始。车老师通常在两周前选好案件，后者多为律师

---

〔1〕　车浩："刑事辩护实务养成记"，载 https://mp.weixin.qq.com/s?__biz=MzA5NDI0Mzgy MA%3D%3D&idx=1&mId=401885678&sn=46d54ff024b2079dc75899e3c87da0dc，访问日期：2017 年 4 月 17 日。

提供，但车老师会对案例进行筛选。"律师会把案件材料先发给我，我先看一遍，确实值得讲的，再让助教发给学生和授课老师。如果案件质量不行，就得退回去请律师换案件，如果再换也不行，那只能换律师。有好几次课，都是换了六七个案件，找了四五位律师，最后才敲定下来。"这样做是因为案例质量对案例研习课至关重要。好的案例是那些涉及的问题和争点较多且比较重要，分歧又比较严重，案例讨论对参加者启发性较大的案例，只有这种案例才有探讨的价值。"如果案件质量差，仅仅流于一般的事实和证据问题，没有太多值得深入探讨的争点，那么，学生讨论的积极性不高，报告就会很水，律师也不可能讲得多有料，教授也没有办法深入，整堂课效果可想而知。如果案件的质量比较高，实体争议点比较多，学生在课下就能讨论得起来，就能调动起他们的积极性，写出比较好的报告来，这样即使律师讲得一般，整堂课的效果也不会太差。"

刑事辩护实务在案例方面更难掌控，花的心血更多，但是回报也更大。虽然当前我国教义学发展迅速，但在"普世刑法学"的口号导向之下，"法律专业人员（包括学者与实践工作者）的学术性知识变得越来越技术化，几乎完全脱离了本地的文化语境"。[1]刑事辩护实务关注司法实务中高发性的案例，不仅可以在实践中检验理论，还能够切实解决实践中的问题。不过，由于本课是北大法学院而非社会培训机构的课程，其主要面向在校的学生而非已经走上社会的法律工作者，因此在确定案例时，在校学生的需要是第一位的（学校教育侧重体系性，而司法实务侧重问题性）。正如车浩老师所言："我们开课不是为了到社会上交朋友拉关系。这是北大教学里正式设立的课程，必须要保障课堂质量，对选课的同学负责，即使得罪人也不能糊弄。"[2]一般来说，与刑法案例研习类似，刑事辩护实务的课程安排也是按照刑法分则的罪名顺序展开的，具有一定的体系性。但车老师在课程安排上也照顾到了问题性思考，即着眼于一些争议大的重点罪名，强调从案例中引出新问题，从案例讨论中提取新"教义"。

下面是 2015 年与 2016 年"刑事辩护实务"暨"北大刑辩讲堂"的课程安排。

---

〔1〕 刘思达：《割据的逻辑：中国法律服务市场的生态分析》，上海三联书店 2011 年版，第 2 页。

〔2〕 车浩："刑事辩护实务养成记"，载 https://mp.weixin.qq.com/s? ＿ ＿ biz = MzA5NDI0Mzgy MA%3D%3D&idx = 1&mId = 401885678&sn = 46d54ff024b2079dc75899e3c87da0dc，访问日期：2017 年 4 月 17 日。

	2015 年	2016 年
1	开课	开课
2	产品质量的罪与罚	内幕交易犯罪案件
3	内幕交易的控与辩	失火罪中的不作为之辩
4	利益输送终成职务侵占，溢价分销反酿单位行贿	"挂靠"之辩：虚开发票抑或非法经营？
5	非法经营的"口袋罪"之辩	首枪未中，杀人还是恐吓？余弹未发，未遂抑或中止？
6	走私普通货物罪的"义利之辩"	所有权不明的房屋，能否成为故意毁坏财物罪的对象？
7	正当防卫还是故意伤害？	如何认定挪用公款"归个人使用"？
8	共同杀人：主从认定与死刑适用	如何认定黑社会性质组织的四个特征？
9	劳资纠纷引风波，职务侵占陷囹圄	政法委书记协调个案，是否涉嫌滥用职权罪？
10	欺瞒工商涉嫌三角诈骗，变更股权是否职务侵占？	如何认定重大责任事故罪的"违反规定"与因果关系？
11	冒领青苗补偿，涉嫌共同诈骗	三家银行受骗，谁是被害人？
12	涉黑犯罪的特征之辩	酒驾伤人后二次辗轧，交通肇事还是故意杀人？
13	贿赂犯罪中的"白手套"与既未遂	超过聘用期限，是否单位人员？转移代收款项，是否挪用资金？
14	介绍咨询抑或共同犯罪？返聘专家的受贿故意	慢播案：监管义务与入罪边界
15	私放疑犯涉嫌徇私枉法，判断失误抑或服从上级？	谎称危房待拆迁而低价出卖是否构成贪污罪？
16	结课	冒用单位名义向政府骗取土地变更后经营所得，是否构成贪污？

就 2015 年的课程安排而言，刑法分则第三章经济犯罪安排了 5 次课，第四章人身犯罪安排了 2 次课，第五章财产犯罪安排了 3 次课，第六章妨害社会管理秩序罪安排了 1 次课，第八章贪污贿赂犯罪安排了 2 次课，第九章渎

职犯罪安排了 1 次课。[1] 这里主要是根据各章节法条解释的难易程度与司法实务中出现疑难问题的多少进行的课时分配。在刑法分论中，经济犯罪及与此相关的财产犯罪无疑是司法认定中最容易出现分歧的犯罪类型，分别给予了 5 个课时和 3 个课时。其他几种犯罪又根据章节罪名的多少，分别给予了 2 个课时或 1 个课时。这反映了刑法案例分析课或研习课与司法实务紧密相关，正是后者为前者提供了案例素材。

由于实务案例中所涉及的都是真实存在的人的利益，出于保密以及避免先入为主等方面的问题，老师给予学生的案卷中不会保留律师自己写的辩护词以及法官的最终判决。不过，在一般情况下会保留起诉状，控诉方可以学习如何撰写起诉状，实际上也为辩护方提供了一个反例，基此撰写辩护词。此外将学员分为若干小组，并对每个小组的角色给予定位（主要包括控诉方和辩护方）。小组成员可以按照己方的角色定位来阅读卷宗，找出对于己方立场有利的证据或理由。由于课上需要进行控诉方与辩护方的对抗，所以课前需要完成起诉书或辩护词的写作。一般来说，助教在组织本组成员讨论案件时，会提前确定由谁完成文书写作。当然，起诉状或辩护词实际上融汇了整个小组的智慧，控诉或辩护的思路或理由也都是本组成员通过讨论互相启发最终确定的。

分组讨论阶段要求助教和小组成员必须事前通读案例资料，并对案例本身有初步的思考。只有对卷宗十分熟悉，才能够保证讨论的质量，也可以节约大家的时间。由于实务案例的卷宗十分庞大，即使是电子版往往也有几兆甚至更大，需要花费大量时间阅读，并对案件进行细致的梳理，包括案情、可能涉及的法条、主要争议点，尤其是对己方有利的证据。在具体讨论时，由于助教的组织能力和指导风格不同，在程序上没有固定之轨。但是一般而言包括以下几个步骤：首先，助教会请某个组员介绍基本案情，如果不够全面，再由其他成员予以补充，最后确定案情的基本内容；其次，按照己方的角色定位，要求成员们提出自己的观点以及论据，其他人可以补充；再次，梳理上述观点及理由，对其中的争议点进行剖析，确定对己方有利的论点（包括定罪和量刑的）以及论据支撑（包括证据及理由）；最后，按照从定罪

---

[1] 车浩："刑事辩护实务全程回顾"，载 https://mp.weixin.qq.com/s? __ biz=MzA4MjMOOTA5 MA%3D%3D&idx=1&mid=413101026&sn=11cf563f5eb36d011429687951871239，访问日期：2018 年 6 月 14 日。

（按照三阶层体系的顺序展开）到量刑的步骤，确定写作框架，由负责本次文书写作的学生或律师完成。

小组讨论的结果要形成具体的辩护词或公诉词，并制作课堂展示的 PPT。在分析案例的模式上，学生基本上采取了三段论，即"大前提—小前提—结论"的模式，这就将找法、归纳案情以及二者之间的互动都包括在内了。接着将法条适用于案情，即"目光往返于事实与规范之间"时，注重文义解释对涵摄技术的限制。文书写作通常分为定罪和量刑两部分，定罪部分按照三阶层犯罪论体系展开。学员写完之后，由助教把关并在其指导下修改。定稿之后，负责本次文书写作的学员还要完成课堂展示的 PPT。该 PPT 要包括基本案情、论辩思路以及每个要点。为了方便理解，PPT 可以图文并茂，不必拘泥于文字。

课前准备终究是为课上展示与辩论服务的。具体来说，每个专题的课时都是三个课时。这三个课时是这样安排的：

> 第一节课，由每组的学生代表上台以公诉人或辩护人的身份做报告。第二节课，由授课律师对各组的报告进行点评，并结合自己亲身办理该案件的辩护经验进行讲解。第三节课，由一位北大教授针对学生的表现和该案件中的争议问题，进一步予以理论上的提升和总结。[1]

比如刑事辩护实务课第三期第 14 次课（2017 年 12 月 18 日），三个课时就是按照如下情形进行具体安排的：

> 第一阶段，控辩双方代表上台发表控辩意见，就本案争点进行辩论；第二阶段，郝春莉律师结合本人的办案思路解析本案，点评各组表现；第三阶段，梁根林老师点评各组发言，并结合案卷材料阐释对本案的看法。

详言之，首先进行控诉方与辩护方的对抗。具体展示时，每组一般会抽取两名学员，一个学生，一个律师学员。控诉方先登台陈述控诉词，通过

---

〔1〕　车浩："刑事辩护实务养成记"，载 https://mp.weixin.qq.com/s?__biz=MzA5NDI0MzgyM A%3D%3D&idx=1&mId=401885678&sn=46d54ff024b2079dc75899e3c87da0dc，访问日期：2017 年 4 月 17 日。

PPT展示应该定罪、定何罪、如何量刑及支持上述论点的理由和证据。然后，辩护方陈述辩护词，其体例与控诉方相对应，即陈述不应定罪、应予减轻、从轻等及其理由。上述过程进行完毕之后，台下的教师（包括授课律师，但不包括作为学员的律师）、助教要为各组打分，打分的标准包括案例归纳、说理、逻辑性等方面。学生展示完毕之后，由授课教师对学生课堂展示的情况进行点评，并发表自己关于本案的看法。这里的"授课教师"是车老师或被请来为学生授课的其他老师，包括一位高校教师，一位知名律师。一般先由高校刑法教师从理论方面对本案所涉及的重要问题展开剖析，然后由律师从司法实务方面对案件进行分析，二者都要对学生的表现进行点评。由于本次讨论的案例即由上述授课的律师提供，他往往也是该案的代理律师，所以能够比较深入地剖析案例。比如，2015年刑辩实务课第5次课上，郝春莉律师介绍了她自己总结的"六步辩护法"。律师授课完毕之后，车浩教授会就案例本身谈谈自己的看法，并对各小组的表现打分。

三、案例研习课的基础与技巧

（一）案例研习课的基础条件

要讲好一门课需要多方面的条件，案例研习课也不例外。笔者认为，要开设一门成功的案例研习课至少要具备三个方面的条件。

首先，任课教师方面的条件。与基础理论课不同，案例研习课是实践类型的课程，对任课教师本人的基础知识与案例分析技术要求比较高。一般来说，基本理论课满足于抽象的讲述与分析，是比较好掌控的；案例分析课则是开放性课程，不可能满足于抽象的探讨。在上课过程中，学生可能会提出很多问题，而教师不可能在课前完全预想到答案，如此就要求教师本人对刑法法条、相关司法解释以及基础理论知识有清晰与正确的把握。本课对教师本人案例分析技术的掌握程度也是一个考验。因为本课原本就是为了培养学生养成法律思维，训练其分析案例的技术，如果教师本人对此还没有掌握，那何谈教给别人？由于法教义学进入我国的时间并不长，目前中国刑法学正处于转型过程中，法学院的教师也经历着这种转型，后者给他们提出了更多更高的要求。在此仅谈一点，即教学案例的设计，并不是每位刑法教师都能够胜任的。优秀或者至少合格的教学案例，都能够将一些富有启发性的问题隐藏于案例事实之中，案例本身还要丰满，不能够让学生一眼忘穿教师的意图，可见设计好的教学案例并不容易。

其次，学员方面的条件。与普通的讲授式课程不同，案例研习课的学员不可能仅仅满足于"听"，对他们来说，更重要的是"做"。一般来说，学员课前要通读案例，摘出要点，思考犯罪嫌疑人可能涉嫌的罪名，并对其展开论证。这个工作量并不小，学生不仅要查阅大量的论文资料，了解学者对此种类型的问题的看法，还要尽可能查阅司法实践中的案例资料，了解司法实践中对此类案例是如何处理的。有时候，学员可能还要分组进行讨论，撰写案例分析报告并进行课堂展示，这些都给学员带来了时间、精力以及心理方面的压力。车浩教授在《刑事辩护实务养成记》中就曾指出："这门课程不是一门纯粹的讲授课，而是以学生的自我训练为主体内容，是在这个训练基础之上的讲授。按照课程要求，授课律师至少应该提前一到两周把全部的原始的卷宗材料发给学生，学生利用课下时间阅卷并进行小组讨论，完成本组的公诉意见或辩护意见。"[1]对此，学员必须具有正确的认知，他们需要平衡自己的时间、精力，需要平衡自己眼前与长远的利益。从目前高校本科生的上课情况来讲，很多人并不是抱着求知的欲望来上课的，而是满足于学分，他们可能报那些容易取得学分但不能满足其求知欲的课程。只有那些真正具有求知欲，真正想培养自己的案例分析技术，有时间、精力并能够承受一定程度的心理压力的学生，才是本课理想的学员。

应当说，参与这门课程的每一个人，都是非常辛苦、非常不容易的。首先是授课律师。……他们自己的业务都非常忙，完全是基于对法学教育改革和推进刑事法治建设的热情来义务授课的。而且，授课律师们都非常负责任，很多律师备课的认真程度令人感动，像郝春莉律师，开课之前就表示要"认真准备几个月来讲好这一次课"，上课时使用的PPT内容十分丰富，学生反映非常好。钱列阳律师讲一起涉嫌杀人的正当防卫案时，还专门把当事人请到课堂，供同学们质询辩论。有好几位律师，为了更充分地备课，专门提前到北大来旁听其他律师的授课。还有些律师为了完善讲课内容，不断地通过电话或短信和我沟通了解学生的听课

---

〔1〕　车浩："刑事辩护实务养成记"，载 https://mp.weixin.qq.com/s?＿＿biz＝MzA5NDIOMzgyMA%3D%3D&idx=1&mId=401885678&sn=46d54ff024b2079dc75899e3c87da0dc.，访问日期：2017年4月17日。

意愿和反馈。这些都令我非常地敬佩和感动。……选课的学生能坚持下来，也非常不容易。坦率地说，选这门课的负荷是比较大的。除了每周一晚上的三节课，学生还必须要提前在课下阅卷，都是原始案件材料，电子版往往都是几个 G 甚至十几个 G，然后再带着个人的初步意见参加周末的小组讨论，之后再形成本组的书面的辩护意见提交上来，最后在周一的课堂上再进行口头报告和辩论。可以说，学生在课下完成作业的训练所需要付出的时间，远远超出 3 个课时。这也正是这门课程的精髓。也就是通过这种方式，唤起学生在教学中的主体性意识，推动学生由被动接受知识者向主动训练能力者转变。对于选课的青年律师来说，坚持下来尤为不易。他们平时工作压力很大，业务繁忙，经常出差，好不容易有个周末可以休息了，还要到北大来参与小组讨论。我就知道有几位女律师，下班和周末时间还要再专门请保姆照顾孩子，就是为了能参加这门课程的讨论和上课。确实是非常不容易。同学们的这种认真和热情，对我们做老师的也是很大的激励和动力。[1]

最后，案例研习课所需的其他因素，比如小班教学模式、得力的助教、良好的考察方式等，都能够增强案例研习课的成功率和吸引力。①小班模式。只有人数少，才能保证参与的机会和时间，深度讨论才能正常开展，场面容易控制，等等。②充足和得力的助教。如果本课的事务（比如分组指导讨论、批改试卷等）都需要任课教师一个人承担的话，他就会不堪重负，不可能有足够的时间和精力去思考案例的选择、设计，也没有精力去优化课程安排，或者邀请校外的律师参与教学，等等。车浩教授曾经指出："每周组织一次在校生和青年律师一起讨论这件事情，非常不易。因为选课学生的无课时间不一致，青年律师能够到北大参加讨论的时间更是差异很大，仅仅是每次协调小组成员的讨论时间就很麻烦，而且还要主持好既有在校生又有律师的这样一个小组的讨论，更是相当的不易。"[2]这就需要有足够多的助教，帮助任课教

---

〔1〕 车浩："刑事辩护实务养成记"，载 https://mp. weixin. qq. com/s? _ _ biz = MzA5NDIOMzgyMA%3D%3D&idx = 1&mId = 401885678&sn = 46d54ff024b2079dc75899e3c87da0dc，访问日期：2017 年 4 月 17 日。

〔2〕 车浩："刑事辩护实务养成记"，载 https://mp. weixin. qq. com/s? _ _ biz = MzA5NDIOMzgyMA%3D%3D&idx = 1&mId = 401885678&sn = 46d54ff024b2079dc75899e3c87da0dc，访问日期：2017 年 4 月 17 日。

师处理这些琐碎的联系、通知、沟通、批改试卷等方面的事务，指导各组学员展开讨论并记录每一个学员的表现、打分等。③良好的考察方式。除本课以外，学生还有很多其他课程或活动，要顺利毕业必须修满一定的学分。如果本课的考察方式比较机械，不能利用机会充分鼓励学生，导致分数普遍较低，就会影响参与的积极性。与普通课程相比，学生投入案例研习课的时间和精力更多，压力也更大。（用车浩教授的话说："选课者必须要有一个不怕虐或者是虐不怕最好是怕不虐的心态。"之所以如此，是因为"刑事辩护是一个适合强者生存的行业"。）相应地，在整个参与过程中，授课教师与助教要充分利用各种机会予以鼓励。

（二）刑事辩护实务的成功之处

车浩教授主持的刑事辩护实务可以取得圆满成功，不仅是因为具备了上述基础条件，还有很多经验和技巧值得学习。

首先，为了每周 3 小时的课程，无论是教师还是学生都要做大量的课前准备。对于刑法案例研习课来说，每周 3 个课时远远不够，要是学生仅仅抱着听讲的心态而不做充分的准备，案例研习课的效果就会大打折扣。如此来说，一门好的案例研习课，背后必有老师与学生 10 倍的付出才能成就。比如，车老师为了改进案例研习课，不惜牺牲大量时间联系知名律师，对实务案例进行筛选，给助教开会，在教学网上回答助教所不能解答或者解答不理想的问题等，更不要说通读案例并确定本案的争点了。相应地，学生在课前也要通读案例，阅读大量相关论文或判例，发现并思考其中的问题，在讨论中积极发言并做记录，撰写本组的案例分析报告并做 PPT，在课堂上展示等。这些工作无疑会耗费教师与学生大量的时间和精力，但是，这种深度参与也能够激发学生的求知欲，真正锻炼其在实务中归纳事实、寻找和解释法条、确定罪名并为此论证的技能。

其次，充分和给力的助教。案例研习课不适合大班教学，主要是因为这门课要深度参与，需要教师与学生之间的深度沟通。但是，一门课一般只有一个或者几个教师，要照顾所有的同学是不可能的，这时候就需要助教的协助。就车浩老师的案例研习课而言，一般有 6 到 8 个助教，每个助教负责 10 名左右的同学，说实话，这已经达到了小班教学的极限。为了保证案例研习课的正常运作，车老师在选择助教的时候会优先选择之前上过案例研习课的学生，当然还要考虑该助教是否有充足的时间以及成绩是否优秀等因素。在选定助教之后，车老师会对他们进行适当的培训，要求其认真负责地履行职责。在北大，一门课人数在 80 人以下一般只能配备 2 名左右的助教。如果没有学校特殊支持，没有足够的助教，案例研习课的运作会很困难。此外，助教本身的组织能力与知识素养也会影响案例研习课的进行。由于案例分析报告大多由助教批改，课堂展示时助教打分也占很大分值，因此助教不仅要深度参与，还要认真负责。

再次，案例研习课需要教师、助教与学生三者的深度参与与互动，而案例研习课本身又费时费力，如何保证三者在课程进行中保持参与的积极性就成了重要的问题。就车老师的案例研习课与刑辩实务课而言，车老师自身深厚的学识素养及其对教学事业、对学生的责任感是本课成功的最大动力和保障。在同龄人都将大把的时间放在科研上时，车老师将更多的时间用在教学上。在中国高校教育现行评价机制下，重科研而轻教学，科研成果对于教师发展的效果立竿见影。即便如此，车老师仍然选择了教学，并积极探索改善案例教学的方式方法，我觉得是很难得的。同样，就助教而言，要牺牲自己做科研的大量时间服务于案例教学，也非常不容易。助教之所以勇于付出，也与车老师通过自己的学识大大提高了案例教学的学术性有关。虽然本课旨在培养学生分析案例的技术能力，但是如何就具体案例归纳事实，如何在规范与事实之间进行充分的沟通，需要良好的解释技术和想象力。这方面不是纯技术性的，也具有一定的学术性，对于助教们做学术也有重要的启发意义。还有，很多助教也想通过深度参与，学习案例教学的模式，为自己将来参与教学服务，这一点也是促使其积极参与的重要动力。此外，就学生而言，案例研习课的学分与其他课程的学分差不多，要放弃一门容易的课程而参与这门"费时费力"的课程，需要学生具有强烈的求知欲。对于参与本课的青年律师来说也是如此，他们本身业务负担就很重，参与学习无疑给自己增加了额外的负担。但他们仍然来了，支撑他们的也主要是强烈的求知欲。

最后，本课在考试方式上注重平时的考察，在分数上除了照顾公平之外，也注重对学生的激励。首先是考察的内容，包括案例分析报告、分组讨论以及课堂展示的情况。对于案例分析报告，本组的助教要考查学生作业写得是否认真、用词是否严谨、体系是否完整、是否遗漏要点、分析是否透彻，说理是否充分等。除了助教评分之外，本组学生之间也会展开一对一的互评。

对于分组讨论，助教要考查学生讨论是否积极，能否提出有价值的问题，对案例事实的掌握是否熟悉等。对于课堂展示，要看学生在分组对抗中所起的作用。虽然上台展示的只有两个同学，但是如果台上的同学无法回答，台下本组的成员也可以积极回答，如此发挥本组最佳实力。对于课堂展示环节，不仅所有助教都要打分，授课教师与车老师本人也要为学生打分。这些打分最终会按照一定的比例，计算出该同学的期末成绩。此外，还有一些细节值得注意。比如，分组讨论环节如何防止先入为主？如何保证分析不跑题？如何指导学生说到点子上？需要助教（特别是教师本人）在必要时给予指引。另外，给成绩也有一定的技巧。所给的成绩包括作业成绩+讨论成绩+展示的成绩，区分为 A、B、C、D 四个档次，每个档次内部又分三档，比如 A 就分为 A+、A、A–三个次档。就作业而言，考察成绩时不仅考虑作业自身的因素，还要考虑作业外的一些因素，例如是否迟交（迟交降档）等。对于分组讨论，也有些具体的制度约束，比如请假的自动归入 C 档。就课堂展示与案例分析报告的撰写而言，也要照顾到机会与负担的公平性，保证每位同学都有展示自己的机会。这些制度约束能够保障同学们的参与度。

（三）进一步的探讨

1. 案例研习的教学模式

教学模式是一门课程的中心，决定课程本身的效果能否发挥到最佳。就目前而言，我国刑法案例研习课在教学模式上正处于百花齐放的阶段，没有一个标准的或者通行的教学模式。比如，车浩教授的刑法案例研习与刑事辩护实务在教学模式上就不相同：前者是教师拟定教学案例发给学生，学生撰写案例分析报告，上课时第一节课由助教带着分组讨论，第二节课各组选二人进行课堂展示，最后教师点评并讲述相关的重点问题；后者则是教师联系律师，由律师提供案例，教师根据需要进行筛选，然后将案例资料发给学生，课前分组讨论，撰写案例分析报告以及课堂展示的 PPT，上课时第一节分组对抗辩论，第二、三节由担任本次授课任务的两位老师（先教师后律师）点评并分析案情。这两种教学模式不仅要考虑案例本身的情况（简单的教学案例还是复杂的实务案例），在培养目标和授课内容上也有所不同，这一点前面已有论述，此处不赘。

还有一种案例教学模式：首先，由老师指定或者由学生自行选择相关典型案例；其次，老师介绍该案例要掌握的知识点；再次，学生对案例进行解析，也可以将学生分成审判方、控辩双方，采取法庭辩论形式再现案例；最后，老师进行总结分析，对案例的争议点、理论知识点、案例分析的方法进行说明。[1] 在阅读案卷时，这种教学模式强调：①阅读判决书原文，较为全面地了解案件的事实关系，再将复杂的事实关系提炼概括为较为简练的事实关系；②阅读判决书原文，概括法官、检察官、辩护人的观点和判决要旨，找出本案的争议点和各种不同结论；③找出相关的学说，包括通说和少数说观点，特别应当注意查找针对本案的分析文章和评论；④提炼影响定罪的关键证据；⑤查找以前是否有类似的案例及判决的内容；⑥自己是否同意学者、法官的观点。[2]

该种阅读案卷的方式有如下缺陷：第一，难以锻炼学生归纳事实的能力。归纳事实本身对于定罪与否具有重要影响，不同的归纳方式可能导致不同的判决结果。虽然案件是同一个，检察官与辩护人对事实的归纳仍然有很多不同点和侧重之处，这不仅会影响定罪，也会影响量刑。就该种阅读案卷的模式而言，由于判决书已经较为完整和简练地概括了基本案情的内容，学生以此为基础概括更为简要的案情，恐怕意义很小。第二，与车浩教授的刑事辩护实务课相比，这种案例分析模式一般也采用真实的案例，只是案例来源并不全由教师选定，这样就很难保障案例本身的质量，而且由于阅读的案例资料包括起诉书和判决书等，检察官、被告人和法官的意见一望尽知，可能会限制学生分析案例的想象力，不利于锻炼学生归纳事实、寻找法条并将其适用于案例的解释技能。第三，该种模式在顺序上有所重复。一般来说，学生在归纳案情时就要对影响定罪的关键证据进行提炼，归纳案情之后要先想一想该案应适用哪一法条，如何定罪量刑，之后才是是否同意法官的观点。如果不同意法官的观点，就要对自己的观点进行论证，这时候一方面查找以前是否有类似的案例及其处理结果，然后再查阅相关论文，归纳各种学说，最终决定是否坚持自己的观点，并为此做出论证。

此外，教学模式的设计一定要考虑参加者的负担。对学生而言，任务过少会影响其参与度，不容易真正锻炼其能力；任务过重也会使其疲于应付，影响参与的积极性，即使参与也很难坚持到最后。对于教师而言，如果没有

---

〔1〕 张凌、罗翔编著：《刑法总则案例研习》，中国政法大学出版社2014年版，前言。
〔2〕 张凌、罗翔编著：《刑法总则案例研习》，中国政法大学出版社2014年版，前言。

足够和给力的助教支持，凡事都要自己来做，会严重影响教师开课的积极性和效果。人的精力总是有限的。对于助教而言，如果任务过于繁重，很难吸引足够和有能力的助教；如果不能良好地发挥助教的作用，也会影响案例研习课的实施效果。因此，教学模式的设计一定要在现有的条件基础上，想方设法地调动各方的积极性，充分发挥其能动性，才能保障案例研习课实现最优的效果，这样无论教师、助教、学生都会收获很大。

2. 关于案例分析的模式

案例分析模式就是分析案例时所采取的思维路径和程序。一般而言，在司法实践中案例分析采取了从定罪到量刑的思维路径，虽然有学者主张"量刑反制定罪"，也只是少数说。在定罪方面，一般是按照犯罪论体系进行的。由于目前我国刑法学界在犯罪论体系上经历着三阶层说与四要件说之间的争论，反映到案例研习课程上也就有了阶层分析模式与平面分析模式之分。就目前案例研习课来说，既有教师提倡阶层分析模式，也有教师提倡传统的平面分析模式，两者并不冲突，只是体现了教师个人的知识基础与偏好。不过，阶层模式相比来说要比平面模式更科学，更有逻辑性。虽然通说认为四要件体系通俗易懂、上手快、实用，能够满足 20 世纪 80 年代以来对审判技术和经验的要求，但是这种体系具有三点弊端，导致其越来越不适应当今社会在人权保障方面的要求：一是社会危害性评价过于前置，容易造成定罪上的先入为主；二是四个要件在审查上缺乏符合逻辑的位阶顺序，容易造成主观判断先于客观判断；三是四个要件在内容上不仅混淆了事实判断与规范判断，而且过于轻视规范判断。[1]

笔者主张采取阶层分析模式。阶层就是将定罪判断分为若干层次，前一判断得出肯定的结论，才可以进行后一判断，否则判断就会终止（出罪），而且，前后判断之间在顺序上不可互换。如此，既能够保证所需要的判断不会遗漏，对于在不同层次上所排除的情况，还给出了不同的理由。这些优点是四要件体系难以实现的，后者只是在结论上容易得出，却很少考虑结论的妥当性与否。其实，四要件体系与三阶层体系分别代表了犯罪论体系的初级和高级发展阶段，随着司法的专业化和职业化进程的推进，犯罪论必然要从四

---

[1]　陈兴良：《刑法的知识转型（方法论）》，中国人民大学出版社 2012 年版，全文。

要件体系向三阶层体系进化，从大众话语向精英话语转型。[1]对司法人员来说，平面分析模式可能更容易掌握，阶层分析模式复杂一些，但这不是司法实践拒斥阶层模式的正当理由。"理论的繁复不仅仅是为了理论本身，也要看到这种理论所指导的实践的重要性，要看到理论的简单化导致的执业人员大众化的危险，长此以往，司法的公正和权威必然会和法律执业人员的从业素质一起受到质疑。"[2]

笔者认为，讨论案情时应遵循从定罪到量刑的顺序，定罪部分是核心，也是考验学生的重要战场。按被告人的顺序，同一被告人涉及几个罪名的，按照涉嫌的罪名分别论述。在讨论具体罪名时，按照三阶层的位阶依次展开，比如从构成要件符合性到违法性阻却事由再到责任阻却事由。在构成要件符合性部分，一般是从客观构成要件到主观构成要件再到混合构成要件（比如说罪量因素）；在客观构成要件部分，则一般从行为主体到行为对象再到行为，最后是行为与结果之间的归因与归责；在主观构成要件部分，则一般是从犯罪故意到特殊目的。虽然一般是这样，但是针对故意犯与过失犯、作为犯与不作为犯、实害犯与危险犯等在具体分析时仍然有所不同。比如，预备犯的成立在客观构成要件部分要注意行为人实施了犯罪预备行为、行为人未能着手实行犯罪、未能着手实行犯罪是由于意志以外的原因，在主观构成要件部分要确定行为人是为了实现犯罪；再如，未遂犯的成立在客观构成要件部分要注意行为人已经着手实行犯罪、犯罪未得逞、犯罪未得逞是由于意志以外的原因，在主观的构成要件要确定行为人是为了实现犯罪；又如，中止犯的成立在客观构成要件部分要注意中止的时间性、彻底性和有效性，在主观构成要件部分要确定行为人中止犯罪的自动性。虽然目前司法判决书还不太重视说理，但是随着建设社会主义法治国家事业的推进，司法判决必然会强调说理的重要性，对此案例研习课也要予以强调。

3. 案例研习课的推广

既然案例教学对于培养学术型人才与实务型人才都具有显而易见的重要性，予以推广就成为势在必行的步骤。就目前而言，很多院校对案例研习课尚未提起重视。对于开始尝试的院校，其案例研习课程也存在许多问题。总

---

[1] 车浩：《阶层犯罪论的构造》，法律出版社 2017 年版，第 70 页。
[2] 车浩：《阶层犯罪论的构造》，法律出版社 2017 年版，第 71 页。

体而言，我国的案例研习课正处于起步阶段。在这个过程中，一方面要注意学习德日或英美案例研习课的经验教训，另一方面则要根据现实需要打造本土化的案例研习课。虽然所有法学院都可以尝试案例研习课，但由于案例教学对高校教师、学生以及各种配套设施有很高的要求，可以先在重点高校和学科进行试点，在教学实践中积累经验，然后逐步向一般院校的法学院推广。

在案例研习课的推广过程中，有学者提出质疑："案例教学的经验可以复制吗？"之所以有这种质疑，主要是因为案例研习课是一门实践型的课程，不同的教师好比领军之将，对课程本身的状况有独特的影响。但是，作为一门课程，我们不能过分夸大案例研习课的差异性，在起步阶段要强调其共性。如果否定案例研习课的可复制性，我们对国外案例研习课程的学习就面临正当性问题。事实上，我们对案例研习课的重视，并不完全来自于理性自觉，也是对国外相关经验的借鉴。随着案例研习课的成熟化，在具体教学过程中可以凭借院校特色及教师本人的学术经历、性格等因素形成案例研习课的特色。

第二编

刑法教义研究

第四章
论制造法不容许的风险[1]

　　因果关系是结果犯归责的重要前提之一。围绕因果关系问题，刑法理论中先后出现过条件说、原因说、相当因果关系说、重要性说、客观归责说等诸多理论。目前，客观归责理论在德国刑法理论上已成为通说，该理论在吸收允许性风险理论中的"风险"概念基础上将实行行为实质化了。在风险思维影响下，客观归责理论发展起容许风险、禁止风险、风险制造、风险实现、风险升高、风险降低等一系列下位理论。研究这些下位理论对推进客观归责研究具有重要意义，因为作为"一类为了堆放未被解决的构成要件与正当化事由问题的杂物间"，[2]客观归责概念本身并没有提出什么检验犯罪的标准，真正提供检验犯罪标准的是其一连串颇具个性化色彩的下位理论。[3]与客观归责理论相比，我国传统的必然因果关系和偶然因果关系概念都具有浓厚的哲学气息，"对于刑法中的因果关系，不能提供有益的标准，相反却引发了不必要的争论"，[4]引起了诸多刑法学者质疑。在这种情况下，一些学者提出以客观归责理论取代传统必然因果关系和偶然因果关系理论的设想和建议，[5]还

---

〔1〕　本章原载于赵秉志主编：《刑法论丛》（第37卷），法律出版社2014年版，第277~317页，有改动。

〔2〕　［德］托马斯·魏根特："客观归责——不只是口号?"，王静译，载梁根林、［德］埃里克·希尔根多夫主编：《刑法体系与客观归责：中德刑法学者的对话（二）》，北京大学出版社2015年版，第95页。

〔3〕　参见黄荣坚：《刑罚的极限》，元照出版公司1999年版，第141页。

〔4〕　刘志伟、周国良编著：《刑法因果关系专题整理》，中国人民公安大学出版社2007年版，第53页。

〔5〕　例如陈兴良：《教义刑法学》，中国人民大学出版社2010年版，第292页。又见周光权："客观归责理论的方法论意义兼与刘艳红教授商榷"，载《中外法学》2012年第2期。又见杨彩霞："刑法因果关系论之危机、反思与出路"，载刘志伟、周国良编著：《刑法因果关系专题整理》，中国人民公安大学出版社2007年版，第367页。

有一些学者在相当因果关系和客观归责理论孰优孰劣问题上展开争论。对于推进我国因果关系理论研究而言，研究客观归责的下位规则并尽量将其具体化，也是一个重要路径。

在德国，通说认为客观归责理论包括"制造法不容许的风险"（也被称为风险制造）、"实现法不容许的风险"（也被称为风险实现）以及"构成要件效力范围"三个阶层。本章主要研究风险制造。许迺曼曾言："不论是基于正义或是刑罚的威吓效果，都同样要求，过失犯刑事责任成立的关键时刻，应该是在危险形成的时候，而不是等到危险结果出现。"〔1〕可见，风险制造在客观归责理论中具有不可忽视的重要性。魏根特曾指出，客观归责理论起源的案件类型其实是行为人升高危险的行为与结果完全存在因果关系，人们却不愿让其负责的情形。〔2〕风险制造也不例外。不过，与从结果方面限制归责范围的风险实现相比，风险制造着眼于实行行为的实质化阐述，从实行行为方面限制归责的范围。风险制造又包括四个小的具体规则："风险降低时归责的排除""缺乏危险创设时归责的排除""危险创设与假定的因果流程"以及"在允许性风险中排除归责"。除了"危险创设与假定的因果流程"之外，其他三个规则采用反向排除的方法解决了风险降低行为、中性行为以及容许风险行为的归责性问题。在此，笔者拟对这三个下位规则进行探讨，一方面探究其理论基础，另一方面则致力于其概念的精确化和逻辑的合理化，使其更具有可操作性。此外，假定因果关系是一个方法论问题，在讨论其他三个规则时都会涉及，不再独立出来探讨。

一、风险降低时归责的排除

一般来说，风险降低（或称风险减小）是指这样一种情形，即"对于既存的危险，在程度上修正为更轻微，或在时间上延后危险行为的作用，或在方式上导致结果由另一种形态出现"。〔3〕在风险降低的场合并非没有发生任何

---

〔1〕［德］许迺曼："过失犯在现代工业社会的捉襟见肘——资产清算"，单丽玟译，载许玉秀、陈志辉合编：《不移不惑献身法与正义——许迺曼教授刑事法论文选辑》，新学林出版股份有限公司2006年版，第521页。

〔2〕［德］托马斯·魏根特："客观归责——不只是口号?"，王静译，载梁根林、［德］埃里克·希尔根多夫主编：《刑法体系与客观归责：中德刑法学者的对话（二）》，北京大学出版社2015年版，第95页。

〔3〕林东茂：《刑法综览》（修订5版），中国人民大学出版社2009年版，第67页。

损害后果，只是这个损害结果无法归责于该行为人，并非因为该损害结果没有发生在规范保护目的之内，而是因为行为人根本没有制造法不容许的风险，因此也就不存在一个构成要件行为。通过客观归责研究的深化，风险降低问题也进入了我国刑法学者的视野，只是尚未受到足够的关注。就当前来看，风险降低在理论上过于模糊，导致其在司法实践中缺乏明确的判断标准和评价规则可以适用。作为排除归责的下位规则，风险降低理论的模糊不清最终会影响被告人的人权保障。实际上，风险降低理论有不少值得研究之处，例如风险降低的性质、风险降低与风险替代的区分以及风险降低是否假定因果关系的例外等问题。

（一）风险降低的主客观统一性

在性质上，风险降低是纯客观的事实还是主客观相统一的存在？客观事实说认为："对于风险降低的基准，案例上不是从行为人的志向性或者主观方面进行观察，而是从客观的角度进行观察。有物体（石头）飞向被害人头部，这是客观的状况，不管行为人的意图怎样，在将其转向肩部方向的场合，就意味着客观上风险的减少。与此相对，本来不能到达的石头由于行为人推了他人一下，而到达头部的场合，与主观意图无关，是升高风险的情况。"[1]换言之，风险降低是一种客观事实。只要行为人在客观上降低了被害人既存的危险，不管他具有何种认识和意愿，都能够排除归责。主客观统一说则认为，对风险降低来说，仅有法益损害风险的客观降低是不够的，还需要主观构成要件的配合才行，单纯客观上的风险降低不能排除被告人归责。只不过这里的主观构成要件并非指故意或过失，而是指行为人只要具备认识要素就够了。就像目的行为论者所批评的那样："受非难的危险制造这个问题，根本不可能像归责理论所宣称的那样，单独在客观的基础上决定，而是经常要取决于行为人的认知。"[2]

笔者同意主客观统一说。风险降低能够排除构成要件符合性，即降低风险的行为本身不构成犯罪实行行为，但是单凭客观上损害结果的减轻并不能证明实行行为的不存在，还需要参考行为人的心理。只有在行为人认识到他

---

〔1〕 张亚军：《刑法中的客观归属论》，中国人民公安大学出版社 2008 年版，第 78 页。

〔2〕 ［德］沃尔夫冈·弗里希："客观之结果归责——结果归责理论的发展、基本路线与未决之问题"，蔡圣伟译，载陈兴良主编：《刑事法评论》（第 30 卷），北京大学出版社 2012 年版，第 252 页。

人面临的既存风险，然后客观上又去施救的，才能够构成风险降低。如果行为人对他人面临的既存危险缺乏认识，而是抱着伤害的故意或其他的心思去行为，即使客观上降低了既存风险，也不能够根据风险降低理论对其行为排除归责。例如，B 与家人午休时发生煤气泄漏，恰好 B 的仇人 A 路过 B 家，出于对 B 的仇恨，A 拿起一块砖头向 B 家窗户上砸去，结果砸坏了窗户玻璃，救了 B 一家。张丽卿教授认为，该案不属于风险降低或风险替代，而是属于假象避难，但理由并不清楚。[1]笔者认为，该案件之所以不构成风险降低，是因为 A 对自己所砸的是 B 家的玻璃具有认知，但对 B 一家当时所处的危险境地缺乏认识。这一认识差异决定了 A 砸玻璃的行为不是降低风险的行为，而是升高风险的行为。虽然 A 砸玻璃降低了 B 一家煤气中毒的危险，但这一客观事实根本不影响将 A 的行为定性为毁坏财物的行为。进言之，风险降低理论不适用于假想避险或偶然防卫这样的场合，否则只要行为客观上降低了既存风险就能够排除构成要件符合性，在假想避险的场合就可以不考虑避险意思，即在假想避险问题上采取纯粹的结果无价值说，最终就会与客观归责理论兼顾行为不法和结果不法的前提相矛盾了。

问题是，"一个人的行为是否被允许，并非取决于他自己的意志"，而应在更大程度上取决于客观上行为及其效果是有益还是有害。因此，承认风险降低的主观要素，是否违反先客观后主观的评价规则？是否违反客观归责理论的本意——以客观不法限制主观不法的初衷？笔者认为，并非如此。风险降低理论不考虑行为人关于犯罪的计划、设想、目标（例如犯罪故意、犯罪目的）等要素，它只是要求行为人对既存风险及其对被害人的伤害可能性具有认识，因为只有考虑到这种认识，才能判断行为人的行为到底是降低风险的行为还是实施伤害的行为。正如金德霍伊泽尔所言，行为人事实上存在的认知是人的不法的所有其他结构要素建立的基础，只有在行为人所实际具备的认知给获得有缺陷的认知或没有事先弥补认知漏洞而放弃实施行为提供了充分的契机，而行为人——在履行其被期待的谨慎注意义务的情况下——能够和必须认识到特定的情况，才能非难行为人。[2]行为人的特别认知的确可

---

〔1〕 张丽卿：《新刑法探索》，元照出版公司 2006 年版，第 393 页。

〔2〕 ［德］沃斯·金德霍伊泽尔："故意犯的客观和主观归责"，樊文译，载陈兴良主编：《刑事法评论》（第 28 卷），北京大学出版社 2008 年版，第 151~152 页。

以决定行为的不法。[1]因此，不可能纯客观地判断实行行为，而必须联系行为人的认知状况。[2]

但这并不影响客观归责的客观性，因为对事实的认识本身也是一种客观事实，只是这种客观认识与认识的对象不是一回事。风险降低是一种客观事实，却不等于对这一客观事实的认识。金德霍伊泽尔举例说，A 发现房梁从起重机上脱落，他估计房梁会从Ⅰ方向倒向 B，于是向 B 呼喊，让他尽快从Ⅱ方向逃离。不料房梁恰好是向Ⅱ方向倾倒，B 被砸死。在本案中，A 认为自己喊 B 跑的方向可以降低悲剧发生的可能性，甚至避免悲剧的发生，实际上却升高了 B 被砸死的风险。对此，德国学者桑奇内蒂认为：“如果相比于 B 在被呼喊前所处的位置而言，B 在其意图跑向的位置被房梁击中的风险要低一些，那么虽然 A 的行为与结果的发生具有因果关系，但由于他降低了死亡结果出现的风险，所以不能归责于他。”[3]金德霍伊泽尔不同意桑奇内蒂的观点，认为他“混淆了事实上的风险和对该风险的认识可能性，而由此将假想的风险降低当成了事实上的风险降低”。[4]笔者同意金德霍伊泽尔的看法，因为注意规范必须要建立在一般理性人对结果能够预见或者避免的基础之上。在本案中可以看到，在紧迫情况下，即使专家也难以判断房梁会向哪个方向倾倒，对作为社会一般人的行为人来说更为求全责备。因此，惩罚制造该风险的行为不是注意规范的保护目的。

（二）风险降低与风险替代的区分

1. 归责结果上的区别

罗克辛在其教科书中区分了风险降低和风险替代两种情形。他认为，在风险降低情形中，当行为人采取减小对被害人已经存在的危险，即以改善行为客体状况的方式，对一种结果过程进行修改时，风险的创设及其可归责性就不存在了。在风险替代情形中，行为人在避免现存危险发生的同时又制造了

---

[1]　许玉秀：《当代刑法思潮》，中国民主法制出版社 2005 年版，第 478 页。

[2]　参见［德］克劳斯·罗克辛：《德国刑法学　总论》（第 1 卷），王世洲译，法律出版社 2005 年版，第 249 页。

[3]　［德］乌尔斯·金德霍伊泽尔：“风险升高与风险降低”，陈璇译，载《法律科学（西北政法大学学报）》2013 年第 4 期。

[4]　［德］乌尔斯·金德霍伊泽尔：“风险升高与风险降低”，陈璇译，载《法律科学（西北政法大学学报）》2013 年第 4 期。

另一种危险，只是后者造成的损害比前者要轻一些。[1]例如，A 拿石头砸向 B 的头部，C 伸手挡了石头一下，结果石头落下来砸伤了 B 的肩膀（以下简称"石头案"），这属于风险降低；楼房发生火灾，消防员 R 在大火中找到儿童 B 时，大火已经封锁了楼梯口，无奈之下 R 将 B 抛到楼前的草地上，致使 B 腿骨骨折（以下简称"火灾案"），这属于风险替代。与"石头案"可以直接排除构成要件符合性不同，"火灾案"只能在违法性阶层排除归责，因为即使 R 的目的在于救 B，但他抛 B 到楼下的行为在形式上也已符合刑法分则规定的构成要件。正如韦塞尔斯所言，虽然 B 正处于被烧死的危险中，但"一个面临生命危险者也是不受限制地处于刑法秩序的保护之下，对 R 把他对当事人构成的危险'折抵'他对当事人避免的危险也不适当，因此必须在非结果归责的其他方面对这类情况找到一个符合事实要求的处理办法"。[2]即虽然风险替代实际上保护了较大的法益，毕竟也制造了较小的法益损害，形式违法性就是后一风险制造行为的代价。

一般情况下，风险替代有两种违法性排除事由，即推定的同意和紧急避险。在推定同意的场合，虽然无法取得权利人明确的同意表示，客观分析案件事实也可以得出权利人会同意的结论，因为行为人的行为实际上有利于保护权利人的法益。在紧急避险的场合，行为至少要满足两个条件：①客观方面要满足比例原则，即所保护的法益必须大于所伤害的法益；②主观方面必须对被害人面临的风险以及避险行为可能造成的后果有所认识，在某些情况下还要具备救济意志。这证明了行为人的认识要素在风险替代类型案件中所具有的重要性。根据"举重以明轻"的逻辑，这一条件对风险降低类型的案件应该也能适用。至于行为人是否需要救济或援助目的的问题，笔者认为，在一般情形下根据行为人对处于风险中的被害人施以援手可知，行为人具有救济意志；当然，在例外的情况下也可能不具有救济意志。例如，行为人虽然对于被害人所遭遇的风险有所认知，但其之所以采取避险行为只是为了履行自己的职责。可见，在风险降低的场合，是否具有这种救济意志要根据具体案情具体判断。通过探讨风险替代的排除违法事由，我们基本了解了风险

〔1〕［德］克劳斯·罗克辛：《德国刑法学 总论》（第 1 卷），王世洲译，法律出版社 2005 年版，第 247 页。

〔2〕［德］约翰内斯·韦塞尔斯：《德国刑法总论》，李昌珂译，法律出版社 2008 年版，第 114 页。

替代理论的适用场合；通过"举重以明轻"的方法，我们也大体上可以确定风险降低理论的适用场合。最后需要指出的是，归责结果上的不同是结论而不是理由，它对于区分风险降低和风险替代并无太大的帮助。

2. 客观的区分标准

关于"石头案"和"火灾案"的区分标准，罗克辛认为，在"石头案"中，C 在改善 B 身体法益处境的同时没有再创设新的风险，没有使这一处境恶化。石头砸伤 B 的结果并非源于 C 的行为，而是砸石头的 A 所为。也就是说，虽然 C 改变了石头运动的方向，但该行为没有升高而是降低了既存风险。对 C 来说，这里缺乏制造法不容许风险的实行行为。但在"火灾案"中，虽然 R 降低了 B 被烧死的危险，但也增加了 B 被摔死的风险，这一新风险并非可忽略不计的允许性风险。因此，"火灾案"可被区分为两个阶段：前阶段的风险降低可以排除构成要件符合性，后阶段的风险升高却已经具备构成要件符合性，只能在违法性阶层再通过推定的同意和阻却违法的紧急避险加以正当化。

相反，金德霍伊泽尔认为两个案件的区别仅在于："在扔石块案中，营救者以改变危险的因果流程的方式介入进来（将死亡转变为肩部伤害）；而在火灾案中，营救者却引入了一个新的因果流程（将窒息替换为从窗户摔落）。但是，两种情形下的营救者都分别中断了某个因果流程（死亡），又都分别创设了一个新的事实过程（身体伤害）。因此，对这两类案件所进行的区分到头来实际上只是一种无关紧要的咬文嚼字而已。"[1]这样就将"火灾案"也纳入了风险替代类型范围内，相应地就缩小了风险降低类型的范围。相应地，"真正的"风险降低理论只有营救行为，即行为人的介入阻止了更大损害结果出现的情形。例如，消防员 A 将儿童 B 从发生火灾的楼上抱下来。又如，在发生水灾之际，某 A 通过堵塞出水口减弱了洪水侵袭的规模，在洪水涌入之后事实上出现的损害，并不是由营救行为所导致。营救者全部或部分排除了事实上存在的风险要素，其行为由于与结果并无因果关系，故不具有构成要件符合性。[2]

---

〔1〕［德］乌尔斯·金德霍伊泽尔："风险升高与风险降低"，陈璇译，载《法律科学（西北政法大学学报）》2013 年第 4 期。
〔2〕［德］乌尔斯·金德霍伊泽尔："风险升高与风险降低"，陈璇译，载《法律科学（西北政法大学学报）》2013 年第 4 期。

上述两种观点的分歧在于，"石头案"到底属于风险降低还是风险替代？罗克辛认为"石头案"属于风险降低类型，金德霍伊泽尔则认为"石头案"属于风险替代类型。除了排除归责的层次不同之外，风险降低和风险替代还有何不同？德国学者韦塞尔斯认为，风险降低和风险替代的区分标准是"救护意志者的救护行为是否对被害人构成另一个独立的危险"。[1]可见，韦塞尔斯认为风险降低和风险替代的区分标准有两个：客观上，行为人是否又制造了新的"独立风险"；主观上，行为人必须具有救护意志。韦塞尔斯并未声明"独立风险"是否为法不容许的风险，但如果行为人在降低既存风险的同时又制造一种允许性风险都要认为是风险替代，并因而具有形式违法性的话，显然不合适。因此，这里所谓的"独立风险"只能是指法不容许的风险。进言之，可以根据损害结果的严重程度将"石头案"分为两部分，即制造法不容许风险的部分和没有制造法不容许风险的部分，前者属于风险替代，后者属于风险降低。金德霍伊泽尔的区分标准过分限制了风险降低类型的范围，罗克辛的区分标准则正好相反。只要行为人对既存危险存在认识，其行为在客观上降低了既存风险，却没有制造新的法不容许的风险，即使不具有救护意志也可以构成风险降低，排除构成要件符合性。

在风险降低类型中，所降低的风险是否必须属于同一种类？对此问题，笔者持否定看法，但在涉及不同种类的风险时，是否风险降低还需要具体的法益衡量。例如，在 A 欲重伤 B，C 劝 A 轻伤 B 这样的案件中，因为杀人行为中隐藏着伤害行为，因此从杀人到断肢是降低了风险。但在 A 意欲杀 B，C 苦劝无效之后，劝他断其一肢即可，或者 A 原意伤 B，C 劝其公然侮辱 B 即可这两种案件中，[2]原本要发生的损害结果和修改后的损害结果属于不同类型的法益，是否还属于风险降低呢？对此，罗克辛也认为得看法益的加减关系或风险被转移的法益是否为另一种法益而定，如果公开侮辱对被害人造成的实际损害比原本计划的伤害行为轻微得多，则可以通过紧急避险排除归责。[3]同时，罗克辛也认识到："在具体的案件中，确定同一个危险的减轻和这个危险转而针对其他人之间的界限，自然是很困难的。然而，这并不会因此对区分

---

〔1〕 〔德〕约翰内斯·韦塞尔斯：《德国刑法总论》，李昌珂译，法律出版社 2008 年版，第 113 页。
〔2〕 参见〔德〕罗克辛："客观归责理论"，许玉秀译，载《政大法学评论》1994 年第 50 期。
〔3〕 参见〔德〕罗克辛："客观归责理论"，许玉秀译，载《政大法学评论》1994 年第 50 期。

的原则提出问题来，因为这种困难性是与到处可以见到的确定犯罪类型及其例外情况的界限，以及确定行为构成与违法性的界限一起发生的。"〔1〕笔者认为，上述两个案例都不是风险降低而是风险替代行为，在这两个案例中，虽然行为人都避免了一种损害结果的发生，却也制造了另一种法不容许的风险，因此只能借助正当化事由排除归责。

（三）风险降低的判断标准

德国学者弗里希认为，风险的产生或提升是一个利用生活常识进行相当性判断的价值论的问题，参照的是判断者利用生活经验对"可能性"进行的评判；而所谓风险制造的"不容许性"则指的是依照规范的价值立场，行为因其所附着的风险必须被禁止的性质。〔2〕换言之，在判断风险升高或降低这种状态变化时只需要采取社会经验性的相当标准，只有风险升高到一定的程度，达到刑法规范不能容忍的临界点，才会成为法不容许的风险。在作为犯的情形下，笔者同意上述观点。但在不作为犯的领域，相当性标准对于判断风险降低是不够的，需要结合注意规范的保护目的。因为履行作为义务降低既存风险是行为人应尽的义务，是否是风险降低要看行为人是否履行作为义务。如果行为人没有履行作为义务，是否要求他对损害结果负责，需要进一步考察该结果是否发生在注意规范（作为义务）的保护目的之内。在"石头案"中，行为人伸手挡开砸向被害人头部的石头，导致石头砸伤了被害人的肩膀，根据一般人的社会经验就可以得出不能对行为人归责的结论。但在不作为的场合，例如肇事人撞伤路人，如果不存在要求肇事人救助被害人的作为义务，就不能要求行为人实施降低风险的行为。

此外，风险降低的判断有时还需要考虑被害人的自我决定权。例如，癌症患者B疼得要自杀，医生A利用自己的医术拖延病人B的死亡。在本案中，威胁B的生命的是B所患的绝症而不是A的行为，A的医疗行为拖延了B死亡的时间，在客观上也增加了B的生命法益。但是，即使如此也不能忽视被害人的自主决定权，否则就会造成法益保护上纯粹以结果为导向，而不考虑行为无价值的偏向和错误。实际上，刑法的任务不是单纯的法益保护，而是

---

〔1〕［德］克劳斯·罗克辛：《德国刑法学　总论》（第1卷），王世洲译，法律出版社2005年版，第248页。

〔2〕熊琦："论客观归责理论的规范维度——兼析本体论、价值论因果关联与客观归责的本质区别"，载赵秉志主编：《刑法论丛》（第30卷），法律出版社2012年版，第65页。

经由遵守规范保护法益。一方面，规范本身的功能即在于一般地保护法益，违反规范也就是对法益造成了威胁；另一方面，不择手段地保护法益绝非刑法的真实目的，因为规范本身即意味着约束，亦即规范本身并不提倡采取规范之外的手段保护法益。对一种行为的惩罚建立在行为不法和结果不法两方面基础之上，忽视哪一方面都可能会造成错误的结论。对本案来说，如果只求在客观上降低 B 死亡的危险，尽量延长 B 的生命长度，却不顾 B 自己的意愿，就有可能导致专断的医疗行为。

在"撞崖案"中，罗克辛认为风险降低理论是"假定因果关系不排除归责"的例外，即在风险降低的场合，假定的因果过程会重新变得对归责有意义。[1]所谓假定因果关系，是指损害结果事实上由 X 行为所导致，不过即使没有 X 行为，其他人或事件也会导致该结果的发生，这时候能否对 X 行为排除归责的情形。经常举的例子是，在死刑执行官按下电椅开关之前几秒钟，A 抢先按下开关，将死刑犯 B 处死。主流学者认为假定因果关系无法排除归责。一方面是因为"如果原因的作用方式未被知晓，'不能设想'也不能教会人们认识该作用方式是有影响还是没有影响，该公式至多也只能被用于控制以其他方式发现的结果"；[2]另一方面，"因为在认定因果关系时总是从事实上已经发生的事件的因果过程的具体形态和产生方式出发的，所以在实际上发生的和想象的因果过程完全相同的情况下，人们也只是在循环论证"。[3]在"撞崖案"中，连接 A、B 两地的一段双轨道都被塌方堵住了。被害人丁原在左侧的轨道上驾驶铁路机动车，后来甲搬道岔将丁转到右边的轨道上，正是这段路使丁无法及时刹车并撞在山崖上。罗克辛认为，由于左右轨道都被塌方堵住了，丁无论在哪边走都是死路一条，因此甲的行为对因果关系只是做到了一种自然性更改或一种无害的结果性更改，没有从整体上恶化被害人的状况。而且，他还认为这种情况与将砸向 B 左肩膀的石头推开，结果石头砸

---

〔1〕 参见［德］克劳斯·罗克辛：《德国刑法学　总论》（第 1 卷），王世洲译，法律出版社 2005 年版，第 250 页。

〔2〕 ［德］汉斯·海因里希·耶赛克、托马斯·魏根特：《德国刑法教科书》，徐久生译，中国法制出版社 2001 年版，第 343 页。

〔3〕 ［德］汉斯·海因里希·耶赛克、托马斯·魏根特：《德国刑法教科书》，徐久生译，中国法制出版社 2001 年版，第 344 页。

在 B 的右肩膀上是一样的。[1]亦即，如果不考虑石头将会砸在 B 的左肩膀这个危险事实，仅考虑行为人推开石头而石头砸中了 B 的右肩膀这个损害事实，就会认为这里成立一种伤害行为。实际上，一旦我们将石头原本会砸中 B 左肩膀的危险事实考虑进来，就会否定这种看法。

进言之，"撞崖案"没有交代犯罪嫌疑人甲主观方面的情况，难以判断其行为是否制造了法不容许的风险。例如，甲搬道岔是出于伤害或杀人的故意还是仅仅是例行的工作？他是否知道两个轨道都被塌方堵住的事实，还是只知道左边或右边的轨道被塌方堵住了？该案件可被区分为以下情形：①甲不知道——在当时条件下既不应知道也无法知道——两个轨道都被塌方堵住的情形，只是例行公事地搬道岔，此时甲不应为撞崖事故负责。②甲知道左边轨道被堵住，而右边轨道没有被堵住，或虽然右边轨道也受灾但情形要比左边轨道好些，为了救急才将丁从左边轨道转到右边。这种情况可用推定同意或紧急避险来排除归责。③甲知道左边轨道没有被塌方堵住，也知道右边轨道被塌方堵住了，在此情况下仍然搬道岔将丁从左边轨道换到右边轨道上。此时应以故意杀人罪或故意伤害罪论处，因为甲很清楚丁在右边轨道上一定会撞崖。④甲知道左边轨道被塌方堵住，却不知道右边轨道也被塌方堵住了。在这种情形下，行为人客观上没有降低风险也没有提高风险，主观上也没有犯罪的故意，因此不能予以归责。

这里排除归责所适用的方法并非假定因果关系，而是结果避免可能性。[2]即假设行为人履行的是义务行为，也要看损害结果是否可以避免，如果能避免的话则损害结果不能向行为人归责。在风险降低情形下，行为人必须对既存风险有认识，因此既存风险并非假定原因，而是真实存在的风险。即便在"石头案"中，也不应该假设行为人的行为不存在，在此情况下看损害结果是否会发生，而是要在假设行为人行为不存在的基础上，看损害风险是否会升高或降低。风险降低案件中存在既存风险及行为人的行为两种原因力，为了判断行为对损害风险的升高或降低是否有原因力以及有多大的原因力，就需要假设既存风险和行为分别不存在，然后看损害风险是否有不同以

---

[1] 参见［德］克劳斯·罗克辛：《德国刑法学 总论》（第1卷），王世洲译，法律出版社2005年版，第250页。

[2] 参见车浩："假定因果关系、结果避免可能性与客观归责"，载《法学研究》2009年第5期。

及有多大的不同。可见，假定因果关系是在知晓因果关系基础上的一种逻辑演绎，而非对未知因果关系的归纳证明；而且，假定因果关系容易出现错误，即使是真实存在的事件，根据该公式也有可能被否定因果关系；因此，"该公式至多也只是被用于控制以其他方式发现的结果"。[1]

二、缺乏危险创设时归责的排除

行为人虽然没有减少一个法益损害的风险，但是也没有以法律上值得关注的方式提高这个风险的时候，也应当拒绝归责于客观行为构成。[2]所谓没有以法律上值得关注的方式提高风险，包括两种情形：其一，在"行为没有以可测量的方式提高风险"时，行为可能对法益造成一定的损害，这种损害也不被容许，只不过极其轻微，可以忽略不计。例如，在决堤时往洪水中倾倒一大盆水，不可能构成《德国刑法典》第 313 条所规定的决水罪，因为"这一条刑法条文要预防的风险不会由于增加这样少量的水而增大"，[3]"能够进行独立评价的风险没有被制造，这种方法不符合溢水的客观目的"。[4]亦即，客观上对法益损害有重要性的也是一般人能够预见和控制的行为，往决堤的洪水中倾倒一盆水的行为在一般人看来根本不能达到刑法所管辖的风险程度，也就不能取得刑事上惩罚的必要性。其二，"日常生活行为"或"中性行为"，即具有日常性、普遍性的行为，如果在具有认识的情况下被他人利用于实施犯罪行为，也会出现应否归责的问题。例如，面包店老板知道夫妻关系紧张的女邻居可能将面包用于毒杀其夫而仍向其出售面包，可否构成故意杀人罪的帮助犯？五金店老板琢磨小偷模样的顾客可能将螺丝刀用于入室盗窃而向其出售螺丝刀，能否构成盗窃罪的帮助犯？日用品商店的老板估计刚在马路上与人争执的顾客可能将菜刀用于杀人仍然向其出售菜刀，是否构成故意杀

---

〔1〕 ［德］汉斯·海因里希·耶赛克、托马斯·魏根特：《德国刑法学教科书》，徐久生译，中国法制出版社 2001 年版，第 343 页。

〔2〕 ［德］克劳斯·罗克辛：《德国刑法学　总论》（第 1 卷），王世洲译，法律出版社 2005 年版，第 247 页。

〔3〕 ［德］克劳斯·罗克辛：《德国刑法学　总论》（第 1 卷），王世洲译，法律出版社 2005 年版，第 248 页。

〔4〕 Roxin, Strafrechtliche Grendprobleme, S. 128，转引自张亚军：《刑法中的客观归属论》，中国人民公安大学出版社 2008 年版，第 79 页。

人罪的帮助犯?[1]对这些中性行为应否归责，德日刑法教义学有全面惩罚说和限制惩罚说两种立场。全面惩罚说主张对实际上被其他犯罪人所利用的中性行为实施惩罚，不考虑主客观方面具体情形如何；限制惩罚说认为全面处罚说并不妥当，因为有时候中性行为被犯罪人利用但被利用者完全不知情，有时候中性行为被犯罪人利用的情形极其轻微，没有达到帮助行为的程度。笔者采限制处罚说。在此，笔者主要对第二种情况进行详细探讨。

（一）中性行为限制处罚学说与评析

在德国刑法理论上，中性帮助行为限制处罚的学说可分为主观说、客观说和折中说三种。主观说从犯罪主观方面判断中性帮助行为应否归责。早期主观说认为，行为人在具有确定的帮助故意时成立帮助犯，而在行为人具有未必故意时否定帮助犯。最近的主观说在早期主观说的基础上进一步限制了归责范围，即在行为人具有确定的帮助故意时，是否归责还要看行为人是否认识客观构成要件诸要素，以及有无实现的意思。

客观说批评主观说仅从行为人主观方面判定是否成立帮助犯，是心情刑法或态度刑法，相反，客观说从犯罪客观方面的实质化考察来探讨中性帮助行为的可归责性问题。该说又包括社会相当性说、职业相当性说、违法性阻却说、利益衡量说、义务违反说、正犯不法连带说、溯及禁止说以及客观归责说。社会相当性说从中性帮助行为本身着眼，认为"这些行为极其罕见地诱发了某种事故，与此相关联的社会相当且轻微的危险也不具有法的意义，由此诱发的结果也只是不幸而已，而不是不法"。[2]职业相当性说从职业规范的角度进一步落实社会相当性原则，认为遵守相关职业规范或规则的行为即可视为职业上具有相当性的行为。违法性阻却说和利益衡量说认为中性帮助行为的可罚性应从违法性阶层解决，即在比较中性行为所确保的法益与其所伤害的法益基础上判定其是否具有实质违法性。义务违反说认为，行为人认识到自己的中性行为会促进他人实施犯罪行为并坚持这样做的时候应成立帮助犯，但"处罚满足人的基本生活需要的日常行为不是规范的保护目的"。[3]正犯不法连带说主张行为人要成立帮助犯，不但需要其中性行为对正犯实行行

---

[1]　陈洪兵："中立的帮助行为论"，载《中外法学》2008 年第 6 期。

[2]　[韩]金日秀、徐辅鹤：《韩国刑法总论》（第 11 版），郑军男译，武汉大学出版社 2008 年版，第 167 页。

[3]　陈洪兵：《中性行为的帮助》，法律出版社 2010 年版，第 11 页。

为因果性的促进，还需要二者之间形成"共同性"和"犯行接近性"。溯及禁止说认为，中性行为具有独立的社会意义，可以阻却与正犯之间的不法连带，这时候就可以否定不法帮助的成立。客观归责说从中性行为是否制造和实现了法不容许的风险判断是否成立犯罪。

折中说认为，应该将客观面与主观面结合起来判断中性行为是否构成对正犯的帮助。例如罗克辛认为，行为人在确实知道正犯的犯罪计划或犯罪意图时，原则上成立帮助犯，除非帮助行为与正犯的实行行为之间缺乏犯罪意义上的关联性；行为人在仅可能估计到正犯的犯罪性举止或意图时，原则上可以适用信赖原则排除归责，除非出现信赖不能的情形，例如正犯已经清楚地表露其犯罪意图。[1]张明楷教授也认为，中立行为是否成立帮助犯，"应当通过考虑正犯行为的紧迫性，行为人（帮助者）对法益的保护义务，行为对法益侵害所起的作用大小以及行为人对正犯行为的确实性的认识等要素，得出妥当的结论"。[2]

1. 初次评析：以主客观统一性为视角

笔者认为，主观说从行为人是否具有帮助故意或帮助目的来限制中性行为可罚性的范围，认识到该犯罪的主观恶性方面，有一定的道理。中性行为因为具有日常性和普遍性，客观上往往难以辨别是有益还是有害，如果"先做行为客观面的检验，再做行为主观面的检验，检验程序会有重复的地方"。[3]相反，"行为人的主观面有不法的定向作用，……供作判断依据的客观构成要件，必定是行为人主观上所认定的客观构成要件"，进言之，"从行为人的主观面开始判断，才知道要选择哪一个客观的构成要件作为判断的依据，因为着手实施的行为究竟是什么样的行为，必须从行为人的故意才能得知"。[4]

但是，从主观面限制中性行为的归责范围具有以下缺点：第一，行为人的主观面难以证明，不利于法益保护；第二，不考虑客观上的危害，先从主观面入手容易先入为主，陷人于罪；第三，就帮助目的说而言，既不符合德国法律也不符合我国法律。无论是我国刑法还是德国刑法都没有要求帮助犯

〔1〕［德］克劳斯·罗克辛：《德国刑法学 总论》（第2卷），王世洲等译，法律出版社2013年版，第155页。

〔2〕张明楷：《刑法学》（第4版），法律出版社2011年版，第385页。

〔3〕许玉秀：《当代刑法思潮》，中国民主法制出版社2005年版，第466~467页。

〔4〕许玉秀：《当代刑法思潮》，中国民主法制出版社2005年版，第466~467页。

的成立必须主观上具备帮助目的。第四，主观说可能得出不妥当的归责结论。正如乔治·弗莱彻所言："将主观责任原则的逻辑发挥到极致，就会引出这样的异常现象：从犯不够未遂责任，但处罚却更重。"[1] 笔者认为，行为人主观面所具有不法定向功能实际上可由法益侵害结果或法益侵害危险代劳，坚持客观先于主观也可以避免先入为主，有利于限制刑罚权的发动；另外，客观说从行为、结果或因果关系的实质化考察判断是否可以归责，比主观说更具可操作性。

但是，客观说也难以贯彻到底，不考虑行为人的主观面实际上无法确定行为的性质。从这一点来看，折中说确实是最可取的。一方面，帮助犯的主观面不是认识就够了，而是需要达到故意的程度。我国《刑法》第 25 条第 1款规定："共同犯罪是指二人以上共同故意犯罪。"因此即使是有认识的过失帮助也不能成立帮助犯。另一方面，中性行为能否成立帮助犯还要看中性行为本身是否升高了法益侵害风险。张明楷教授从实行行为论出发，考虑共犯行为对正犯行为的影响力，做主客观两方面的综合考量，一般情况下都能够得出妥当的结论。但与客观归责理论相比，相当因果关系具有混淆原因判断和责任判断等问题；[2] 与实行行为理论相比，实质化的客观归责理论更透彻地揭示出了归责的合理性所在。因此，笔者比较倾向于从客观归责理论出发，解决中性行为的客观归责问题。

客观说中无论是以行为无价值论为基础的社会相当性说、职业相当性说，还是以结果无价值论为基础的违法性阻却说、利益衡量说，都没有认清中性行为的本质。在行为人认识到自己的中性行为被正犯利用于实施犯罪行为时，该中性帮助行为也只满足构成要件符合性；如果主客观任一方面不满足条件，该行为就可以排除构成要件符合性。如认为中性行为与正当业务行为具有相

---

〔1〕　[美] 乔治·弗莱彻：《反思刑法》，邓子滨译，华夏出版社 2008 年版，第 494 页。

〔2〕　日本学者山中敬一指出，相当因果关系说在理论上存在三大问题：①相当因果关系理论只承认事前视角，而风险实现这一判断则建立在事后视角之上，但相当因果关系理论同时又承认风险制造之外的风险实现这一过程，这一矛盾无法得到有效解决；②相当性作为评价标准而言，过于笼统，缺乏实质内容；③与客观归责理论相比较，相当因果关系理论不适于"规范"思维，客观归责理论是更好的规范性的工具。对于第三点，固守相当因果关系说的学者不但表示认可，而且还认为客观归责理论由于"过去强调规范要素"，从而与以客观化及事实基础为取向的日本刑法学的历史努力不能兼容。参见熊琦："论客观归责理论的规范维度——兼析本体论、价值论因果关联与客观归责的本质区别"，载赵秉志主编：《刑法论丛》（第 30 卷），法律出版社 2012 年版，第 62 页。

同的性质，就等于认为中性行为即使不被正犯利用于实施犯罪行为也已具备构成要件符合性，这不仅不符合事实，在刑事政策上也是不可取的。其次，正当业务行为不能百分百涵盖一切中性行为，利用正当业务行为理论无法解决中性行为的归责问题。再次，利用正当业务行为理论解决中性行为归责问题有循环论证之嫌。"如果中性行为在构成要件阶层就被认定为帮助犯的帮助行为，就会失掉日常性和中立性，怎么会还是'正当'业务行为呢？"[1]最后，上述学说还有一些其他的缺陷。例如，社会相当性说具有标准不明确、体系性地位不明等缺点，与其说它提供了一个标准，不如说它提供了一个结论。社会相当性说在判断中性行为性质上完全抛开结果无价值，其妥当性也值得怀疑。职业相当性说认识到社会相当性说的模糊性，从职业规范和规则的角度对其进行具体化，为其提供细化的标准，是其优点。尽管如此，以社会角色或职业角色为标准区分容许风险和禁止风险也不合适。而且，职业相当性说的"职业规范"并非是在刑法目的指导下选定的，有时候也会与刑法规范产生冲突。例如，同样都是知道对方的入室盗窃计划，杂货店店员提供螺丝刀的，不构成犯罪，邻居提供的，构成帮助犯；致使职业身份成为一种免罪符，一种消极身份，这显然是不公正的。[2]可见，这种职业上的恰当性的观点，对于限制帮助的刑事可罚性来说，不是一种可以使用的标准。[3]

2. 再次评析：以共犯处罚根据为视角

剩下的几种学说依共犯处罚根据的不同可以分成两类：义务违反说、正犯不法连带说和溯及禁止说通过考察中性帮助行为与正犯的关系论证中性帮助行为的可罚性，客观归责说则通过考察中性帮助行为对法益损害后果的影响力论证中性帮助行为的可罚性。

正犯是实施构成要件行为的人，他的行为直接导致法益损害结果的发生，因此处罚正犯是合适的。共犯没有直接实施产生法益损害行为的构成要件行为，处罚它是否扩张了刑罚的处罚范围呢？为了说明处罚共犯的合理性，德国刑法学上曾先后提出责任共犯说、违法共犯说和因果共犯说。目前德日共犯处罚根据理论的通说是因果共犯说，即以因果关系为中心判断共犯有无可

---

〔1〕 参见彭文茂："不法集体决议的因果关系与刑事归责"，台北大学 2006 年硕士学位论文。

〔2〕 陈洪兵：《中性行为的帮助》，法律出版社 2010 年版，第 63 页。

〔3〕 ［德］克劳斯·罗克辛：《德国刑法学 总论》（第 2 卷），王世洲等译，法律出版社 2013 年版，第 159 页。

罚性，即只有在参与行为与正犯行为及其所引起的法益损害结果具有因果关系的时候，才成立可罚的共犯。因果共犯说又可以分为纯粹引起说、修正引起说和折中引起说三种。纯粹引起说从共犯行为与法益侵害行为之间的因果性上寻找处罚根据，不考虑正犯的影响，主张违法的相对性和个别性。纯粹引起说既承认"没有正犯的共犯"，也承认"没有共犯的正犯"，实际上可以说是共犯独立性说的变种。修正引起说在共犯加担正犯的法益侵害上寻求共犯的处罚根据，主张共犯是从正犯不法导致的。[1]修正引起说坚持正犯与共犯之间的不法连带，因此不仅否定"没有正犯的共犯"，也不承认"没有共犯的正犯"。折中引起说在共犯违法性上既反对绝对的违法性独立说，也反对绝对的违法性从属性说，主张"共犯的处罚根据在于共犯不实行构成要件的行为，而是透过正犯间接侵害构成要件上所保护的利益，即从属性地侵害构成要件上所保护的利益"。[2]

在中性帮助行为的可罚性问题上，义务违反说、正犯不法连带说和溯及禁止说倾向于采取修正引起说，客观归责说则更青睐颇具结果无价值色彩的折中引起说。这里争议的焦点在于，中性帮助行为的可罚性来源于正犯还是来源于最终的法益损害结果。从形式上来说，中性帮助行为是正犯实行行为的直接原因，却是最终法益损害结果的间接原因；但是实质上，从刑法辅助性法益保护目的出发，无论是正犯的可罚性还是共犯的可罚性都是来自于最终法益损害结果。因此，仅从共犯与正犯之间的不法连带考虑，无法妥当解决未遂教唆和片面对象犯的可罚性问题。尤其是在未遂教唆问题上，主张修正引起说的耶赛克和魏根特最终只能在教唆者排除了法益侵害危险的时候，通过刑事政策理由排除归责。[3]折中引起说一方面认为共犯可罚性来自于其间接引起法益损害结果，另一方面也不否认共犯可罚性与其引起正犯实行行为有关，这种做法在协调结果无价值与行为无价值的基础上，避免了纯粹引起说和修正引起说的片面性，因此是最妥当的。基于此，笔者在中性帮助行为可罚性问题上同意客观归责说。

---

[1]　杨金彪：《共犯的处罚根据》，中国人民公安大学出版社 2008 年版，第 81 页。

[2]　江溯：《犯罪参与体系研究——以单一正犯体系为视角》，中国人民公安大学出版社 2010 年版，第 104 页。

[3]　参见［德］汉斯·海因里希·耶赛克、托马斯·魏根特：《德国刑法学教科书》，徐久生译，中国法制出版社 2001 年版，第 832 页。

（二）中性帮助行为的客观归责

对于中性行为的可罚性论证，弗里希、罗克辛、魏根特、沃尔夫等都主张客观归责说，但他们的具体归责方案并不相同。

弗里希认为，区分可罚的帮助行为与不可罚的中性行为需要以正犯者的"自我答责"为前提，然后考虑参与行为是否制造了不被允许的风险。特定的犯罪行为与被侵害利益之间是否存在特定义务是考虑危险创设的根据；在不存在特定义务的场合，若是他人的犯罪行为处于紧迫状态，参与行为可能使他人犯罪行为容易时，这样的参与行为就有可能制造不被允许的风险，因为在行为可能被他人利用于犯罪时，限制行为自由并不违反宪法上的比例原则。[1]罗克辛将风险升高作为中性帮助行为的刑罚根据，即中性行为必须能够使构成要件行为变得可能、变得容易、得以加剧或加以确保，才能构成《德国刑法典》第 27 条意义上的帮助行为。[2]他强调，中性行为是否升高风险需要采取客观的事前判断，在正犯与共犯之间也不需要有心理上的联系。不过，这并不意味着罗克辛仅从客观上评价风险升高，恰恰相反，罗克辛与德国判例立场一样重视行为的主观要素，认为不考虑行为的目的无法判断是否为中性行为。[3]魏根特也认为中性行为需升高法益损害的危险才能归责，但是如何评价风险升高是否达到刑法上应处罚的程度，一方面应该考虑注意规范的保护目的，另一方面可以运用假定因果关系予以证明。即如果提供的是从其他任何地方都能很容易得到的物品，对危险就不存在本质性的增加；相反，若提供的是不通过相当的努力就不能到手的物品，或者说提供的正是正犯者此时此刻所必要的物品的场合，明确地提高了犯罪实现的可能性，才能成立可罚的帮助。[4]沃尔夫认为，当规制职业活动规范的目的正是在于防止现实的构成要件结果发生时，而且这样的规范违反因此制造的危险在构成要件的结果中实现时，才能够肯定帮助犯的成立。[5]

从上述学者的观点中，可以看出客观归责说在判断中性行为是否可罚时

---

[1] 参见陈洪兵：《中性行为的帮助》，法律出版社 2010 年版，第 102~105 页。

[2] ［德］克劳斯·罗克辛：《德国刑法学　总论》（第 2 卷），王世洲等译，法律出版社 2013 年版，第 153~155 页。

[3] 陈洪兵：《中性行为的帮助》，法律出版社 2010 年版，第 115 页。

[4] 陈洪兵：《中性行为的帮助》，法律出版社 2010 年版，第 108 页。

[5] 陈洪兵：《中性行为的帮助》，法律出版社 2010 年版，第 109 页。

诉诸该行为是否制造法不容许的风险，只是在判断风险升高时采取了不同的判断标准。其中，弗里希运用了注意义务违反性和假定因果关系标准，罗克辛在客观判断风险是否升高的同时也强调了主观标准的重要性，魏根特认为应采假定因果关系和注意规范保护目的作为标准，沃尔夫则强调注意规范保护目的对于判断中性行为可罚性问题的重要性。接下来，笔者先探讨中性行为归责的主客观标准，在讨论过程中会对上述学者的观点作出评价。

1. 中性行为归责的客观标准

首先，风险升高理论是风险制造和风险实现共同的下位规则，在中性行为客观归责中适用具有妥当性。在"卡车司机案"中，一辆货车的司机想要超过一个骑自行车的人，但是没有保持《道路交通法》所规定的车间距（1米至1.5米）。结果在超车的过程中，由于饮酒而陷入严重轻度醉酒的骑自行车者，基于酒精引起的突发意识中断，突然将车往左拐，导致被卷入拖斗的后轮胎之下，不幸死亡。经查明，即使货车司机留下了足够的路边距，带有同样死亡后果的事故仍然"有极高的可能性"会发生。[1]对此，罗克辛认为，"在即使保持了所要求的距离，骑车人也会死亡时，在这个过程中就实现了一个在超车中一般存在的风险"，不可归责；但"如果行为人超越了允许性风险，并且现在出现了在超车中存在的危险所作用的结果"，[2]则可以归责。车浩教授认为，"义务违反与具体结果之间的内在关联性是必要的"，"当这个问题保持在不明状态时对行为人归责，明显是有违罪疑惟轻原则的"。[3]问题是，卡车司机违反注意义务与法益损害结果之间到底有没有关联性？车浩教授认为没有，而罗克辛则认为"增加了风险的行为毫无争议地引起了结果"，因为"不能从风险增高理论的立场出发，将行为人统一的行为拆解为两个分离的要素，即'驾驶'要素与'风险增高'要素，然后对每个要素分别要求一个特别的'关系'"。[4]笔者认为，骑车人醉酒这件事已经在立法阶段通

〔1〕　参见［德］克劳斯·罗克辛：《德国最高法院判例　刑法总论》，何庆仁、蔡桂生译，中国人民大学出版社2012年版，第11页。

〔2〕　［德］克劳斯·罗克辛：《德国刑法学　总论》（第1卷），王世洲译，法律出版社2005年版，第257页。

〔3〕　参见车浩："假定因果关系、结果避免可能性与客观归责"，载《法学研究》2009年第5期。

〔4〕　［德］克劳斯·罗克辛：《德国最高法院判例　刑法总论》，何庆仁、蔡桂生译，中国人民大学出版社2012年版，第13页。

过"一般生活风险"概念得到了考虑，之所以要求 1.5 米的车间距就是出于该原因。如果行为人保持 1.5 米的距离仍然有可能发生事故的，应该属于法所容许的风险，因为法律不可能要求行人之间保持更宽的距离，毕竟道路只有十几米宽的距离。实际上，该案所涉及的情形可分为两种：如果卡车保持 1.5 米的间距，也没有其他违反注意义务的行为，骑车人因醉酒而被卡车轧死，不可以归责于卡车司机；如果卡车司机没有保持合法的车间距，骑车人即使醉酒有过错，其死亡也可向卡车司机归责。因为毕竟与卡车不保持合法车间距不同，骑车人醉酒并不违法，他既没有侵害他人的法益，也没有对他人的法益构成威胁。

其次，应用规范保护目的理论限制风险升高理论扩张处罚范围的弊端。风险升高理论的特殊性在于，首先它是一种归责理论而非归因理论，其次它是一种正面的和积极的归责标准。在罗克辛看来，判断风险升高的标准主要是相当性理论和由拉伦茨、霍尼希发展起来的客观目的性原则。[1]笔者不同意这种看法。即使相当性标准可以作为排除降低风险、容许风险或中性行为归责的标准之一，这种标准也是太低了，仍可能会漏掉一些不值得处罚的行为，需要辅之以注意规范保护目的。耶赛克和魏根特也指出："相当理论作为界定责任的原则对于民法来讲，网眼也太宽了，因此，在实践中几乎没有发挥什么实际作用。……如今在民法中责任界限问题主要是通过顾及说明责任的规范意义和承受力来解决，而不是通过不准确的盖然性判断来解决。换句话说，这取决于被违反的规范的保护目的，这一思想也在刑法中形成了过失犯罪范围内客观归责的标准。"[2]

穆勒也认为，"作为风险增高评价的标准，仅仅有常见性是不够的，要说明风险增高在法律意义上的重要性，还必须配合被损害的规范"；"考虑到行为当时所存在的情况，从事前的视角来看，行为危害了那个在结果规范中所设定的目的，或者增高了规范目的破灭的可能性，那么这就属于行为必须被阻止的情况"。[3]许迺曼在"四轮传动车案"中也支持这种观点。在该案中，

---

〔1〕 ［德］克劳斯·罗克辛：《德国刑法学 总论》（第 1 卷），王世洲译，法律出版社 2005 年版，第 248 页。

〔2〕 参见 ［德］汉斯·海因里希·耶赛克、托马斯·魏根特：《德国刑法学教科书》，徐久生译，中国法制出版社 2001 年版，第 349 页。

〔3〕 吴玉梅：《德国刑法中的客观归责研究》，中国人民公安大学出版社 2007 年版，第 56 页。

一位汽车贸易商卖给一名恐怖分子一台四轮传动车，根据买卖的状况（举例来说，买方希望能够安装有特殊的悬吊系统），他能够认识到四轮传动车是应该会用来执行大规模的炸弹攻击。如果由于攻击造成人员伤亡时，四轮传动车的卖方是否要负过失致死的责任。许迺曼认为，不可以将买方利用卖方的四轮传动车执行攻击行为即对其归责，因为出售四轮传动车时的注意义务仅在于担保科技上的信赖，却难以保证他人不将商品另作他用。[1]因此，在中性帮助行为的客观归责问题上，兰西克、沃尔夫等人提出应参考注意规范保护目的，笔者是同意的。兰西克认为，"行为虽然客观上对他人犯罪起到了促进作用，但在满足正犯基本生活需要的场合，不成立可罚的帮助"，"处罚满足人的基本生活需要的日常行为不是规范的目的"，沃尔夫也有类似的看法。[2]在社会相当性说、职业相当性说、职业规范违反的危险现实化等学说中，划定相当性界限的基本上也都是"以国家订立的法规范，以及社会交往中诚实谨慎的关系人之间所形成的共同关系准则来判断"。[3]就中性行为而言，用以法益为指导的目的性限缩的方法来代替社会相当性理论至少有两个好处：第一，它避免了仅以法感情为依据作出判决，或者将普遍存在的滥用行为排除构成要件的危险；第二，只有与法益紧密相连，并严格以各个不法类型为依据的解释才能说明，为什么有的轻微行为能够被排除于构成要件符合性之外，而有的轻微行为（如现金盗窃）却仍然毫无疑问地符合构成要件。[4]

2. 中性行为归责的主观标准

在判断中性帮助行为的客观方面时也需要在主观方面的辅助，即纯粹客观地考察行为无法判断行为的性质，与故意、过失不同，此时所需要的只是行为人简单的认知要素而已。接下来我们来讨论一下中性行为的主观归责部分，即如何把握和确定中性行为的帮助故意。罗克辛认为，在贡献人认识到实行人的犯罪决定时，原则上承认中性帮助行为的可罚性，除非该行为与正犯实行行为缺乏犯罪意义上的关系；在作出贡献人仅仅估计到实行人的犯罪

---

〔1〕　参见［德］许迺曼："关于客观归责"，陈志辉译，载许玉秀、陈志辉合编：《不移不惑献身法与正义——许迺曼教授刑事法论文选辑》，新学林出版股份有限公司2006年版，第562页。

〔2〕　参见陈洪兵：《中性行为的帮助》，法律出版社2010年版，第10~15页。

〔3〕　陈洪兵：《中性行为的帮助》，法律出版社2010年版，第79页。

〔4〕　陈璇：《刑法中社会相当性理论研究》，法律出版社2010年版，第130页。

性举止行为时，原则上可以利用信赖原则排除归责，除非具有不适合信赖的其他情节。[1]令人质疑的是，"认识"和"仅仅估计到"这两种认识程度作为中性帮助行为主观归责的前提是否合适？德国学者阿梅隆认为在此间接故意的认定范围过于宽泛了，他提出在间接故意下权衡"对具体结果危险的容忍"与"对抽象交易风险的容忍"，实际上讲的就是对中性行为人是否认识到法益侵害的具体危险的问题。[2]即在间接故意的情形下，不能仅仅意识到自己的中性行为被他人利用的可能性，而是必须认识到他人"可辨识的犯罪倾向"。在另一处，罗克辛也接受了这一观点："因为帮助必须故意提供，所以，过失甚至轻率的提供帮助都不够。但是，例如，在向一个具有可以看出构成行为倾向的人转让武器时，就能够存在一个过失的实行人了。相反，对于帮助人的故意来说，有条件的故意就够了。"[3]换言之，即使认为故意和过失的判断只需要认识要素，不需要意志要素，也不能简单地将直接故意的最低标准设定为"认识"，将间接故意的最低标准设定为"仅仅估计到"（即具有预见可能性），否则就会大大扩张处罚范围。因此，直接故意和间接故意都必须认识到他人的犯罪倾向，只是在意志要素上有所区别而已。

三、在允许性风险中排除归责

允许性风险也称为允许危险或容许风险，是客观归责理论中与法不容许的风险或禁止风险相对应的概念。不过，允许性风险概念产生于客观归责提出之前，后来才被置于客观归责理论中。在冯·巴尔等学者的研究基础上，德国学者宾丁最先系统阐述允许性风险的法理。现代社会充满各种各样的风险或危险，虽然它们并非都能够给人类带来利益，却也不可否认与人类生活息息相关。在这些风险中，有一些风险因为利大于弊而为人类社会所容

---

[1] 参见［德］克劳斯·罗克辛：《德国刑法学　总论》（第2卷），王世洲等译，法律出版社2013年版，第156~162页。林钰雄教授正确地提出，在运用信赖原则时也需要参照规范保护目的进行个别判断，而不能机械地信赖"驾驶人一旦有任何违反交通规则情形皆不得主张信赖原则"这种泛泛之论，因为交通规则的目的有时候并不在于防止交通事故，而是在于行政管理等其他目的，因此最终还是要回到行为人是否制造法不容许的风险的基准上。参见林钰雄：《新刑法总则》，中国人民大学出版社2009年版，第381页。

[2] Vgl. Kudlich, Unterstützung, S. 384.

[3] 参见［德］克劳斯·罗克辛：《德国刑法学　总论》（第2卷），王世洲等译，法律出版社2013年版，第168页。

忍，另外一些风险则因为弊大于利而被人类社会立法禁止。前者就是允许性风险，后者则被称作法不允许的风险。从学术发展史看，这一法理首先导致新过失论的产生；此后，社会相当性说的行为无价值论者一般认为被允许的危险是违法阻却事由；随着社会相当性理论的衰退，法规范违反说的行为无价值论者认为，被允许的危险行为是阻却构成要件符合性事由；结果无价值论者虽然反对新过失论，也不赞成行为无价值论的观点，但并没有否认被允许的危险概念，而是主张在具体的法益衡量的意义上将其作为违法阻却事由。[1]在此，允许性风险是否是单一的行为类型？笔者认为，允许性风险内部存在两种类型：一种可以排除构成要件，另一种可以排除违法性。允许性风险理论的发展可以分为早期和成熟期两个阶段，前者是新过失论的基础，后者是客观归责理论的核心概念。在这两个阶段，允许性风险理论发挥的功能是否不同，有何不同，笔者将结合过失犯的发展演变予以论述。

（一）允许性风险的二元论

我国学者黎宏指出，允许危险有广义和狭义两种理解。广义说将允许危险理解为一般生活风险，狭义说则将允许危险理解为能够引起具体危害结果的实质危险。黎宏教授主张狭义说而反对广义说。他认为，广义说首先违反了允许危险的本来含义，容易使人产生误解。例如，如果说驾驶汽车是允许危险的话，就可能让人产生这样的误解，即虽然驾驶汽车本身很危险，但是由于其是允许危险，所以即便撞死了人也没有关系；其次，广义地理解允许危险的话会取消该原理的存在意义（即限制或排除过失犯的成立）。例如，广义说难以对某些日常生活中常见的超出允许危险范围但不构成犯罪的行为作出合理说明；最后，广义说与过失犯的实行行为观念也不相符合，因为广义的允许危险是物理和自然意义上的危险行为，而过失犯实行行为是规范的概念，探讨前者对后者没有意义。[2]笔者认为，广义的允许危险应该包括排除构成要件的允许性风险和排除违法性的允许性风险，狭义的允许危险则仅指后者。由于广义说同时包括两种性质和功能都不相同的允许性风险，当然不可能通过一个原理予以说明。不过，采纳广义说也不

---

〔1〕 参见张明楷："论被允许的危险的法理"，载《中国社会科学》2012年第11期。

〔2〕 黎宏：《刑法总论问题思考》，中国人民大学出版社2007年版，第275~277页。

会违反允许性风险概念的本意，因为违反注意规范，超出允许性风险的范围就成为违法行为，还可能受到制裁，根本不会被理解为"撞死人也没有关系"。黎宏教授之所以有后两个批评，也是因为他将排除构成要件的允许性风险和排除违法性的允许性风险截然对立起来，才无法理解某些超出排除构成要件的允许危险范围但也不构成犯罪的行为，例如消防车在赶往火灾现场的路上闯红灯和一路狂飙。因此，允许性风险的广狭义分类法具有误导性，为笔者所不采。

　　笔者认为，允许性风险并非单一的行为类型。德国刑法教义学也根据功能的不同将允许性风险分成两个部分，相应地配以不同的体系性地位。其中一部分是立法对那些社会效用甚大但是却也具有侵害法益危险的行为进行法益衡量之后，于立法时从规制范围内予以剔出的部分。这一部分行为因为被立法一般性地容许，所以可以排除犯罪类型和构成要件符合性。另一部分则是作为正当化事由出现的允许性风险，包括推定的同意和合理利益的利用。在这种正当化根据中，根据对相互冲突的观点进行的具体权衡，将允许一种与风险有关的犯罪类型得以实现。[1]前者如高速交通工具的允许，事关社会大众的福祉；后者如紧急情况下，虽未得到同意，为了患者利益也不得不实施手术。就性质而言，前者是立法性的一般性容许，后者是司法性的具体性容许；而在地位上，前者是原则性规定，后者是前者的例外。前者的相当性取决于是否遵守一定的注意规范，后者的相当性则须具体的利益衡量。之所以区分这两种允许性风险，"并不是逻辑的或自然科学上的问题，而是刑事政策评价上的问题"。[2]借此，我们可以将法不允许的风险分为两部分，即符合构成要件的不允许风险和符合违法性的不允许风险。二者的区别在于，前者仅是制造了法不允许的风险，该风险还没有现实化为一种危害结果；后者则不仅制造了法不允许的风险，而且将该风险实现于一定的危害结果当中。可见，排除构成要件的允许性风险具有"风险的相当性"，而排除违法性的允许性风险则具有"结果的相当性"。在前一种情形下，只是一定程度的风险被容许，而在后一种情形下，风险与结果都被容许。

---

　　[1] [德] 克劳斯·罗克辛：《德国刑法学　总论》（第1卷），王世洲译，法律出版社2005年版，第530页。

　　[2] [德] 克劳斯·罗克辛：《德国刑法学　总论》（第1卷），王世洲译，法律出版社2005年版，第251页。

需要注意的是，风险制造阶层讨论的允许性风险是排除构成要件的允许性风险。而且，允许性风险是一个容易意会难以言传的概念，它与中性行为之间有何区别也是一个问题。正如罗克辛所言，在允许性风险和那些完全没有创设值得注意的风险案件之间确定界限，并不总是一件容易的事情，特别是因为这个法律形象的信条性起草工作还处于初期阶段。例如儿童玩具的外形和材料所产生的哪些可能性伤害以及药物的哪些副作用，属于可以容忍的一般生命危险，很显然，不能笼统地回答。[1]笔者初步认为，允许性风险是与法不允许的风险相对应的概念，正如下文所提到的，法不允许的风险之"法"是指刑法，因此允许性风险是指刑法规定之外的一切行为，其中当然包括刑法属于合法但其他法上却属于不合法的行为；中性行为则是指法秩序层面上通常情况下都属于合法的行为。

（二）允许性风险理论的脉络

1. 新过失论与早期的允许性风险理论

在宾丁之前，德国学者米利卡已提出"相当的危险"概念以解释允许性风险。根据他的观点，确定"相当的危险"需要对被威胁的法益、侵害的范围以及侵害的可能性做综合考量。不过，米利卡认识到"相当的危险"概念欠缺规范性，容易导致法律适用上的不统一，为此又提出"符合规范的危险"概念。"这种规范的实质内容，在他看来就是通过在各种具体场合中的利益衡量所形成的一般经验的集中反映"，在缺乏明确规范的地方，法律衡量仍然具有补充判断的作用。[2]20世纪初，宾丁也研究了允许性风险的判断标准问题，与米利卡一样，宾丁也先将目光锁定在社会规则上。不过，他同时又认为"即使遵守了这些正当的规则，也不一定就可以说是符合规范的行为"，[3]是否成立允许性风险最终还要以利益衡量为准。20世纪30年代，在威尔泽尔提出社会相当性理论之后，允许性风险理论受到极大的影响。可以说，在客观归责理论提出之前，刑法教义学上对允许性风险的筛选一直是社会相当性理

---

〔1〕　[德] 冈特·施特拉腾韦特、洛塔尔·库伦：《刑法总论 I——犯罪论》，杨萌译，法律出版社 2006 年版，第 98 页。

〔2〕　参见程皓：《注意义务比较研究——以德日刑法理论和刑事判例为中心》，武汉大学出版社 2009 年版，第 131~132 页。

〔3〕　参见程皓：《注意义务比较研究——以德日刑法理论和刑事判例为中心》，武汉大学出版社 2009 年版，第 134 页。

论的用武之地。[1]社会相当性理论注重行为样态的社会学考察，将原本注重结果无价值的允许性风险理论转向行为无价值，具有重大意义。在日本，以藤木英雄为代表的新过失论者主张在整个过失犯领域将行为无价值的允许性风险理论作为注意义务的界限，而以平野龙一为代表的修正的旧过失论者则主张以"原则+例外"的模式解释结果无价值的允许性风险理论。[2]如果从黎宏教授的广狭义分类法来看，可以说行为无价值的允许性风险理论偏向于采取广义的允许性风险概念，而结果无价值的允许性风险理论则倾向于主张狭义的允许性风险概念，将允许性风险限制在排除违法性的范围以内。

行为无价值的允许性风险理论与新过失论具有密切的联系。新过失论的本意是想限制旧过失论过分扩张的处罚范围，因为旧过失论用以限制过失成立范围的预见可能性标准，随着工业革命和科学技术突飞猛进，危险活动的急剧增加而变得缓和，进而丧失了限定过失范围的机能。新过失论在旧过失论要求结果预见可能性的基础上增加了结果防止义务（也称为结果回避义务或结果避免义务）的要求，即只要履行了结果防止义务，即便可以预见到可能会发生危害结果，也可以不成立过失犯罪。但是，结果防止义务要求到何种程度才合适呢？结果防止义务是一柄双刃剑，如果它过分扩张，就难以发挥其限制结果预见可能性的扩张理解；如果它过分限缩，也会造成对社会有用的风险行为无法开展，例如医疗行为、交通行为、食品药品生产等，都对社会具有巨大的重要性，同时却也蕴含着一定的风险。如果对结果防止义务要求太高，这些

---

[1]　允许性风险理论与社会相当性理论的关系也是一个未解决的问题。从对象范围上看，二者似有重合交叉之处。在体系性地位上，二者也都可区分为排除构成要件符合性事由和排除违法性事由两种。威尔泽尔曾将被允许的危险理论作为社会相当性理论的下位概念来使用。（参见程皓：《注意义务比较研究——以德日刑法理论和刑事判例为中心》，武汉大学出版社 2009 年版，第 136 页。）前田雅英也认为，允许性风险的决定基准，从功利主义的角度出发，就可以被置换为"社会相当性"或者作为其具体表现的"有无社会生活上所必要的注意义务违反"。（参见 ［日］前田雅英：《刑法总论讲义》（第 4 版），东京大学出版会 2006 年版，第 267 页，转引自黎宏：《日本刑法精义》（第 2 版），法律出版社 2008 年版，第 155 页。）在目前德国刑法教义学中，社会相当性理论日渐式微，允许性风险理论则日益得到承认，并被作为客观归责理论的核心规则之一。例如，罗克辛认为，在允许性风险概念中，其中一部分完全或在很大程度上等同于社会相当性，还有一部分则是与社会相当性相分离的，并且在违反注意义务的行为中对被害人同意的案件适用，或者作为一般的结构性原则对各种正当化根据适用。（参见 ［德］克劳斯·罗克辛：《德国刑法学　总论》（第 1 卷），王世洲译，法律出版社 2005 年版，第 251 页。）

[2]　参见程皓：《注意义务比较研究——以德日刑法理论和刑事判例为中心》，武汉大学出版社 2009 年版，第 144 页。

对社会有用的风险行为就不可能正常进行。为了弥补这一缺陷，新过失论又引入允许性风险的概念借以缓和结果防止义务，重新限定过失的处罚范围。这是新过失论的基本逻辑，允许性风险在其中扮演了调节结果防止义务的角色。

其实，新过失论的问题主要不在于理论本身，而在于司法实践中往往颠倒结果预见义务与结果防止义务的位置，甚至省略结果预见可能性的考察，认为只要履行了结果防止义务就可阻却归责。这反映了新过失论在提出初期仍然受到旧过失论的重要影响，即将结果防止义务放在违法性阶层审查，而将结果预见可能性放在有责性阶层审查，这样就出现了结果防止义务先预见可能性进行检验的局面。其实，现实生活中对结果防止义务的考察是以是否遵守相关法律规则（主要是行政规范）为标准的，这样就导致过失犯的成立不看结果，不问有无结果避免可能性，一切以是否遵守行政规范为标准的结局。这种做法简单地认为既然都实施了结果防止义务，就不会没有结果预见可能性，实际上是一切以行为无价值判断过失犯的成立，却忽略了对过失犯更为重要的结果无价值，不啻为捡了芝麻丢了西瓜。笔者认为，新过失论只要坚持在结果防止义务之前审查有无结果预见可能性，在是否履行结果防止义务标准上不是简单地以行政规范为标准，而是以法律规范和交往规范为形式标准，以信赖原则、认真和谨慎的人、询问义务和不作为义务等为实质的限制标准，就不至于过分扩张过失处罚的范围。在此基础上，笔者认为，无论是与以具体的结果预见可能性为标准的旧过失论相比，还是与以扩张的结果预见可能性为标准的超新过失论相比，以具体的结果预见可能性和缓和的结果防止义务为检验标准的双层次的新过失论都更保险，因而也是更佳选择。

2. 客观归责与成熟期的允许性风险理论

即便社会相当性理论有事实上的行为通常性和规范价值上的行为适当性这两个标准，却仍然一直无法避免标准模糊的批评。第二次世界大战之后，社会相当性理论逐渐衰退，"不少学者都否认它具有独立的解释学上的意义，或者只把它作为一种补充性解释原则，或者根本把它作为抽象的、理念层面上的指导原则"。[1]与此相反，允许性风险理论却被纳入客观归责理论并成为核心性的概念。客观归责理论"试图根据规范之保护目的，根据对构成要

---

[1] 参见程皓：《注意义务比较研究——以德日刑法理论和刑事判例为中心》，武汉大学出版社2009年版，第139页。

件性的结果在客观上的可预见性和可避免性，根据人的行为对因果发生的可控制性，以及根据由行为人制造的或者加重的对出现危害的风险性的实现情况，来确定归责终止的界限"。[1]经过客观归责理论的改造，过失犯理论的内部构造发生了巨变，改造后的注意义务（包括结果预见义务与避免义务）及其基础概念（结果预见可能性与避免可能性）等，其含义、功能和体系性地位都和传统理论有所不同。例如，结果预见可能性和避免可能性在传统理论中是要放在有责性阶层审查的，客观归责理论则将其作为允许性风险判断规则的重要内容。正如罗克辛所言："当一个结果是不可预见的，那么，就像在流星案件中一样，在这里就缺乏一种在法律上有重要意义的危险创设，或者，就像在受损害人不是死于事故的后果，而是死于一种医院的火灾时，缺乏这种对已经创设的危险的实现。同样的道理适用于可避免性。"[2]

如果要进一步解释的话，"对结果有预见可能性，表示就行为人的行为而言，结果和行为之间的关联性是行为当时可以想象得到的，换言之，行为对结果而言具有一般所认为足以导致结果的风险，即行为人制造了不被容许的风险；对结果有避免可能性，表示结果不是在任何情况下皆会发生，换言之，风险并不当然是生活的一部分，生活中不一定有这些风险，因此表示行为所具有的风险是不被容许的"。[3]侵害谨慎义务则表示超越了被容忍的界限，实际上也是制造法不允许的风险的另一种说法。可见，确定允许性风险是客观归责的重要内容，因为允许性风险与不允许性风险相对应，确定允许性风险的范围就等于明确了法不允许的风险的内容。在客观归责中，判断允许性风险的方法有两种：形式说认为允许风险与不允许风险之间的界线是注意规范，实质说则认为仅靠形式方法无法确定允许性风险的范围，还需要在个案中做具体的利益衡量。

（三）允许性风险的双层界定

1. 允许性风险的形式界定

既然允许性风险是立法予以容许的一类危险行为，那么区分允许性风险与不允许性风险的最好的方法，便是诉诸法律。如罗克辛所言，"在任何情况

---

〔1〕［德］约翰内斯·韦塞尔斯：《德国刑法总论》，李昌珂译，法律出版社2008年版，第106页。

〔2〕参见［德］克劳斯·罗克辛：《德国刑法学　总论》（第1卷），王世洲译，法律出版社2005年版，第715页。

〔3〕许玉秀：《当代刑法思潮》，中国民主法制出版社2005年版，第445~446页。

下，一个重要的依据都是谨慎规则的建立，就像在交通中，在技术设施的运行中，在危险的体育表演中，以及其他领域中通常存在的那样，因为，安全防护措施的规范化就证明了一种在法律上有重要意义的风险的存在"。[1]这些谨慎规则也被称作注意规范，顾名思义，就是规定行为人需要承担注意义务的规范。与客观归责理论一样，注意规范也是首先出现在过失犯领域，违反注意义务的行为即证明制造了法不允许的风险，也就成立过失的构成要件行为。

一般来说，在刑法之前都会有行政法规用以控制和管理各种允许性风险和不允许性风险，在医疗、交通以及食品、药品、危险物品的生产、销售等领域，都有各自的行政规范保障相关法益的安全，立法者在刑法典中也往往先诉诸空白罪状。例如，交通肇事罪成立的前提是行为人违反交通运输管理法规，铁路运营安全事故罪成立的前提是铁路职工违反规章制度，重大责任事故罪也需要满足在生产、作业中违反有关安全管理规定的条件。黄荣坚教授认为，上述行政法规固然可以作为判断容许风险的参考，但是也并非判断容许风险的绝对标准。第一，违背行政法规至多意味着行为具有抽象的危险，却不一定具有具体的危险；第二，行政法规与刑法规范并不一定具有相同的规范保护目的，从刑罚最后手段性原则和刑法谦抑性原则出发，也不宜将刑事归责的标准采取与行政法规相同的标准；第三，违背行政法规的行为，不必然逾越刑法上的容许风险，行为是否容许风险，必须作实质判断；第四，在个别行政处分违法的场合，也不能一概阻却行政相对人行为的不法性，在此也需要根据所涉及风险的种类、是否有客观明确的标准等做具体判断。[2]再如，在"陈某安交通肇事案"中，法官没有直接按照交警部门的事故责任认定书确定被告人的刑事责任，而是认为该认定书只是案件的证据之一，"其是否可以采信、证明力如何尚需法官审查判断"。[3]

2. 允许性风险的实质界定

罗克辛曾将注意规范区分为法律规范和交往规范两种。法律规范比较好

〔1〕 ［德］克劳斯·罗克辛：《德国刑法学 总论》（第1卷），王世洲译，法律出版社2005年版，第252页。
〔2〕 参见黄荣坚：《基础刑法学（上）》（第3版），中国人民公安大学2009年版，第194~197页。
〔3〕 参见最高人民法院中国应用法学研究所编：《人民法院案例选》（2008年第4辑），人民法院出版社2009年版，第18页。

理解，也比较清晰可见，问题是交往规范是什么？罗克辛指出："这里说的是，由私人的利益团体，首先是在技术领域中以及为了从事特定的体育活动项目而创设的有关'规则手册'。"[1] 对这些规范的违反也被认为是制造了法不允许的风险。但是，从立法者的层次上看，这些交往规范无法跟前述法律规范相提并论，为什么违反这些私人的利益团体创设的技术规范可以导致刑法分则规定的构成要件符合性？上文已提到行政机关尚且有行政处分不合法的情形，这些私人利益团体制定的交往规范可靠性也难以保证。事实上，罗克辛也不认为违反交往规范就等于制造了法不允许的风险，"当一种举止行为仅仅轻微地偏离了一个交往规范时，或者当安全以其他方式得到保障时，如果没有遵守这些规范，人们还不能认定一种在刑法上反对的危险"。[2] 可见，和法律规范一样，交往规范要成为注意规范也必须经过刑法法益保护目的的实质筛选。

可能的疑问有二：其一，以前判断实行行为是在符合刑法分则规定的同时判断行为是否具有侵害法益的紧迫危险，现在客观归责的做法对行为不再做法益侵害这种实质判断，而是求之于注意规范，只是这种注意规范本身并不是形式的存在，而是需要经过实质的判断。这种从实行行为的实质判断到注意规范的实质筛选的转变有何必要？是否会违反罪刑法定原则？如何理解"刑法法益保护目的的实质筛选"？其二，从过失犯实行行为的实质判断到注意规范的实质筛选，意义何在？毕竟，"有些规范与危险没有关系"，"许多行为没有具体的规则，只能由行为人根据当时的具体状况判断某种行为是否具有法益侵害的危险"，而且"规则都有例外"。[3] 笔者认为，第一个问题需要从构成要件解释论出发去思考，即这些注意规范实际上是刑法所规定的避免构成要件实现的义务，因此需要以刑法分则的规定为前提，之后根据刑法保护特定法益的目的进行实质判断。正如许玉秀教授所言："这些安全规则并不是先于刑法规定而存在的，从刑法规范界定刑事不法的任务来看，这些安全规则只在刑法之下才有意义，它们是为了满足刑法所要求的避免侵害法益结

---

〔1〕［德］克劳斯·罗克辛：《德国刑法学 总论》（第1卷），王世洲译，法律出版社2005年版，第717页。

〔2〕［德］克劳斯·罗克辛：《德国刑法学 总论》（第1卷），王世洲译，法律出版社2005年版，第717页。

〔3〕参见张明楷："论被允许的危险的法理"，载《中国社会科学》2012年第11期。

果发生的目的而存在的（它们对其他法律领域，例如民法、行政法也有用，是其他法律领域的事）。"[1]基于此，注意规范的实质化界定不会违反罪刑法定原则。第二个问题涉及注意规范的类型化问题。注意义务的类型化有利于发挥行为规范的指引功能，也符合刑法明确性原则，对归责判断是有益无害的。注意规范的类型化也比实质的注意义务更具规范性，因为即便是注意规范中包含有不成文的规则，也毕竟是在刑法法益保护目的下判断，与传统理论实质化地寻找注意义务不可同日而语。[2]而且，该理论在法律规范和交往规范确定注意义务范围之后，进一步通过信赖原则、认真和谨慎的人、询问义务和不作为义务等标准对前述注意义务范围予以限制。

四、结语

上述对风险降低、中性帮助行为和允许性风险三种排除归责事由的探讨，划定了法不允许的风险的范围。①在风险降低排除归责部分，笔者认为风险降低并非纯客观的降低风险，行为人必须对降低风险的事实本身有所认知。在风险降低判断上，需要将社会经验性的相当说和注意规范的规范评价结合起来。与此不同，风险替代已经超出了风险制造的范围，属于违法阻却事由的情形。②在中性行为排除归责部分，应坚持风险升高理论，同时用注意规范保护目的予以限制；在主观方面，行为人须认识到他人的犯罪倾向，预见到自己的行为被利用的可能性。③在允许性风险排除归责部分，应区分排除构成要件的允许风险和排除违法性的允许风险。前者又分为两个阶段：早期的允许性风险在新过失论中只是结果避免义务的限缩要素，成熟期的允许性风险在客观归责阶段则具有更重要的功能，即作为排除归责的事由之一。风险是否被允许应从形式与实质两方面界定：在注意规范上以形式界定为主，即合乎刑法规定的注意规范，即为允许性风险；但在没有明确的注意规范而需要借助于社会规则的地方，应在刑法规范的保护目的指导下实质地确定注

---

〔1〕　许玉秀：《主观与客观之间——主观理论与客观归责》，法律出版社 2008 年版，第 150 页。

〔2〕　日本学者井田良指出："在这个社会里，实施一定的危险行为时我们必须遵守的无数社会规则像网络一样存在着。社会的行为准则中，有一部分由道路交通法这样的法律规定而成文化了，没有成文化的规则也非常多。为了回避一定的法益侵害结果，要求遵守这样的社会的行为准则时，结果回避义务的内容与社会的行动准则相一致。"参见张明楷："论被允许的危险的法理"，载《中国社会科学》2012 年第 11 期。

意规范，进而确定允许性风险的内容。

客观归责理论是大陆法学者理性建构的产物，深受分类学的影响。[1]它已经放弃了条件说或相当因果关系说试图用一个标准统一归责判断的雄心壮志，转而分门别类地处理各种因果类型，再将经验中总结出来的各种下位规则集合起来。客观归责理论的下位规则大都是实质性的标准，例如风险升高、规范保护目的等。这些标准使客观归责理论也成为一个实质的理论，它的提出甚至被当作构成要件实质化的重要标志。不过，客观归责理论的实质性并不能掩盖它的规范性，它是以形式的因果关系为基础的，采取的是排除归责的方法，它具有刑法规范保护目的的指引，适用的是规范的标准，因此足以实现控制和管理风险的历史任务，而不会扩张刑罚范围。可见，客观归责并不是仅将规范作表面的形式理解，而是通过对法益保护等窗口，不断向实质化理解敞开大门，并通过合法性概念进行把关，最终保证了规范维度的立场与弹性的统一。[2]

---

[1] 劳东燕："风险分配与刑法归责：因果关系理论的反思"，载《政法论丛》2010年第6期。

[2] 熊琦："论客观归责理论的规范维度——兼析本体论、价值论因果关联与客观归责的本质区别"，载赵秉志主编：《刑法论丛》（第30卷），法律出版社2012年版，第70页。

第五章

组织中不法集体决策的归因与归责 [1]

——以"皮革喷雾剂案"为例

"不法集体决议在德国是一个长久被忽视的问题，直到最近产品制造人的刑事责任或企业刑法等新兴刑法领域出现后才逐渐受到重视。"[2]所谓不法集体决策，是指组织中具有同等投票权的多人集体决定从事某种刑事不法行为。不法集体决策既不意味着组织本身具有非法的性质，也不意味着集体中的所有成员一致同意从事不法行为，而是指集体决策的内容是不合法的，决策本身也是由组织的决策机构遵照合法程序作出的。这样在因果关系判断上就会产生问题。由于德国刑法没有规定单位犯罪，在出现公司、企业活动违反刑法时，只能将损害结果向公司、企业中的主管人员或有关负责人归责。在大家具有同等投票权的情况下，实际上也是通过匿名投票决定决策的内容，一旦涉及刑事归责，所有人都会假借条件公式宣称孤立的自己根本无法左右决策，从而出现无人负责的状况。"在正式组织中，决策不再由一个人独自主导，而是由数人共同地作成这个决定。那么这群人处于平等的地位而且具有相同的权限，而他们是以召开会议与投票表决的方式去作成一项特定的决议的。"[3]根据条件说，在想象某个人不存在而决策仍旧可以达成的状况下，如何证明决策者与决策结果之间的因果关系？

近年来，我国经济飞速发展，公司、企业中集体决策涉及犯罪的状况也日益出现，也涉及如何归责的问题，特别是在食品、药品安全生产或销售领

---

〔1〕 本章原载于《中国刑事法杂志》2014 年第 1 期，原题为"瑕疵产品生产、销售过程中不法集体决策问题的归因和归责——以德国'皮革喷雾剂案'为例"，有改动。

〔2〕 彭文茂："不法集体决议的因果关系和刑事归责"，台北大学 2006 年硕士学位论文。

〔3〕 彭文茂："不法集体决议的因果关系和刑事归责"，台北大学 2006 年硕士学位论文。

域，这类问题更为常见。与德国不同，我国《刑法》第 30 条规定，公司、企业、事业单位、机关、团体实施的危害社会的行为，法律规定为单位犯罪的，应当负刑事责任。换言之，作为法律上拟制的人（法人），公司、企业等组织、单位在我国也能成为刑法的处罚对象。在具体的责任分配上，一般是在惩罚公司、企业等组织、单位的同时，在组织单位内部对那些在组织犯罪中起重要作用和负有重大责任的组织成员，也追究其刑事责任，非直接责任人则通常不会受到刑事处罚。这种归责模式与我国社会主导的首长负责制有很大的关系。但是，自公司制改革以来，首长负责制已不再是公司决策的常态。2005 年 10 月 27 日修订通过的《公司法》第 43 条规定，股东会会议由股东按照出资比例行使表决权；但是，公司章程另有规定的除外。第 49 条第 1 款规定，董事会的议事方式和表决程序，除本法有规定的外，由公司章程规定；第 3 款规定，董事会决议的表决，实行一人一票。可见，我国公司企业等组织单位内部的不法集体决策在不构成单位犯罪的时候，也会涉及如何归因和归责的问题。因此，探讨德国刑法中的不法集体决策问题对于我国追究公司企业内部集体决策所导致的犯罪的刑事责任，也有重要借鉴意义。本章将从德国刑法史上著名的"皮革喷雾剂案"入手，介绍并深入探讨在正式组织中不法集体决策所涉及的归因与归责难题。需要注意的是，根据组织设立的目的，德国刑法学界将组织体分为三种，即国家权力组织、犯罪组织以及经济组织。本章主要涉及合法组织中的公司、企业等经济体，而不涉及国家权力组织与以黑社会性质组织为代表的犯罪组织。

一、组织结构与不法集体决策的归责

（一）"皮革喷雾剂案"及其初步分析

1981 年 5 月，W. u. M. 公司在第 5 次接到通知称，其所生产之皮革喷雾剂造成多名消费者呼吸急促、咳嗽、恶心等健康损害（医生诊断的结论是肺水肿）之后，于 5 月 12 日组织临时会议商讨是否对该产品进行召回。以专家身份与会的 B 博士报告说，迄今为止并未在产品中发现有危险性的要素，因此无需召回产品，只需在产品说明中有所提醒（警告）即可。与会人员一致认为这是个正确的意见，最终决定不予召回或停止销售。不幸的是，此后该产品又造成了 38 起损害案件。1983 年 9 月，在联邦卫生局和青少年部的介入下，W. u. M. 公司才最终停止销售并召回本公司所生产的皮革喷雾剂。

Mainz 地方法院认为，被告 S、Dr. Sch、W 以及 D 由于多次因皮革喷雾剂（部分是通过不为适时的召回行为，部分是通过先前制造销售产品）造成伤害行为，因此就每一个过失伤害案例评价为一个行为。至于 1981 年 5 月 12 日之后发生之损害则由于是发生在开会之后，因而被认定为一个故意的危险伤害行为。B 博士则因为在 1981 年 5 月 21 日开会时提出建议而被认定为帮助犯。该案上诉到德国联邦最高法院之后，联邦最高法院作出以下判旨：①从制造者或者销售商的保证人地位中，可以推导出将已经进入交易的、有害健康的产品加以召回的义务；②倘若在一家有限责任公司中，多个公司经理共同决定召回事宜，那么每个公司经理都有义务竭尽一切可能作出该决定；③如果一家有限责任公司的经理们一致决定，不实施被要求的召回，那么他们就作为共同行为人对不作为所产生之伤害后果负责；④每个虽然有共同职责却没有为达成被要求的召回决定作出贡献的公司经理，都因此设定了一个措施没有发生的原因。如果他要求召回，却因为其他经理的反对而失败了，那么这也决定了他的刑法责任。[1]

"皮革喷雾剂案"的难题之一在于证明四名被告人与因其集体决策（对瑕疵产品不予召回）致使消费者身体健康遭受伤害之间的因果关系。几名被害人都使用了皮革喷雾剂，他们也没有别的可疑致害途径。既然"所有造成身体伤害的其他可考虑的原因，都被没有法律错误的证明加以排除"，身体伤害由皮革喷雾剂所造成就很明显了。从直觉和法感情来讲，既然致害产品是公司所生产和销售，而被告人又是上述公司的负责人，被害人的身体伤害原则上就要归责到被告人身上去。德国联邦最高法院认为，被告人必须对皮革喷雾剂引起的身体伤害负共同正犯的责任，因为被害人的身体伤害是由公司生产并销售的瑕疵产品所致，而被告人的正犯责任正好源自其在公司中的负责人地位。

"皮革喷雾剂案"是德国刑法上处理不法集体决策问题的重要转折点。此前区分被告人行为分别予以直接归责的方法，在德国联邦最高法院那里转变为了双层次的"结合公司的"考察方式。地方法院按照传统考察方法直接对具体的被告人进行归责，即"从自然意义上着眼，首先判定具体行为的实施者是否违反了注意义务，其次再判断远离行为的参与者在刑法上的

---

[1] [德] 克劳斯·罗克辛：《德国最高法院判例 刑法总论》，何庆仁、蔡桂生译，中国人民大学出版社 2012 年版，第 248~249 页。

责任"。[1]这是因为，《德国刑法典》并没有规定公司、企业等组织、单位可以成为犯罪主体，最终的刑事责任必将落在具体的组织成员身上。从这一立场出发，最直接的考察方法就是根据被告人的具体行为追究刑事责任。不过，就本案而言，不考虑组织的特征，单就组织内部个体行为进行归因和归责，无法切合实际地评价行为和分配责任。因此，与地方法院采用自然行为论的观点不同，德国联邦最高法院指出，公司、企业等组织体本身在产品致害归责过程中具有独特的功能，在对不法集体决策中的个人归因和归责时，需要结合组织体的功能和影响去考察。这种"结合公司的考察方法"包括两个层面：首先需要确定的是，公司本身实施的是积极的作为还是单纯的不作为，其行为是否违反义务以及（在结果犯中）这种义务违反是否导致了损害的发生；其次则是基于公司成员在公司内的地位而将特定的结果归属于该成员，这种个人的刑事负责性产生自公司成员在公司中的地位。[2]

（二）不法集体决策的归责基础

在"皮革喷雾剂案"中，德国联邦最高法院看到了正式组织集体决策不同于传统个人决策之处，在对集体成员归责时考虑了组织的功能和影响，具有进步意义。现代社会已是高度分工和组织化的社会。分工及组织的后果，对经济生活中的刑事责任，也是对于当代社会最重要的次级体系，具有核心的意义。[3]刑法上的传统行为人概念乃是行为与认知合一的，然而在现代分工企业下，却是划分甚至孤立成直接的身体行为、经理的决定以及资讯的储存，以致在极端情形下根本没有可对企业过程具有完整认识之个人存在，归责的问题也因此而生。[4]

---

〔1〕［德］洛塔尔·库伦："公司产品生产中的注意义务违反责任"，徐凌波译，载梁根林、［德］埃里克·希尔根多夫主编：《刑法体系与客观归责：中德刑法学者的对话（二）》，北京大学出版社 2015 年版，第 155 页。

〔2〕［德］洛塔尔·库伦："公司产品生产中的注意义务违反责任"，徐凌波译，载梁根林、［德］埃里克·希尔根多夫主编：《刑法体系与客观归责：中德刑法学者的对话（二）》，北京大学出版社 2015 年版，第 160 页。

〔3〕［德］许迺曼："过失犯在现代工业社会的捉襟见肘——资产清算"，单丽玟译，载许玉秀、陈志辉合编：《不移不惑献身法与正义——许迺曼教授刑事法论文选辑》，新学林出版股份有限公司 2006 年版，第 524 页。

〔4〕［德］许迺曼："过失犯在现代工业社会的捉襟见肘——资产清算"，单丽玟译，载许玉秀、陈志辉合编：《不移不惑献身法与正义——许迺曼教授刑事法论文选辑》，新学林出版股份有限公司 2006 年版，第 524 页。

　　这里涉及两个概念：组织归责（集体归责）与个体归责。传统刑法面对的是单个的犯罪主体，即孤立的个人，在归责的时候强调的是个体归责。个体归责的特点是，个体所处的环境不影响其最终的决定，个体的意志在归责中能够得到执行。沿着个体归责的思路考虑"皮革喷雾剂案"，我们需要考虑：负责人个体履行其义务能否促成公司作出召回瑕疵产品的决定？答案当然是不能。因为组织决策与个体决策有根本的差异。在个体决策时，主体只需要根据自己的思考做出选择就可以了，即使其他人的行为对自己造成了某种程度的影响，最终的决定依然是自己作出的，这个决定不受其他人的决定的影响，因此是最终决定。组织归责与个体决策最大的不同在于，组织决策是具有同等投票权的多人决策，决策的主要规则就是少数服从多数，这是个体归责所不曾遭遇的现实。个人的相加不等于集体或组织。在集体决策时，个体很难保证自己的意见能够成为多数票；即使后来成了多数意见，个体在匿名投票的决策环境之下，也很难确保自己的意见就一定能够成为多数。组织的多人结构从根本上改变了决策机制：对个体决策而言，个人意见等于最终决策；但是对于集体决策，个人意见不等于最终决策。换言之，集体决策的主体是集体，而不是个人，个人意见要受到组织的约束。在集体决策中，个人意见不能凌驾于集体之上。其决策机制是这样的：个人意见—组织意见—最终决策。在集体决策中，多数票决策机制可能使得孤立的个人即使持反对意见，也难以阻止决策的完成。可见，组织归责与个体归责有根本差异，再拿个体归责的标准评价组织内部成员的责任就会出现问题。

归责类型	归责特点
个体归责	个人意见—最终决策
组织归责（集体归责）	个人意见—组织意见—最终决策

　　要探讨组织归责与个体归责的差异便不能不清楚正式组织内部的分工问题。人类社会发展史本身就是一个不断分化、分工的历史，人类文明的繁荣昌盛都是与劳动分工的发展和发达分不开的。涂尔干研究发现，社会越进步，社会容量就越大，劳动分工也越来越发达。[1]随着社会的发展进步，人类越

---

　　〔1〕　〔法〕埃米尔·涂尔干：《社会分工论》（第2版），渠东译，生活·读书·新知三联书店2013年版，第217页。

来越善于运用科学技术来改善自身所处的境遇，最终既扩大了社会容量也提升了社会的密度。在这种情况下，有限的生存空间加剧了人类的生存竞争。为了解决竞争导致的纠纷，人们开始重视组织的作用，纠纷的解决开始依赖于第三方的介入。涂尔干指出，社会职能越是趋于专门化，就越是需要某些附加要素：人们必须紧密地结合在一起，以便进行共同工作。[1]换言之，劳动分工促进了职能分化，平衡了社会有机体的功能需要，不仅使得人尽其用，也极大地提高了生产力。劳动分工越细密，人们越相互依赖，这是一种非常有效的纠纷解决方式，它使得许多纷争和矛盾归于无形，最终促进了社会的发展。现代科层制组织最重要的三个特征就是具有明确的权威等级、严格的组织规则以及清晰的劳动分工，这一点在马克斯·韦伯那里得到了详细的论证。美国社会学家罗伯特·默顿也指出，科层组织每时每刻都在对其职员施加压力，要求他们"讲究条理，谨慎行事，严守规章"。[2]无论从科层制的积极功能出发还是从科层制的消极功能着眼，我们总是能够发现许多不同于个人决策的重要方面。例如，与公众产生冲突的时候，"集体精神能使职员们结成一致对外的内部集团"。[3]可见，集体决策的归责模式无法简单套用个人决策的归责模型。"工业社会经济活动的现代风险，从来就不是个人可以控制及负责的，而是由许多人的共同作用所引起，很难由单一行为人所应负之个人责任，以及单一行为引起的单一因果关系加以说明。"[4]

（三）组织结构对集体归责的影响

一般来说，组织内部的分工包括纵向的垂直分工与横向的水平分工。从纵向上看，组织内部的成员可被分为负责人和普通成员，前者又分为不同的级别，例如董事长、总经理、经理、部门经理以及就某个工作任务或项目而言的直接负责人等。"在层级制的公司组织中——纵向分工——可以认为，公

---

〔1〕 〔法〕埃米尔·涂尔干：《社会分工论》（第2版），渠东译，生活·读书·新知三联书店2013年版，第219页。

〔2〕 〔美〕罗伯特·K.默顿：《社会理论和社会结构》，唐少杰等译，译林出版社2008年版，第300页。

〔3〕 〔美〕罗伯特·K.默顿：《社会理论和社会结构》，唐少杰等译，译林出版社2008年版，第303页。

〔4〕 〔德〕许迺曼："过失犯在现代工业社会的捉襟见肘——资产清算"，单丽玟译，载许玉秀、陈志辉合编：《不移不惑献身法与正义——许迺曼教授刑事法论文选辑》，新学林出版股份有限公司2006年版，第519页。

司管理者可以将一定的任务以及与之相关的义务授权给下级的职员。"[1]垂直分工在因果关系方面影响较小，通常仅限于量刑阶段，可以根据下级成员在公司中的地位所导致其在信息资讯上的劣势予以从轻处理。不过，垂直分工在组织犯中下令者的归责问题上影响很大，由于组织内部严格的线性阶层构造，通常会造成上级领导者与下级成员在权力、资讯等方面的差异。"公司的管理者仍然负有谨慎地选择与监督其下级职员的义务。在生产商品的企业中管理者还负有对产品进行监督控制的义务。"[2]组织中的下令者命令下级成员实施犯罪时，基于下令者对组织运作的掌控，其能够控制下级成员的行为，促使后者执行命令，实施犯罪。成员在组织内部层级越高，权力越大，对组织活动的掌控越强。上级对下级发号施令时，命令一般要在组织性质所确定的权力范围内。当然，即使上级命令涉及违法犯罪，下级成员在通常情况下也难以抗衡上级，特别是在国家权力组织以及犯罪组织中。但在经济类的组织中，上级命令下级成员实施犯罪行为，所能够利用的组织权力优势通常情况下比较有限，下令者通常只能构成教唆犯而非间接正犯。

　　从横向上来看，组织内部区分为不同的部门或管辖领域。一般情况下，组织内的成员仅对自己管辖领域内出现的问题负责，对其他人的负责领域免责。不过，这种免责也有界限。德国联邦最高法院在"皮革喷雾剂案"中指出，在紧急或例外情况下，比如涉及大量公众身体健康或生命安危时，董事会成员无论其主管领域如何，都同等地负有义务促使公司采取所要求的措施，具体到"皮革喷雾剂案"就是停止销售并召回产品。[3]一般来说，不法集体决策主要涉及横向的组织分工，当然，在一定的条件下也可能出现复合分工的类型。不过，即使在这种情况下，只要在投票权上平等，组织中上下级成员在集体决策中也具有平等的权利，这时集体决策的损害结果既可以向上级成员归责，也可以向下级成员归责。与垂直分工相比，水平分工对因果关系判断的影响更大。比如，在"皮革喷雾剂案"中，对于过失的身体伤害罪而

---

　　〔1〕〔德〕洛塔尔·库伦："公司产品生产中的注意义务违反责任"，徐凌波译，载梁根林、〔德〕埃里克·希尔根多夫主编：《刑法体系与客观归责》，北京大学出版社2015年版，第171页。

　　〔2〕〔德〕洛塔尔·库伦："公司产品生产中的注意义务违反责任"，徐凌波译，载梁根林、〔德〕埃里克·希尔根多夫主编：《刑法体系与客观归责》，北京大学出版社2015年版，第171页。

　　〔3〕〔德〕克劳斯·罗克辛：《德国最高法院判例　刑法总论》，何庆仁、蔡桂生译，中国人民大学出版社2012年版，第248页。

言，由于不召回瑕疵产品的决策是集体作出的，因而如何论证单独的被告人与集体决策所导致的损害后果之间具有因果关系就成了问题。德国联邦最高法院直接将公司生产销售瑕疵产品的行为视为被告人个人行为的做法，被认为违反了长久以来以个人的身体举动为基础的行为理论。下面，本章将对不法集体决策所涉及的归因与归责问题展开探讨，并对"皮革喷雾剂案"做出分析。

二、不法集体决策的因果关系

由于不法集体决策的主体——某个小型的决策机构（比如董事会）——内部通常包含 3 个以上的负责人，在论证具体的负责人与结果的发生之间的因果关系时，条件公式就会出现问题。条件公式的内容是这样的：没有 A 则没有 B，则 A 是 B 的原因。在不法集体决策的时候，比如董事会有三个董事，在为某事投票时，三个人都投赞成票。在这种状况下，三个人都可以说，根据条件说，即使我不投赞成票，董事会还是会做出这样的决定，所以我的投票与最终决策之间没有因果关系。如果据此对三个人都否定归责，那当然违背直觉的正义观念，也不符合我们个人的法感情。但在这种状况下，如何为归责提供理由呢？学界主要有两类观点：一类观点认为，通过调整条件公式，仍可解决不法集体决策的因果关系问题；另一类观点认为，不法集体决策的因果关系问题只能通过结合公司的方法，先将董事会所有决策者认定为共同正犯，然后判断集体决定与结果的发生之间是否具备因果关系。显然，后者放弃了论证单独投票行为与结果发生之间是否具备因果关系，而直接判断集体决定与结果发生之间的因果关系。

（一）方案一：修正条件公式

在"皮革喷雾剂案"中，德国联邦最高法院试图通过类比重叠因果关系的方法，解决过失的身体伤害罪的因果关系问题。重叠因果关系通常是指这样一种情形，即两个以上的行为在单独的情况下都不足以引起损害结果的发生，但是结合在一起则可以引起结果发生。比如，A 和 B 各向 C 的水杯中投入致死量 50% 的毒药，C 喝水之后死掉了。库伦教授指出，在"皮革喷雾剂案"中，德国联邦最高法院虽然正确地放弃了条件公式，但是类比重叠因果关系也不妥当，因为后者是符合条件公式的。[1]举例来说，由甲、乙、丙三

---

〔1〕〔德〕埃里克·希尔根多夫：《德国刑法学：从传统到现代》，江溯等译，北京大学出版社 2015 年版，第 260 页。

人组成的董事会在议事时，三个人都投了赞成票，根据多数意见，会议决定实施不法行为。当任意抽出一张票时，即使抽出的是一张赞成票，由于还剩下两张赞成票，仍可以达成赞成决定；如果抽出全部的条件（三张赞成票），肯定不会达成实施不法行为的决定，但是上述条件对于结果的发生并不是缺一不可的（有两张赞成票对于结果的发生已经足够了）。因此，类比重叠因果关系不能解决不法集体决策因果关系的问题。

有学者试图用类比替代因果关系解决不法集体决策因果关系的问题。替代因果关系是指，两个以上的行为分别都能导致结果的发生，但在行为人没有意思联络的情况下，竞合在一起导致了结果的发生。显然，不法集体决策也不符合替代因果关系的情形，因为在替代因果关系类型中，单独的一个条件就可以导致结果的发生，但在不法集体决策的场合，单独的一个投票无法导致结果的发生。比如，在甲、乙、丙三人组成的董事会中，为了决定是否生产某种有瑕疵的产品，三人都投了赞成票，最终达成了赞成的结果。但是无论是谁，单独的一张赞成票都无法达成最终的结果，因此，这种状况也不是替代因果关系。

德国学者普珀反对引入过失共同正犯，主张利用"多重因果关系"解决不法集体决策因果关系问题。她认为："如果要避免对结果发生的多重充分条件都做出了必要贡献的多个行为人以即便没有自己的因果贡献结果也会发生为由互相免除责任，则人们必须不能再仅将这些导致结果出现的必要条件视为单一原因。只要根据一般的规则，一个行为是导致结果发生的充分条件的必要组成部分，该行为便是以被认为是结果发生的单一原因。"[1]从格拉泽对条件说的最初表述来看，[2]它的含义是模糊不清的，人们常常自觉不自觉地将条件公式中的两个部分精简为一个，即只检讨没有 A 行为时 B 结果会不会

〔1〕 ［德］埃里克·希尔根多夫：《德国刑法学：从传统到现代》，江溯等译，北京大学出版社 2015 年版，第 262 页。

〔2〕 1858 年，奥地利学者格拉泽在《奥地利刑法专论》中指出："对于因果关系的考察，存在着一种可靠的支撑点：人们试图在事件的总和中想象所谓的发起者是完全不存在的，然而，只要证明了结果仍然会出现并且中间原因的次序仍然存在着，那么就可以确定，这个构成行为及其结果是不能追溯到这个自然人的影响上去的。相反，如果表明，一旦可以想象在事件发生的地点，只要这个自然人不存在，这个结果就根本不能出现，或者，它将以完全不同的方式出现，那么，人们就应当能够以完全肯定的理由宣布，这个结果是由他的活动的作用产生的。"转引自 ［德］克劳斯·罗克辛：《德国刑法学　总论》（第 1 卷），王世洲译，法律出版社 2005 年版，第 233 页。

出现（必要性检验），却忽略了 A 行为存在时是否 B 结果一定也存在（充分性检验）。必要性和充分性是一个条件成为一个结果发生原因的两个不可或缺的属性，只有这两个属性竞合在一个条件之时，这个条件才可以被称为结果的原因。事实上，"将充分和必要结合起来，这个努力在刑法学中始终没有中断过"。[1]

在具体判断顺序上，与普珀有所不同，笔者认为应先判断条件是否具有必要性，然后在必要性基础上再看具体条件对结果发生是否充分，这样能够保障因果判断的准确性。比如，在甲、乙、丙三个人组成的董事会中，甲、乙投了赞成票，丙投了反对票。之所以能够战胜丙从而取得多数票，甲、乙两人的赞成票都是必要的。同时，在想象甲、乙中任一人不存在时，赞成结果都无法取得，这个事实证明甲、乙两人在单独情况下对于赞成结果的达成都是不充分的。无论是甲还是乙在单独的情况下都不能"充分且必要"地达成最终的赞成结果，这种"充分且必要"的情形只有在将甲、乙两人的行为视为一体时才能出现，因此，甲和乙的赞成票都是该次集体决策因果关系成立的必要条件。

（二）方案二：过失共同正犯

"皮革喷雾剂案"之后，德国刑法教义学上要求承认过失共同正犯的意见急剧增多。许多学者都认可"皮革喷雾剂案"的判决结果，但是并不赞同德国联邦最高法院处理不法集体决策因果关系的做法。他们认为，引入过失共同正犯概念有一个显而易见的好处，那就是不需要再证明集体决策中单独的负责人违反注意义务的因果关系。正如普珀所言："要求引入过失共同正犯的理由几乎全在于，只有用这种方式才能解决在过失的情况下，以高于门槛的票数集体通过违法决议的问题。"[2]问题是，先承认集体决策中的负责人属于共同正犯，然后再论证集体决策整体上与结果发生之间的因果关系，有违传统刑法共同犯罪的原理。传统刑法理论认为，在共同犯罪中，应先判断单独的个体行为与结果发生是否有因果关系，再判断个体之间是否具有共同犯罪的关系，而不是先入为主地认定负责人之间属于共同犯罪，再证明它们的行为与结果发生之间具有因果关系。为了解决这个问题，有学者提出了潜在的

〔1〕 ［美］乔治·弗莱彻：《反思刑法》，邓子滨译，华夏出版社 2008 年版，第 431 页。

〔2〕 参见 ［德］普珀："反对过失共同正犯"，王鹏翔译，载《东吴法律学报》2006 年第 3 期。

因果关系理论，亦即"从事前来看——也就是根据行为人或者一个需要进一步定义的观察者的认识状态来看——个别的行为贡献（tatbeitrag）是有可能成为原因的"。[1]其次，成立共同正犯需要共同的行为决意（意思联络）和共同的实行行为。这个问题在故意的危险伤害罪中也存在。为了解决共同的行为决意问题，学者提出集体决策的负责人违反了共同的注意义务；在共同的实行行为方面，学者又提出负责人们共同引起了不被容许的风险。

潜在的因果关系以往只在附加的共同正犯中使用。附加的共同正犯是指为了确保犯罪既遂，二人以上共同针对同一对象或目标实行犯罪的情形。例如，为了确保暗杀的成功，10 个杀手同时对同一名被害人开枪射击，被害人身中数弹，但不能查明哪些杀手射中了被害人。在这种场合，所有的杀手都是故意杀人罪的共同正犯。因为每个杀手都在实施符合构成要件的杀人行为，而且，每个杀手的行为都使得犯罪的成功更为确定因而确保了结果发生，对犯罪行为的实施具有重要功能。[2]在附加的共同正犯中，承认潜在的因果关系是因为具体导致结果发生的因果关系不明，具体到上述案例中是指不知道是谁射中了被害人。由于所有杀手都有可能导致结果发生，被害人实际上也确定死了，再弄清杀死被害人的子弹到底是谁射击的似乎意义不大。但是这个案例涉及的是故意杀人罪，行为人基于共同的行为计划实施共同的杀人行为，纠结子弹到底是哪个杀手射中这一类的细节的确意义不大。但要将潜在的因果关系适用到不法集体决策导致消费者身体伤害的案件中，不能不加以论证。其一，利用潜在的因果关系，虽然有利于解决过剩票的归责问题，"委员会中的每个成员在秘密投票之前都知道，对于通过决议所必需的多数票来说，他赞成的一票可能是不可或缺的"，但也可能解决不了，比如"其他人所投下的赞成票相加起来就已足够过半数了"，[3]行为人那一票就不是不可或缺的了。其二，投票分为赞成票、反对票、弃权票，三类票的组合非常复杂，需要具体问题具体分析。其三，潜在的因果关系虽然能够排除了恼人的证明困难，但也会显著地扩张过失犯可罚性的范围。[4]

对于共同的注意义务，普珀认为，"过失犯错，只能单独为之"，因此不

---

〔1〕 参见［德］普珀："反对过失共同正犯"，王鹏翔译，载《东吴法律学报》2006 年第 3 期。

〔2〕 张明楷：《刑法学》（第 5 版），法律出版社 2016 年版，第 398 页。

〔3〕 参见［德］普珀："反对过失共同正犯"，王鹏翔译，载《东吴法律学报》2006 年第 3 期。

〔4〕 参见［德］普珀："反对过失共同正犯"，王鹏翔译，载《东吴法律学报》2006 年第 3 期。

可能存在共同的注意义务。"每一个法律义务都可以而且也应该表述为由个别法律主体所承担的义务。……当数个人所负的注意义务，其目的都在于防止相同的因果流程走向结果之发生时，亦是如此。"对于共同制造法不容许的风险，普珀认为："不被容许的风险其实是和义务的问题相同的。如果有数个人做了违反注意义务的行为，那么每个人就各自造成了一个不被容许的风险。到底根据什么理由，在什么样的条件之下，才能把多个风险合而为一呢?"[1] 笔者认为，普珀的观点并不符合社会生活经验，因为在社会生活实践中的确存在过失的共同正犯。比如，两个以上的人共同商议从事某种行为，具有结果预见可能性却都没有预见到某种不法结果的发生，这时就存在对共同注意义务的违反。多个不被容许的风险之所以能够结合在一起，也是出于上述共同的注意义务。

笔者认为，将集体决策的负责人认定为共同正犯，以此回避个别负责人的投票行为与损害结果发生之间因果关系的证明困难，没有认识到组织归责与个体归责的根本差异。实际上，根本不需要绕这么大一个圈子。不法集体决策属于组织归责，参与投票的负责人的意见不等于组织最终的意见，因为集体决策有其规则，其中最重要的是少数服从多数以及匿名投票两个机制。其实，投票者知道自己的意见不一定能成为多数票，客观上他也无法确保自己的意见成为多数，大家都尊重少数服从多数的规则，即都同意将多数票作为自己的最终意见，以此做出最终的集体决策。正是出于这个原因，即便投票者投的是反对票，在以赞成票为集体决策涉及犯罪时，他也无法逃脱被追究的命运。正因此，德国联邦最高法院在"皮革喷雾剂案"中指出："每个虽然有共同职责却没有为达成被要求的召回决定做出贡献的公司经理，都因此设定了一个措施没有发生的原因。如果他要求召回，却因为其他经理的反对而失败了，那么这也决定了他的刑法责任。"[2]

决策机构的内部结构决定了组织归责与个体归责的根本差异。探讨组织内部的义务分配，应该考虑组织本身的功能。集体决策是多数人决策，组织体按照多数票支持的意见决定是否施行某种行为。在集体决策中，决策权是

---

〔1〕 参见［德］普珀："反对过失共同正犯"，王鹏翔译，载《东吴法律学报》2006 年第 3 期。

〔2〕 ［德］克劳斯·罗克辛:《德国最高法院判例 刑法总论》，何庆仁、蔡桂生译，中国人民大学出版社 2012 年版，第 249 页。

分散和去集中化的，决策主体（组织成员）在人格和决策权上是平等的。不考虑组织的功能和影响，也难以解决集体匿名决策的情形。由于投票是匿名的，无法确定谁投了赞成票、反对票或弃权票，根据条件公式和罪疑从无原则就要否定所有人的归责。这个结论显然是不合理的。其实，"结合公司的考察方法"将董事会成员认定为共同正犯，并非有意忽略犯意联络的重要性，这既是出于刑事政策的考虑，也考虑了集体决策在教义学上的特殊性。个体的犯意在匿名环境中更受到集体支持，"即使出了什么差错都由集体承担"。这种心理导致个体在投票时更自由，不过自由也是有代价的，那就是集体承担不法决策的后果。

三、不法集体决策的客观归责

德国通说认为，因果关系是客观归责的前提、基础和评价对象。对于结果归责的正当性来说，因果关系是一个最低度的要求。[1]客观归责理论包括三个层面：制造法不容许的风险、实现法不容许的风险以及构成要件的效力范围。一般认为，制造法不容许的风险是对实行行为判断的实质化，实现法不容许的风险则是构成要件结果判断的实质化，构成要件效力范围则在被告人、被害人及第三人之间分配风险基础上，从反面进一步限缩被告人负责的范围。下面，本章将简要探讨不法集体决策过程中所存在的一些特殊的归责问题。

（一）作为模式的集体归责

1. 不法集体决策与风险制造

不法集体决策从何时开始制造法不容许的风险？如何判断不法集体决策的"着手"？我们知道，集体决策中一般就存在两种行为，即商讨行为和投票表决行为。无论是在商讨之后表决还是不经过商讨直接表决，集体决策都往往是按照多数票得出最终的结论。因为商讨行为不一定在每个集体决策中都有，所以制造法不容许的风险的时间点应该与投票表决的时间联系在一起。也就是说，投票表决之后集体决定实施不法行为时，就是组织实行行为的实施。如果投票表示不召回，而集体决策决定召回，不应该认为该投票人制造了法不容许的风险，因为投票人的意见没有被转化为组织的实行行为。由于

---

〔1〕　［德］沃尔夫冈·弗里希："客观之结果归责——结果归责理论的发展、基本路线与未决之问题"，蔡圣伟译，载陈兴良主编：《刑事法评论》（第30卷），北京大学出版社2012年版，第228页。

集体决定召回产品，决策本身没有制造法不容许的风险，即没有造成后续的消费者身体伤害或身体伤害危险，对于集体的成员也不应该因为他曾投票反对召回而归责。

从"皮革喷雾剂案"中我们可以看到，德国联邦最高法院将 S 等人的行为区分为两个阶段，即 1981 年 5 月 12 日之前构成过失的身体伤害罪，1981 年 5 月 12 日之后则构成故意的危险伤害罪。正是在 1981 年 5 月 12 日，公司召开临时会议商讨是否召回被认为具有危害消费者身体健康危险的产品。当然，根据本案案情可以确定，如果集体决策召回瑕疵产品并停止销售无疑可以降低风险，因此根本不会产生法不容许的风险，也不涉及归责的问题。但是，一旦集体决策作出了不召回瑕疵产品的决定，或者延误时机没有及时作出召回产品的决定，都会涉及风险制造的问题。在此，对于过失伤害而言，被告人是违反了本应该遵守的注意义务；对于故意伤害而言，被告人则是实行了法益侵害或危险行为；对于不作为犯而言，则是在具有履行作为义务能力的情形下消极不履行。

故意伤害行为的归责是比较容易认定的，因为公司在召开会议商讨之后作出了不召回瑕疵产品的决定，这一决定是造成后续消费者身体伤害的原因，因此可以将损害结果归责于不法集体决策本身。至于 1981 年 5 月 12 日之前对消费者造成的身体伤害，公司违背了基于危险源监督产生的注意义务，没有及时召开会议商讨瑕疵产品事故的处理问题，并因此造成了更多消费者因为瑕疵产品受到身体健康伤害。这里存在两种可归责的情形：一是过失的归责，二是不作为的归责。过失的归责与被告人的注意义务紧密联系在一起，这里的注意义务来自被告人没有及时召回瑕疵产品，因此注意义务的产生自瑕疵产品造成第一例产品事故之后就已经出现了。在"瑕疵轮胎案"中，德国 Mümchen 地方法院对过失伤害罪被告人的注意义务进行了较详细的说明。法官认为，企业负责人必须通过对轮胎的专业检验才能确定究竟应该采取怎样的措施，因此在专家鉴定作出来之前，他们根本不能作出继续销售的决定。如果作出这样的决定，就应该将每一个参与决议的人的行为视为损害结果发生的原因。[1]

---

〔1〕 参见陈志辉等："刑法案例 100"，载 http://WWW3. nccu. eDu. tW/~jyhhuei/clc 100/inDex. htM，访问日期：2016 年 8 月 16 日。

在不作为的归责问题中，被告人的作为义务来自于先行行为导致的保证人义务，因为如果没有他们的生产和销售行为，消费者就不会接触到这些伤害他们身体健康的瑕疵产品。一般而言，产品责任事故中的作为义务包括两种：第一种作为义务是被告人要确保生产和销售的产品符合法律规定的质量标准，即不具有伤害消费者身体健康的潜在危险；第二种作为义务是在瑕疵产品肇事后，被告人要尽快召回瑕疵产品，控制事态，使得产品责任事故不至于扩大。我们知道，现代社会为了降低成本提高效益，基本上都是采取批量生产，其中出现瑕疵产品的可能性无法保证为零。因此，只要在实施生产时遵守了法律规定的生产标准，在这种情况下即使出现个别的瑕疵产品也会被认为是允许的风险。"皮革喷雾剂案"主要涉及第二种作为义务，因为"鉴于本案中伤害场合发生的数量，引起伤害的皮革喷雾剂显然并非单纯是所谓的'偏差'"，[1]因此应予归责。

2. 不法集体决策与风险实现

风险实现阶层主要涉及风险没有实现时归责的排除，以及法不容许的风险没有实现时归责的排除。风险实现是评价结果不法的重要阶层。对不法集体决策问题的探讨，实际上也深化了对风险实现理论的理解。

通说将注意规范保护目的置于风险实现阶层，并将其作为排除归责的规则之一，对此笔者并不赞同。事实上，注意规范保护目的是容许风险与禁止风险的划分标准，应该在风险制造阶层予以讨论。超越了注意规范保护目的就应该算作允许的风险，只有发生在注意规范保护目的内的结果才是刑法上的禁止风险，因为注意规范本身即是在刑法目的的指引下确定的。包括民法、行政法（含交通法规）等其他法律规定的义务在内，都有可能构成刑法上的注意规范之法源，但是刑法还是必须决定自己的不法界限，不能理所当然地以为所有的法律义务都是刑法上的注意义务。[2]在"皮革喷雾剂案"中，"刑事法庭从民法上的交往安全义务，即产品观察义务中推导出了该伤害避免义务，其中直接援引了最高法院判例在民法上的产品责任领域内……发展起来的一些原则"，因为有时候"决定了民法上的产品责任的同一个义务也是刑

---

〔1〕　［德］克劳斯·罗克辛：《德国最高法院判例　刑法总论》，何庆仁、蔡桂生译，中国人民大学出版社2012年版，第250页。

〔2〕　林钰雄：《刑法与刑诉之交错适用》，中国人民大学出版社2009年版，第36页。

法上的答责性的基础"。但是另一方面，"以损害赔偿为导向的民法上的责任原则不允许被不加考虑地直接用于确定刑法上的答责性"。[1]可见，鉴于规范目的的差异，民法上的注意义务不可以直接拿到刑法上用于归责。相反，民法上的注意义务能否适用于刑事归责，需要在刑法规范保护目的关照之下才能确定。在"皮革喷雾剂案"中，法庭判处被告人为1981年5月12日之前结果负责的根据就是"通过违反义务的前行为对第三者制造了一种危险状况的人，有义务避免由此将要发生的危险"。[2]

还有一个问题是，如果 W. u. M. 公司所生产的产品违反了政府制定的质量标准或行业标准，考察刑法规范的保护目的，由于这种标准致力于维护不特定多数人的身体法益，可以断定该公司制造了法不容许的风险。但是，如果没有人在消费之后出现医学上所言的身体健康伤害情形，则可以认为该风险没有实现。另外，如果根据科学上的发现可以断定消费者使用该产品之后第三日才会发病，不料该消费者第二日即因为其他原因死亡，这时候该瑕疵产品所制造的禁止风险也没有得以实现。值得思考的是，如果在合法的替代行为的情形下仍然不能避免伤害结果的发生，在这种情况下还能否认法不容许的风险已实现吗？例如，在制造某种商品的过程中，企业负责人集体决定违反规定对某种材料不予消毒，结果导致几名员工感染炭疽杆菌而死，不过根据当时的科学水平，即使消毒也无法消除材料中的炭疽杆菌。在这种情况下，即使主张风险升高理论的罗克辛也主张否定归责，因为"被告人所违反的是一种即使履行了也没有用的义务"，[3]惩罚这种不具有结果避免可能性的行为也不具有一般预防的功能。

（二）不作为模式的集体归责

在"皮革喷雾剂案"中，德国联邦最高法院认为："谁作为产品的制造者或者销售商使产品进入流通，如果按照规定使用产品会违反其合理期待给消费者造成出现健康伤害的危险，谁就有义务避免该伤害（基于先前实施的危

---

〔1〕［德］克劳斯·罗克辛：《德国最高法院判例　刑法总论》，何庆仁、蔡桂生译，中国人民大学出版社2012年版，第250页。

〔2〕［德］克劳斯·罗克辛：《德国最高法院判例　刑法总论》，何庆仁、蔡桂生译，中国人民大学出版社2012年版，第250页。

〔3〕［德］克劳斯·罗克辛：《德国刑法学　总论》（第1卷），王世洲译，法律出版社2005年版，第254页。

害行为而生的保证人地位)。"〔1〕既然召回瑕疵产品是法律规定的义务,而 W.u.M. 公司与其销售商违反了该义务,就牵扯到不作为犯的问题。在犯罪论中,不作为犯的归责问题向来是一个很棘手的问题。传统理论往往否定不作为因果关系的存在,因为在不作为的场合缺乏一个自然意义上的行为存在。正因为"无中不能生有",不作为犯因果关系的支持者转而从规范论出发,认为不作为的因果关系其实就是对作为义务的违反。但是,作为义务违反说实际上已经超越了因果关系作为一种事实关系的前提,转而直接在归责层面上解决不作为的可罚性问题。

在不作为归责的争论中,许迺曼提倡的因果关系支配说是比较有力的观点。该说以物本逻辑为基础,认为应当区分作为义务与作为可能性,作为义务是违法性的问题,对"结果原因的现实支配"才是不作为因果关系真正的决定要素。〔2〕行为人足以防止危害结果的发生,即对于结果是否发生具有支配能力,他可以选择让结果发生或不发生。如果行为人选择让结果发生,就没有理由不认为其不作为与危害结果之间具有因果关系。对于"皮革喷雾剂案",许迺曼认为企业负责人对瑕疵产品的保证人责任仅仅来自于实际的支配,一旦产品销售出去,企业负责人就无法实现现实支配,这时应当否定他的保证人责任。〔3〕德国联邦最高法院反驳了这种观点,因为它并不具有真正的说服力。事实上,在产品销售出去之后,企业负责人确实无法再对具体的产品进行具体的支配,但是作为危险的引起者,W.u.M. 公司的决策集体比其他任何第三人都具有资讯上的优势——他们了解产品的生产原料和制作原理,了解销售商和销售区域,消费者的投诉也都汇集到他们那里。因此,W.u.M. 公司的决策集体对防止瑕疵产品事故扩大化具有支配能力,它仍然可以对产品实施最大限度的召回以缩小伤害的范围。

对于因果关系支配说的妥当性,学界也有争议。例如,周治平教授认为

---

〔1〕 [德] 克劳斯·罗克辛:《德国最高法院判例　刑法总论》,何庆仁、蔡桂生译,中国人民大学出版社 2012 年版,第 249 页。

〔2〕 [德] 许迺曼:"在莱比锡和维也纳刑法注释书中所呈现出刑法修正后的德语区刑法学",陈志辉等译,载许玉秀、陈志辉合编:《不移不惑献身法与正义——许迺曼教授刑事法论文选辑》,新学林出版股份有限公司 2006 年版,第 343 页。

〔3〕 [德] 克劳斯·罗克辛:《德国最高法院判例　刑法总论》,何庆仁、蔡桂生译,中国人民大学出版社 2012 年版,第 251 页。

该说在"有作为义务而无作为可能时,因果关系应如何解释,则有不足之处"。设想在甲、乙、丙三人组成的董事会决议时,甲投赞成票,乙投反对票,丙投弃权票,结果未能达成决议并因此延误了对瑕疵产品的召回,造成更多消费者身体健康受到不同程度的损害。在本案中,甲、乙、丙三人对于未能达成决议这一结果有无支配?甲支持召回瑕疵产品却因为乙的反对和丙的弃权而未能实现自己的意愿,是否应否定甲为该案的损害结果负责?乙呢?丙呢?根据条件说,想象甲、乙不存在,原来的结果都不会存在,因此可以证明甲、乙的投票对于不作为结果的条件关系。相反,想象丙的弃权票不存在,却不会对原先结果形成任何影响。即使如此,在此基础上否定丙对不作为结果的归责却并不合适,因此在甲乙形成对峙状态时,丙的一票即具有了至关重要的作用。正如德国联邦最高法院在"皮革喷雾剂案"中所表示的,在公司有义务召回自己所生产、销售的瑕疵产品时,每个公司经理都有竭尽一切可能作出召回决定的义务。在这种情况下,丙无可置疑地对结果的发生具有支配力,他可以选择让不作为结果出现或不出现。问题是,既然连投反对票的乙都否定了与不法集体决策之间的条件关系,那么还有什么理由惩罚投弃权票的丙呢?因果关系支配说在这里遇到了难题。

从行为包括作为和不作为两种形式这一点出发,应该承认不作为的因果关系。二者之间的区别仅在于,"实行的因果性(即作为的因果性——引者注),除了行为人的举止行为与结果之间的合法性关系之外,还以一种主动'积极的'能量投入作为条件,而不作为的因果性就仅仅限制在不作为和结果之间的合法关系上了"。[1]即使在不作为犯的场合,原先适用于作为犯的条件说也并未失去有效性。正如德国联邦最高法院所总结的:"在没有想到这个不作为的行为就不能取消这个已经出现的结果时,这个结果的出现就应当归责于这个行为人。对此必须存在着一种十拿九稳的把握,从而使这个结果在这个未实施行为的实施中,本来不会或会大大推延或会以大大减小的规模出现。"[2]与作为模式下的条件说的"想象不存在"公式建立在科学法则之上一样,不作为模式下的条件说即"没有想到"公式也建立在一种"十拿九稳

---

〔1〕 〔德〕克劳斯·罗克辛:《德国刑法学 总论》(第2卷),王世洲等译,法律出版社2013年版,第483页。

〔2〕 〔德〕克劳斯·罗克辛:《德国刑法学 总论》(第2卷),王世洲等译,法律出版社2013年版,第483页。

的把握"之上，二者并无本质差别。

在本来的作为能够大大减小法益损害的风险，却仍然不具有"十拿九稳"的把握时，不作为的因果关系是否也能够适用风险升高理论？德国联邦最高法院在"皮革喷雾剂案"中认同了这种观点，在另一个"医务过失案"中则明确以一种高度可能性标准代替了通常情形下的"十拿九稳"。[1]不过，这里的风险升高理论应该被称为风险降低理论，因为在不作为犯罪中，行为人没有实施一种本应实施的风险降低行为，结果导致了法益损害结果的发生。对于在不作为犯中适用风险降低理论，笔者是同意的。需要明确的是，风险降低的判断应该是事后的和规范的判断。以"皮革喷雾剂案"为例，事后判断需要考虑所有事后知道的情节，包括皮革喷雾剂的瑕疵所在、销售情况、集体决策的投票情况等，"因为对事后知道的情节的考虑，特别服务于刑罚的限制"。[2]规范判断则是站在客观、中立的立场上，考虑事前制定的注意规范对本案有意义、被告人遵守该注意规范究竟在何种程度上能够降低风险，比事前的和实质的判断更理性客观，更有利于限制国家刑罚权的发动，因此也更有利于被告人的人权保障。

---

〔1〕〔德〕克劳斯·罗克辛：《德国刑法学　总论》（第2卷），王世洲等译，法律出版社2013年版，第485页。

〔2〕〔德〕克劳斯·罗克辛：《德国刑法学　总论》（第1卷），王世洲译，法律出版社2005年版，第259页。

第六章

组织支配与组织犯的归责基础[1]

一、问题的提出

当代中国刑法教义学处于激烈的转型过程中。为了应对新问题，刑法教义学的核心研究对象——刑法典——随着社会发展而不断修正（迄今已有10个刑法修正案）；传统刑法理论——包括继承自苏俄的四要件犯罪论体系——在司法实践中暴露出诸多不足。"当学者还在讨论机械诈骗时，浙江的阿里巴巴已经开创了淘宝时代；在学说还在争论三角诈骗时，浙江的犯罪类型早就变成了'棋局诈骗'。"[2]社会生活日新月异，刑法教义学也不能故步自封。如果现有的理论体系、类型、功能设计不能适应现实的需要，就有必要突破旧教义归纳新教义，无论如何，解决问题都是第一位的。中国刑法转型不是一个偶然现象，而是全球化视野下刑法适应现代社会治理结构的一环。从国际社会来看，经济与科技发展深刻地影响了现代社会结构，也深刻地影响了国家治理的刑法结构，刑法教义学当然要适应这一转变。社会变迁必然影响与之相适应的刑法理论与体系，后者只有不断发展才能解决刑事司法中不断涌现的新问题。任何不能够满足当前社会需要的刑法体系或理论，都必将被改进、修正甚至淘汰。因此，"无论法学家还是其他法律人都应当不拘泥于理论，而应当把理论视为人的创造的基点。任何理论都是可以突破的——只要

---

〔1〕 本章原载于《苏州大学学报（法学版）》2018年第4期，与周建航合著。

〔2〕 高艳东："诈骗罪与集资诈骗罪的规范超越：吴英案的罪与罚"，载《中外法学》2012年第2期。

需要、可行并且结果好，而不应当把理论当作神明，当作我们生活世界的边界，自觉不自觉地把理论变成一个思想禁区"。〔1〕

随着经济的快速发展，现代社会高度组织化，犯罪领域也出现了利用组织运作参与犯罪实施的新类型，即组织犯罪。组织犯在国外刑法理论中又被称为"正犯背后的正犯""无形的正犯""书桌正犯"，其在司法实务中容易被忽视，也经常被忽视。与传统个体犯罪相比，利用有权力的组织，充分利用其中的人财物，不仅可以提高犯罪成功的概率，在组织遮蔽之下也不容易被发现和追诉。对于组织内部握有权力、操控组织运作流程的上级而言，当其有意犯罪时，利用组织实施犯罪就成为一个不错的选择。他只需要下达命令，该命令透过组织内部的阶层结构最终传递至具体执行该命令的人。由于组织拥有大量下级成员可供选择，再加上下级服从上级的组织规则，下达命令的上级不需要亲自实施即可确保命令得以实现。例如，2012 年 11 月 2 日，为让开发商同意停建被老百姓投诉的车库，河南省永城市政法委书记张某委托永城市副市长和永城市住建局局长召开会议并形成"会议纪要"，允许开发商给两小区增高楼层。开发商拿着"会议纪要"找永城市城乡规划服务中心主任夏某，要求给新增楼层办建设工程规划许可证，夏某和该中心时任用地规划股股长刘某在明知"会议纪要"违法的情况下，仍然按上级领导要求办了证。一审法院认定夏某、刘某构成滥用职权罪，但免予刑事处罚。夏某不服，称自己是执行职务，没有滥用职权的故意。二审法院认为，夏某作为规划单位主要领导明知"会议纪要"违法但仍去执行，应属滥用职权，最终维持原判。〔2〕在本案中，具体执行上级"会议纪要"的夏某和刘某成立滥用职权罪并无疑问，问题是作出违法"会议纪要"的张某等人是否应该承担刑事责任？本案没有涉及，但这并不意味着没有讨论的余地。

由于具有个人所不具有的组织优势集中力量"办大事"，组织犯对现代社会的威胁不容小视。为了应对组织犯的威胁，我国刑法规定了许多处罚组织犯的具体规则。比如《刑法》第 26 条第 2 款和第 3 款规定："三人以上为共同实施犯罪而组成的较为固定的犯罪组织，是犯罪集团。对组织、领导犯罪

---

〔1〕　苏力：《也许正在发生：转型中国的法学》，法律出版社 2004 年版，第 141 页。

〔2〕　张恩杰："明知'会议纪要'违法仍执行官员首次被判滥用职权"，载 http://www.fawan. com/2017/12/03/723823t185.html，访问日期：2018 年 10 月 25 日。

集团的首要分子，按照集团所犯的全部罪行处罚。"但是一方面，组织犯不仅涉及犯罪组织中组织、指挥、领导者利用下属成员实施犯罪的状况，还包括合法的国家组织或经济组织上级利用下级实施犯罪的某些行为类型。《刑法》第26条第2款和第3款只是对犯罪组织中的组织犯进行了规定，而没有涉及其他类型的组织犯。另一方面，该条款只规定犯罪集团的首要分子要对集团所犯的全部罪行负责，而没有明确归责的基础和形式，即对组织犯应按照教唆犯、间接正犯、共同正犯抑或其他类型予以归责？这并不是教义学的过度精致化，而是量刑妥当性的要求。为了在教义学上妥当说明组织犯的归责原理，刑法学者提出了诸多方案。比如，德国刑法教义学上的组织支配理论、社会支配理论，以及日本刑法学上占主导地位的共谋共同正犯理论等。"日本刑事司法判例以及刑法理论上的共谋共同正犯包括了组织犯的情形；德国判例的通说对正犯与狭义共犯的区分采主观说，组织犯的情形作为正犯处理；德国刑法理论中的'无形的共同正犯'或'正犯背后的正犯'则包括了组织犯的情形。"[1]笔者意欲比较上述理论的效果，在此基础上确定组织犯的归责类型。笔者认为，在众多理论当中，以组织支配理论为基础的犯罪支配层级理论具有合理性。目前，我国学界对组织归责的基础原理——组织支配理论——关注不多，学者对组织支配的实质存在许多认识误区。比如，有学者认为组织支配属于强制支配的下位概念，[2]有学者主张采用答责性原则或共谋共同正犯理论解决组织犯的归责基础问题。这些见解不仅本身存在论证的问题，也没有看到组织归责的特殊之处，亦即，在组织犯罪中，下令者是通过掌控组织运作间接支配犯罪的因果流程。相反，在个体犯罪中，犯罪人是通过掌控自己或他人的行为实施犯罪的。

二、组织犯的归责形式

在组织犯的归责形式即组织犯罪中下令者的归责类型上，主要有间接正犯、教唆犯、共同正犯、直接正犯等观点。下面，笔者主要介绍间接正犯说、教唆犯说以及共同正犯说，一方面是因为这三种学说之间争论较大，另一方面则是

---

〔1〕 赵辉：《组织犯及其相关问题研究》，法律出版社2007年版，第1页。
〔2〕 参见张明楷：《刑法学》（第5版），法律出版社2016年版，第398页。

因为"间接正犯是正犯的一种形态，实质上与直接正犯没什么不同"。[1]

（一）主要学说

1. 间接正犯说

组织犯的归责问题最早可以追溯到 1963 年。当时，德国学者罗克辛在考察"艾希曼案"与"斯塔辛斯基案"时认为，不仅具体实施犯罪行为的人需要追究，幕后的下令者也具有同样的可罚性。

在"艾希曼案"中，艾希曼是纳粹党卫队的中尉，在他的策划之下，大批犹太人被送往集中营并遭到屠杀。罗克辛认为，虽然艾希曼没有亲自实施杀人行为，也没有强迫或欺骗执行命令的组织成员，但由于屠杀命令由其下达至具体实施屠杀行为的人，基于对权力组织的支配，应认定艾希曼为间接正犯。在"斯塔辛斯基案"中，被告人斯塔辛斯基受苏联情报机构的委托，用一把毒素手枪杀死了两名流亡西德的俄国政客。裁判理由认为，被告人斯塔辛斯基并不是积极地执行命令，而是担心如果不执行任务就会遭到组织的报复，最终在此人性弱点的支配之下实施了犯罪行为。因此，斯塔辛斯基应成立帮助犯，指使斯塔辛斯基杀人的幕后下令者具有正犯意志，应成立间接正犯。罗克辛认为，该案判决结论和论证理由都有错误，法官将正犯与共犯的区分建立在行为人内心想象之上，是极端主观主义的表现，不符合法安定性原则。罗克辛主张，斯塔辛斯基基于杀人行为应成立直接正犯，幕后下令者基于组织支配成立间接正犯。[2]

"组织支配具有以下三个成立条件：①命令者必须在组织的范围内行使了命令权；②组织必须在其具有刑法意义的活动范围内脱离了法律；③单个的执行者必须是可替换的，故一旦出现某个执行者停止执行命令的情况，随即有其他人可以取而代之。这三个成立条件的存在升高了直接行为者的犯罪倾向，因为，命令在权力组织的框架内产生了一种要求执行者据此调整自己行为的压力；机构的违法性使实行者认为，他不必为将来可能承担刑事责任而担忧；执行者的可替代性使执行者认识到，其行为对于犯罪的实施来说并不具有决定性的意义，因为即便他不去实行犯罪，也会有其他人来实施。"[3]在组织犯的

---

〔1〕［日］野村稔：《刑法总论》，全理其、何力译，邓又天审校，法律出版社 2001 年版，第 411 页。

〔2〕Roxin, Straftaten im Rahmen organisatorischer Machtapparate, GA 1963, 193 ff.

〔3〕［德］克劳斯·罗克辛："关于组织支配的最新研讨"，赵晨光译，载《刑事法评论》2014 年第 2 期，第 156 页。

场合，虽然直接实行人基于自由意志负独立的刑事责任，但是幕后下令者通过对组织本身的支配提高了直接实行人实施犯罪的成功概率，应成立间接正犯。

2. 教唆犯说

持教唆犯说的学者认为，在利用组织运作实施犯罪的场合，站在实行犯背后的下令者仅能以共犯中的教唆犯论处，不能被认定为正犯。这是因为在组织犯的场合，直接实行人通常是具有规范意识和刑事责任能力的正常人，他们对自己所实施的犯罪行为具有清醒的认识，要负独立刑责。既然如此，幕后下令者就不可能完全支配直接实行人的行为。这种区分教唆犯与间接正犯的标准，被称为答责说。答责说又分为严格答责说与缓和答责说。

严格答责说认为，如果直接实行人能够自由决定是否实行，下令者成立教唆犯，否则成立间接正犯。比如赫兹贝格认为，判断是否利用人是否成立间接正犯，要看在构成要件结果实现之前是否介入其他自由负责之人。[1]雅科布斯也认为，间接正犯属于建立在优势支配基础上的优先管辖，优势支配即利用不可归责的工具提高构成要件实现的可能性。不过，即使行为人具有优先管辖，但直接实行人基于完整的自由意志而独立负责时，前者不成立间接正犯。[2]

缓和答责说认为，答责性大体上可以作为区分教唆犯与间接正犯的标准，但有例外。在某些状况下，基于有力的事实支配，即便直接实行人属于自由负责之人，幕后下令者也可以成立间接正犯。比如，被利用者基于可避免的错误实施了犯罪行为，由于可避免的错误只能减轻罪责，实行人仍然要承担独立的罪责，但是如果利用人基于信息资讯等方面的优势令被利用者陷入错误，其对构成要件事实的掌控大于被利用者，仍然要承担间接正犯的责任。[3]

3. 共同正犯说

持共同正犯说的学者认为，组织内部的下令者利用组织运作，责令他人代为实施犯罪行为，幕前的直接实行人与幕后的下令者构成共同正犯。一般来说，共同正犯的成立应具备两方面的条件：共同的行为决意与共同的实行

---

[1] Herzberg, Täterschaft und Teilnahme, 1977, S. 202.

[2] Jakobs, AT, 21/94.

[3] Roxin, in: Amelung (Hrsg.), Individuelle Verantwortung, 2000, S. 55.

行为。在组织犯的场合，下令者仅仅是下达命令，并不会征求被下令的人的同意，他们之间如何成立共同的行为决意呢？另外，下令者仅仅是下达命令，而不负责具体犯罪的实施，他与具体实施犯罪行为的组织成员如何成立共同的实行行为呢？既然两个条件都不满足，组织犯如何成立共同正犯呢？

就共同的行为决意而言，持共同正犯说的部分学者认为，共同的犯罪决意对于共同正犯的成立并不重要。比如，雅科布斯从客观归责的角度论证组织犯成立共同正犯，他认为共同正犯的成立关键在于犯罪人客观上的分工，而非意思与心理上的一致。只要犯罪行为具有关联性，即使一方仅具有配合的意思，幕后的下令者也能够成立共同正犯。[1]还有一些学者认为，组织犯成立共同正犯所需要的行为决意，与其他共同正犯相比有所降低。比如，耶塞克与魏根特认为，下令者与被命令者的共同犯罪决意建立在对特定犯罪需被实行的意识上。[2]奥托也认为组织成员通过其实行行为默示地接纳了犯罪计划。[3]

就共同的实行行为而言，持共同正犯说的学者多认为，即使部分行为人没有实施实行行为，但只要其在预备阶段的行为对实行犯的实行行为有重要促进作用，对于组织犯罪或形成犯罪计划发挥了重要作用，便也符合共同正犯的要求。这是因为，德国刑法通说在共同正犯的成立上更加重视主观条件，对行为人之间在客观上的贡献有所降低（但不是没有）。日本通说认为，"实施了实行行为者是正犯，用实行行为以外的行为给正犯的犯罪加工者是共犯"。[4]在行为人共同策划了犯罪，但只有部分行为人实施实行行为的场合，部分学者认为，实行的行为人与没有参与实行的行为人已经结成了"共同的意思主体"，只要其中一人实行了犯罪行为，全体共犯都成立正犯。[5]还有部分学者认为，这种状况类似于间接正犯，即没有参与实行的行为人其实是利用了他人的实行行为，因为是否具有实行行为不应仅从存在论上判断，而要从规范论上予以判断。

---

〔1〕　Jakobs，AT2，§21/43；

〔2〕　Jescheck/Weigend，AT5，S. 670.

〔3〕　Otto，AT7，§21 Rn. 92.

〔4〕　［日］大塚仁：《犯罪论的基本问题》，冯军译，中国政法大学出版社1993年版，第72页。

〔5〕　［日］西田典之：《共犯理论的展开》，江溯、李世阳译，中国法制出版社2017年版，第60页。

（二）学说批评

1. 对共同正犯说的批评

通过放弃或降低共同行为决意的重要性，论证组织犯罪中的下令者与直接实行人成立共同正犯的做法并不妥当。首先，这种做法既不符合德国刑法理论的常识，也不符合我国刑法规定。我国《刑法》第 25 条第 1 款明文规定："共同犯罪是指二人以上共同故意犯罪。"可见，共同的行为决意是成立共同犯罪必不可少的要件。《德国刑法典》第 25 条第 2 款规定："数人共同实行犯罪行为者，均依正犯论处。"这里似乎没有关于主观方面的规定，但共同的行为决意始终是成立共犯的重要条件。这是因为，共同犯罪的各方互相为彼此的行为和结果负责，这里的归责基础就是共同的行为决意。如果行为人没有共同犯罪的意思，让其为他人的行为和结果负责，就违反了刑法上罪责自负的原则。其次，对于区分正犯与共犯及不同类型共犯而言，行为决意无疑是区分标准中的重要组成部分。"单纯自客观面确定归责范围会造成共同正犯归责过广的缺失，严重侵蚀帮助犯的成立空间。"[1]因为帮助犯对犯罪实施也提供了重要的物质或心理帮助，如果不清楚其主观方面的行为意思，就会将其作为共同正犯论处，不当地加重刑罚。再次，认为实行人以其行为默示地接纳幕后下令者的犯罪计划，就能够成立共同行为决意的观点，也不妥当。"共同行为决意是行为人彼此间相互沟通的过程，这种相互沟通的过程是形成一致的共同行为决意的基础。"[2]单纯接受上级命令不是共同犯罪中的意思联络，意思联络需要双方互相反馈意见，最终形成是否以及如何犯罪的决意。最后，忽略共同的行为决意，也无法区分共同正犯与同时犯。

扩张实行行为范畴，将组织犯中的下令者在预备阶段的贡献延续到实行阶段予以评价，以此证明组织犯罪中的下令者与直接实行人构成共同正犯，也不具有合理性。首先，这种做法的理论基础是将实行行为作为区分正犯与共犯的标准，但将预备行为作为实行行为来评价，必将导致实行行为本身的崩溃。因为实行行为原本是侵害法益的现实而紧迫的危险，如果将下令者所实施的犯罪预备行为作为实行行为来看待，认为其具有侵害法益的紧迫危险，显然是荒谬的。其次，实行行为作为区分正犯与共犯的标准也有瑕疵，其在

---

〔1〕　Langneff, Beteiligtenstrafbarkeit, S. 118.

〔2〕　Puppe, ZIS 6/2007, 238.

组织犯罪中下令者的正犯性、原因自由行为的正犯性等问题上都很难发挥作用。以原因自由行为的正犯性为例，无论将原因行为还是结果行为作为实行行为都有问题。因为原因行为对于法益侵害还不具有紧迫性，结果行为虽然具有法益侵害紧迫性，但也违反了行为与责任同在的原则。实际上，区分正犯与共犯的真正标准是犯罪事实支配，只有对犯罪实施过程具有支配的才是正犯，其他的都是共犯。最后，将下令者作为共谋共同正犯来处理也有扩张实行行为的缺陷，因为共谋本身并不会造成侵害法益的紧迫危险。其中，共同意思主体说有违反个人责任原则之嫌，间接正犯类似说则没有说明类似的基础。许多支持共谋共同正犯概念的学者，实际上也将犯罪事实支配作为论证共谋行为成立共同正犯的基础。比如山口厚认为，"就共同者中的一人支配着其他的共同者的'支配型'共谋共同正犯……是妥当的。"[1]高桥则夫认为："是教唆犯、帮助犯抑或间接正犯，在结局上，必须依据是犯罪现象的中心形态还是周边形态这一基准。在这一点上，我认为犯罪事实的支配，特别是优越性支配的有无这一行为支配的见解基本上是有用的。"[2]桥本正强调："共同正犯、间接正犯被认定为正犯，乃是基于与单独正犯在法律上的等价值性，并被认为其契机在于行为支配。"[3]我国学者张明楷也认为："对于共同犯罪起到了实质的支配作用的共谋者，宜认定为共谋共同正犯。"[4]

2. 对教唆犯说的批评

间接正犯原是从教唆犯中独立出来的一种犯罪类型。在古典犯罪论时代，共同犯罪的主流学说主张极端从属性说，在被教唆者具有责任排除事由时，教唆者无法成立教唆犯。在这种情况下，将教唆者认定为间接正犯具有填补漏洞的作用。后来共犯理论采取了限制从属性说，只要被教唆者实施了不法行为就成立共犯。不过，间接正犯概念并没有消失，而是被保存下来了。这是因为，的确存在一些状况，比如幕后的人基于强制或欺骗驱使他人实施犯罪行为，不适合将幕后主使的人按照教唆犯来处理。再如，幕后人掌控组织并通过组织发号施令，组织成员基于组织纪律或对组织的信赖执行该命令，

---

〔1〕　[日] 山口厚:《刑法总论》(第2版)，付立庆译，中国人民大学出版社2011年版，第326页。

〔2〕　[日] 高桥则夫:《规范论和刑法解释论》，戴波、李世阳译，中国人民大学出版社2011年版，第132页。

〔3〕　[日] 西田典之:《共犯理论的展开》，江溯、李世阳译，中国法制出版社2017年版，第53页。

〔4〕　张明楷:《刑法学》(第5版)，法律出版社2016年版，第398页。

由于幕后人实际上控制了整个事件，比将实行人作为犯罪工具还要厉害，将其作为间接正犯处理更为合适。从这个发展过程来看，间接正犯与教唆犯之间的界限的确很微妙。

就严格答责说而言，教唆犯说对间接正犯说的批评主要有二：其一，就规范层面而言，既然在组织犯的场合，直接实行人作为自由负责之人能够独立承担刑事责任，就不可能被支配。反过来说，既然直接实行人被幕后下令者所支配，他就不可能是自由负责之人，因为被支配意味着不自由；其二，就事实层面而言，组织犯罪中的下令者不可能通过对组织本身的掌控支配直接实行人，因为在具体实施犯罪的时候，是否以及如何执行命令都由负责实行犯罪的组织成员自己决定，后者也并非随时可以替换之人。[1]这两个批评都有问题。对于前一个批评，幕后下令者所支配的是整个构成要件事实，实行人只是要素之一，下令者基于对组织的掌控取得信息、资源等方面的优势，并基于上述优势促进犯罪的具体实施。这种间接正犯与基于强制或欺骗而成立的间接正犯有所不同，前者既不影响直接实行人对犯罪事实的认识，也不影响其是否实行以及如何实行的自由意志。即便在强制支配或错误支配类型的案件中，利用人也很难"绝对""支配"被利用人，后者仍有拒绝犯罪的空间。事实上，这里所说的"支配"是说利用人的行为显著提高了被利用人犯罪的危险，而不是说被利用人完全丧失自由意志。就后一批评而言，其显然不符合社会经验事实。因为一般来说，组织中下级服从上级是常识，即便上级的命令涉嫌违法，也不可能期待所有下级组织成员违抗命令。何况很多时候，命令是否违法不能一眼看出。即便有怀疑，也会因为上级具有权力、资讯等方面的优势而不能确定，在这些情形下很难期待下级抗命不遵。退一步说，即便个别的组织成员拒绝实施下令者的命令，也不能证明组织支配理论本身缺乏说服力，只能证明在该案件中下令者缺乏组织支配。

缓和答责性说虽然可以在强制支配的场合得出了妥当的结论，但其并不能为该结论奠定妥当的理论基础。实际上，被利用人对犯罪事实是否负责与利用人是否应承担间接正犯的责任无关。利用人承担间接正犯的责任，并不是因为被利用人被排除了罪责，而是由于利用人本身对构成要件的实现具有优势的支配地位。"由于借由一般预防达到法益保护是刑法的核心思想，只要

---

〔1〕 参见冯圣晏："犯罪之组织支配"，台湾政治大学2010年硕士学位论文，第77页以下。

数人共同对于法益的完善处于关键地位，便可以得出不同正犯型式同时存在的可能性。每个人个别的负责性依据他对法益的地位而决定，不须取决于他人的负责性是否被完全否定。"〔1〕"间接正犯并不是对实行者的支配，而是对构成要件实现的支配。对构成要件实现的支配可以通过对实行者的支配而得以实现，例如利用儿童、精神病患者或者《德国刑法典》第35条意义上的被胁迫者的情形就是这样。但是，对实行者的支配却绝不是达到对构成要件实现之支配的唯一途径。"〔2〕

3. 间接正犯说的优势

组织的内部结构决定了组织归责与个体归责的根本差异。探讨组织成员的刑事责任和义务分配，不能不考虑组织本身的特殊结构与功能。组织的内部结构建立在社会分工基础之上。传统刑法归责模式适应相对简单的分工，"现代分工以及技术过程的复杂化，是与针对特定生活范围能够单独掌控、并应单独负责的自主性个人，所设计出来的刑事责任的概念并不相当"。〔3〕一般来说，现代组织内部的分工包括纵向的垂直分工与横向的水平分工。水平分工主要关系到组织中不法集体决策的归责问题，此处不赘。〔4〕垂直分工将组织分成不同的层级，层级之间在权利和义务上都有所不同。组织内部的成员可分为负责人和普通成员，前者又分为不同的级别、经理、部门经理以及就某个工作任务或项目而言的直接负责人等。"在层级制的公司组织中——纵向分工——可以认为，公司管理者可以将一定的任务以及与之相关的义务授权给下级的职员。"〔5〕

垂直分工对组织中下令者的归责问题影响很大，由于组织内部严格的线性阶层构造，上级领导者与下属之间往往是"命令-服从"的权力关系，导致

---

〔1〕　LK12-*Schünemann*，§25 Rn. 65.

〔2〕　［德］克劳斯·罗克辛："关于组织支配的最新研讨"，赵晨光译，载《刑事法评论》2014年第2期，第162页。

〔3〕　［德］许逎曼："过失犯在现代工业社会的捉襟见肘——资产清算"，单丽玟译，载许玉秀、陈志辉合编：《不移不惑献身法与正义——许逎曼教授刑事法论文选辑》，新学林出版股份有限公司2006年版，第519页。

〔4〕　参见李波："瑕疵产品生产、销售过程中不法集体决策问题的归因和归责——以德国'皮革喷雾剂案'为例"，载《中国刑事法杂志》2014年第1期。

〔5〕　［德］洛塔尔·库伦："公司产品生产中的注意义务违反责任"，徐凌波译，载梁根林、［德］埃里克·希尔根多夫主编：《刑法体系与客观归责》，北京大学出版社2015年版，第171页。

犯罪模式的复杂化。相比来说，个体归责是以相对独立的个体对法益造成损害为基础的，主体在犯罪意志或行为上都未受到组织的影响或加工；但在组织犯罪中，主体的犯罪意志或行为受到组织的加工，所造成的结果也非个体犯罪所能比拟。详言之，虽然实行者直接侵害法益，但他可能处于组织下层，其背后的命令者才是犯罪的起意者和策划者。上级领导者命令下级成员实施犯罪时，基于对组织运作的掌控，他能够控制整个犯罪计划，促使下属执行命令实施犯罪。基于对组织的支配，下令者对构成要件实现的掌控程度不亚于具体实行人：虽然相比于强制支配或错误支配，组织犯罪中的实行人具有更大的意志自由，但是下令者通过组织不法（对组织的掌控）弥补了上述不法空档；而在强制支配或错误支配中，利用人恰恰是通过对强制或欺骗取得行为人"无条件"的行为决意。可见，在意志支配类型中，被支配的对象并非完全失去意志自由，利用人只是或者通过强制、欺骗，或者通过对组织的掌控，提高了被利用人实施犯罪的危险。利用实行人的意志自由否定下令者的组织支配，是教唆犯说的致命缺陷。

归责类型	归责特点
个体归责	通过支配自己或他人的行为实施犯罪 个体—具体实行人
组织的垂直归责	通过支配组织运作掌控犯罪因果流程 下令者—组织—具体实行人

其实，下令者之所以在具有组织支配时应成立间接正犯而非教唆犯，是因为在共同犯罪的场合，不同行为人的责任建立在其本人对被害法益所造成的损害基础之上。亦即，在组织犯的场合，具体实行人与幕后下令者都造成了法益损害，只不过他们侵害法益的方式不同：实行人通过直接的犯罪行为侵害被害者，下令者则通过对组织支配（实行人只是组织的构成要素之一）间接实施侵害。"每个人个别的负责性依据他对法益的地位而决定，不须取决于他人负责性是否被完全排除"，"对间接正犯而言，幕前之人的状态并非决定性的因素，而是取决于幕后之人对于构成要件实现的力量"。[1]就像在上文提到的夏某与刘某滥用职权案中，被告人夏某与刘某之所以选择执行而不是

〔1〕 LK12-Schünemann，§25 Rn. 65.

违抗命令，主要是因为张某等人处于上级地位，为了政治前途着想，很难期待夏某与刘某会选择违抗命令。张某等人违法作出的"会议纪要"不仅引起了夏某和刘某的犯罪故意，而且基于在组织中的上层地位，张某等人利用对组织的掌控确保了构成要件的实现，他们对于造成法益侵害结果所起的作用并不亚于夏某和刘某，因此应成立滥用职权罪而非无罪。张某等人之所以不成立普通的滥用职权而是成立滥用职权罪，是因为他们明知违反法律，会给国家造成重大经济损失，仍然出具了违法的"会议纪要"，并指令下级遵照执行。这就是张某等人实施滥用职权罪的实行行为，它与夏某和刘某的直接实行行为的不同之处在于，它利用了张某等人在国家权力组织中的地位以及手中的权力，利用了下级对上级的"命令–服从"关系，利用了上级在资讯、信息等方面的优势，最终确保犯罪得以实施。

三、组织支配的成立要件

与教唆犯说、共同共犯说相比，间接正犯说更具合理性，为此奠定基础的是罗克辛的组织支配理论。不过，针对组织支配的成立条件，学者之间仍然存在激烈争论。比如，"组织特殊的犯罪准备"作为一个独立要件是否必要？如何理解"直接实行人的可替代性"？如何理解"组织本身的法背离性"？即便是"组织中下令者的权限"争议较少，其中许多细节仍不清楚。

组织支配概念最初只有三个要件，亦即下令者具有命令权限、实行人具有可替代性、组织运作逸脱于法律之外（法背离性）。作为意志支配的一种类型，组织犯通过上述三个要件提高实行人犯罪的危险。在"东德国防委员会案"中，德国联邦最高法院又提出一个要件——"利用实行人无条件的犯罪准备"。判决指出："有一些场合，尽管中间行为人是完全答责地行为，幕后者的贡献却近乎是自动地导致了幕后者所追求的构成要件之实现。当幕后者利用了由组织结构所确定的框架条件时就是如此，在该组织结构中，他的行为贡献引发了符合规则的流程。……如果幕后者在行为时知道，他对直接行为人无条件地准备实现构成要件这一点加以了利用，而且幕后者希望将结果作为自己行为的结果，他就是间接正犯形式的行为人。"[1]在此影响

---

[1]　[德]克劳斯·罗克辛：《德国最高法院判例　刑法总论》，何庆仁、蔡桂生译，中国人民大学出版社2010年版，第249页。

下，2006 年罗克辛增加"组织特殊的犯罪准备"，作为组织支配第四个要件。其含义在于，组织通过其特殊的影响力，驱使被命令的组织成员院有意、积极并准备犯罪。问题是，"组织特殊的犯罪准备"在组织支配成立条件中是否有独立的必要？罗克辛后来改变了想法，转而认为"组织特殊的犯罪准备"只是从"组织逸脱于法律运作"以及"组织成员可替代性"这两个要件中导出的结论，而非下令者成立间接正犯的独立要件。相反，笔者认为"组织特殊的犯罪准备"应成为组织支配的独立要件。这是因为，无论是"组织中下令者权限""组织本身的法背离性"还是"实行人的可代替性"，都取代不了"组织特殊的犯罪准备"的内容，下面将详细论证，此处不赘。

（一）"组织中下令者具有命令权"

下令者的权限是组织支配的第一个要件。如果下令者不具有命令权，就不能掌控组织运作，也不可能有效地要求组织成员实现其犯罪意志。在"中断医疗案"中，医生与被害人的儿子共同决定中断被害人的生命维持装置，不过，在医生命令护士执行中断医疗装置的行为时，护士却通知了有关机构，导致两位被告人被公诉。[1] 在本案中，正因为医生不是该医院的，护士才没听从他的指令，反而告知了有关机构。可见，只有具有命令权，下令者才能掌控组织的运作并通过组织掌控犯罪的因果流程。事实上，下令者的命令权还可以降低组织成员的违法意识。"作为自然人的法人机关或从业成员，是作为组织体的手脚进行活动的，只要是作为企业业务活动的一环展开活动的话，其个人的犯罪意识便很淡薄。"[2]

其次，组织支配中的命令权不一定来自法律规定的权限，而是一种凭借等级森严的线性组织本身所获得的优势地位，确保自己的命令得到执行。比如在犯罪组织中，上级头目的命令权不可能得到法律的承认，其命令在组织内部仍然能够借由组织严厉的纪律确保得到执行。不过，并非所有居于优势地位者都能够成立组织支配，而是必须在组织之中。"如果一群犯罪人仅依靠个人的关系而相互联系在一起，那就不存在组织性的权力机构。所以，组织必须能够不受成员变化的影响而持续存在，并达到一定的规模。即组织中必须有足够数量

---

〔1〕 BGHSt 40, 257, 267 f.
〔2〕 黎宏：《单位刑事责任论》，清华大学出版社 2001 年版，第 145 页。

的准备投入使用的追随者。"〔1〕只有在组织中，才会借由层级的管理机制产生执行命令的动力，后者虽与针对生命、身体健康或自由的危害或威胁不同，有时候甚至只是一种潜在的压迫效果，但也能够确保犯罪因果流程的实现。

再次，组织支配是否仅限于命令的发布者？对此存在两种意见：一种意见（罗克辛等）认为，组织支配的主体不仅包括命令发布者，也包括命令传达者；另一种意见（安博斯等）认为，组织支配的主体仅包括命令发布者，命令传达者至多只能对组织的部分流程有所掌控，因此无法借由组织支配成立间接正犯。〔2〕笔者认为，组织支配的主体是否包括命令传达者，不能一概而论，要看其能否掌控犯罪的因果流程。虽然一般来说，组织成员阶层越高权力越大，可供使用的资源越多，其对犯罪因果流程的操控就越强，但在分工日益细密的今天，某个任务可能被拆解成数十道工序，单从这些工序本身很难分辨命令是否违法，在这种状况下，只有到达某个层级的上位者才能操控全程。当然，这并不意味着在组织犯中，只有权力最高的人才能成立间接正犯，而是说只要掌控犯罪的因果流程，从下令者到具体执行者之间的命令传达者就可以成立组织支配。如果不具有对犯罪因果流程的支配，仅仅是传达命令并不能成立间接正犯。

最后，下令者下达命令的目的是为了满足个人私欲还是组织利益，并不重要。有人认为，如果下令者纯粹是利用组织结构满足个人私欲，行为欠缺组织认可，无法利用组织运作确保命令实行，只能成立教唆犯。〔3〕笔者则认为，虽然一般来说命令在组织性质及下令者权限范围之内更容易得到执行，如果下达的命令既与组织目的无关，也不在组织活动范围内，则不容易得到执行，但是只要利用了组织本身的权力与运作，就足以成立组织支配。组织犯罪不同于单位犯罪，后者需要将单位利益作为犯罪目的，前者则不需要，只要形式上利用了组织运作，没有理由将其排除出组织犯罪的范围之外。事实上，在组织的掩盖之下，行为人的动机一般来说既难辨认，也不影响命令的效果。

（二）"组织逸脱于法律运作"

在正式组织中，组织本身的性质不会因为下令者要求下级执行某个违法

---

〔1〕　［德］克劳斯·罗克辛："关于组织支配的最新研讨"，赵晨光译，载《刑事法评论》2014年第2期，第168页。

〔2〕　Ambos, Der Allgemeine Teil des Völkerstrafrechts, 2004, S. 604.

〔3〕　参见冯圣晏："犯罪之组织支配"，台湾政治大学2010年硕士学位论文，第158页。

行为而变得违法。既然如此，要求组织逸脱于法律运作的意义何在？据罗克辛介绍："这一概念远远超出了个别犯罪的可罚性的范围。因为它使得直接实施犯罪行为者无需担心自己将承担刑事责任，从而确保了犯罪行为得以顺利地实施。"[1]可见，要求组织逸脱于法律运作，目的在于标明命令行为的可罚性。关于本要件，有以下几个问题需要明确。首先，"组织逸脱于法律运作"中的"法律"是指什么法？显然，既然认定组织支配的下令者构成间接正犯，所依据的法律必然是现行刑法。其次，什么是"组织逸脱于法律运作"？组织逸脱于法律运作，是指组织整体上逸脱出法律运作，还是在某种限度之内即可？罗克辛早期的回答是，组织必须整体上逸脱于法律运作方可成立组织支配。这一点遭到其他学者的批评，比如在国家权力组织中，即便某个官员命令下级组织成员实施了某种违法犯罪行为，也不能说这个国家机构本身违反了法律。正如赫兹伯格所言，组织支配中组织逸脱于法律运作，仅限于具体犯罪构成要件所要求的部分。组织整体上逸脱于法律运作仅限于犯罪组织中，在正式组织中无疑是不可能的。因此，"非国家性组织（例如恐怖主义运动，发生在族群纷争中的种族屠杀以及黑手党等）的活动处于法秩序的范围之外，这是显而易见的。但对于国家性的体系犯罪来说，这一标准只要求组织中具有刑法意义的那部分活动脱离了法秩序"。[2]

（三）"实行人具有可替代性"

在组织支配的成立要件中，"实行人的可替代性"是最有争议的一个。主要批评来自于以下两方面：其一，罗克辛设计这个要件的目的是论证下令者对犯罪因果流程的支配，实行人越具有可替代性，实行人本人的意志自由在犯罪实行过程中越微不足道，下令者对犯罪因果流程的支配越有力。但是，组织支配都是现实的支配，用实行人的可替代性（即假设的第三人执行任务的可能性）来论证下令者对犯罪事实的支配，是利用了假定因果关系的论证法。[3]其二，"执行者的可替代性只有在非专业人士、无执行时间压力以及

〔1〕［德］克劳斯·罗克辛："论利用有组织的权力机构建立的犯罪支配"，徐凌波译，载《中外法学》2016年第6期。

〔2〕［德］克劳斯·罗克辛："关于组织支配的最新研讨"，赵晨光译，载《刑事法评论》2014年第2期，第171页。

〔3〕Renzikowski, Restriktiver Täterbegriff und fahrlässige Beteiligung, S. 89；Herzberg, in：Amelung（Hrsg），Individuelle Verantwortung, 2000, S. 49 ff.

有再现性的犯罪情境中才会存在"。[1]比如，在具体案件中，对于一些技术水平要求特别高的专家来说，其可替代性就成问题。在具体案件中，比如在"东德国防委员会案"中，执行射杀任务的士兵在案发时间都是特定的，很难说具有可替代性。在这个问题上出现了两种基本的见解：具体的可替代性说与抽象的可替代性说。具体的可替代性是指在案件发生的具体场合，实行人具有可替代性，存在其他可执行任务的人员。"抽象的执行者可替代性是一种组织能力或倾向，亦即组织有能力将个别执行者视为纯粹功能要素，个别执行者对整体事件欠缺影响力。"[2]

笔者认为，这两个质疑都没有道理。实行人可替代性要件是从实行人反抗命令的可能性角度论证下令者对犯罪因果流程是否具有支配的一个要件。在下令者只有一个组织成员可以命令的时候，后者一旦拒绝，下令者的意图即归于失败，这时候下令者对犯罪因果流程的支配比较弱，依赖于特定的实行人的服从。如果下令者具有许多组织成员可供选择，如果 A 不服从命令，还有 B、C、D 等可供命令，在这种情况下，直接实行人的反抗对于下令者命令的实现只具有微弱的影响，而不具有决定作用。这里所描述的不是假定因果关系，而是命令对象的可选择性。可选择性越大，下令者实现命令的可能性就越大，这不是一种假定，而是事实。"掌控权力机器等于间接掌控了该机器中所有可替代的执行者，是以每位执行者都是现实地处于机器掌控者的支配地位下，其服从掌控者的指示与组织的规范，并非脱离机器掌控者支配力之外而假设性存在的第三人。"[3]因此，对实行人的可替代性而言，只需要抽象的可替代性就够了。具体的可替代性说仍然着眼于幕后的下令者对于直接实行人的个人支配，而实行人的可替代性是用来描述下令者支配组织的强度的，而不是针对具体的实行人。换言之，实行人的可替代性是组织支配的成立条件，而不是个人支配的要件。正因为实行人具有可替代性，实行人会认为"即使我不做，也会有其他人做"，以此降低执行命令的精神压力，下令者的命令才具有了有力的组织保障。在某些个案中，实行人可能确实不具有可替代性，这并不能证明实行人可替代性要件本身有问题，而是说在这种状况

---

〔1〕　冯圣晏："犯罪之组织支配"，台湾政治大学 2010 年硕士学位论文，第 97 页。

〔2〕　冯圣晏："犯罪之组织支配"，台湾政治大学 2010 年硕士学位论文，第 136 页。

〔3〕　冯圣晏："犯罪之组织支配"，台湾政治大学 2010 年硕士学位论文，第 52 页。

下，下令者缺乏对犯罪因果流程的支配，只能论以教唆犯而非间接正犯。这其实是适用实行人可替代性要件的结果，而非对它的否定。[1]

（四）"组织特殊的犯罪准备"

"组织特殊的犯罪准备"是罗克辛在施罗德批评下增加的一个要件，意在说明实行人的犯罪倾向通过组织特殊的影响力得到明显提升。由于组织运作在下令者的掌控之下，追究下令者的责任也就顺理成章了。不过，"组织特殊的犯罪准备"与施罗德"利用实行人无条件的犯罪决意"的意义并不相同。利用实行人无条件的行为决意，是通过实行人的行为决意限缩组织支配的范围。具有无条件的行为决意标志着实行人积极实施犯罪行为，下令者在这种状况下支配实行人，无疑就拥有对犯罪结果的支配。"组织特殊的犯罪准备"不是强调实行人的行为决意，而是强调组织本身特殊的影响力，正是后者让下令者拥有对犯罪因果流程的支配。[2]换言之，在具体案件中，直接实行人不一定都是积极实施犯罪行为，有的人为了表现自己可能比较积极，有的人可能是惧怕不执行的后果，强调实行人的行为决意会大幅度限制组织支配的适用范围，在实行人不具有无条件行为决意的状况，认定下令者为教唆犯而非间接正犯。实际上，施罗德也是着眼于下令者对实行人本身的支配来确定组织支配的成立范围，但他没有看到组织支配实际上强调的是下令者通过对组织的支配间接地支配实行人，这才是组织支配与其他类型的犯罪支配最重要的差异所在。

有些学者（包括罗克辛）认为，"组织特殊的犯罪准备"是从"组织法的背离性"与"实行人的可替代性"这两个要件推导出来的结论，而非组织支配独立的成立要件。比如安博斯认为，将执行者得到明显升高的犯罪倾向列为一个独立的标准，"与组织支配的一贯理解——犯罪支配是把组织当作工具来加以操纵，从而确保结果的实现——不相一致，它把对关注点从组织转到了——至多是间接受到操控的——犯罪实行者身上"。[3]对此，笔者持不同意见。从"组织的法背离性"与"实行人的可替代性"这两个要件中推不出

---

〔1〕 ［德］克劳斯·罗克辛："关于组织支配的最新研讨"，赵晨光译，载《刑事法评论》2014年第2期，第170页。

〔2〕 参见冯圣晏："犯罪之组织支配"，台湾政治大学2010年硕士学位论文，第96页。

〔3〕 ［德］克劳斯·罗克辛："关于组织支配的最新研讨"，赵晨光译，载《刑事法评论》2014年第2期，第172页。

"组织特殊的犯罪准备"。"组织的法背离性"强调命令的违法性，而非组织本身对执行人实行意志的提升。"实行人的可替代性"虽然强调下令者支配犯罪因果流程的力度，但其着眼于实行人的反抗可能性，而非组织本身的影响力。相反，"组织特殊的犯罪准备"着眼于组织本身的特性如线性的组织结构、严厉的组织纪律等，通过这些要素提升实行人的行为意志，其与前两个要件具有不同的旨趣。

四、对反对意见的反驳

罗克辛提出通过组织支配理论论证组织犯罪中的下令者成立间接正犯之后，这一构想在1994年"东德国防委员会案"中被采纳。之后，组织支配的适用范围越来越广，陆续出现了一些批评意见。就目前来看，虽然主流学说认为组织犯中的下令者构成间接正犯，不同学说的理由并不相同。

（一）四种反对意见

1. 实行人决意说

1965年，施罗德发表《正犯后的正犯》一文，对罗克辛的组织支配理论提出批评：一方面，在组织犯罪中，实行人不一定具有可代替性，比如在有关毒气专家或文书伪造的案件中，实行人通常不可替换；另一方面，实行人是否可以替代，对建立组织支配并不重要，对组织支配的成立重要的是幕后人对直接实行人无条件的犯罪决意的利用。施罗德的观点来自对"多纳案"的观察。在本案中，F得知某秘密组织派杀手S预备在某时某地暗杀他。为了摆脱追杀，也为了除掉其仇人L，F想出了一个妙计。在预备的暗杀时间，F将L引到暗杀地点，前来杀F的S将L误认为是F，开枪将其杀死。施罗德认为，组织犯罪中的实行人处于随时待命的状态，他的行为决意在犯罪前就已经形成。下令者利用组织成员的这种状态实施犯罪，不应成立教唆犯，因为被教唆人在犯罪之前不具有犯罪的行为决意，其行为决意是教唆犯所引起的。[1]

2. 强制支配说

有学者认为，在对组织犯中的下令者归责时，不需要援引组织支配的概念，通过强制支配概念也可以论证间接正犯的成立。在"东德国防委员会案"

---

[1]　Schroeder, Der Täter hinter dem Täter, S. 143 ff., 152, 158, 167 f.

中，作为前东德国防委员会的成员，被告人通过国防委员会的决议命令边境守卫士兵以"任何手段"阻止任何越境逃离前东德的行为，7个被害人在逾越两德边界逃离前东德时被杀害。德国联邦最高法院借助于组织支配以及利用实行人无条件的行为决意，认定下令者成立杀人罪的间接正犯。德国学者舒尔茨认为，其实借助于强制支配概念，就可以证明下令者成立间接正犯。理由是，士兵身处严格的阶级式建构、采行军事化管理及指令原则的组织中，被灌输正统的政治理念，他们不但会认为自己的行为合乎国家规范秩序，甚至会认为，若其反抗，会遭受职业及社会上的降级及贬低，甚至刑事制裁等生活上的不利益。由于这种心理压力与《德国刑法典》第35条的要求相似，下令者应成立间接正犯。[1]

3. 答责性补强说

德国学者霍耶认为，下令者之所以成立间接正犯，是因为直接实行人答责性的降低补强了下令者的责任所致。实行人答责性的降低是由于下令者滥用权力所引起的，因为在权力组织中，下级具有服从上级命令的规则。服从规则的内部拘束力，在合法组织中由法律与传统规则所保障，在犯罪组织中则由暴力所维系。虽然组织成员实施犯罪行为是基于服从规则，但在外部法律关系上，其仍然属于违法而有责之人，承担独立的刑事责任。不过，由于实施犯罪行为的命令是下令者所发布的，实行人的答责性由于服从规则的内部拘束力而有所降低，所降低的答责性转由下令者负责。也就是说，服从命令的内部拘束力无法正当化组织成员实施犯罪的行为，但是仍然降低了他的责任，因为服从规则导致成员本身"不自由"。霍耶认为，就实行人答责性降低的部分，下令者应成立间接正犯；就实行人实际答责的部分，下令者成立教唆犯。[2]

4. 社会支配说

德国学者戈洛普认为，组织犯罪中的下令者之所以能够成立间接正犯，是因为其能够操控犯罪因果流程，其之所以能够操控犯罪因果流程，则是基于社会支配。关于社会支配概念的内涵及其与组织支配之间的区别，戈洛普

---

〔1〕 Schulz, Die Mittelbare Täterschaft kraft Organisationsherrschaft – eine notwendige Rechtsfortbildung? – BGH, NJW 1994, 2703, in: JuS 1997. S. 109 ff.

〔2〕 *Hoyer*, in: Amelung (Hrsg), Individuelle Verantwortung, 2000, S. 191.

没有交代太多。不过，戈洛普的学生施罗塞尔对社会支配的概念进行了具体化，他认为社会支配是一种权力关系，处于上位的人员具有权威，其对居于从属关系的下位者发布命令。施罗塞尔强调，这种权力关系并非一定发生在权利组织之中，也会发生在一般社会关系中。可见，社会支配与组织支配有所区分。但他也认为，组织的规模及持续性对支配关系有重要影响，组织规模越大，持续时间越长，下位者对组织规范越难持以批判态度；命令必须属于组织的权限范围，如此更容易得到执行；行动对组织来说越典型，越符合组织的价值理念，组织成员越难发现其违法性，越容易成立社会支配；居于下位的行为人对自身的可替代性感知越深，上位者的命令越容易得到执行。[1]

（二）对上述意见的反驳

1. 实行人决意说的问题

利用实行人无条件的行为决意说具有下列问题：首先，这种观点无法适当区分间接正犯与教唆犯。利用直接实行人无条件的犯罪预备，正属于《德国刑法典》第30条第2款所称的"接受他人犯罪请求"，这是典型的教唆犯。[2]其次，这种观点难以适用于合法的权力组织或经济组织。在后两种组织之中，成员通常不会在行为前就形成无条件的行为决意。再次，这种观点只能解释部分案件。在实行人事前不具有行为决意的案件中，只要下令者基于对组织运作的支配掌控了犯罪的因果流程，也应该成立间接正犯而非教唆犯。究其根本，间接正犯成立的基础是行为人对构成要件事实的支配，而非对实行人的支配。施罗德的观点仍然建构在行为人对实行人的支配上，其通过掌控实行人的意志确保下令者的支配，由此排除教唆犯的成立。最后，将行为人能否成立间接正犯建立在实行人主观的行为决意上并不稳固。一方面，行为人很难判断实行人的行为决意是否坚定；另一方面，在很多案例中，实行人在实施犯罪时都处于恐惧和不情愿的状态，称不上"无条件的犯罪准备"，但也不会妨碍行为人成立间接正犯。

---

[1] *Schlösser*, Soziale Tatherrschaft, S. 290.

[2] 《德国刑法典》第30条第2款规定："自己宣称准备好了、接受他人的请求或与他人约定，违犯重罪或教唆另一人实行重罪者，亦罚之。"

2. 强制支配说的问题

强制支配说得到一些权威学者的支持，如前所述，张明楷就认为可将组织犯置于强制支配的类型中。首先，强制支配说的标准并不明确，什么叫心理压力与《德国刑法典》第 35 条 "相似"，需要进一步明确化。其次，如果要求实行人的心理压力达到《德国刑法典》第 35 条（阻却责任的紧急避险）的要求才认定下令者为间接正犯，就会过分限制后者的成立范围，因为除非在等级森严处罚严厉的犯罪组织中，一般国家权力组织和经济组织的成员都不会达到这种心理压力的水平。事实上，很多犯罪组织都是通过灌输特定意识形态，通过信仰使其成员甘为所用。在这样的状况下，下令者命令组织成员实施犯罪行为，也难以排除间接正犯的成立。最后，如果将强制支配扩大适用于被强制者未排除答责性的情形，不仅难以区分间接正犯与教唆犯，还会造成区分的恣意。[1]实际上，这种做法通过降低强制支配成立标准的方法，将本不属于强制支配的组织犯纳入其中，虽然在结论上符合处罚组织犯的要求，但仍存在扩张适用的风险。

3. 答责性补强说的问题

答责性补强说也将下令者的归责建立在其对实行人的个体支配基础上，下令者成立间接正犯是其教唆行为经由实行人答责性补强的结果。首先，这种观点没有看到，下令者的责任实际上建立在其本人对法益的行为与态度基础上，而不是从属于其他人。其次，霍耶只交代了实行人答责性降低的原因，却没有进一步交代服从命令规则降低答责性的缘由。服从命令何以能影响归责，何以能影响定罪，原因并不清楚。再次，既然霍耶认为实行人答责性的降低是由于下令者滥用权力所引起的，下令者成立间接正犯的理由就应该是其本人滥用权力的行为与态度，而不是他人答责性降低转致。最后，"幕后之人若仅就目前之人负责性'缺陷部分'负责，该缺陷部分无论如何必定小于幕前之人'剩余的负责'部分，幕后之人相较于幕前之人岂不因此负较低之责任？"[2]显然，这种做法与论者将幕后下令者作为间接正犯处罚的结论自相矛盾。

---

〔1〕 Roxin, Täterschaft und Tatherrschaft8, S. 685.

〔2〕 参见冯圣晏："犯罪之组织支配"，台湾政治大学 2010 年硕士学位论文，第 103 页。

4. 社会支配说的问题

首先，社会支配很难与组织支配相区分，组织支配的许多特征同样适用于社会支配。社会支配本身并不具有优越于组织支配的特色，将支配关系从组织内部扩展到社会一般关系上，反而不利于说明组织犯的归责形式。其次，施罗塞尔认为，下令者的犯罪支配不仅仅建立在其对组织框架的掌控上，下令者必须借由其在组织中优势地位上衍生出来的社会支配力，实现其对组织成员的支配。这种社会支配力，标志着一种有关自由的位差关系。基于其观点的社会性质，施罗塞尔没有通过法律判断这种自由位差关系对下令者与实行者归责的影响，而是仍然在一般社会关系层面上讨论。问题是，"将自由视为一种社会事实并脱离法律上对自由的判断，无疑会导致社会支配的认定困难"。最后，"由于社会犯罪支配这种深具'描述性'的概念特色，采取社会犯罪支配理论者无疑可能过度扩张社会犯罪支配的适用范围，因为社会支配的关键在于组织中是否采行阶级结构及衍生而来的不对称权力关系，还有该权力关系所引发的社会从属地位，但许多的社会组织中皆有此种社会权力支配的现象存在"。[1]

须注意的是，组织支配是一种事实概念还是规范概念？"支配"是犯罪事实支配概念的"缩写"，很容易被误解。赫兹伯格批评组织支配概念"混杂了自然主义和规范主义的观点"。特拉克则认为，罗克辛的组织支配概念就是一种事实（自然）概念，站在这种观点上考察下令者与直接实行人之间的支配关系，由于实行人永远有放弃执行命令的自主决定空间，下令者也就不可能实现对实行人的支配。特拉克认为，应放弃事实的支配概念，支持规范的支配概念。因为下令者是操控犯罪因果流程之人，在规范上应将实行人因执行命令所引发的法益侵害结果归责给他。[2]笔者认为，主张组织支配属于规范概念无疑是正确的。组织支配不可能是纯事实的，行为人对构成要件事实是否保有支配，最终要在规范保护目的之下进行规范判断。罗克辛指出："犯罪事实支配说从实质意义上的构成要件之实现来理解正犯。"[3]这里的"事实支配"不是纯事实的支配，而是要在构成要件实现的意义上进行实质判断，

〔1〕 冯圣晏："犯罪之组织支配"，台湾政治大学 2010 年硕士学位论文，第 111 页。
〔2〕 冯圣晏："犯罪之组织支配"，台湾政治大学 2010 年硕士学位论文，第 118 页。
〔3〕 ［德］克劳斯·罗克辛："正犯与犯罪事实支配理论"，劳东燕译，载《刑事法评论》2009 年第 2 期，第 5 页。

不可能不考虑刑法规范的保护目的。但是，认为组织支配是纯规范的概念也不正确。组织支配都是现实的支配，如果不考虑事实上的差别，就不可能清晰地区分强制支配、错误支配与组织支配。"尤其当事实上的支配关系无法对下令者论以间接正犯时，透过不清晰的规范负责性分配就能使下令者由教唆犯一跃成为间接正犯，此时，规范负责性或规范观点不过沦为权宜之计。"〔1〕总之，理解组织支配要从存在与规范两个层面来进行，具体判断时既要考虑具体犯罪的构成要件，也要考虑具体的犯罪因果流程，只有在前者指引下分析和评价后者，才会得出妥当结论。

五、结语

近年来，随着国际恐怖主义犯罪形势的严峻化，组织犯开始进入人们的视线。特别是在 2018 年 1 月，中共中央、国务院颁布《关于开展扫黑除恶专项斗争的通知》，要求在各级党委领导下，发挥社会治安综合治理优势，齐抓共管，综合运用各种手段预防和解决黑恶势力违法犯罪突出问题。我国刑法很早就规定了组织犯，但是传统刑法理论与司法实务一直没有认识到组织归责的特殊之处，导致了一系列疑难问题。〔2〕组织支配理论看到组织本身在犯罪因果流程中的特殊影响力，认识到组织归责与个体归责之间的根本差异，揭示了组织犯的本质。组织归责与个体归责的差异，建立在组织结构的特殊影响力上。在组织犯的归责形式上，间接正犯说具有合理性。这是因为，组织中的下令者通过组织运作控制了整个犯罪因果流程，由此奠定了其间接正犯地位。组织中下令者的权限、组织逸脱于法律运作、实行人的可替代性以及组织特殊的犯罪准备，是组织支配必备的四大要件。其中，实行人的可替代性是从实行人的角度论证下令者对犯罪事实的掌控，其余三个要件都是从下令者的角度论证其对组织的掌控，提高了实行人实施犯罪的可能性。在反对组织支配理论的诸学说中，实行人决意说、强制支配说、社会支配说、答责性补强说都有严重的理论缺陷，不予以支持。

限于篇幅，本章没有探讨组织支配理论的适用范围。根据组织的不同性质，刑法上通常将组织分为国家权力组织、犯罪组织与经济组织三种基本类

〔1〕 冯圣晏："犯罪之组织支配"，台湾政治大学 2010 年硕士学位论文，第 62 页。
〔2〕 参见王俊平："论犯罪集团首要分子的归责根据"，载《政治与法律》2009 年第 5 期。

型。基于其强有力的组织领导关系和严厉的处罚措施，将组织支配理论适用于国家权力组织与犯罪组织是妥当的。组织支配能否适用于合法的经济组织，尚有争议。笔者认为，经济组织中的权力关系具有不稳定性，不能够一概而论。除了国家权力组织与犯罪组织，其他组织要视组织本身的强制力和控制力来决定是否具有"凭借有组织的国家机关的意志控制"的组织特征。[1]可见，无论在何种组织中，是否符合组织支配的成立要件是判断组织犯成立与否的基本标准。除此之外，组织支配的程度需要达成何种程度，组织支配是行为支配、结果支配还是两者兼有，以及组织不法与个人不法的区分等，都需要进一步研究。

---

〔1〕　参见尹子文、徐久生："行为控制理论下'正犯后正犯'的边界归属"，载《政治与法律》2014年第6期。

第七章

交通肇事"逃逸"的含义[1]

——以作为义务的位阶性为视角

在交通肇事罪中,"逃逸"是一个有争议的概念,也是一个很有研究价值的概念。一方面,作为过失犯中的故意行为和作为犯中的不作为,"逃逸"概念具有充分的理论魅力;另一方面,作为对交通肇事者的加重处罚情节,探讨"逃逸"概念也具有很强的实践意义。关于交通肇事逃逸的含义,学界主要有"逃避法律追究说"[2]"逃避救助义务说"[3]"逃避法律追究或救助义务说"[4]"逃避法律追究和救助义务说"[5]四个学说,司法解释所坚持的"逃避法律追究说"是通说。最高人民法院选编的"周某杰交通肇事案""钱某平交通肇事案"和"孙某玉交通肇事案""邵某志交通肇事案"等案例的判决都曾解释过"逃逸"的含义,其所采之"逃避法律追究或救助义务说"同样很有说服力。可见,无论在理论上还是司法实践中,对于"逃逸"概念

---

〔1〕 本章原载于《政治与法律》2014年第7期,有改动。

〔2〕 张穹主编:《修订刑法条文实用解说》,中国检察出版社1997年版,第153页;鲍遂献、雷东生:《危害公共安全罪》,中国人民公安大学出版社1999年版,第350页;王作富主编:《刑法分则实务研究》(第4版),中国方正出版社2010年版,第184页。

〔3〕 张明楷:《刑法学》(第4版),法律出版社2011年版,第634页。

〔4〕 例如"孙某玉交通肇事案"裁判要旨指出:"刑法把交通肇事后逃逸作为对肇事人加重处罚的情节,意在避免交通事故的受害人因得不到及时救助而遭受二次伤害,促使肇事人履行救助义务。结合立法原意,裁判理由提出,只有肇事人同时具备'积极履行救助义务'和肇事后'立即投案'这两个要件,肇事人离开现场才不构成'逃逸',否则其离开肇事现场的行为就构成'逃逸'。"参见中华人民共和国最高人民法院刑事审判第一、二、三、四、五庭主办:《刑事审判参考》,法律出版社2006年版,第5页。

〔5〕 参见姚诗:"交通肇事'逃逸'的规范目的与内涵",载《中国法学》2010年第3期;冯江菊:"交通肇事罪之'逃逸'解析",载《山东理工大学学报(社会科学版)》2008年第6期。

的理解都不是铁板一块。本章意图通过理论上的深入挖掘及对相关案例的分析，明确我国《刑法》第133条所规定的“逃逸”概念的真实含义，最终服务于司法实践。

一、以往诸学说之不足

（一）“逃避法律追究说”及其问题

最高人民法院在2000年11月发布的《关于审理交通肇事刑事案件具体应用法律若干问题的解释》将交通肇事逃逸界定为“行为人具有本解释第二条第一款规定和第二款第（一）项至（五）项规定的情形之一，在发生交通事故后，为逃避法律追究而逃跑的行为”，此即“逃避法律追究说”。该说认为，成立交通肇事逃逸必须具备两个方面的条件：①行为人具有该解释第2条第1款规定和第2款第1项至第5项规定的情形之一；②在发生交通事故后，为逃避法律追究而逃跑。“逃避法律追究说”从主观方面为司法实务部门判断交通肇事逃逸的成立提供了具体的标准，限缩了打击面，具有一定程度的合理性。例如，在“周某杰交通肇事案”中，裁判理由指出：“实践中，交通肇事人在肇事后离开现场的原因和目的是多种多样的，如有的是为了逃避法律追究，有的是因为害怕被害人亲属的殴打报复而临时躲避。有的可能是正在去投案或者抢救伤者的途中等。之所以强调逃逸是为逃避法律追究这一主观目的，就是要把上述情形区分开来。”[1]

然而，即使在通过“逃避法律追究”对“逃逸”进行目的性限缩之后，“逃避法律追究说”仍然面临以下批评。首先，“犯罪后为逃避法律追究而逃跑，对于犯罪人而言可谓人之常情。犯罪后为逃避法律追究而逃跑，是不具有期待可能性的行为，正因为如此，自首成为法定的从宽处罚情节”。[2]

其次，对于逃逸概念的这种理解既有可能不当地扩大处罚范围，也有可能不当地缩小处罚范围。前者例如“肇事者实施了救助被害人的义务之后，为逃避法律追究而逃跑”的情形。救助被害人的行为不仅降低了肇事行为的客观危害，降低了逃逸行为的不法程度，而且也反映了肇事者具有较低的主

---

〔1〕　参见中华人民共和国最高人民法院刑事审判第一庭、第二庭：《刑事审判参考》（2002年第3辑），法律出版社2002年版，第1~12页。

〔2〕　张明楷：《刑法学》（第5版），法律出版社2016年版，第722页。

观恶性，不将这种情形论以肇事逃逸（加重情节）是妥当的。后者例如"肇事者没有离开现场但也没有救助垂危中的被害人"的情形。即使不认为肇事者的不救助升高了被害人死亡的危险，也可以看到肇事者具有较高的主观恶性，从鼓励肇事者救助被害人的刑事政策意义出发，将这种情形论以肇事逃逸是妥当的。为了进一步限制处罚范围，有判例提出通过时空条件对"逃避法律追究说"进行限制。在"邵某志交通肇事案"中，裁判理由认为："有人认为只要在交通肇事后有逃跑行为，不受时间、地点限制，都应按交通肇事后逃逸处理。这实际上是对立法和司法解释本意的曲解。正确的理解应该是：交通肇事后逃逸是指行为人在交通肇事后，为逃避法律追究，置被害人于不顾而逃离事故现场的行为。从本案的案情来看，被告人邵某志在交通肇事后并未从现场逃跑，而是在伤者和自己均被带到医院后，为逃避支付医疗费而逃离医院，但伤者到医院后已有条件得到救治，因为无论伤者身份是否明确，医院都有救死扶伤的义务。因此，被告人邵某志的行为不符合交通肇事后逃逸的条件，不应按交通肇事后逃逸对其处罚。"[1]该观点仍然没有解决"肇事者没有离开现场但也没有救助垂危中的被害人"的可罚性问题。

最后，从保护法益的角度看，要求肇事者不逃避法律追究主要不是为了保护被害人的利益，而是为了保障公诉机关的利益，至少在被害人亟须救助的场合，这一出发点是不合理的。从义务冲突的角度看，比起要求肇事者接受法律追究来说，要求肇事者救助处于危险之中的被害人是更为紧要的，这也符合刑法"以人为本"、保障人权的宗旨。"交通肇事后逃逸是上个世纪90年代开始出现的社会问题，该问题一出现立即引起广大民众的普遍关注，但是，民众关注的焦点恰恰是肇事者不救助伤者的问题而不是逃避法律追究的问题。"[2]因此，从交通肇事罪之规范目的来看，责令被告人接受法律追究绝非处罚交通肇事逃逸行为唯一的目的，其既非最紧要的目的也非最合理的目的；在交通肇事罪规定的背后存在比要求肇事者等待法律追究更重要的利益诉求——救助被害人、消除肇事现场对公共安全的危险等。这是与交通事故发生的突然性及其导致被害人、公共安全处于危险状态之紧迫性所决定的。

---

〔1〕 最高人民法院中国应用法学研究所编：《人民法院案例选》（2003年第3辑），人民法院出版社2004年版，第5页。

〔2〕 侯国云："论交通肇事后逃逸"，载《法制与社会发展》2003年第2期。

在交通事故现场，谁都没有肇事者更有理由、更有优势、更有责任去救助伤者。

（二）"逃避救助义务说"及其不足

作为义务来自保证人地位。被害人陷于脆弱的状态，必须依赖行为人的救助，被认为是保证人地位的实质法理根据。[1]张明楷教授认为："显然，刑法之所以仅在交通肇事罪中将逃逸规定为法定刑升格的情节，是因为在交通肇事的场合，往往会有需要救助的被害人，进而促使行为人救助被害人（如下所述，也可能还会有其他依据）。由于行为人的先前行为（包括构成交通肇事罪的行为）使他人生命处于危险状态，产生了作为义务，不履行作为义务的行为，当然能够成为法定刑升格的根据。所以，应当以不救助被害人（不作为）为核心理解和认定逃逸。"[2]笔者认为，"逃避救助义务说"把握到了交通肇事逃逸概念最为核心的东西，符合刑法处罚交通肇事逃逸的规范目的，从刑事政策角度来说是有利于救助被害人的，因此体现了刑法体系的"目的理性"。

从体系解释角度上，联系我国刑法关于"逃税罪""逃避追缴欠税罪""逃汇罪"等相关规定，可以看到对我国刑法中的"逃"字可以有三种理解方式：一种是存在论上的含义，即"逃跑"，例如"叛逃罪""逃离部队罪"等；另一种是规范论上的含义，即"逃避"，例如"逃避商检罪""逃税罪"等；还有一种就是兼具前两种含义的理解，例如"脱逃罪"，即表示依法被关押的罪犯、被告人、犯罪嫌疑人从公检法等机关控制下"跑"出来，同时也表示上述人等对刑事责任的逃避。"逸"与"逃"基本上是同义的。在古语中有"逸，失也。从辵兔，兔谩訑善逃也"（《说文解字》）；"逸，逃也"（《左传·桓公八年》）；"逸，奔也"（《国语·晋语五》）；"逸，亡也"（《国语·郑语》）等用法。现代汉语有时也将"逸"用在"逃"后以表达"逃"的程度或结果，即逃走、逃脱，指的是一种失去控制的状态。笔者认为，应在明确《刑法》第133条规范保护目的的基础上，区分交通肇事逃逸行为发生的不同语境和具体情形，选择性地适用逃逸的含义，而不是仅仅对逃逸概念做字面上的解释。众所周知，在解释刑法分则条文时，不可避免首

---

〔1〕　许玉秀：《当代刑法思潮》，中国民主制出版社2005年版，第725页。

〔2〕　张明楷：《刑法学》（第4版），法律出版社2011年版，第634页。

先考虑用语在日常生活中的含义。不过，首先考虑并不意味着必须采纳用语在日常生活中的含义。[1]在字面含义或通常含义所导致的结论不具有正义性时，就要放弃字面含义，根据法条的规范保护目的确定其规范含义。基于这种理解，待在原地消极等待而不救助被害人的，应理解为交通肇事逃逸，这里的逃逸不是字面意义上的逃跑而是对作为义务的不履行。因此，从"逃避救助义务说"看来，"发生交通事故后，行为人虽然仍在原地，但不救助伤者的，应认定为逃逸。行为人造成交通事故后，让自己的家属、朋友救助伤者，自己徒步离开现场的，不应认定为逃逸"是可以理解的。[2]

然而，"逃避救助义务说"同样受到了学界和实务界的批评。第一，在没有被害人受伤或被害人已死的情形下，"逃避救助义务说"仍然认为肇事人为逃避法律追究而逃离现场也不应认为是逃逸，从文义解释上看这一点令人难以接受。第二，救助被害人义务无法涵盖肇事者应负的全部作为义务。例如，坚持"逃避救助义务说"的张明楷教授就认为，逃逸之所以作为加重处罚情节，除不履行救助义务之外，"也可能还有其他根据"。在其第4版《刑法学》教科书中，张明楷教授分析："值得研究的是，能否认为，刑法将逃逸规定为法定刑升格条件的另一个根据是，行为人在造成交通事故后因为高度紧张，其驾驶机动车逃离的行为具有造成新的交通事故的危险性。果真如此，则'逃逸'既包括不救助被害人的不作为，也包括驾驶机动车逃离的作为。"[3]

笔者认为，无论是从"作为"还是从"不作为"的角度看，肇事者逃逸都有可能威胁到道路交通安全。原因在于：其一，肇事后现场一片狼藉，如果没有标志警示，有可能给经过的车辆行人带来危险；其二，肇事者在造成交通事故后，因为精神高度紧张，其逃逸行为可能给道路上的其他车辆、行人造成危险。不过，笔者认为第二点"肇事者逃逸行为对交通安全造成的侵害"已经脱溢出交通肇事罪保护法益之外，新的法益侵害事实可以独立评价，不再需要将其囊括于前一个交通肇事罪中了。但是对于第一点，鉴于其制造了法不容许的危险，还应该将其设定为肇事者应负的作为义务之一。

要求肇事者不逃逸，履行救助被害人的义务是否具有期待可能性？在交通

[1]　张明楷：《刑法分则的解释原理》（第2版·上），中国人民大学出版社2011年版，第53页。
[2]　张明楷：《刑法学》（第4版），法律出版社2011年版，第634页。
[3]　张明楷：《刑法学》（第4版），法律出版社2011年版，第634页。

肇事案件中，之所以能够期待肇事者冒着被抓捕的危险履行对被害人的救助义务，是因为在交通事故发生后那一段紧迫的时间内，被害人的生命安全、身体健康和财产安全处于亟须救助的状态，这一切损害都源于肇事者的过错，因此有理由赋予肇事者一定的作为义务，因为"制造风险的人，虽然法律基于相对利益的考量而容许其制造风险，但还是有义务随时控制其风险"。[1]

有人或许会质疑，在"德国癖马案"中，马车夫对被害人受伤也存在过错，为什么对马车夫无期待可能性，对今天的肇事者就有期待可能性？笔者认为，其理由在于，虽然期待可能性理论旨在"对行为人人性的脆弱给予法的救助"，但是期待可能性绝对不是无原则、无底线的。其原则就是期待可能性的适用能够发挥刑事政策上有益的导向功能，其底线就是不能因为对被告人的"怜惜"而使无辜的其他人蒙受不幸。在"德国癖马案"中，马车夫之所以不被期待拒绝驾驶癖马，是因为在当时的环境下，老百姓生活很艰难，对于马车夫没有拒绝驾驶癖马来说，更大的过错在于社会而非它的成员，对其成员有所"亏欠"的社会自然不能再对其成员提出更高的要求。现代社会的交通肇事者则有所不同：交通肇事者造成被害人受伤或造成对于公共安全的紧迫危险是出于自己的过失；从整体法秩序立场上看，现代社会对这些交通肇事者无所"亏欠"，要求其不逃避法律追究具有正当性和合理性。交通肇事行为所产生的救助义务也可以看作是事实行为导致的一种必须履行的"合同"义务。行为人以自己的肇事行为"签订"了这份契约，就必须以自己进一步的救助行为去履行这份契约所导致的义务。如果不承认这种义务具有可期待性，我们所赖以生存的这个社会就会失去其存在的根基。

（三）"逃避法律追究或救助义务说"的不足

相比于注重主观方面（目的）的"逃避法律追究"来说，"逃避救助义务说"更注重救助义务的客观不履行；相比于更具形式意义的"逃避法律追究说"，"逃避救助义务说"更具实质性。形式理性和实质理性各有其优点和缺点，在此基础上产生了将二者予以结合的观点。在"孙某玉交通肇事案"中，法院裁判理由认为，肇事人离开现场时是否"积极履行救助义务"是认定"逃逸"性质的本质要件，肇事人离开现场时是否"立即投案"是评判"逃逸"性质的形式要件，"积极履行救助义务"与"立即投案"均是"接受

---

[1]　Jakobs AT7/50ff，转引自黄荣坚：《刑罚的极限》，元照出版公司1999年版，第37页。

法律追究"的表现形式，两者具有内在联系。[1]在"林某博交通肇事后逃逸并指使陈某杆顶罪案"中，裁判理由也明确表明："交通肇事后的逃逸则不是单纯离开现场的行为，它包含着两个本质内容：一是逃避抢救的义务，二是逃避责任的追究。在实践中，交通肇事后的逃逸行为既可表现为同时具备逃避抢救义务和逃避肇事责任追究的情形，也可能存在着并不逃避抢救义务但逃避肇事责任追究的情形。我们认为，只要行为人具备逃避抢救义务和逃避肇事责任追究中的任何一个行为，就应认定其已具备交通肇事后逃逸的构成要件，属于逃逸。"[2]

"逃避法律追究或救助义务说"也有问题。第一，虽然该说在认识上更为全面，但是与单纯的"逃避法律追究说"和"逃避救助义务说"相比，该说认为只要两个条件中符合一个就成立逃逸，过分扩张了逃逸的打击范围，将一些不具有处罚必要性的行为囊括了进来。一般地说，无论是积极地履行救助义务还是消极地等候追究，都证明了不但被告人主观恶性已经降低，而且客观上也实际降低了被害人因肇事行为所承受的危险。第二，在部分案件中，该说失去了鼓励被告人救助被害人的刑事政策导向功能。一个举的比较多的例子是：交通肇事致被害人重伤，肇事人没有救助被害人，而是直奔100公里之外的派出所去投案，致使被害人因没有得到及时救助而死亡，肇事人构不构成逃逸成为难题。按"逃避法律追究说或救助义务说"，虽然被告人逃避了履行对被害人的救助义务，但是履行了不逃避法律追究的义务，即其离开现场是为了投案而不是逃避法律追究，或者被告人根本就没有离开现场，当然不应该认为是逃逸。但在这时，救助被害人的刑事政策就失去了导向作用，实践中为了损害赔偿上的利益而认为"撞伤不如撞死"的案件就会增多。

（四）"逃避法律追究和救助义务说"的不足

"逃避法律追究和救助义务说"认为，只要行为人满足了"履行抢救义务"或"不逃跑"中任何一个行为，就应认定其不符合"逃逸"的要求。该观点既坚持了文义解释的优先地位，又合理地划定了交通肇事逃逸可罚性的范围，因此是迄今为止最妥当的观点。但是，该观点仍然不够完善，理由如

---

[1] 参见中华人民共和国最高人民法院刑事审判第一、二、三、四、五庭主办：《刑事审判参考》，法律出版社2006年版，第3~6页。

[2] 参见最高人民法院中国应用法学研究所编：《人民法院案例选》（2003年第3辑），人民法院出版社2004年版，第5页。

下：其一，救助义务和不逃避法律追究并非肇事行为所导致之作为义务的全部。这里涉及作为义务的范围（明确性）问题。其二，作为义务具有强弱度之分，对作为义务的履行必须认识到其位阶性，也就是说，"履行抢救义务"与"不逃跑"并非同等重要，在交通肇事逃逸成立上不能对作为义务做随意的选择，而应该根据具体案件情况中的风险关系进行判断。其三，虽然该说认为肇事者不必履行肇事行为产生的所有作为义务，但是对于这种做法背后的刑事政策指引功能缺乏认知。两种义务择一实行都可以不认定为逃逸的做法，无法发挥鼓励犯罪人救助被害人的功能，也不利于将交通事故的损失最小化。

二、作为义务位阶性视角下的探讨

刑法教义学上存在形式解释论和实质解释论之争。笔者坚持"在形式解释的基础上进行实质解释，将那些虽然符合法律文本的形式特征但并不具有处罚必要性的行为排除在构成要件之外"。[1]对于交通肇事"逃逸"概念来说，既然其评价重点在于肇事者对作为义务的不履行，那么接下来的任务就需要探讨肇事者需要履行哪些作为义务，这些作为义务有无主次之分。笔者认为，对于作为义务概念的理解也需要坚持形式解释论，因此，首先需要明确对作为义务的形式解释都包括哪些内容，然后再根据某种标准将不具有实质意义的作为义务排除出去。这里的实质意义当然是对于规范保护目的而言的。

（一）作为义务的判断：从形式到实质

1. 形式作为义务：基础

形式作为义务的范围，是筛选实质作为义务的前提。形式作为义务并不等于刑法规定的作为义务。大体上可以说，形式作为义务论认为作为义务的来源有法律规定、职务行为、法律行为以及先行行为，[2]实质作为义务论则

---

〔1〕 参见陈兴良："形式解释论的再宣示"，载《中国法学》2010年第4期。

〔2〕 在美国刑法中，法律义务主要来源于：①亲属关系（例如父母必须给孩子提供食物、住处和衣服）；②法律规定（例如许多州的法律要求医疗工作者和其他人报告被怀疑受到虐待的儿童）；③提供照顾的合同（例如家庭护士按照合同对居民提供医疗服务）；④自愿推定的照顾孤立无援的人（例如将一个病人带入家中即有义务提供照顾）；⑤危险行为产生的义务（例如某人将不会游泳的他人推入深湖中就必须采取救援步骤）；⑥控制他人行为的义务（例如公司执行官有义务阻止公司司机超速驾驶）；⑦业主的义务（例如剧院老板有义务为顾客提供合理的紧急情况下的出口）。参见［美］Richard G. Singer、John Q. La Fond：《刑法》（第2版·注译本），王秀梅、杜晓君、周云彩注，中国方正出版社2003年版，第43页。

从社会伦理上将作为义务区分为对特定法益的保护义务和对特定危险源的监督义务。笔者认为，形式作为义务论者与实质作为义务论者对形式作为义务的认识差异是二者分道扬镳的关键，例如对于先行行为的性质，前者认为是形式作为义务，后者则认为是实质作为义务。事实上，在司法实践中，二者所划定的作为义务的范围，并没有我们想象中那么大的差异，即多数案件从相关"交通运输管理法规"开始论证交通肇事者对被害人的救助义务。例如在"钱某平交通肇事案"中，裁判理由从 1991 年国务院发布的《道路交通事故处理办法》第 7 条出发，并以此为根据论证交通肇事人在肇事后负有保护现场、抢救伤者和财产及迅速报案的法定义务，"孙某玉交通肇事案"等案件也是如此。这说明我国不作为犯理论在作为义务来源问题上基本仍坚持形式作为义务论。形式作为义务的主要问题在于，其设定的范围过于宽泛，按照这一标准认定不作为犯，可能会出现犯罪范围过广的危险。因此，有学者建议作为义务的全盘实质化，例如黄荣坚教授建议将前行为保证人类型作为不纯正不作为犯作为义务的唯一来源。

笔者认为，虽然形式作为义务理论存在诸多缺点，但在作为义务来源上彻底抛开法律规定却是矫枉过正的。罪刑法定原则决定了将作为义务系统化、类型化和立法化的合理性，在立法技术上存在的问题并不能否认这一价值取向。在法律义务过分扩张导致结论缺乏妥当性的时候，可以诉诸实质性的标准对其进行限缩。陈兴良教授认为，实质的作为义务论并不是对形式的作为义务论的否定，毋宁说，在两者之间存在一种逻辑上的位阶关系——形式的作为义务论是对作为义务的形式判断，实质的作为义务论是对作为义务的实质判断。只有在对作为义务进行形式判断，确认形式的作为义务存在的基础上，才能进一步对作为义务进行实质判断。[1]王世洲教授也认为，保证人地位理论是在法律义务理论基础上对不作为责任的进一步限制，前者并没有否定后者的意义。[2]因此，虽然挡不住保证人地位实质化的趋势，形式作为义务也未必可以一下子被完全抛掉。

---

[1] 参见陈兴良："作为义务：从形式的义务论到实质的义务论"，载《国家检察官学院学报》2010 年第 3 期。

[2] 王世洲：《现代刑法学（总论）》，北京大学出版社 2011 年版，第 114 页。

2. 实质作为义务：关键

在实质作为义务的判断标准上，代表性的观点有以下六种：第一种观点认为，处罚不纯正不作为犯必须具备两个标准：保证人地位和行为要素的相当性。在具有特殊行为要素的犯罪情况下，如果结果以构成要件所要求的方式，例如以欺骗、强制、设法提供机会、使用危险的工具或类似的方式来实现的，不阻止结果产生的特有的行为不法，可能与积极的作为相当。〔1〕第二种观点认为，必须进行独立于作为义务的等价值判断。并且，应从犯罪构成要件的特别行为要素、该行为事实以及不作为人的原因设定三方面确定不纯正不作为犯的等值问题。前两个标准抽出作为犯犯罪构成要件中不可能由不作为来实现的犯罪，限定等价值判断的对象。后一个标准决定由不作为实施的犯罪与由作为实施的犯罪在同一犯罪构成要件下是否具有足以被等置的价值。〔2〕第三种观点认为，从保证人地位来判断（不纯正）不作为与作为的等价性是比较恰当的。根据保证义务的不同，保证人又分为保护性保证人和监护性保证人两大类。另外，"对结果之原因的控制理论"恰当地反映了行为人为处于自己控制（保护、监管、庇护）之下的被害人提供保护而导致结果发生的情况，因此可以作为所有保证人地位的标志。〔3〕第四种观点认为，在实质的作为义务认定上应强调三点：主体具有保证人地位，行为具有等价值的性质，原因设定和结果支配。〔4〕第五种观点认为，保证人地位和作为义务是一体的，具有保证人地位的人负有作为义务。实质的法义务包括基于对危险源的支配产生的监督义务；基于与法益的无助状态的特殊关系产生的保护义务；基于对法益的危险发生领域的支配产生的阻止义务。等价性并不是具体的要求，而是不真正不作为犯的构成要件解释原理，尤其是为实质意义的作为义务的发生根据提供基础，限制作为义务发生根据的指导原理。〔5〕第六种观点从不纯正不作为犯的作为义务同与其对应的作为犯的不作为义务具有等价性的原则出发，提出了确定不纯正不作为犯的作为义务的来源的更实质的

〔1〕　参见［德］汉斯·海因里希·耶赛克、托马斯·魏根特：《德国刑法教科书》，徐久生译，中国法制出版社 2001 年版，第 759 页。

〔2〕　参见［日］日高义博：《不作为犯的理论》，王树平译，周密专业审校，中国人民公安大学出版社 1992 年版，第 112 页。

〔3〕　参见王世洲：《现代刑法学（总论）》，北京大学出版社 2011 年版，第 114~115 页。

〔4〕　参见陈兴良：《教义刑法学》，中国人民大学出版社 2010 年版，第 256~257 页。

〔5〕　张明楷：《刑法学》（第 4 版），法律出版社 2011 年版，第 152~159 页。

标准：行为人为防止结果的发生自愿地实施了具有支配力的行为。这个实质标准包括三个方面：首先，需要行为人实施了一个自愿行为；其次，需要行为人自愿实施的行为具有防止结果发生的目的性；最后，需要行为人自愿实施的行为具有支配力。[1]

笔者认为，首先应质疑耶赛克、魏根特和日高义博的行为方式等价说（即要求行为要素的相当性）。因为即使命令规范和禁止规范具有相对性，但在存在论上，作为和不作为仍然具有显而易见的差异，因此行为方式不是等价说合适的考察对象和评判标准。而且，作为方式到底有哪些并不确定，有可能造成等价说的模糊性和随意性。例如陈志辉教授指出，对于"行为方式等价说"来说，等价性内容上的前提直到目前为止都没有被解释清楚，立法也没有指明究竟什么样的不作为才和作为等价，导致实务中开始滋生损害法安定性的综合考察的倾向。[2]其次，无论是从等价性、保证人地位还是对于行为或结果的支配而言，其余四种观点基本上都是从构成要件领域寻找实质作为义务的根据，只是在细微之处有些许差别。这些细微差别背后的实质是建立在风险关系基础上的权利平衡和责任分配原则。黄荣坚教授指出，关于行为人之行为应该构成作为犯罪还是不作为犯罪的问题，应该以行为的风险关系为区分的标准，即制造风险的行为是作为，放任既有风险的行为是不作为。[3]相应地，无论是不作为与作为的等价性，还是作为义务人对不作为具有原因设定或结果支配，都是对被害人所承受的风险寻求归责原因的问题。从等价性视角来看，肇事人之所以要为逃逸行为这种不作为负责，是因为肇事者的肇事行为（先行行为）制造了法不容许的危险，因此肇事人有义务消除这种危险。这是立法者根据风险关系将逃逸行为所导致的法益侵害或威胁分配给肇事行为的始作俑者即交通肇事人的。

因此，行为人的不作为没有阻止哪些危险可以使得他承担与作为（积极地制造风险）相当的责任，其实是一个风险分配的问题。在案件事实中，被告人和被害人是平等和互动的双方，基于何种理由将被害人承受的风险归责于被告人，是刑法作为义务背后的深层问题。分配风险是一个规范论的观点。

---

〔1〕 参见冯军：《刑事责任论》，法律出版社 1996 年版，第 67 页。

〔2〕 Vgl. Jyh-Huei Chen, Das Garantensonderdelikt, 2006, S. 60 ff，转引自何庆仁：《义务犯研究》，中国人民大学出版社 2010 年版，第 100 页。

〔3〕 黄荣坚：《基础刑法学（下）》（第 3 版），中国人民大学出版社 2009 年版，第 447 页。

在分配风险时，一方面需要考察肇事者和被害人双方对于风险的制造和实现分别有多大贡献而定，另一方面需要在解释和适用法条时根据规范保护目的在被害人和肇事人的利益平衡问题上进行微调。首先，任何风险都会因此而产生一些在这些风险中处于最不利地位的人（即可能的被害人），只有当施加风险是为了这些潜在受害者的长远利益时，风险的施加才能被认为是公平的。其次，当风险特别严重（如死亡、重伤害）时，人们对安全的需求就会优于对利益的追求。由上述两个原则可以导出第三个原则，即在风险社会中，只有当风险行为所导致的损失对双方来说是对等的，才能平衡因风险而带来的利益和不利后果。[1]结论就是，只要行为具有注意规范违反性原则上即具有可罚性，除非该义务违反行为实质上并未创设法不容许的危险。实质的归责排除事由包括：第一，不履行该义务并不必然导致某种法益侵害结果，或履行该义务也不一定避免法益侵害结果的发生；第二，行为人对法益侵害不具有可预见性，即法益侵害超出了行为人的预见范围，行为人不具有作为可能性；第三，行为人不履行该作为义务所导致的法益侵害与作为犯罪之作为不具有等价性。符合上述标准就意味着行为人虽然违反了注意规范却没有制造法不容许的风险，在这种情况下作为义务就要被排除。

（二）肇事者作为义务的筛选

我国《刑法》第133条规定，成立交通肇事罪必须以"违反交通运输管理法规"为前提，因此交通肇事者的作为义务首先要从这些交通运输管理法规中来找。在《道路交通安全法》第70条第1款中，首先，应排除的是"乘车人、过往车辆驾驶人、过往行人应当予以协助"的义务，因为缺乏危险前行为，乘车人、过往车辆驾驶人和过往行人对交通事故不承担任何刑法意义上的作为义务。在该条第2款和第3款中，因为未造成人身伤亡和重大财产损失，所以即使逃逸也不会构成交通肇事罪，只能作为民事案件或行政案件来处理。其次，对于造成人身伤亡的，是否应负抢救义务应视情况而定：有被害人受伤需要救助的，肇事者应负抢救义务；没有需要救助的被害人的，肇事者不负抢救义务。最后还剩下三种义务，即保护现场的义务、报警的义务以及标明位置的义务。这三种义务都与保全肇事案件相关证据有关，保护

---

[1]　[美]格瑞尔德·J. 波斯特马：《哲学与侵权行为法》，陈敏、云建芳译，易继明校订，北京大学出版社2005年版，第7~8页。

的法益主要是公务部门的取证权，而非交通肇事罪的保护法益（交通运输安全）。详言之，之所以要保护现场，并非为了交通道路上不特定人的安全，而是为了交通警察和公安机关交通管理部门事后容易取证。因为，交通肇事罪往往发生在公共道路上，公共道路是行人车辆运输往来的重要通道，正是由于这个原因，《道路交通安全法》第70条第2款和第3款都规定，在没有人员伤亡或重大财产损失的情况下，当事人应当先撤离现场，恢复交通。通过排除法，我们可以发现，在《道路交通安全法》第70条规定的作为义务中，只有"对被害人的救助义务"属于刑法意义上的作为义务。

对于交通肇事者来说，先前的肇事行为同样会产生某些刑法上的作为义务。第一，交通事故发生之后，如果有被害人受伤或重大财产损失，肇事者应积极抢救伤亡，尽可能减少财产损失。但是，减少财产损失能否成为肇事者应负的刑法上的作为义务呢？在具体案件中，肇事者不抢救交通事故造成的财产损失，财产损失或许会扩大，肇事者对此通常具有预见性，但是这种单纯的财产损失的增大与交通肇事罪所保护的法益并不一定相当。从刑法谦抑性角度而言，抢救财产损失不宜作为肇事者的刑事作为义务。第二，交通事故发生后，肇事现场如果没有得到及时清理，可能会给后续车辆和行人造成危险，但是如果在交警赶到之前清理掉肇事现场，就会造成交警难以取证，最终不利于肇事案件的处理。比较好的办法是在肇事现场设置警示标志，警告往来车辆和行人绕道而行，一者避免给他们造成人身和财产上的危险，二者保护了现场，保全了证据，有利于肇事案件的处理。但是，是不是设置警示标志就足够了呢？通过设置警示标志警告往来车辆和行人谨慎前行，以免发生第二次事故，这种预防效果在白天比较显著，在夜晚则比较差，即使在有路灯的地方，也与白天阳光充足的情形有所不同。如果不及时报警，设置警示标志在夜晚也无济于事，发生交通事故的可能性仍然较大。因此，设置警示标志或及时报警也应成为肇事者应尽的作为义务。

或许有人会质疑，肇事者在逃逸过程中同样会因为惊慌失措等原因对公共安全造成法不容许的危险，为何这种危险可以被算到新的犯罪行为中，而因没有为肇事现场设置警示标志造成新的交通事故却只是归入该罪作为加重处罚情节，如何解释这种差异呢？第一，虽然二者都涉及对过往车辆行人的公共危险，逃逸的车辆和肇事现场也都可以认为是特定的危险源。但是对于前者来说，逃逸的车辆仍然在肇事者的控制之下；对于后者来说，肇事现场在肇事者离开后却成为失控的状态。逃逸的车辆在行为人控制下，因惊慌失措等原因再次发生交通事故，以新罪的形式归责于行为人具有妥当性。而过往车辆和行人在经过肇事现场时法益受损，因为当时肇事者对肇事现场已经失去控制，所以虽然在结果不法上与前一种情况相当，但在行为不法上却比前者要低很多。第二，肇事者在逃逸过程中再次肇事，其对于他人的伤害是主动的，被害人往往在无辜的情况下受害；而肇事现场所导致的他人受害，被害人往往具有一定的过错，因为即使道路上具有肇事现场导致的公共危险，也不能降低过往车辆和行人自身安全行驶的义务。换言之，在道路上前进时，每个人都需要特别小心谨慎，这种谨慎行驶的义务不会因为他人的不谨慎而有所降低。在这种情况下，合理地在过往车辆行人与肇事者之间分配风险，应坚持以下两点：一方面，过往车辆行人的过错可以降低逃逸者的责任；另一方面，如果肇事者在离开现场前没有为现场设置警示标志，肇事现场又具有对公共交通的潜在危险，则应对肇事者加重处罚。

（三）肇事者作为义务的位阶性

1. 作为义务的位阶性

通过对实质义务的确认，最终为肇事者确定了三种作为义务，即救助被害人的义务、为肇事现场设置警示标志或及时报警的义务、消极不逃跑的义务。是不是肇事者只要完成其中之一，就不构成肇事逃逸呢？作为义务有没有轻重强弱之分？笔者认为，作为义务具有不同的重要性。

一方面，作为义务程度上的差别，决定先行行为不作为犯是否成立，即仅仅是单纯地违反作为义务还不够，违反作为义务还必须达到一定程度，才可能受到刑法的规制。[1]换言之，作为义务包括法律上的作为义务和道德上的作为义务，后者如发生交通事故时乘车人、过往车辆驾驶人、过往行人的报警义务；前者又可分为一般法律上的作为义务和刑法意义上的作为义务，只有违反刑法意义上的作为义务才有可能构成犯罪。

另一方面，即使是刑法意义上的作为义务，仍然有强弱之分。张明楷教授认为，作为义务的强弱取决于作为义务与合法权益的关系。合法权益面临的危险越紧迫，作为义务强度越高；合法权益对作为义务依赖性越高，作为

---

〔1〕　谢绍华：《先行行为论》，中国人民公安大学出版社2011年版，第75页。

义务强度越高；履行作为义务越容易，作为义务程度越高。[1]还有学者认为，刑法义务的层级性主要决定于以下要素：第一，刑法义务所保护的法益在价值方面的差别；第二，刑法义务人相对于受保护对象而言，在法律地位方面的差别；第三，刑法义务所要防止的危险在紧急程度方面的差别。[2]笔者认为，作为义务的强弱与保证人距离法益损害的危险程度有关，不履行一种作为义务在制造法益侵害的可能性和强度上越大，作为义务在构成要件中越重要，对该义务的不履行越有可能构成犯罪。反之则否。对于交通肇事者而言，救助义务最重要，其次是对肇事现场的警示义务和报警义务，最后是不逃避法律追究的义务。在这三种作为义务之间，一般情况下并不冲突，但从刑事政策角度出发，考虑到发生交通事故时紧急的形势和肇事者慌乱的精神状态，不要求肇事者履行全部的作为义务。

2. 救助义务的核心地位

在具体交通肇事案件中，在发生被害人受伤的情况下，肇事者只有履行了对被害人的救助义务，才不构成逃逸。否则，即使肇事者履行了为肇事现场设置警示标志或消极不逃跑的义务，也应认定为肇事逃逸。问题是，肇事者没有亲自救助被害人，但是履行了报警义务的，应否认为是逃逸？

笔者认为，首先，报警行为客观上有助于被害人获得救助，在大多数情况下都可以理解为肇事人履行了对被害人的救助义务。只有在一些特殊的情况（如被害人伤情危急或者警察距离过远等）下，肇事者及时救助被害人有可能挽救其生命、肇事者有能力救助而不救助被害人的、虽经及时报警但最终没能够挽救被害人的生命，或者肇事者报警后逃跑的，也可以认定为逃逸。如此认定，主要还是为了督促肇事者救助被害人。其次，在被害人已经死亡或者没有被害人受伤的情况下，如果不为肇事现场设置警示标志有可能导致侵害过往车辆和行人法益的危险，肇事者只有履行了为肇事现场设置警示标志或及时报警的义务才不构成逃逸。没有履行警示义务和报警义务但是消极等候警察到来的肇事者，因为其身处肇事现场，本身即对过往车辆和行为注意道路安全有所警示，也不应认为是逃逸。最后，在既没有被害人又没有足以对道路交通公共安全造成危险的肇事现场的情形下，肇事者只要履行了消

〔1〕 张明楷：《刑法格言的展开》，法律出版社 1999 年版，第 150~151 页。
〔2〕 栾莉：《刑法作为义务论》，中国人民公安大学出版社 2007 年版，第 206 页。

极不逃跑的义务，即使什么也没做，也不构成逃逸。在上述第二种情况下，如果肇事者履行了警示义务与报警义务之一，是否应认定为逃逸，则必须就具体情形进行判断。如果在当时情形下，不履行及时报警的义务有可能造成对公共交通的危险，就应认定为逃逸。反之则否。

3. 救助义务的程度要求

肇事者作为义务中最核心的"救助义务"，也有一个"度"的问题。救助义务中的"救助"包括亲自救助和有意地利用他人救助两种情形，但不包括行为人没有救助意思下他人的救助行为。行为人没有救助或委托救助的意思，肇事现场的过路人见义勇为将被害人送往医院的，不能认为是肇事者履行了救助义务。交通肇事逃逸之"救助"义务与"因逃逸致人死亡"规定中的"救助"并不能等同，后者不仅包括自己设法救助（自己救助或者自己想办法让别人替自己救助），也包括被害人因他人救助而未死亡的情形，只要被害人最后未死亡，就不适用"因逃逸致人死亡"的规定。但是，对于前者来说，履行何种程度的救助才可以算是履行了足够的救助义务而不被评价为交通肇事逃逸的问题，以及是否只要发生了交通事故，发生被害人受伤的结果，无论被害人是否要求，肇事者都需要履行救助义务等问题还须明确。

例如，在"钱某平交通肇事案"中，肇事后被告人下车查看并将被害人扶至路边，经与其交谈后，被告人认为被害人没有受大的伤害，故驾车离开现场。后被告人再次路过此处，看到被害人仍然坐在路边。当天下午，被害人因腹膜后出血引起失血性休克死亡（经了解，被害人若及时抢救可避免死亡）。[1]或许有人会说，连被害人都没有意识到自己身受重伤，也没有要求被告人去医院为自己检查，在这种情况下，怎能责备被告人不履行救助义务呢？

笔者认为，在判断被告人是否需要履行救助义务，被告人对被害人死亡结果是否具有预见性，以及履行救助义务应达到何种程度时，应适用一般理性人标准。第一，在发生交通事故后被害人受伤的情况下，如果被害人伤得并不重，在能够自由表达意志的情况下也没有要求被告人履行救助义务，被告人不是必须履行救助义务。第二，责令被告人履行救助义务，是为了避免被害人生命、身体及财产等法益继续发生恶化，因此，在客观上力所能及的

---

[1]　参见中华人民共和国最高人民法院刑事审判第一庭、第二庭编：《刑事审判参考》，法律出版社 2006 年版，第 15 页。

范围内，被告人履行救助义务必须尽其所能，实质地降低被害人生命、身体、财产法益所遭受的危险，才能认为充分履行了救助义务并因此不被认定为"逃逸"。正如黄荣坚教授所言："从法益保护的立场来看，对于作为义务人仅要求为最低有效的救助义务或甚至仅要求为降低风险的行为，显然是有所不足的。因为事实上，在行为当时并无法清楚地知道，一个救助义务是不是一个有效的救助义务。因此基本上，只要风险依然存在，行为人即有采取更有效救助行为的义务。不过，所谓行为人必须'尽其所能'，仍有其限制，例如对于被救助人的药物使用，救助义务人并无义务提供最昂贵的药物，而是使用类似一般健康保险所使用的药物即可。于此，可供作参考的标准可能依然是容许风险的概念，亦即一般价值判断上，对于当时情况下之风险控制的合理付出就是作为义务界限之所在。"〔1〕

三、结语

在笔者看来，以往有关交通肇事逃逸的主要学说均存在或多或少的不足之处："逃避法律追究说"没有抓住肇事逃逸"不作为"的核心；"逃避救助义务"抓住了这个核心，但却遗漏了救助被害人之外的其他作为义务；"逃避法律追究或救助义务说"认为肇事者符合其中之一即构成逃逸，过度扩大了处罚范围；"逃避法律追究和救助义务说"将处罚范围合理地限缩在刑事政策和刑法目的所要求的合理范围之内，只是仍然没有认识到作为义务的位阶性，因此认为只要符合其一即不构成逃逸，使得其原本已经注意到的刑事政策上的指引功能又消弭于无形之中。笔者认为交通肇事"逃逸"概念包括两层含义：作为意义上的"逃跑"和不作为意义上的"对作为义务的逃避"，后者是评价"逃逸"概念的重点。作为义务既不能仅从形式的法律规定出发去寻找，也不能完全实质化地去探寻，而只能将两种方法相结合，在形式作为义务基础上再进行实质作为义务的确定。实质作为义务所彰显出来的风险分配关系，是"逃逸"行为成为交通肇事罪加重情节的关键。作为义务具有强弱程度之分，"逃逸"行为所逃避的作为义务包括"救助被害人的义务""为肇事现场设置警示标志或报警的义务"以及"消极不逃跑的义务"，三者具有位阶性。肇事者一般不需要履行上述全部作为义务，只需根据风险关系确定应

---

〔1〕 黄荣坚：《基础刑法学（下）》（第3版），中国人民大学出版社2009年版，第447页。

履行的具体义务。其结论是：第一，在具体交通肇事案件中，在发生被害人受伤的情况下，肇事者只有对被害人履行了在一般理性人看来足够的救助义务，才不构成逃逸；第二，在被害人已经死亡或者没有被害人受伤的情况下，肇事者只有履行了为肇事现场设置警示标志或及时报警的义务，才不构成逃逸；第三，在既没有被害人又没有足以对道路交通安全造成危险的肇事现场的情形下，肇事者只有履行了消极不逃跑的义务，才不构成逃逸。这是由交通肇事罪本身的特殊性所决定的。

第三编

刑事政策研究

第八章
中国犯罪学科学性及其构建[1]

一、犯罪学科学性命题之提出

犯罪学是否是一门科学，学界一直有争论。一种观点认为，犯罪学当然是一门科学。其论据在于，"大多数当代的科学、犯罪学在方法和基本表述方面，都是实证主义的"。[2]根据法学学者孔德的理论，人类知识的发展经历了神学、形而上学和实证三个阶段，实证阶段以科学为特征，尊重经验、事实，依靠观察和理性的力量，主要研究现象之间的因果关系，而不再探索像宇宙的起源和目的这样的抽象问题。[3]建立在实证基础上的犯罪学，其科学性似乎无可置疑。英国犯罪学家赫尔曼·曼海姆将西方犯罪学的发展历史划分为前科学、准科学和科学三个阶段。在前科学阶段，"既没有系统阐述假设，也没有检验假设。人们并没有试图公正地解决他们所遇到的问题，也没有研究他们所发现的事实"。在准科学阶段则"提出了大量明确的或含糊的假设"，但是"许多假设过于宽泛和模棱两可"，而且"也没有可以使用的公认的科学检验手段"，对于假设的验证在一定程度上需要依赖直觉和想象。在科学阶

---

〔1〕 本章由已发表的三篇论文组成。其中，"犯罪学科学性视野下我国犯罪学若干认识误区之辨明——兼论关系犯罪学之提倡"（与张洪玮合著），载《福建警察学院学报》2012年第1期；"论犯罪测量工具及其标准化"，载《犯罪研究》2011年第2期；"论多层面犯罪理论整合模型——以科学发展观为视角"，载《犯罪研究》2011年第4期。

〔2〕 ［美］乔治·B. 沃尔德、托马斯·J. 伯纳德、杰弗里·B. 斯奈普斯：《理论犯罪学》（原书第5版），方鹏译，中国政法大学出版社2005年版，第45页。

〔3〕 参见吴宗宪：《西方犯罪学史》，警官教育出版社1997年版，第175页。

段，"来源于某个一般性理论的假设，必须通过正确使用一种或几种普遍承认的方法的检验，其结果应当得到无偏见的解释和验证。如果有必要的话，应当根据研究结果修改最初的假设，形成新的假设"。[1]在曼海姆那里，科学强调根据事实对假设进行"无偏见的解释和验证"，其实就是实证。在此基础上，有关学者认为犯罪学是一门科学。

另一种观点认为，当代犯罪学不是一门科学。萨瑟兰、克雷西、卢肯比尔等人就极力反对将犯罪学作为一门科学。萨瑟兰指出："犯罪学不可能变成一门科学……一些普遍适用的一般性命题是科学的精髓，而这样的命题只能是关于稳定而同质的单位的。像立法、违法和对违法的反应这样一些社会过程，是既不稳定也不同质的，它们由于时间和地点的不同而有很大的不同。所以，不可能提出关于这些过程的一般性命题，对它们进行科学研究也是不可能的。"[2]萨维斯伯格和桑普森也认为，犯罪学不是一个独立学科，因为犯罪学没有一个知识上的核心，犯罪学最好被当作跨学科的研究犯罪和社会秩序的专业。[3]

笔者发现，支持"犯罪学是一门科学"的观点往往从方法入手，他们认为科学的犯罪学从采用实证方法开始，之前的古典学派则不是科学的；反对"犯罪学是一门科学"的观点则往往从犯罪学研究对象的不确定性进行论证。判断标准的不同，使我们很难评判两种观点的优劣或对错。笔者认为，要判断犯罪学是否具有科学性，首先要了解什么是科学、科学的评判标准有哪些。而且，是否是一门科学与该学科的科学性程度是两个问题。据考证，科学一词是20世纪初随着西学东渐之风传到中国来的，但是基于文化背景的不同，中西方对于科学的认识并不相同。对于西方来说，科学是认识事物的一种独特的方法，科学的目的是要找出令人满意的理论来解释社会现象和自然现象。[4]但在我国，科学是一个具有政治含义的大词，在大众语境中意味着正确、有效、崇高。在这种语境下，科学不是一个可以亲近、可以批评的对象。[5]虽

---

〔1〕 吴宗宪：《西方犯罪学史》，警官教育出版社1997年版，第6页。

〔2〕 [美]埃德温·萨瑟兰、唐纳德·克雷西、戴维·卢肯比尔：《犯罪学原理》（第11版），吴宗宪等译，中国人民公安大学出版社2009年版，第24页。

〔3〕 曹立群、周愫娴：《犯罪学理论与实证》，群众出版社2007年版，第11页

〔4〕 曹立群、周愫娴：《犯罪学理论与实证》，群众出版社2007年版，第6页。

〔5〕 曹立群、任昕主编：《犯罪学》，中国人民大学出版社2008年版，第6页。

然科学致力于追求真理，但是科学并不等同于真理，真理是科学研究的结果，是经过实践验证的科学总结，而科学最珍贵的地方在于对学说的论证。科学也不同于政治，虽然科学服务于政治和社会需要，但是科学有其独立的品格，不应该成为政治的附庸，而应该有所区隔。只有保持客观和独立的品格，科学才能被称为科学，科学才能从根本上有利于追求真理和社会进步。

关于科学的评判标准，西方犯罪学界尚无一致的看法。美国学者菲兹杰拉德和考克斯认为，科学家在进行研究活动时，需遵循以下四方面的原则：实证、客观、怀疑、简约。[1]实证，即实证的研究方法；客观，即客观独立、价值中立的研究立场；怀疑，即学者要有怀疑精神，不轻信不盲从；简约，即犯罪学理论要简明扼要，保持理论上的吸引力。江山河教授认为，科学理论需满足以下两个基本条件：第一，一组命题或假设之间有着密切的逻辑联系；第二，命题或假设是可以被证实的。另外，科学理论可以通过以下几个方面得到进一步的理解：①科学理论探讨被研究现象是什么以及为什么，不关注它应该是什么；②科学理论是对社会规律的揭示；③科学理论揭示的是群体行为而不是一个人的行为；④科学理论的基础是清楚的概念和可测量的变量。[2]沃尔德等人认为，科学理论描述可被观测的现象之间的关系，并且可被证伪；[3]评价犯罪学理论的标准应当是它们对科学过程的有用性，而不是它们的正确性。[4]曹立群教授认为，犯罪学研究要遵守下面几点要求：客观观察、精确的测量工具以及完整地公布所有研究步骤和方法。这一看法虽就犯罪测量问题而发，实际上对于我们理解犯罪学的科学性也有启发作用。对犯罪学而言，科学性的判断主要不是看理论是否正确，而要看研究方法是否科学、可否揭示现象背后的规律、研究对象可否被观测，研究假设可否被证实或证伪、研究结果可否满足现实需要。目前中国犯罪学在犯罪概念、研究方法、犯罪学体系等方面都存在诸多问题，这些问题没有被学界认识到，解决这些问题更是遥不可及。我国犯罪学仅仅在学科意义上存在，远没有成

---

〔1〕　曹立群、周愫娴：《犯罪学理论与实证》，群众出版社 2007 年版，第 6 页。

〔2〕　江山河：《犯罪学理论》，格致出版社、上海人民出版社 2008 年版，第 3 页。

〔3〕　[美] 乔治·B. 沃尔德、托马斯·J. 伯纳德、杰弗里·B. 斯奈普斯：《理论犯罪学》（原书第 5 版），方鹏译，中国政法大学出版社 2005 年版，第 5~6 页。

〔4〕　[美] 乔治·B. 沃尔德、托马斯·J. 伯纳德、杰弗里·B. 斯奈普斯：《理论犯罪学》（原书第 5 版），方鹏译，中国政法大学出版社 2005 年版，第 392 页。

为一门科学，其科学性程度还有待加强。

二、当前我国犯罪学研究若干问题

（一）犯罪概念若干认识误区

1. 犯罪概念上的混淆

有些学者混淆了研究对象层面上的犯罪和概念层面上的犯罪的区别，在犯罪概念问题上引出一些不必要的争论。首先，作为研究对象的犯罪是一种事实存在，不以人的意志为转移。我们研究，它存在；我们不研究，它同样存在。而概念层面上的犯罪则是一种事实存在与价值评判（例如规范评价）的统一。例如，生物学和社会学都研究人，这里的"人"是一种事实存在。但是，对于"什么是人"，即人的概念，社会学和生物学则有不同看法。作为刑法、刑法学和犯罪学研究的对象，"科学面前，只有一个犯罪"。[1]作为刑法、刑法学和犯罪学各自标定的犯罪概念，却各不相同。其次，如何理解犯罪学与刑法学上的犯罪概念的不同？既然刑法上的犯罪概念与刑法学并不相同，那么将刑法学上的犯罪标定为法定的犯罪，而将犯罪学上的犯罪概念标定为法定的犯罪加上违法、违规和不良行为的说法就不能成立。既然刑法学和犯罪学上的犯罪概念都不同于刑法所规定的犯罪，那么前两者究竟有何差别呢？陈兴良教授认为，为了正确解决刑法学的犯罪概念与犯罪学的犯罪概念之争，有必要引入瑞士学者皮亚杰提出的"规范性事实"这一概念。所谓规范性事实，是指对于过去或现在的主体来说是规范的东西，对观察者来说却是事实。因此，如果说刑法学是将犯罪作为一种法律现象即规范加以研究的，那么犯罪学就是把犯罪作为一种规范性事实加以考察的。[2]如果犯罪学研究的犯罪脱离了犯罪的法律概念，就会造成犯罪学与社会学无法区分的问题。而且，犯罪学对犯罪的研究，主要目的是为了刑事政策的制定，对犯罪反应的科学化提供实证根据。如果犯罪学的研究完全不以犯罪的法律概念为参照，就难以完成犯罪学的这一任务。[3]笔者认为该说法是值得信服的。

---

[1] 白建军：《关系犯罪学》，中国人民大学出版社 2005 年版，第 8 页。
[2] 陈兴良：《刑法知识论》，中国人民大学出版社 2007 年版，第 64 页。
[3] 陈兴良：《刑法知识论》，中国人民大学出版社 2007 年版，第 90 页

2. 研究过分集中于概念

一些学者认为，没有精确的犯罪概念，犯罪学就不会有发展。这实在是一个很大的误会。对此类误解和误会，弗洛伊德曾有过精彩论述。他说："清晰的概念以及严格界定的定义，只能见之于心智科学把一套事实套在逻辑系统的骨架上时。在自然科学的领域里，例如心理学，像这样斩钉截铁的一般性概念，不但不必要，实际上也不可能。又如动物学与植物学，也不是从动植物的适切定义着手。时至今日，生物学还是不能给'生命'这个观念下一个肯定的定义。至于物理学，假如它必须等到它的物质、力、重力等观念达到理想的清晰正确的程度的话，物理学绝不会有任何的进展。在任何一种科学的领域里，其基本概念以及具有代表性的观念，起始的时候总是置于未定之天，而借助于引出此一观念的现象来解释一切，只有等到把观察所得的材料逐一分析之后，他们才把一切弄清楚，而找出恒定不变的意义来。"[1] 这段话同样适用于犯罪学。其实，犯罪学上的犯罪概念本来就是相对而言的，过于精确反倒不符合犯罪学的开放性品格。白建军教授曾提出功能性犯罪定义，这种退而求其次的犯罪概念虽不精确却很实用，其主要观点是犯罪的概念最终取决于学科功能。对于刑法来说，其涉及定罪量刑，因此其犯罪概念应该尽可能明确；但对于犯罪学来说，犯罪概念本就是多元的，多元性有利于犯罪学的学术进步。概念的精确化最终需要哲学上的探讨，在哲学上难以达成共识的情况下，非要把犯罪概念搞清楚不可，然后才去研究犯罪预防、预测之类的问题，无异于本末倒置、思想僵化。

（二）犯罪学研究方法的误区

拉伦茨曾言："法学之成为科学，在于其能发展及应用其固有之方法。"[2] 拉德布鲁赫也曾讲道："就像因自我观察而受折磨的人多数是病人一样，有理由为本身的方法论费心忙碌的科学，也常常成为病态的科学，健康的人和健康的科学并不如此操心去知晓自身。"[3] 一门学科的科学性问题，主要取决于方法论，越是幼稚的学科，越为该学科的方法论所困扰。[4] 对于我国犯罪学

---

〔1〕　[奥] 弗洛伊德：《弗洛伊德自传》，廖运范译，上海三联书店 2011 年版，第 145 页。

〔2〕　[德] 卡尔·拉伦茨：《法学方法论》，陈爱娥译，商务印书馆 2003 年版，第 134 页。

〔3〕　[德] 拉德布鲁赫：《法学导论》，米健、朱林译，中国大百科全书出版社 1997 年版，第 169 页。

〔4〕　陈兴良：《刑法知识论》，中国人民大学出版社 2007 年版，第 94 页。

来说尤其如此，关于犯罪学方法论至今仍存在诸多认识误区。

1. 片面认为犯罪不可实证和量化

从唯物辩证法来说，理论思辨和实证研究是犯罪学不可或缺的两大研究方法，但一直以来，我国学者重定性轻定量、重思辨轻实证的偏向严重阻碍了犯罪学的发展。其实，对人类行为和社会现象认识的加深，在很大程度上是科学方法在社会科学上的运用。科学对于研究对象的性质和规律的探索，主要通过观察、调查和实验的方法。观察、调查和实验这三种求知的科学方法与权威法、经验法和思辨法这三种传统求知方式的区别主要在于它的方法，即科学的研究程序。[1]因此，我国犯罪学有必要引入实证分析和量化分析方法。

原因有三：①从犯罪学的发展需要看，犯罪学属于事实学，侧重于对事实的描述和解释，对犯罪现象的把握、对犯罪原因的深入挖掘和对犯罪对策的效果评估，仅靠定性研究是不够的。②从社会安全价值看，刑事立法、司法、执法的运作被赋予了能够限制自由、剥夺生命或财产的权力，刑罚是一柄双刃剑。将思辨形成的犯罪学理论，不经实证检验就用于对立法、司法和执法实践的指导，无论是对社会还是对个人都很危险。③从定量可能性上看，社会现象与自然现象一样能够进行定量研究，只不过其程序和误差标准不同于自然科学的定量。一方面，由于社会现象是相互联系的，这种联系的存在提供了比较的可能。又由于社会现象与人的大量社会实践有关，人们可以通过经验建立不同性质事物间的数字化中介。另一方面，尽管社会现象比自然事物要抽象，但再抽象的事物都可以通过操作化的过程，从抽象层下降到经验层，为转化提供了可能。而且，虽然社会现象具有更大的不确定性和人为性，利用"相对数"，如倍数、百分比、比例数、权重数、级数、概率等，仍然可以对社会现象进行量化。[2]

2. 认为有数据就是实证和量化

近年来，虽然"实证"和"量化"这四个字越来越多地出现在犯罪学研究中，但是多数是"伪实证""伪量化"。有的学者根本没有实际的调查研究，为了发论文而伪造数据。有的学者虽然做了实际的调查，但在研究设计和调

[1] 高燕、王毅杰编著：《社会研究方法》，中国物价出版社2003年版，第4页。
[2] 白建军：《关系犯罪学》，中国人民大学出版社2005年版，第370~371页。

研过程中存在诸多缺陷。例如，缺少对照组，样本不具有代表性，数据分析水平太低；在编制问卷时过于随意，不研究现有资料，不进行项目分析，不注意文字表述等。有的学者只知道堆积数据而不关心数据的有效性和可靠性，不关心定性研究的倾向性。还有的学者甚至用外国的数据证明有关我国犯罪问题的设想。与此相反，当代犯罪学界则更加强调犯罪学研究的科学性，强调把自然科学的一整套研究方法应用于研究犯罪问题。例如，从最基本的研究程序（课题选择、研究设计、资料搜集、资料分析、撰写研究报告）到大量具体的研究方法，都借鉴了自然科学的研究方法。[1]

3. 忽视犯罪测量量具的标准化

为验证理论，学者常将抽象的概念经过操作化形成可测量的量度，在此过程中所使用的研究技术或方法，即为测量量具。犯罪测量量具标准化是在实证研究过程中对核心概念统一操作化的倾向，旨在给实证研究的比较建立统一的平台。量具的标准化有利于实证研究之间的相互比较和交流，有利于犯罪学理论与实证之间的互动，还有利于犯罪学成果的转化。相反，不重视犯罪测量或犯罪测量方法不科学，就会限制实证研究成果的积累。目前我国普通犯罪学教科书大都仅介绍犯罪测量的概念、意义及西方成果，对于犯罪测量的方法、工具甚少谈及。按照定量分析的基本模式，对抽象概念的操作化处理是定性走向定量的必经程序。没有操作化处理，像"危害性""人身危险性""执行效果""程序正义"等术语都只能作为交谈的媒介，而无法用来测量、观察、比较它们在现实世界中的存在方式、规模、范围、程度，更无法"推算"他们之间的关系。[2]标准化的量具就是不同实证研究通用的语言。有了诸如问卷、量表、访谈表等设计过的测量量具，即使不同的人来进行研究，获取的结果也会是相似的。[3]

4. 认为犯罪学研究是纯客观的

有些学者认为，犯罪学是事实学，所以犯罪学研究应尽可能做到价值无涉。价值无涉是马克斯·韦伯提出的一个概念，倡导在进行一切社会科学研究时，研究者不应带有任何价值预设。问题的关键是，犯罪学研究究竟涉不

---

〔1〕 吴宗宪："论西方犯罪学中的当代实证主义"，载《刑事法评论》2000 年第 1 期，第 579~612 页。

〔2〕 参见白建军："刑事学体系的一个侧面：定量分析"，载《中外法学》1999 年第 5 期。

〔3〕 曹立群、周愫娴：《犯罪学理论与实证》，群众出版社 2007 年版，第 6 页。

涉及价值判断？笔者认为，韦伯处于自然科学迅猛发展、自然主义占据主导地位的实证犯罪学年代，社会科学出现了对自然科学的模仿倾向，其主要表现便是社会科学对客观性的追求。但是，我们不能仅仅停留在这个时代，犯罪学一直在发展，到新古典学派和犯罪社会学派兴起之时，倡导价值中立的客观主义立场便被打破了，无论在犯罪学还是刑法学中都引入了价值判断。事实上，真与假、好与坏的问题在犯罪学研究中同时存在，对于真假的判断是比较容易做到客观的，对于好与坏的问题则很难做到客观。例如犯罪定义，不但取决于被定义者的客观特性，其中也凝结了定义者的利益、需要、观念等主观的东西。"如果相信犯罪定义仅仅源自定义的客体本身，相信犯罪定义只是犯罪现象本身的摹写，则意味着任何刑罚的配置和适用都只能被唯一地归因于被惩罚的对象，任何刑罚适用的合理性和正当性都将不容置疑。"[1]毋庸置疑，这种唯客体论对被定义者而言意味着绝对的危险。英国犯罪学家韦恩·莫里森曾言，犯罪学是一门人类科学，"人类科学是人类文化事业试图理解人类文化事业的科学——它不可能产生绝对确定性，因为那样需要站在圈外来判断纯粹真理，显然这是不可能的，因为我们自身被锁在社会之中"。因此，"犯罪学充其量只是对真相的追求和描述，是一种解释学的范畴"。[2]既然是解释，就难免带上主体思想、观念、立场的印记。王牧教授也说："犯罪学不是纯粹客观的东西，……犯罪学来源于社会实践的需要，决定了犯罪学具有社会需要的性质。"[3]如果全然不顾学者立场，企图在价值中立基础上研究犯罪及其原因、对策，势必会造成价值取向上的模糊和混淆。

三、犯罪学体系比较与关系犯罪学之提倡

（一）犯罪学体系之比较

体系问题是制约我国犯罪学深化发展的一个重大问题。目前，关于犯罪学体系主要有三种观点：传统犯罪学模式、关系犯罪学模式以及折中模式。

---

[1] 白建军：《关系犯罪学》，中国人民大学出版社 2005 年版，第 302 页。

[2] ［英］韦恩·莫里森：《理论犯罪学：从现代到后现代》，刘仁文等译，法律出版社 2004 年版，第 6 页。

[3] 参见王牧："从'犯罪原因学'"走向'犯罪存在学'——重新定义犯罪学概念"，载《吉林大学社会科学学报》2009 年第 2 期。

传统犯罪学模式将犯罪学区分为"犯罪现象—犯罪原因—犯罪对策"三方面，沿着"是什么—为什么—怎么办"的逻辑进路对犯罪问题展开研究。这种逻辑和研究进路符合人的一般思维逻辑，有利于犯罪学知识的普及，同时也因其逻辑结构的大众化、通俗化和易滥用性而不利于犯罪学往纵深方向发展，这一认识已成为犯罪学界的共识之一。例如王牧教授认为，传统犯罪学模式的主要缺点在于理论体系极不严整，理论内容不严密，缺少必要的范畴，理论抽象不够。[1]

白建军教授也认为，传统犯罪学实际上是用主观逻辑代替了客观逻辑，是不符合现实的；传统犯罪学模式过分夸大了原因研究与控制研究的内在联系；有些犯罪学范畴在传统犯罪学模式中无法合适定位；传统犯罪学模式忽视了犯罪关系的探讨。[2]2002 年，在《关于犯罪学体系的重新思考》一文中，白建军教授提出一种新的犯罪学体系，即"范式分析—互动分析—定义学分析—规律分析"体系。在 2005 年版的《关系犯罪学》中，这一体系又演变为"研究范式—犯罪关系—社会反应"，其中"犯罪关系"部分扩展为"犯罪属性""犯罪形态""犯罪定义""犯罪规律"四大块。这种犯罪学体系在犯罪学界被称为关系犯罪学模式。2011 年，白教授进一步调整了"犯罪关系"内部四个部分的前后位序，比如将"犯罪定义"提前，放在"犯罪属性"之后，然后才是"犯罪规律"和"犯罪形态"，这使得关系犯罪学更加富有逻辑性。

折中模式认为传统犯罪学模式和关系犯罪学模式各有利弊（见下图[3]），将二者结合起来是最佳选择。其设想包括两个层面：在基础理论层面上，"关系犯罪学理应构成'现象—原因—对策'模式发挥作用的前提和基础，关系犯罪学模式与传统模式是先后衔接的逻辑关系"；在犯罪治理层面上，"需要将传统模式关系化，在关系犯罪学模式的矫正下，深刻反思和考量'犯罪治理与犯罪'的内在关联，进而保持犯罪治理实践活动的科学性"。[4]

---

〔1〕　王牧："学科建设与犯罪学的完善"，载王牧主编：《犯罪学论丛》（第 1 卷），中国检察出版社 2003 年版，第 576~580 页。

〔2〕　参见白建军："关于犯罪学体系的重新思考"，载《江苏公安专科学校学报》2002 年第 3 期。

〔3〕　单勇："论犯罪学的研究模式"，载《刑法论丛》2009 年第 3 期，第 522~527 页。

〔4〕　单勇："论犯罪学的研究模式"，载《刑法论丛》2009 年第 3 期，第 522~527 页。

传统犯罪学模式与关系犯罪学模式的利弊对比

	传统犯罪学模式	关系犯罪学模式
学术价值	1. 逻辑性强、体系鲜明、结构完整，能基本反映犯罪学的研究主题和研讨顺序。 2. 注重犯罪原因研究，以其为犯罪学研究的枢纽和关键。 3. 注重指导应用，以犯罪对策的探寻为终极目标。	1. 视角独特、内容全面、体系开放，注重从犯罪与周围事物关系中挖掘犯罪规律。 2. 以跨学科思维促成思辨方法与实证方法的综合运用。 3. 兼顾越轨行为研究和行为人研究。
局限性	1. 过于清晰的逻辑和封式结构导致该模式被滥用，导致犯罪学研究的僵化、死板、模式化及套路化。 2. 忽视犯罪规律，无形中割裂了犯罪与周围事物的联系。 3. 以越轨行为为导向，忽视了对行为人和特定群体的考量。	1. 基于多元学科背景等要素的制约，跨学科思维不易被掌握和运用，导致该模式的影响范围有限。 2. 不如传统犯罪学模式对犯罪治理问题的突出和强调。

　　笔者赞同单勇博士的部分观点，即传统犯罪学模式有逻辑性强、体系鲜明等方面的优点，也有结构封闭易、被滥用的缺点，对传统犯罪学模式的改良箭在弦上。但是，对于单勇博士关于关系犯罪学模式的评价，笔者有不同看法。笔者认为，第一，虽然关系犯罪学也提倡跨学科研究，但是跨学科研究并非关系犯罪学的专有特征，传统犯罪学模式同样鼓励跨学科研究；第二，关系犯罪学模式与传统犯罪学模式一样重视针对犯罪的社会反应，所不同的是：与传统犯罪学之"犯罪对策"相比，关系犯罪学之"社会反应"更中性化，内容也更全面。因为"犯罪对策"主要是针对犯罪的敌对性反应，其前提是犯罪一无是处，犯罪人是社会的敌人；而"社会反应"除了敌对性反应之外，还包括一些中性甚至积极性反应，在关系犯罪学看来，犯罪是有价值的。两相比较，我们可以看出关系犯罪学模式比传统犯罪学模式视野更开阔，看待问题的眼光也更客观、理性。笔者的结论是，关系犯罪学在吸收传统犯罪学诸多优点基础上成就了自身的科学性，因此不必将二者折中化，只需进一步优化关系犯罪学模式即可。

　　最后，如何看待关系犯罪学的犯罪原因观？从表面上看，传统犯罪学最为重视的核心——犯罪原因——在关系犯罪学体系中找不到了，是不是关系犯罪学不再进行犯罪原因研究呢？有的学者认为是这样的。其论据是白建军教授的一段话："许多犯罪控制手段并非基于对犯罪原因的解释，而且，许多真实的原因也无法消除，对这些原因的科学认识无法指导犯罪控制的实践"，"事实上，除犯罪原因外，犯罪的侵害对象、犯罪的严重程度、犯罪所破坏的价值、犯罪主体本身的属性等等，都是影响犯罪控制的重要因素，其中有些要素的贡献率甚至高于犯罪原因"。[1]对于这段话，笔者的理解是：在关系犯罪学中，犯罪原因不再具有传统犯罪学中那么高的地位，但这并不表明关系犯罪学忽视犯罪原因研究。相反，虽然在关系犯罪学体系字面上找不到犯罪原因的字样，但其并没有消失，而是被涵摄到"犯罪关系"中去了。换句话说，关系犯罪学有关犯罪关系的探讨无一不是对犯罪原因的阐明。例如，戈特弗里德森和赫希就认为："犯罪性是犯罪的原因或基础，犯罪是犯罪性的表现。"[2]不仅如此，在犯罪定义、犯罪形态、犯罪规律的研究中也都包含着对犯罪原因的探索。但是，这里仍然存在一个问题，那就是为什么关系犯罪学要降低犯罪原因概念的地位？笔者认为有两个原因：第一，"犯罪原因"是所有学科中都能够进行探讨的对象，而不是某一学科专有的领域。[3]这种易泛化的"大词"不利于犯罪学学科的独立和专业化，在研究过程中也容易被滥用；第二，考察西方犯罪学发展的历史，犯罪原因研究确实成果累累（其典型表现为犯罪学中令人眼花缭乱的犯罪学理论），但是，应该看到这些理论往往是一些假定，缺乏对刑事司法实践的指导意义。

（二）关系犯罪学的变迁

笔者认为，关系犯罪学模式的提出是我国犯罪学体系建构上的一大进步，但是也应看到，关系犯罪学模式还在成长完善之中。对其产生的意义，笔者下面将按照其产生、发展的不同阶段，分别予以说明。

"范式分析—互动分析—定义学分析—规律分析"体系。首先，该体系将"范式"理论纳入犯罪学体系中，是犯罪学体系上的一个理论突破，它标志着我国犯罪学开始关注犯罪学的理论性。所谓"范式"，是一种全新的理解系统、理论框架、理论背景，一种方法论和一套新颖的基本方法，它还表征了

[1]　白建军：《关系犯罪学》，中国人民大学出版社2005年版，第24页。
[2]　吴宗宪：《西方犯罪学史》（第2版·第1卷），中国人民公安大学出版社2010年版，第1332页。
[3]　[美]迈克尔·戈特弗里德森、特拉维斯·赫希：《犯罪的一般理论》，吴宗宪、苏明月译，中国人民公安大学出版社2009年版，第80页。

187

一种学术传统和学术品格。[1]范式理论对于解读犯罪学有非常强大的工具性意义。[2]随着西方犯罪学理论的引进和我国本土犯罪学理论的陆续衍生，我国犯罪学理论方面呈现出争奇斗妍、互相争鸣的局面。但是，这种"丰富"同时也折射出传统犯罪学模式在逻辑上的混乱，范式分析方法的引入可以避免上述逻辑混乱局面的出现，有利于犯罪关系的解读。其次，"互动分析"概念对犯罪学的优化有两方面的意义：一是从"行为"到"行为人"再到"互动关系"，将犯罪学推进了一个层次；二是将犯因论从静态变成动态的。传统犯罪学模式的犯因论是一种单向体系，犯因和结果之间是封闭和不可逆的；关系犯罪学体系则是双向互动的，不仅犯因与结果之间，而且在一种犯因与另一种犯因之间，都是互"动"的，关系犯罪学理论的动态性与传统犯罪学理论的静态性形成了鲜明对比。再次，该体系强调犯罪学与其他刑事科学的兼容性，能够用来解释刑法现象或其他的一些现象。[3]关系犯罪学是一种走近刑法学的犯罪学，其理论基础是刑事一体化，其倡导犯罪学与刑法学之间互通有无、互相扶助。这种兼容性的达成需要两方面：一是犯罪学要找到自我，要弄清楚自己的学科任务和研究对象；二是犯罪学要与相关学科划定适当界限。对兼容性的强调有利于犯罪学学科的科学建设。又次，该体系的提出体现了西方犯罪学的中国化。例如，"犯罪定义学"的概念就吸收了标签理论的合理成分，并在此基础上将犯罪定义提升到定义学的层次。最后，提出了"犯罪规律"的概念，引起学界对犯罪学成果累积和转化问题的关注。犯罪规律概念在传统犯罪学体系中的尴尬地位导致其不被重视，当然也就无从发展。关系犯罪学提出犯罪规律的概念并将其提升到犯罪学体系的高度，有利于犯罪因果关系和犯罪测量的研究，实际上推进了犯罪原因研究的深入。

"研究范式—犯罪关系—社会反应"体系。第一，该体系首次将"犯罪关系"纳入犯罪学体系范畴，发展了储槐植教授提出的关系犯罪观。在储槐植教授那里，关系犯罪观还只是一种观念、理念，到了白建军教授这里，抽象的关系犯罪观被赋予实质的内容——犯罪关系。第二，该体系增加了"社会反应"范畴，使得关系犯罪学在体系上更为完整。犯罪学的目的是要预防和

---

〔1〕　张文显：《法哲学范畴研究》（修订版），中国政法大学出版社 2001 年版，第 371 页。

〔2〕　白建军："关于犯罪学体系的重新思考"，载《江苏公安专科学校学报》2002 年第 3 期。

〔3〕　白建军："关于犯罪学体系的重新思考"，载《江苏公安专科学校学报》2002 年第 3 期。

控制犯罪，如果不引入刑事政策和社会反应的概念，犯罪学就缺乏理论归宿。在关系犯罪学中，社会反应不只是犯罪后的概念，而且具有犯罪前的意义。就是说，社会反应也是犯罪原因的一部分（在某种意义上说，社会反应对犯罪的发生也有某种积极的促进作用），深化了犯罪原因论。第三，正式将犯罪性概念纳入体系。犯罪性概念有诸多优点：①高度的概括性，即犯罪性用一个词简明扼要地阐明犯罪的原因同时又不失于空泛，这使得关系犯罪学很有理论魅力；②犯罪性是一个经验概念，与普通人的感觉和直觉相一致，更容易被普通人所接受；③犯罪性概念具有强烈的实用性，因为犯罪性是稳定的（这一点已被实用主义犯罪学所证明[1]），我们更容易去探寻其背后的原因；④与犯罪原因论诸多难以证实的假定相比，犯罪性还有一个优势就是可测量。例如，赫希等人认为可以通过研究自我控制低的其他非犯罪表现方式来研究犯罪，所获得的结果不会产生误导作用，具体原因变量有性别、年龄、种族、家庭、早期的反社会行为、物质滥用、同伴群体的影响等。第四，与 2002 年的犯罪学体系设计相比，2005 年体系设计的科学性集中体现在其将犯罪属性、犯罪形态、犯罪定义、犯罪规律作为次级概念放在犯罪关系下阐述，使得犯罪学体系更严谨、更有逻辑性。显然，范式分析与互动分析、定义学分析和规律分析不在一个层面上。与犯罪前系统（范式）相匹配的，应该是犯罪中系统（犯罪关系）和犯罪后系统（社会反应）。可见，关系犯罪学是对犯罪的一种全方位研究，即在犯罪之前研究犯罪，在犯罪之中研究犯罪，在犯罪之后研究犯罪。这里的犯罪"之前""之中"和"之后"，与储槐植教授"在刑法之中研究刑法，在刑法之上研究刑法，在刑法之外研究刑法"具有相同的视野和视角。第五，明确指出"犯罪学所研究的犯罪和刑法学所研究的犯罪是同一个犯罪"的论断，一方面指出了"通过研究对象的独立性为犯罪学争取合法地位"的误区，为犯罪学的科学定位提供了条件；另一方面将犯罪学纳入刑事一体化的视野之中，有利于犯罪学与其他相邻学科之间的沟通和交流。最后，该体系提倡实证方法，使得犯罪学研究更科学。犯罪学是一门事实科学，是对事实的解释和解读，对于犯罪学来说，定性研究和定量研究、理论思辨和实证分析都不可或缺。

---

〔1〕 ［美］迈克尔·戈特弗里德森、特拉维斯·赫希：《犯罪的一般理论》，吴宗宪、苏明月译，中国人民公安大学出版社 2009 年版，第 80 页。

2011 年，白建军教授进一步将犯罪关系的逻辑从"犯罪性—犯罪形态—犯罪定义—犯罪规律"调整为"犯罪性—犯罪定义—犯罪规律—犯罪形态"。这种位序上的变化或许是受到德日刑法学犯罪论体系位阶性思维的影响。事实上，无论在刑法学中还是犯罪学中，位序思考相比于要素集合都属于质的飞跃，在彰显学科的思维方式和研究进路方面，其重要性可想而知。可见，关系犯罪学不但重视体系性，还重视组成部分之间的逻辑性，犯罪学在理论化的同时走向成熟。"一种建设性的犯罪学研究不能满足于对犯罪现象的描述和说明，而是应当通过对犯罪学理论自身的深刻反思，不断提高对犯罪解释的科学性与权威性，使犯罪学完成从经验型到理论型的过渡，建立一种以一定的社会本体论为基础的，以科学方法论为指导的犯罪哲学——本体犯罪学。"[1]

四、多层面有限制的犯罪理论整合

随着西方理论的引进和本土理论的衍生，我国犯罪学理论呈现出争奇斗妍、互相争鸣的局面。据康树华教授主编之《犯罪学大辞书》，我国现有犯罪学学说 157 种，犯罪学的分支、称谓 40 种，共 197 种"面孔"。为推进我国犯罪学发展，理论整合势在必行。20 世纪后半期，在系统论的影响下，科学发展进入了综合时代，反映在社会科学理论研究中，就是将不同的学科、理论、观点加以整合或综合，试图更全面、更准确地认识客观对象。[2]在此状况下，如何进行理论整合，如何把握整合的"度"，就成为制约犯罪学发展的重要问题。

（一）犯罪理论整合概述

犯罪学理论是指研究者对犯罪现象产生的原因作出解释，并对其未来走向作出预测。我国犯罪学理论主要包括两个方面：从西方介绍引进的理论和我国本土发展的理论。前者一般在其本国经过许多学者的反复验证，后者一般是我国学者思辨的产物。西方犯罪学理论的优点是经过实证方法的验证，缺点是其产生于国外，是否适合我国土壤尚不可知；本土犯罪学理论的缺点是没有经过实证方法的验证，但却是我国土生土长的理论。显然，两种理论

---

〔1〕 陈兴良：《刑法知识论》，中国人民大学出版社 2007 年版，第 94 页。

〔2〕 吴宗宪：《西方犯罪学史》（第 2 版·第 1 卷），中国人民公安大学出版社 2010 年版，第 1295 页。

要用来指导我国刑事决策和司法实践，都需要进行理论整合和验证。

所谓"理论整合"，依据美国学者法姆沃斯的见解，系指以理论间共通相似之部分为基础，组合两种或两种以上先前存在之理论。[1]索恩伯里认为整合理论系指将两组或两组以上具逻辑相关之命题予以组合，形成较大型之相关命题，以便对独特现象提供较为周延之解释。[2]学者皮尔逊和韦恩认为，理论整合就是要寻找一个"放之四海而皆准"的通用理论。梅斯纳、克朗、利斯卡认为，理论整合就是将两个或更多现已存在的、具有共同点的理论组合成一个单一的、重新构造的理论模式。[3]我国台湾地区学者许福生认为，理论是由一组概念及说明其间关系的叙述所构成，整合则将分散的部分组合在一起形成较具完整性的构成体。[4]曹立群和邓小钢认为，整合就是最大限度地解释因变量，找到最能解释因变量的几个关键自变量的组合。[5]

上述观点的共同点是：第一，理论整合的目的是形成解释力更强大的理论；第二，被整合的部分具有共同相似性，或者在逻辑上相关；第三，整合形成的理论具有完整性，在内部结构上无冲突。其实，很多新理论、新见解的出炉，或多或少都吸取了旧理论的营养，这是不争的事实。理论整合是比较典型的、有意识的综合不同理论优点的大动作。它解构、拆分、吸取、组合，切除旧理论腐败失效的部分，让其富有生机的部分焕发新的青春。其实，没有一种理论是全对或全错的，每一种理论都或多或少有其合理的成分。所以，整合是多层面的，执拗于不同层面之间的争吵无益于犯罪学理论的发展。犯罪理论整合，就是在保持理论科学性的基础上，寻找一种能够解释尽可能多的犯罪现象的理论。其不必包含被整合的理论所有的概念和变量，而是有选择地选取自己可利用的要素；其结果应该包含其他理论的重要成分，又多于其他理论成分的简单相加。

尽管如此，学界对犯罪理论整合的必要性在认知上仍不一致。一种观点认为，理论的多样化源于犯罪原因的多元化，是犯罪学发展的自然产物。与之相对的观点则认为，理论的纷繁复杂反映了犯罪学作为一门学科的不成熟。

〔1〕　许福生：《刑事政策学》，中国民主法制出版社 2006 年版，第 181 页。
〔2〕　许福生：《刑事政策学》，中国民主法制出版社 2006 年版，第 181 页。
〔3〕　江山河：《犯罪学理论》，格致出版社、上海人民出版社 2008 年版，第 173 页。
〔4〕　许福生：《刑事政策学》，中国民主法制出版社 2006 年版，第 181 页。
〔5〕　曹立群、周愫娴：《犯罪学理论与实证》，群众出版社 2007 年版，第 249 页。

事实上，证伪和整合是理论建构和创新不可或缺的方法。适度多元是理论发展的基础，但过度的多元却可能带来理论上的混乱和无所适从。在犯罪学中，除了整合，另一种减量提质的方法是通过"证伪"，即不同理论对同一事物如犯罪或犯罪率作出不同的、相互矛盾的、可以被实证研究检验的预测。[1]美国的爱因斯坦、亨利、吉本斯、赫斯基、雷戈里、休伊特、休特等学者主张理论只能证伪，对理论整合持直接反对或强烈质疑的论调。[2]他们认为，不同理论背后的哲学基础、发展逻辑、概念变量等方面都或多或少有差异，强加整合容易造成逻辑上的错误或概念上的模糊，最终削弱它们对犯罪现象的解释力。伯纳德、斯内普斯、埃利奥特、皮尔逊、韦恩等学者力主现有的犯罪学理论必须加以整合，他们不再把各种理论看成是相互对立、彼此竞争的，而是把它们看成是互补、互助的关系。还有一部分学者如阿克斯、曹立群等则采取中间路线，即证伪法并未过时，整合则需进一步摸索。犯罪学中纷繁复杂、层出不穷的理论学说既需要证伪也需要整合，既不能不整合也不能整合过度。整合过度，可能会使理论的论述更加模糊不清；但是如果完全忽视整合，则许多看似矛盾的理论中的共同点就可能被忽略掉，就会减少理论对犯罪现象的解释力。[3]

对于整合的反对或质疑，原因并不难解释。证伪法在犯罪学发展历史上一直承担着理论验证的艰巨任务。犯罪学能够被作为一门科学承认和重视，证伪法发挥了非常重要的作用。所以，直接反对证伪而支持整合不是一个明智而务实的选择。问题是，对于犯罪学理论的整理，证伪法确有局限。第一，许多犯罪理论并不矛盾，只是其视角或侧重不同而已。在这种情况下，与其把他们看作是对抗的，不如说它们是互补的。就是说，虽然理论之间或多或少有一些互相冲突之处，但是犯罪学理论却不能以是非对错来简单评价。相反，理论只能以它解释现象的能力评价其优劣。理论经由整合之后可以形成数量更少，但在规模、解释力等方面更趋强大也更为精炼的理论，这些理论能够解释更多的犯罪变量。第二，能够被完全证伪的理论或者能够被完全证实的理论越来越少。用定量的说法是，没有一个理论能以高的百分比解释犯

〔1〕 江山河：《犯罪学理论》，格致出版社、上海人民出版社2008年版，第171页。

〔2〕 曹立群、周愫娴：《犯罪学理论与实证》，群众出版社2007年版，第249页。

〔3〕 曹立群、周愫娴：《犯罪学理论与实证》，群众出版社2007年版，第246页。

罪的差异。大多理论都有其合理成分，但是很难被完全证实为确定无疑的真理。第三，证伪通常是理论层面上的，用以检验理论的整体性能。它只能验证理论，对于理论中"有用的"要素却无法将其提取出来。因此，即使反对整合的呼声如此之大，整合理论还是发展出诸多成果，例如特拉维斯·赫希的社会控制理论、莫里斯·菲利普·费尔德曼的整合学习理论、约瑟夫·韦斯、戴维·霍金斯等的社会发展理论、赫尔曼·施文丁格和朱莉娅·施文丁格夫妇的工具理论、詹姆斯·威尔逊和里查德·赫恩斯坦的犯罪与人性理论、德尔伯特·埃利奥特、戴维·休津加和苏珊娜·艾吉顿的整合紧张–控制理论、约翰·哈根等的"权力–控制"理论、特伦斯·索恩伯里的相互作用理论、迈克尔·戈特弗雷德森等的"倾向–事件"理论，等等。

（二）犯罪理论整合模式之争

1. 卡伦和阿格纽的观点

据卡伦和阿格纽总结，美国犯罪学界在理论整合方面主要有四种模式：第一，因果连接方式，即理论整合者描述变量之间的时序关系以致一些理论的因变量成为另一些理论的自变量。例如，高度的压力导致个人形成或加入亚文化，亚文化导致犯罪。第二，概念整合方式，即通过概念吸收的方式整合理论。例如，阿克斯以差异交往理论中"习得"一词作为核心概念建立了社会学习理论。第三，主题提炼方式，就是从不同的理论中寻求共同点并提炼出一个共同的主题，然后对该主题加以总结和详细说明并提出不同的命题或假设，例如社会支持理论、重整羞耻理论就是采用的这种整合方式。第四，以变量为中心的整合方式，其不将注意力放在理论之间的整合上，而是集中在可测变量之间的关系上。[1]

2. 曹立群教授的观点

曹立群教授认为，我国台湾地区的犯罪理论整合主要有三种：第一，横向整合，又称水平整合，就是把各种互补的理论直接放在分析模型内。第二，垂直整合，又称接龙式整合，也就是把一个理论中的因变量变成另一个理论中的自变量，或者把一个理论中的自变量变成另一个理论中的因变量，或前述两种一起使用。第三，上下整合，又称塑身型整合，其基本方法是用一个理论的概念或变量替代另一个理论的概念或变量，最终达到取代前理

---

〔1〕　江山河：《犯罪学理论》，格致出版社、上海人民出版社 2008 年版，第 174 页。

论的目的。[1]举例来说，微观层面的日常活动理论与宏观层面的社会解组理论的整合，就是典型的横向整合，后者正好为前者提供了一个宏观的理论背景。该整合模式简便易行，能够弥补单一理论的不足，增强理论的解释力，且每个理论的独特性不会受到影响。而埃利奥特、休津加、艾吉顿等人提出的整合紧张-控制理论是垂直整合的典型。其优势是将互动的要素引入理论整合之中，理论与实证的互动使理论成为一种动态的存在。阿克斯的社会学习理论是上下整合的典型。其缺点是，因为核心概念是从别的理论借来的，所以在发展新理论后会受到前理论的辖制。但是比起那些独特性很强的理论，上下整合是理论整合较容易的一种。

3. 吴宗宪教授的观点

吴宗宪教授根据理论整合的层次，将整合理论分为三类：第一类将同一学科内的同一理论流派的不同理论和观点加以整合；第二类将同一学科内的不同理论流派的理论和观点加以整合；第三类则将不同学科的理论和观点加以整合。[2]前两种整合比较简单，例如1969年赫希整合早期控制理论之后提出的社会控制理论，以及20世纪80年代出现的整合马克思主义理论、哈根的"权力-控制"理论等都属于第一类整合。第二类整合因为犯罪理论的前提假设、主要概念、理论倾向等易起冲突而颇有难度，例如1989年布雷恩韦特发表的重整羞耻理论，在整合过程中对控制理论、标签理论、亚文化理论等不同流派的观点进行了逻辑性的协调和因果关系的精确化。第三类整合又称科际整合，它所整合的理论来自不同学科。但它与多学科整合仍有区别：科际整合理论是一个有机循环的体系。多学科整合仅仅是分别用生物学、心理学或其他学科的理论和方法对犯罪进行研究，来自这些学科的观点是并列的，没有形成一个有机的体系。

4. 白建军教授的观点

白建军教授认为犯罪理论整合可分为三种：第一，口袋型整合。其原则上承认几乎每一种学说的合理性，在此基础上，企图将所有学说整合在一起，构成一种无所不包、面面俱到的理论体系。例如菲利的犯罪三元论和李斯特

---

[1] 曹立群、周愫娴：《犯罪学理论与实证》，群众出版社2007年版，第251~257页。

[2] 吴宗宪：《西方犯罪学史》（第2版·第1卷），中国人民公安大学出版社2010年版，第1295页。

的犯罪二元论。其优点是无一遗漏、也没有错误，其缺点是理论之间只是简单相加并没有理顺逻辑关系，理论没有得到深化。第二，源头型整合。其相信各种具体要素之间存在某种链条关系，犯罪现象说到底是这些深层次的或更居先于某些要素的存在而存在的要素的结果。例如，犯罪学中的原罪说和龙勃罗梭的天生犯罪人理论，都致力于寻找犯罪的终极原因。第三，实用型整合，即以某类犯罪为解释对象，将若干理论学说结合在某个中型或微型体系中，以说明犯罪因果关系的某个层面。无论是口袋型、源头型还是实用型整合，都没有将各种理论的结论本身与理论的潜在假定区分开来。他建议对犯罪学理论进行类型整合，即从多种角度对犯罪学理论资源进行划分、归类和整合，以展示犯罪学研究的多个方面。例如，根据犯罪与社会之间的关系，可将犯罪学理论分为单向理论和互动理论；围绕犯罪的基本属性问题，有社会本位说和自然本位说两大类学说；围绕犯罪现象的主要原因，犯罪学中又有环境本位说和人性本位说两种；等等。[1]

　　上述四种观点的分歧在于学者的视角不同。理论视角的不同决定了整合标准的不同。卡伦与阿格纽关注的是整合的层次与方法，重视方法是美国犯罪学界的特色之一。曹立群教授所关注的是理论之间的因果关系。吴宗宪教授关注的是不同理论是否同一学派或同一学科，即学科的属性与立论的基础。白建军教授关注的则是整合的目的。整合标准的不同导致四种整合模型之间并没有太大的可比性，因为不同的学者对整合概念的理解不在一个层面上。例如埃利奥特等人的整合紧张−控制理论，按卡伦和阿格纽的分类，属于因果连接式整合；按曹立群教授的分类，则应属于垂直整合；在吴宗宪教授那里，属于同一学科不同流派间理论的整合。事实上，犯罪学理论需在变量、概念、命题、理论四个层面上分别进行整合。概念可以操作化为可测量的变量，也可以与其他概念组合成命题，而理论是不同命题的组合。分层给犯罪学理论对话和整合提供了平台。

（三）多层面整合模型

1. 多层面整合的优点

　　当前我国犯罪学地位不高，学者重思辨轻实证，对于西方犯罪学理论多数仅作一些"中看不中用"的介绍。这种局面很不利于我国犯罪学理论的推

----

〔1〕　白建军:《关系犯罪学》，中国人民大学出版社 2005 年版，第 31~34 页。

陈出新。纵观新、旧中国犯罪学的历史，批判地吸收西方犯罪学的知识和方法是一条重要的发展路径。展望未来，犯罪理论整合这一崭新课题摆在广大犯罪学研究者面前。目前，已经有一些学者开始运用西方犯罪学理论解释我国的犯罪现象或个案，然而，仅此仍不足以促进我国犯罪学质的飞跃。面对犯罪学理论众说纷纭的现状，仍需加强犯罪学理论与实证之间的交流，促进研究成果的转化，多层面整合即为路径之一。所谓"多层面犯罪理论整合"，是指犯罪理论整合本身就是多层面的、兼收并蓄的，它的底线是保持理论的科学性，其目的是寻找一种能够解释尽可能多的犯罪现象的理论。它不必包含被整合的理论所有的概念和变量，而是在不同层面上选取可利用的要素，将理论推向深化。

多层面整合的优点有三：首先，目前我国犯罪学正处于基础理论建设和方法论建设的起步阶段，当前的要务是犯罪学基础理论的整合和实证分析方法的训练。理论整合是循序渐进的，一层一层螺旋式进行的，不可能一蹴而就。变量不能代替概念，概念也不能代替命题。相比之下，一元性层面的理论很难将复杂的犯罪现象解释清楚，而多层面整合比较实用，在成果的形成和转化上比较节省时间，也有利于形成更具说服力的理论。其次，多层面整合可以避免学者自说自话，真正推进犯罪学理论的多元比较。例如 20 世纪 70 年代末提出的日常活动理论，对其核心概念"日常活动"的量度，虽然大体上可以划分为三方面：有犯罪动机的人、适合的被害目标和监控力的多寡。但是，进一步的量度可以说是五花八门。比如在"与犯罪动机者接近性"测量上，本内特的指标是"都市化程度（城市人口比例）"；穆斯特与特里斯伯里则用"居住的社区环境特征（临近便利店、快餐店、涂鸦群党、露宿者等）"作为指标。[1]实际上，二者的测量不具有可比性，原因在于本内特的测量在宏观层面上，而穆斯特等人的测量则在微观层面上。最后，多层面整合有利于将理论中"有用"的要素找出来。犯罪的原因纷繁复杂，讨论犯罪也有社会、群体、个人等层面。如果讨论的重心不在一个层面上，学者之间的对话很难有碰撞或共鸣，这样就不利于发现理论的闪光点。现在已经有一些学者意识到这一点，开始着力探寻并整合理论中的合理成分，例如沃尔德

---

〔1〕 郑慧婷、张越华："日常活动理论：犯罪与被害"，载曹立群、任昕主编：《犯罪学》，中国人民大学出版社 2008 年版，第 73 页。

等人提出的考察结构性可能要素的危险要素方法。他们认为，没有理论是全对或全错的，每一种理论都有其合理或正确的成分，证伪对此帮助不大；而危险要素方法则允许得出阶段性成果——某理论确立的要素可以解释犯罪的较大变化，而其他理论确立的要素可解释犯罪的较小变化。[1]

2. 多层面整合的内容

第一，变量整合，即将验证某理论的相似或相同的变量予以整合。所谓变量，是指已操作化的概念或可赋值的概念。变量是测量概念的重要工具。例如，我们要测量智力与犯罪的关系程度，就要将"智力"下降为"智商"。前者是定性的、不可测量的，而后者则是定量的、可测量的。其实，变量整合与犯罪测量量具的标准化是一个问题的两面，变量就是借助于量具对概念实施测量的。所谓犯罪测量量具标准化，就是在实证研究过程中对理论核心概念统一操作化的一种倾向，其目的是想给实证比较建立一致的、共同的测量标准。精确标准化的测量量具是不同实证研究通用的语言，有了诸如问卷、量表、访谈表等设计过的测量量具，即使不同的人来进行研究，获取的结果也会是相似的。[2]

第二，概念整合，就是将每个理论中相似或重叠的概念进行整合。概念是理论研究的起点。在犯罪学理论的兴衰更替过程中，犯罪学研究的核心概念也在更替。例如，社区解组理论的核心概念如失序、社会解组、社区功能等，到了20世纪90年代之后便被社会资本、集体效能等新概念所替代。概念整合有助于厘清具有共通含义的核心概念，进而有利于理论的比较与深化。例如在赫希的社会控制理论中，作为社会纽带之一的"依恋"概念，实际上就是精神分析学中的超我或良心，也相当于赖斯的个人控制和涅里的内部控制和间接控制。赫希用可以直接观察和测量的术语来取代不容易观察和测量的术语，不仅大大提高了作者研究的水平，使其达到了定性与定量分析的有机结合，也可以使其他人能够加以验证，从而增强了理论的科学性，对发展科学的犯罪学研究方法作出了贡献。[3]

---

〔1〕　[美] 乔治·B. 沃尔德、托马斯·J. 伯纳德、杰里弗·B. 斯奈普斯：《理论犯罪学》（原书第5版），方鹏译，中国政法大学出版社2005年版，第391~394页。

〔2〕　曹立群、周愫娴：《犯罪学理论与实证》，群众出版社2007年版，第3页。

〔3〕　吴宗宪：《西方犯罪学史》（第2版·第1卷），中国人民公安大学出版社2010年版，第1165~1171页。

第三，命题整合，即将不同理论中的命题有逻辑地连接起来。理论是抽象的，理论要获得验证需要下降为具体的命题。通常一个理论可以推论出许多不同的命题。命题间的联结反映理论自身的因果关系，而命题的混乱势必影响对理论本身的理解。命题整合能够厘清理论背后的基础关系，凸显犯罪学理论发展背后的逻辑规律。一般情况下，这种整合有两种途径：①将预测或验证有相同或相似结果的命题加以整合；②将各理论中的重要概念或关键变项以因果关系连接起来。前者类似于前述之主题提炼法，后者则类似于因果连接方式。

第四，理论扩展。理论扩展是索恩伯里在 1989 年提出的理论整合方式。它从一个具体的理论入手，逐步扩展其基本命题直至该理论延伸到最大范围。在理论扩展过程中，研究者可能从其他理论中吸收与基本理论相协调的命题或概念，也可能独自创新和发展。[1]理论扩展因为有一个较具类推型之基本理论做基础，将另一理论概念加以吸收、整合，因而又被赫希称为上下整合。例如，默顿将迪尔凯姆的失范理论应用于分析美国社会，借此提出了他自己的失范理论。同是失范理论，在迪尔凯姆那里，失范意味着调整个人自然欲望的社会力量的瓦解。默顿却认为欲望并不一定是"自然"的，相反，许多欲望是由文化引起的。

（四）犯罪理论整合的原则

第一，犯罪理论整合的底线是要保持理论的科学性。犯罪学是刑事法学和刑事政策学的基础科学。一定的刑事政策表达着一定的犯罪学思想，同时，刑事政策又是刑事法规范适用的指南针。要保证刑事司法遵循客观、公正、经济的标准，首先要保证犯罪学理论的科学性。科学是评价理论的最高标准。曹立群认为，犯罪学理论科学性标准有四：实证、客观、怀疑、简约。[2]江山河认为，科学理论需满足以下两个基本条件：一组命题或假设之间有着密切的逻辑联系；命题或假设是可以被证实的。[3]沃尔德等人认为，科学理论描述可被观测的现象之间的关系，并且可被证伪。[4]可见，理论科学性的主

---

〔1〕 江山河：《犯罪学理论》，格致出版社、上海人民出版社 2008 年版，第 174 页。

〔2〕 曹立群、周愫娴：《犯罪学理论与实证》，群众出版社 2007 年版，第 7 页。

〔3〕 江山河：《犯罪学理论》，格致出版社、上海人民出版社 2008 年版，第 3 页。

〔4〕 ［美］乔治·B. 沃尔德、托马斯·J. 伯纳德、杰里弗·B. 斯奈普斯：《理论犯罪学》（原书第 5 版），方鹏译，中国政法大学出版社 2005 年版，第 5 页。

要标准包括：科学首要关注的并不是理论的正确与否，而是研究者的客观立场和怀疑精神；科学研究的对象是可观测的；研究假设能够被证实或证伪；研究目的是揭示现象背后的客观规律。因此，在犯罪理论整合过程中，学者需保持客观和价值中立，不轻信理论，不轻信观点，而要依靠客观观察来发展、测试和验证理论。

第二，犯罪理论整合的目的是解释尽可能多的犯罪现象。越是科学的理论，对犯罪现象的解释力越强，能够解释的对象范围也就越广泛。目前犯罪学中的大部分理论都只是一种假定，虽经学者多次验证，其科学性仍然无法确定。换句话说，几乎所有的犯罪学理论都只能解释犯罪现象的一小部分。除非能够解释更多的犯罪行为，除非能给予犯罪现象更有力的解释，理论才能证明自己。需要注意的是：一方面，评价犯罪学理论的标准应是它们对科学过程的有用性，而不是它们的正确性；[1]在理论整合过程中，学者应尽力挖掘每一种理论中的合理成分，而不是一味地吹毛求疵，企图找到某种完美的理论。另一方面，在理论整合过程中，弄清变量之间的因果关系是很重要的。一种理论要解释广大范围的犯罪行为，必须充分地解释这些行为，必须有精确的因果关系观点，必须能解释整个因果链，而不能单单以某种它自己不能解释的先在原因作为论述起点。[2]

第三，犯罪理论整合的方法是：多层面、有限制。多层面，是指整合可以在宏观层面上进行，也可以在微观层面上进行。前者如理论之间的组合，后者如概念或变量之间的组合。维拉认为，如果某种理论具有一般性，可以解释所有的犯罪行为，那么它必须是社会生态学的、整合的、发展的，必须既包括微观层面的解释也包括宏观层面的解释。有限制，是指理论整合不是理论的所有要素都参与，而是能够自圆其说即可。整合不能也不需要面面俱到。理论整合不可能把所有的差异点全部纳入一个分析模型之中，整合者往往顾此失彼，永远也不可能公平地对待每一个理论。[3]追求面面俱到有可能导致理论独特性的丧失。相反的例证是，戈特弗雷德森和赫希的犯罪一般理

---

〔1〕　［美］乔治・B. 沃尔德、托马斯・J. 伯纳德、杰里弗・B. 斯奈普斯：《理论犯罪学》（原书第 5 版），方鹏译，中国政法大学出版社 2005 年版，第 397 页。

〔2〕　［美］乔治・B. 沃尔德、托马斯・J. 伯纳德、杰里弗・B. 斯奈普斯：《理论犯罪学》（原书第 5 版），方鹏译，中国政法大学出版社 2005 年版，第 390 页。

〔3〕　曹立群、周愫娴：《犯罪学理论与实证》，群众出版社 2007 年版，第 247~249 页。

论并没有把紧张理论、标签理论、冲突理论等所有的观点都整合进自己的理论，但其整合相对而言是比较成功的，比较有力地说明了自我控制力低对犯罪产生的决定性影响。

第四，犯罪理论整合后的新理论仍需进一步验证。科学的理论永远是动态的理论、发展的理论。根据马克思主义新事物必将代替旧事物的原理，任何新事物最终也将成为旧事物而被超越，新的量具会代替旧的量具，新的理论也会取代旧的理论，这是一个螺旋式上升的发展过程。一方面，理论整合的目的是理论优化。好的理论应具备以下特色：好的概化能力或解释力；与实证事实高度相符；高预测性；理论命题与架构的统一整合；具社会教育性；更具全球性。[1]另一方面，理论整合的目的并非创建理论霸权，将某一理论无限制地推广到所有领域。相反，理论整合是相对的、有限地、灵活的、开放的，整合得出的新理论仍需要验证。实证精神与"实事求是""实践是检验真理的唯一标准"这些思想是一致的。即使被整合的理论已在我国国情和文化中得到验证，随着时间的推移，整合之后的理论是否有说服力，仍需要事实说话。

五、犯罪测量量具标准化及其必要性

（一）犯罪测量量具：概念与特征

犯罪测量是犯罪学的一门基础性学科，它借助犯罪调查和犯罪统计的方法，系统、全面、准确、有效地收集和分析犯罪数据及相关资料，并按照事先科学设定的指标体系，对一个国家在一定历史时期的犯罪现象规模、犯罪状态严重程度进行定量、定性的描述和评估，提出预防和打击犯罪的刑事政策和司法对策，从而有效地减少和控制犯罪的发生。[2]在传统犯罪学研究模型中，为验证理论常常将抽象的概念经过操作化形成可测量的量度，在此过程中所使用的研究技术或方法，即为犯罪学测量量具。它可以是观察者问卷、访谈、对已有记录的分析以及任何标准化的收集数据的方法。[3]如果操作化可以用"我用/通过（　）测量概念"来表达，那么空白之处就是测量量具。

---

〔1〕 许福生：《刑事政策学》，中国民主法制出版社 2006 年版，第 184 页。

〔2〕 陈金亮："中外犯罪测量现状及评估"，载《国家检察官学院学报》2007 年第 6 期。

〔3〕 ［美］Frank E. Hagan：《犯罪行为研究方法》（第 7 版），刘萃侠、罗震雷、黄婧译，中国轻工业出版社 2009 年版，第 13 页。

与操作化不同的是，测量量具是静态的，而操作化是运用量具生产变量的过程。西方传统犯罪学研究模型过程大略是这样的：要验证抽象的理论，先要将其下降为具体的、可测量的假设。虽然相比于理论来说，假设是具体的，但事实上，假设还是很抽象的，它由概念和关系组成。要进行理论验证需要研究人员运用测量量具将抽象的概念下降为可测量的具体变量。变量经过编码形成量度。之后就是运用实验法、实地调查法、参与观察法等具体方法搜集数据进行分析，经过这种观察、实验、重复与检验（有效性），最后的结论与起初的假设一致，就意味着理论得到了验证，否则就意味着理论没有得到证明。可见，测量量具实乃犯罪学实证研究的核心。

　　一般来说，犯罪学测量量具具有以下特征：第一，个别化。任何犯罪学测量量具都是人做出来的，都有自己的薄弱点和局限性。例如，概念在形成变量后赋权时，评价者对各指标的重视程度不同，在赋权过程中就有不同的结果。[1]测量量具的个别化一方面赋予了量具的独特性，另一方面也容易造成各种误差。要确保量具尽可能准确地反映客观事实，需要注意两点：①研究人员应格守职业道德，尽可能地排除意识形态和主观情绪的影响。对量具的功能不偏不倚，既不夸大也不过分谦虚；②犯罪学本学科研究人员之间、不同学科研究人员之间以及研究人员与实践工作者之间都需要加强沟通。沟通有利于赢得帮助、达成共识，避免重复研究，这对依赖信息共享的犯罪学来说尤为重要。

　　第二，偏差性。偏差性是指在实践中，往往同一个理论的验证使用了不同的量具，或者相同的量具具有不同的内容。因为：①抽象的概念不能够直接测量，只能通过经验指标来表达。经验指标必须借由各种感官进行计量，其结果与研究者的创造力、判断力和实际经验有关。到目前为止，犯罪学界还没有定期对抽象概念的具体指标进行系统的评估。[2]②由于语言的限制，对概念的理解因时因地因人而异，找到操作化的定义不容易，寻求操作化定义之间的统一更为困难。③在赋权的时候，研究人员还需要考虑到数值质量本身的差异。例如，同样是100起案件，100起盗窃与100起杀人在社会危害性上是不同的，赋权也应该体现出这种差别。可见，犯罪测量量具具有偏

---

〔1〕　白建军：《关系犯罪学》，中国人民大学出版社2005年版，第375~376页。
〔2〕　曹立群、周愫娴：《犯罪学理论与实证》，群众出版社2007年版，第22页。

差性。

第三，片段性。人类科学是人类文化事业试图理解人类文化事业的科学，它不可能产生绝对确定性。[1]纵观犯罪学发展史，也不难发现，作为科学进程中理论丰碑的，无一不是那些"深刻"却"片面"的理论。[2]既然犯罪学不可能确定，理论不可能全面，量具也仅能抓住抽象概念中的某些真相，而忽略另一些真相。一方面，研究人员制作的量具不可能涵盖所有的概念和指标。因为所有的测量量具都必须以数量来表达，数量化后的操作定义难免要损耗原概念中所含的一些重要特质与关系。[3]另一方面，犯罪测量量具常常被用来测量某一理论的一个或几个假设，很少有能够测量整个理论的量具。[4]

（二）犯罪测量量具标准化：争论与点评

犯罪学测量量具标准化，就是在实证研究过程中对理论核心概念统一操作化的一种倾向，其目的是想给实证比较建立一致的、共同的测量标准。对此，学界有两种看法。一种观点认为，标准化是科学最重要的特质之一，是科学与一般获取知识方法的分水岭。统一了同一概念的测量量具后，理论之间才能展开真正的竞争。[5]另一种观点主张多元化，他们认为测量量具的标准化有"实证主义对问题过于简单化"之嫌，更进一步的问题是，标准化的测量方法也许不能把握犯罪问题中的有趣和复杂方面。[6]

标准化理论理由有三：第一，测量量具标准化给实证研究提供相互比较和交流的平台。实证研究的可比较性是犯罪测量成果累积的前提。标准化的量具就是不同实证研究通用的语言。有了诸如问卷、量表、访谈表等设计过的测量量具，即使不同的人来进行研究，获取的结果也会是相似的。[7]第二，测量量具标准化有利于犯罪学理论与实证之间的互动，也有利于犯罪学成果

---

〔1〕 ［英］韦恩·莫里森：《理论犯罪学：从现代到后现代》，刘仁文等译，法律出版社2004年版，第6页。

〔2〕 张小虎："论犯罪学理论的特征"，载《青少年犯罪问题》2000年第5期。

〔3〕 曹立群、周愫娴：《犯罪学理论与实证》，群众出版社2007年版，第30页。

〔4〕 曹立群、周愫娴：《犯罪学理论与实证》，群众出版社2007年版，第3页。

〔5〕 曹立群、周愫娴：《犯罪学理论与实证》，群众出版社2007年版，第3页。

〔6〕 ［英］弗朗西斯·海登松："犯罪学的国际比较研究（上）"，赵赤译，载《河南公安高等专科学校学报》2010年第5期。

〔7〕 曹立群、周愫娴：《犯罪学理论与实证》，群众出版社2007年版，第3页。

的转化。艾格纽在讨论犯罪学的发展时也认为，理论必须不断地与实证对话，才有继续发展的空间。[1]量具标准化之后，理论的概念精确，初学者就可以根据现有的定义进行验证，针对研究结果与前人的作品进行比较，如此一来才会逐步累积出有效的知识，进一步评价各个理论的有效性，或指出每个理论需要被修正的地方。[2]第三，测量量具标准化有利于对犯罪学理论进行验证和整合，最终促进犯罪学的发展。犯罪学本身是一种交叉学科，它吸收了法学、社会学、心理学等社会科学与生物学、物理学、地理学等自然科学的知识和方法。博采众长给犯罪学理论发展带来了富极生悲的窘境：理论上的支离破碎阻碍了犯罪学的发展。[3]要整合理论，先要整合概念。要整合概念，就先要实现测量量具的标准化。

多元化理论的理由也有三点：第一，多元论主张，测量量具的多元化更有利于犯罪学理论的深化。在多元化的语境中，彼此批评，彼此辩论，学者才会更清楚自己的测量量具的优势和不足。量具的标准化造成了量具的千篇一律，结果会遏抑学者对概念的思考，不利于犯罪学的发展。相反，测量方式的差异却可以使我们多一个解读资讯的切入角度，帮助我们拓展了解犯罪事实的视野。第二，由于语境、文化、学科等要素的影响，概念的实质往往难以确定。一切测量的量度都只存在相对意义上的精确，不存在绝对的精确。[4]既然任何量具都不可能精确测量，量具标准化还有什么意义呢？犯罪学测量量具的标准化常因学者的东拼西凑，造成结构松散，外表无懈可击，内部却充满矛盾。第三，为了使测量量具更大而全，更显得"放之四海而皆准"，在整合量具时，人们往往专注于在不同量表、指标和变量之间和稀泥，却忘记了犯罪学测量量具标准化的真正目的——更精确地表达概念，而不是把概念变成一个无所不包的大杂烩。

笔者认为，尽管难度很大，测量量具的标准化已经成为犯罪测量实现科学性的路径之一。对于多元论的质疑，笔者的回答是：第一，量具的标准化并不是不允许对量具内容进行争论。犯罪学测量量具的标准化本身是建立在多元比较之上的。事实上，"多元研究"是一个重要的研究方法，它主要起源

---

〔1〕　曹立群、周愫娴：《犯罪学理论与实证》，群众出版社 2007 年版，第 266 页。

〔2〕　曹立群、周愫娴：《犯罪学理论与实证》，群众出版社 2007 年版，第 265 页。

〔3〕　曹立群、周愫娴：《犯罪学理论与实证》，群众出版社 2007 年版，第 243 页。

〔4〕　高隆昌：《社会度量学原理》，西南交通大学出版社 2000 年版，第 136~140 页。

于 20 世纪后期，且在犯罪学研究领域中的地位日益重要。[1]标准化跟多元化不是矛盾的，多元比较的目的其实就是求取共识。科学知识的发展本身就是一个"多元—统一——多元—统一"的过程。多元是标准化的基础，标准化是多元的升华。因为，单学科的测量量具虽然众多，但其内容比较单一。标准化后量具虽然在数目上减少许多，但在内容方面更加丰富、具体、精确。第二，标准化并不是固定化、模式化，犯罪学测量量具会定期评估。量具跟理论一样，都是处于不断的发展进化中，没有哪个理论能够说自己已经尽善尽美、无需再变，标准化的量具也不是集大成者可以坐吃山空。戈特弗雷德森和赫希对他们的犯罪一般理论非常自信，赫希撰文极力反对对这个标准化的"通用"理论进行整合，但是很快犯罪一般理论就被整合到其他理论中去了。这就说明，标准化是"集大成者"的一种表现，但是根据马克思主义新事物必将代替旧事物的原理，任何新事物最终也将成为旧事物而被超越，新的标准量具会代替旧的标准量具，这是一个螺旋式上升的发展过程。第三，标准化不是绝对的标准化，而是相对的、有限的、灵活的、开放的标准化。犯罪学测量量具标准化并不是只利用一种测量方式而取消其余的测量方式。而是说在同种类的测量方式内部实现整合和标准化，然后不同测量方式再整合起来组成一个更大的内容更丰富的测量体系，对研究对象展开多层面的、互补的测量。多元有利于争论，但是太多了未免嘈杂。适度的整合有利于知识的累积和理论的进步。今天的学科大都"欣然吸收相邻的知识领域的概念和方法"。[2]未来犯罪学研究也须具有刑事一体化的视野。第四，虽然说在犯罪理论整合和量具标准化过程中，有可能出现"和稀泥"的情况。但是从另一方面说，犯罪学测量量具标准化，也能够促使研究人员不断改进自己的理论观点和研究工具。测量量具标准化之后，理论的验证和实证的比较变得更容易，对于理论或实证任何的质疑都可以通过重复观察来证伪。这时，优胜劣汰的进化论规则开始起作用。大而全的量具虽然好看但是不中用，在实证成果的比较中就会败下阵来。

---

〔1〕 ［英］弗朗西斯·海登松："犯罪学的国际比较研究（上）"，赵赤译，载《河南公安高等专科学校学报》2010 年第 5 期。

〔2〕 Becher, Tony, "Academic Tribes and Territories: Intellectual Enquiry and the Culture of Discplines", in Milton Keynes（ed.）, *Society for Research into High Education*, Open University Press, 1989, p. 37.

（三）犯罪测量量具标准化：意义及建议

1. 测量量具标准化的意义

第一，犯罪学测量量具标准化对西方犯罪学理论的中国化有重要作用。纵观新、旧中国犯罪学的历史，批判地吸收西方犯罪学的知识和方法，是一条重要的发展路径。展望未来，西方犯罪学理论的中国化这一崭新课题摆在广大犯罪学研究者面前。目前已经有一些学者开始运用西方犯罪学理论解释我国的犯罪现象或个案，例如皮艺军教授在谈到中国犯罪学"问题清单"时，第一个就强调如何具体运用（而不只是做一些"中看不中用"的介绍）国际上公认并流行的方法论和犯罪学流派的观点，来解释中国的犯罪问题。[1]但在中国土壤上验证西方犯罪学理论，以及运用西方实证方法对本土的犯罪现象进行实证测量和研究，现在还很少有学者意识到它的重要性。从国际上看，其实有许多最初基于一国范围的研究诞生的犯罪理论，后来被引入其他国家或在其他国家得到验证。[2]两方面的实证都需要经常地比较、交流和沟通，以深化研究成果。

第二，犯罪学测量量具标准化，有利于检验我国本土犯罪学理论。量具是实证研究的核心，而标准化的犯罪学测量量具是促进实证研究之间沟通比较的关键。西方犯罪学的发展已经有一百多年的历史，繁衍出了为数众多的犯罪学理论，其中大部分都经过了实证方法的验证，成为指导司法实践的指南针。我国是社会主义国家，主张实践是检验真理的唯一标准，在用于指导本国司法实践之前更应该验证自己的犯罪学理论。理论假设的验证需要犯罪测量的标准化，后者已成为判断实证研究科学性的基本标准之一。

第三，当前我国学者初学实证，普及犯罪学测量量具标准化的观念具有特别的意义。①当前我国犯罪学正处于基础理论建设和方法论建设的起步阶段，学者们都在努力钻研量具的设计，从而进行实际的测量，所以这是普及量具标准化观念的绝佳时机。②西方犯罪学是以实证起家的，他们今天的遭遇就是我们明天的问题，与其等到出了问题再做解决不如在问题出现之前就将其消灭于萌芽中。早日实现测量量具的标准化，我国犯罪学不但可以节省

---

〔1〕　皮艺军："犯罪学研究的方法论与基础理论"，载《福建公安高等专科学校学报（社会公共安全研究）》1999 年第 2 期。

〔2〕　［英］弗朗西斯·海登松："犯罪学的国际比较研究（上）"，赵赤译，载《河南公安高等专科学校学报》2010 年第 5 期。

时间和成本，还可以少走弯路。③从目前我国犯罪学实证研究的数据看，犯罪测量方面已经出现一些问题，例如缺少对照组、不重视抽样、样本不具有代表性、数据分析水平太低等。但是更大的问题出现在量具方面，例如编制问卷的随意性：编制问卷时不研究现有资料，不进行项目分析，不注意文字表述，随意罗列一些题目就凑成一份问卷，问卷中存在很多漏洞。使用这样的问卷进行研究，必然会影响研究的科学性，造成极大的浪费。[1]④概念是犯罪学的核心，量具是概念测量的核心，而标准化是实证分析的核心。当前我国犯罪学界在基础概念上还存在不少问题，比如"青少年犯罪"概念，下限是 14 岁，但上限有人以 25 岁为限，有人以 28 岁为限，这样就严重影响了统计的准确性和可比性。[2]另外，标准化处理能力的局限性也阻碍了我国犯罪学实证研究的开展。按照定量分析的基本模式，对抽象概念的操作化处理是定性走向定量的必经程序。没有操作化处理，像危害性、人身危险性、执行效果、程序正义等术语都只能作为交谈的媒介，而无法用来测量、观察、比较它们在现实世界中的存在方式、规模、范围、程度，更无法"推算"它们之间的关系。[3]所以，量具标准化可以提醒犯罪学学者关注核心概念的操作化，关注概念的精确性。一个理论的成熟与否不仅与它的基本概念以及由这些概念所组成的基本命题相关，还与它的实证测量指标的完善以及实证测量的结果密切相关。[4]犯罪学是否可以在学术殿堂中占有一席之地，取决于犯罪学是否走上科学化的大道，是否可以产生一套有共识的测量量具。[5]

2. 测量量具标准化的建议

第一，犯罪学测量量具标准化，首先依赖于核心概念的精确化。概念是赋予事物的抽象标签，它也是所有科学研究的起点。[6]概念的模糊会引发争议，也会影响研究人员对指标、变量和量具的设计。量具的作用之一就是将

---

〔1〕 吴宗宪："论西方犯罪学中的当代实证主义"，载《刑事法评论》2000 年第 1 期，第 579~612 页。

〔2〕 参见王仲兴、李波："我国犯罪学研究方法与方法研究"，载《政法学刊》2006 年第 6 期。

〔3〕 参见白建军："刑事学体系的一个侧面：定量分析"，载《中外法学》1999 年第 5 期。

〔4〕 江山河："社会支持理论"，载曹立群、任昕主编：《犯罪学》，中国人民大学出版社 2008 年版，第 224 页。

〔5〕 曹立群、周愫娴：《犯罪学理论与实证》，群众出版社 2007 年版，第 267 页。

〔6〕 ［美］Frank E. Hagan：《犯罪行为研究方法》（第 7 版），刘萃侠、罗震雷、黄婧译，中国轻工业出版社 2009 年版，第 13 页。

抽象的概念下降为具体可测量的变量。常见的情况是，同一个概念有不同的测量量具存在，犯罪学学者只局限在自己的方法中，不断地推理出各自的理解和新的测量量具。[1]对概念的理解不一会通过量具间接影响研究的结论，这一问题应引起犯罪学界的充分注意。美国学者罗伯特·桑普森在探讨犯罪与经济状况的相关性时发现，由于对贫困没有任何明确的界定，所以在不同的研究中出现了至少不下于20种度量贫困的方法。这种度量贫困的不同方法就足以造成上述结论的不一致。[2]理解上的差异也可能会导致犯罪学理论的核心概念在检验因果关系模型中被误用。[3]比如，明尼苏达州的多项人格检查表中的项目9，以前被描述成"轻度躁狂"项目，在很大程度上是测量冲动的一项度量标准，但是这一项目从未始终如一地将犯罪人和非犯罪人分开。[4]

　　第二，犯罪学测量量具标准化，还需要规范实证研究的全过程。从当前犯罪学研究趋势看，研究方法已成理论热点，实证研究取得了一定成果，推广实证研究方法刻不容缓。[5]量具的标准化是实证方法研究的重要内容，对我国来说，量具的标准化需要实证研究的规范化。首先，量具的选取和制作严格按照需要研究的问题和需要进行；其次，研究人员在选取指标、设计研究方案时处心积虑，尽力减小误差；再次，研究人员经过预试、请教专家等方法完善量具的内容，并对量具进行信度和效度的检验；最后，研究人员在测量完毕之后要完整地公布所有的研究步骤和方法。任何对研究有质疑的学者都可以进行重复验证。由此可见，实证的规范化是测量量具标准化的前提。

　　第三，犯罪学测量量具标准化后，需要定期评估量具的效度（而不是信度）。测量量具标准化对于犯罪学理论的发展而言并非一劳永逸的事。时代在发展，研究对象不断变异，要保证量具的有效性，需要对量具定期进行效度

---

　　[1]　曹立群、周愫娴：《犯罪学理论与实证》，群众出版社2007年版，第3页。

　　[2]　Robert J. Sampson and Janet L. Lauritsen, "Violent Victimization and Offending", in Albert J. Reiss Jr., and Jeffrey A. Both (eds.), *Understanding and Preventing Violence - Social Influences*, vol. 3, National Academy Press, Washington, DC, 1994, p. 5.

　　[3]　曹立群、周愫娴：《犯罪学理论与实证》，群众出版社2007年版，第3页。

　　[4]　[美]乔治·B. 沃尔德、托马斯·J. 伯纳德、杰里弗·B. 斯奈普斯：《理论犯罪学》（原书第5版），方鹏译，中国政法大学出版社2005年版，第103页。

　　[5]　参见康均心、周亮："晚近我国犯罪学的新发展"，载《河南公安高等专科学校学报》2007年第2期。

评估。效度是指所得的资料是否与测量的目标相吻合。[1]比如白建军教授在进行"银行从业者违规倾向"调查时，对"自我意识"的测量是通过以下三个问题实现的：[2]

> 1. 您认为您与周围大多数同事相比，在物质生活方面属于：
> ○上等；○中等；○下等；
> 2. 您认为您与您的大多数朋友相比，属于：
> ○相当成功的；○比较成功的；○一般；○比较失意的；○最失败的；
> 3. 您认为您与您的大多数同事相比，在道德品质方面：
> ○很好；○一般；○较差。

具体而言，如果这三个问题确实能够测出银行从业者的自我意识，那就说明这个问卷的效度比较高。否则就说明问卷的效度低，应该制定新的量具。

所有科学的进步都取决于所使用的测量量具，犯罪学也不例外。[3]近年来西方犯罪学的发展停滞不前，主要是因为测量量具的混乱造成实证研究成果无法累积，理论模糊松散，与实证缺乏互动。对我国犯罪学来说，普及量具标准化意识恰逢其时。测量量具标准化对于西方理论的中国化以及本土犯罪学理论的验证都意义重大。核心概念的量化、实证研究过程的规范化、定期评估理论和量具的效度，将成为未来犯罪学研究的重要方向。"犯罪学界必须好好地面对概念和量具的问题，犯罪学界忽视这些问题太久了，在做实证研究时，再精深的理论、再高明的研究设计、再成熟的分析技巧，都不能弥补测量量具的不足。"[4]

---

〔1〕 [美] 乔治·B. 沃尔德、托马斯·J. 伯纳德、杰里弗·B. 斯奈普斯：《理论犯罪学》（原书第5版），方鹏译，中国政法大学出版社2005年版，第6页。

〔2〕 白建军：《关系犯罪学》，中国人民大学出版社2005年版，第406页。

〔3〕 曹立群、周愫娴：《犯罪学理论与实证》，群众出版社2007年版，第243页。

〔4〕 曹立群、周愫娴：《犯罪学理论与实证》，群众出版社2007年版，第247页。

第九章

风险社会与变迁中的犯罪控制：
以英美为例[1]

一、20 世纪 70 年代以来全球风险化及其后果

（一）犯罪控制的背景：风险社会

风险社会理论是西方后现代思潮的产物，是后现代社会学理论的一种。后现代是指 20 世纪 70 年代后期开始的这一段时期。始于 21 世纪初期的社会变化，其特征是全球性风险以及这种风险概率的不确定性、偶然认识性及未来风险结果、影响的不确定性。[2]"风险"是后现代主义的一种视角。对于我们生活的这个社会来说，从正统视角看是一个传统工业社会，从风险视角看则是一个风险社会。正如吉登斯所言，我们实际上并没有迈进一个所谓的后现代性时期，而是正在进入这样一个阶段，其中，现代性的后果比从前任何一个时期都更加剧烈化和更加普遍化了。在现代性背后，我们能够观察到一种崭新的不同于过去的秩序的轮廓，这就是"后现代"。[3]后现代主义的意义在于，借助于一些非主流、非正统的研究视角，帮助我们认清正统理论和制度"显功能"背后的"潜功能"（或称隐功能），后者是诸多社会问题的根源。显功能和潜功能是美国社会学家罗伯特·默顿提出的概念：显功能是

[1] 本章原载于赵秉志主编：《刑法论丛》（第 40 卷），法律出版社 2014 年版，第 506~528 页，原题为"风险社会、犯罪问题政治化与 20 世纪 70 年代以来英美犯罪控制模式的变迁"，有改动。

[2] 参见 [英] 海泽尔·肯绍尔：《解读刑事司法中的风险》，李明琪等译，中国人民公安大学出版社 2009 年版，第 6 页。

[3] 参见 [英] 安东尼·吉登斯：《现代性的后果》，田禾译，黄平校，译林出版社 2011 年版，第 3 页。

指某一具体单元（人、亚群体、社会系统和文化系统）的那些有助于其调适并且是有意安排的客观后果；潜功能则是指同一层次上的无意图的、未认识到的后果。[1] 目前，以后现代主义，特别是其中的风险社会理论为视角，研究犯罪控制问题在西方已成为一种潮流。借助于风险视角，我们可以发现：随着恐惧感的不断扩散，安全成了西方社会的稀缺商品，这些重大变化对犯罪学理论和刑事司法政策都产生了重要影响。例如，风险社会理论在社会控制和社会管理等问题上的运用。此外，随着建立在风险和精算司法基础之上的"新刑罚"的兴起，惩戒实践也发生了根本改变。[2]

　　既然风险社会理论是在西方后现代思潮中出现的一种社会学理论，那么要理解风险社会理论就先要了解后现代主义本身。后现代主义是与现代主义相对应的概念。与现代主义的理性、启蒙、建构、划一等特点相比，后现代主义具有非理性、非启蒙性、非建构性、多元性等特征。根据后现代主义的这种秉性，要给它一个公认的定义并非一件容易的事，因为在后现代论者看来，定义本身就是现代主义的一种表达。波林·罗斯诺为我们更好地理解后现代社会理论提供了一个有用的起点，他主要依据后现代社会理论所反对的东西来对这种理论进行定义：第一，后现代主义谴责现代社会以及它在实现自己的各种承诺方面所遭遇的失败；第二，后现代理论家倾向于拒斥所谓的世界观、元叙事、宏大叙事和整体性等一类的东西；第三，后现代思想家倾向于赋予各种前现代的现象如"情绪、感觉、直觉、反应、思辨、个人经验、风俗、暴力、形而上学、传统、宇宙论、巫术、神话、宗教感情以及神秘体验"等以更大的重要性；第四，后现代思想家拒斥现代社会在各门学科之间、文化与生活之间、虚构与理论之间、想象和现实之间所设置的那些界限；第五，许多后现代主义者都拒斥现代学术讨论中那种审慎的、理性的风格；第六，与现代思想家将关注的焦点集中于现代社会的核心部分不同，后现代理论家将他的注意力转向社会的边缘地带。[3]

---

　　〔1〕 参见［美］罗伯特·K.默顿：《社会理论和社会结构》，唐少杰等译，译林出版社2008年版，第145页。

　　〔2〕 参见［英］海泽尔·肯绍尔：《解读刑事司法中的风险》，李明琪等译，中国人民公安大学出版社2009年版，第20页。

　　〔3〕 ［美］乔治·瑞泽尔：《后现代社会理论》，谢立中等译，华夏出版社2003年版，第12~13页。

（二）风险社会与后现代主义的实质

在我国，较早地系统研究后现代主义的是社会学家王治河。他认为，后现代不是就某一时代而言，而是指一种反现代的思维或态度，这一思维或态度以强调否定性、非中心化、破碎性、反正统性、不确定性、非连续性以及多元化为特征，大胆的标新立异、彻底的反传统以及反权威的精神是这一思维方式的灵魂。[1]这种以毫不掩饰地否定和摧毁为特征的后现代主义，有助于认识"现代性的隐忧"，但是也容易让人们对其产生抵触情绪。针对一些学者关于"后现代思想具有破坏性"的担忧，苏力教授也认为："这种看法多少有些皮相。只要回顾现代初期，现代主义思想家不也曾以现代主义为武器对中世纪以来的传统不断否定和摧毁吗？因此，如果现代主义仅仅以本身就值得争议的'破坏性'来否定后现代思潮对现代社会，包括对中国这样正处在现代化进程中的社会的作用，那么现代主义就有维护既得利益的嫌疑。"[2]实际上，一些后现代思想或见解早已被我们所接受并视为当然。"后现代哲学家提醒人们，现在该是认真吸取达尔文和马克思、尼采和弗洛伊德、维特根斯坦和海德格尔教训的时刻了。也就是说，否认无意识对意识的影响，否认前概念和非概念在概念中的作用，否认非理性的东西——经济欲望、权力意志存在于理性的核心，已不再成为可能。同样，忽视'意识结构'的内在社会特征，忽视思想范畴的历史和文化的可变性也不再成为可能。事实一再表明，'心灵'如果与'肉体'相对立，'心灵'肯定被误解；理论如果与实践相对立，下场也是如此。"[3]这些"现代"得不能再"现代"的提醒，在当下看来早已不必再提醒，在当时却被视为后现代。可见，后现代和现代是相对的，也是可以转化的。后现代就像金庸武侠小说中的"包不同"，在与现代主义"叫板""抬杠""挑刺"的过程中，不断地揭示现代性内部被压抑的成分以及现代性无法看到或有意无意被忽视的各种"非意欲结果"，提醒人们对那些被视为当然的"副作用"提高警惕。这也表明："后现代思潮不是一种远不可

---

〔1〕参见王治河：《扑朔迷离的游戏——后现代哲学思潮研究》，社会科学文献出版社1993年版，第6~8页。

〔2〕朱苏力："后现代思潮与中国法学和法制——兼与季卫东先生商榷"，载《法学》1997年第3期。

〔3〕参见王治河：《扑朔迷离的游戏——后现代哲学思潮研究》，社会科学文献出版社1993年版，第11页。

及的新学术，而是一种普通人也人人可能得到的人生经验；只要不是过分为现代主义的理性思想框架所笼罩，只要是认真对待、表述自己的生命体验，即使那些主要受现代主义影响的思想家也会得出某些后现代思潮相通的结论。后现代思想家的贡献也许仅仅在于将这些先前为现代主义的理性压抑的知识表述出来。"[1]

作为后现代社会理论之一的风险社会理论，也并非指某一现实社会，而是在对传统工业社会反思的基础上，从"风险"视角对传统工业社会重新审视的结果。风险，在现代主义社会理论和实践中是不被重视的、非主流的和被隐藏的。长期以来，我们将这些"潜在的副作用"一直视为当然，从来没有料想到它们有朝一日会反客为主。吉登斯指出，虽然社会学的缔造者们都很重视现代性的"机会方面"，但即使是最悲观的韦伯也没能预见到现代性的黑暗面究竟有多严重。虽然他经历过第一次世界大战带来的种种恐怖事件，但终究没有预见到核武器的发明。[2]毕罗在他的长篇小说《赫佐格》中写道："核恐惧的革命还给我们一个形而上学的维度。所有的实践活动都达到了顶点：所有的一切现在都可能完蛋，文明、历史、自然。现在就让我们回想一下克尔可伽德先生的问题吧！"[3]这就是风险社会的隐喻。所谓克尔可伽德先生的问题，正是指"如何躲避这种毁灭的恐惧"。吉登斯还强调，"风险"这个概念的诞生是随着人们意识到这一点而产生的，即未能预期的后果可能恰恰是我们自己的行动和决定造成的，而不是大自然所表现出来的神意，也不是不可言喻的上帝的意图。[4]正是"我们可以一下子就被毁灭"这种风险意识改变了我们对世界的认识，虽然我们所看到的还是原来那个世界，但它已经有了另一种可能性，这成了后现代反思的起点。正如贝克所言："风险的概念直接与反思性现代化的概念相关，风险可以被界定为系统地处理现代化自己引致的危险和不安全感的方式。风险，与早期的危险相比，是与现代化的威胁力量以及现代化引致的怀疑的全球化相关的一些后果，它们在政治上

---

[1] 朱苏力："后现代思潮与中国法学和法制——兼与季卫东先生商榷"，载《法学》1997年第3期。

[2] 参见［英］安东尼·吉登斯：《现代性的后果》，田禾译，黄平校，译林出版社2011年版，第8页。

[3] 参见［英］安东尼·吉登斯：《现代性的后果》，田禾译，黄平校，译林出版社2011年版，第129页。

[4] ［英］安东尼·吉登斯：《现代性的后果》，田禾译，黄平校，译林出版社2011年版，第27页。

是反思性的。"〔1〕简言之，所谓风险社会理论也就是站在这一种"可能性"之上"想事情"，通过反思揭示现代性所无视的种种其他可能性。

贝克没有否认风险社会本质上仍然是一个工业化的社会，他只是强调，工业社会时代一直将目光聚焦在解决物质短缺与发展生产力上，工业化本身所带来的消极后果却因此被掩盖了。〔2〕风险社会理论正是希望通过揭示工业时代所蕴藏着的风险，将深陷传统社会睡梦中，以为"人类可以征服一切"的人们解放出来。在此意义上，比较传统工业社会的风险与风险社会中的风险孰多孰少，是否有本质的区别，其实压根就没明白风险社会理论的真正内涵。风险社会理论也并不像有些学者说的那么危险。相反，如果以科学技术为第一生产力的传统工业社会坚持工具主义和功利主义的旧路，却有可能将人类社会带入万劫不复的深渊。在这种情况下，否定风险社会理论，否定当代社会所面临的危险处境，就是否定反思现代性的意义，就有可能使人类在科技危机面前失去宝贵的自救时间。

（三）风险视角的反思性

当然，为了建构一种新理论，贝克还区分了传统风险与风险社会中的风险（后现代风险）。相对于前者而言，后者一方面具有巨大性（全球性），另一方面在数量上也增加了。"生产力的指数式增长，使危险和潜在威胁的释放达到了一个我们前所未知的程度。"〔3〕这种发生率虽小但一旦发生就会造成重大损害的后现代风险，"冰冻三尺，非一日之寒"，它正是由那些长期不被关注的传统风险累积而成的。后现代风险的无形性和全球性等特点并不新鲜，像淋巴鼠疫、天花等影响大、传播广而且具有致命性的疾病，从古代到今天都一直存在着，有所改变的是我们具有了通过医学发现它们的能力。〔4〕后现代风险不是一下子从地底下突然冒出来的，而是很早就在那里了，只不过人们要么没有发现，要么假装没有发现而已。之所以会"假装没有发现"，是因为"每一个利益团体都试图通过风险的界定来保护自己，并通过

---

〔1〕　［德］乌尔里希·贝克：《风险社会》，何博闻译，译林出版社2004年版，第19页。

〔2〕　参见劳东燕："风险社会与变动中的刑法理论"，载《中外法学》2014年第1期。

〔3〕　［德］乌尔里希·贝克：《风险社会》，何博闻译，译林出版社2004年版，第15页。

〔4〕　参见［英］海泽尔·肯绍尔：《解读刑事司法中的风险》，李明琪等译，中国人民公安大学出版社2009年版，第10页。

这种方式去规避可能影响到他们利益的风险"，[1] 由此出发最终导致"有组织地不负责任"。传统风险之所以能够发展壮大，成为人们再也无法视而不见的后现代风险，是因为一直以来，利益蒙蔽着人们的眼睛，使他们对风险视而不见。可见，风险社会不是今天才"发生"的，而是今天才"被发现"的。

如果后现代风险是指那些人类无法预见也无法控制的风险，那当然与法律无关，但是，贝克所指风险都有人类的参与，属于"人为的"不确定性。比如生态污染，其虽然在因果关系上比较难以证明，但都没有超出法律管辖的范围。人为特征表明，风险是一种决定的产物，如果风险决定的结果比较严重，就要纳入法律甚至是刑法管辖的范围之内，以便于规制和防范。贝克也承认，在风险的扩张中，人本身负有不可推卸的责任。例如，资本主义国家将高风险行业转移到发展中国家，是因为后者往往没有建立充分的安全和预防性法规，即使有，它们也不过是一纸空文。这就使得发达国家有机会将那些处置风险的方式合法化了。[2] 这些发达国家虽然对本国环境问题具有高度的风险意识，却没有想到他们自以为转移到别的国家或地区的那些危险会像"飞去来器"一样，最终落在自己的头上。可见，风险社会理论发生在发达的资本主义国家，不是没有原因的。

除了大小和发生概率，如果说后现代风险真的与传统风险有所不同的话，那应该是反思性本身所产生的那些风险。反思是好的，但是无原则地反思就成了怀疑论。在此意义上，后现代确实有其弱点，即作为一种学术思潮，后现代虽然具有个性化特点，却也有偏激的一面。在《后现代转向》一书中，哈桑在总结了后现代的五大特征（不确定性、破碎性、反正统性、非我性以及内在性）基础上，着重强调了后现代的破坏性。[3] 后现代"破"有余而"立"不足，这也是后现代只能寄生在现代之上却无法取而代之的原因所在。贝克还指出，在风险社会中是"意识决定存在"，即掌握的知识越多，越难以决策，越难以决策，内心越是恐慌；越是恐慌，越容易制造出更多的风险幻

---

〔1〕 ［德］乌尔里希·贝克：《风险社会》，何博闻译，译林出版社 2004 年版，第 31 页。

〔2〕 ［德］乌尔里希·贝克：《风险社会》，何博闻译，译林出版社 2004 年版，第 46~47 页。

〔3〕 ［美］伊哈布·哈桑：《后现代转向》（英文版），俄亥俄州立大学出版社 1987 年版，第 168~173 页，转引自王治河：《扑朔迷离的游戏——后现代哲学思潮研究》，社会科学文献出版社 1993 年版，第 12~13 页。

象，进一步加剧不安全感。

总之，风险社会理论给我们提供了一个观察现代社会的新视角，这个视角是后现代的。后现代主义是当代西方的一个重要思潮，对法学也有一定的影响，不应将其作时代化的理解，从而简单地认为后现代主义与被认为尚未或正在现代化的当代中国无关，而应当努力从学理上理解它。[1]其实，后现代哲学与传统哲学有着千丝万缕的联系，它们的对立仅仅是一种形式，其实质是对同一事物进行了不同的反思。[2]风险社会理论就是从风险视角重新审视当今社会，指出其中所存在的问题。对于及早发现和解决社会问题而言，反思无疑是有益的。

二、20世纪70年代以来英美犯罪控制模式的变迁

（一）从矫治模式到两极化模式的转型

美国建国之初，作为其母国的英国已经完成了资产阶级革命，进入了自由资本主义时代。在英国、法国等国的影响下，美国从一开始就进入了犯罪控制的古典时代。在此阶段，犯罪被认为是个人自由选择的产物，人们在实施犯罪时会估算实施犯罪的潜在收益和成本。因此，社会对犯罪的理性反应也应当是增加犯罪的成本并减少犯罪的收益，引导个人选择不实施犯罪。[3]18世纪后半期正是古典经济学百家争鸣的繁荣时期，作为古典犯罪学派代表人物的贝卡利亚、边沁等人也深受古典经济学影响，以至于古典学派在刑罚体系设计上处处流露出一种风险与收益的考虑。"它提示我们，20世纪后期关于'风险算计'和'风险管理'的观点并非现代研究犯罪和犯罪预防的社会学家的首创。"[4]一方面，古典学派信奉刑罚的威慑作用，并以收容制度、社会救济制度、警察制度等社会管理制度作为补充；另一方面，与君主制时代刑罚的无节制性相比，古典学派认识到刑罚的局限性，主张限制刑罚的适用，并提出许多刑罚运用上的技术和技巧。

〔1〕　苏力：《也许正在发生：转型中国的法学》，法律出版社2004年版，第26页。
〔2〕　王治河：《扑朔迷离的游戏——后现代哲学思潮研究》，社会科学文献出版社1993年版，第25页。
〔3〕　参见［美］乔治·B.沃尔德、托马斯·J.伯纳德、杰里弗·B.斯奈普斯：《理论犯罪学》（原书第5版），方鹏译，中国政法大学出版社2005年版，第11页。
〔4〕　［英］戈登·休斯：《解读犯罪预防——社会控制、风险与后现代》，刘晓梅、刘志松译，中国人民公安大学出版社2009年版，第26页。

19世纪后半叶，英美经济高速发展，急剧的都市化和工业化导致再犯、累犯、青少年犯罪与日俱增。这一时期犯罪率的上升在更大程度上是社会要素导致的，古典学派通过刑罚威慑预防犯罪效果不佳，社会上蔓延着一种人类命中注定无力控制犯罪的消极论调，政府在民意的谴责下也不知所措。在自然科学和实证方法支持下，龙伯罗梭提出的有关"犯罪具有可治愈性"的学说得到了人们的认可。治愈犯罪的方法不是对犯罪的报应或者威慑，而是对犯罪人进行个别化的治疗。通过犯罪人调查分类、人身危险性测量等手段，医生、犯罪学家、人类学家、心理学家、精神病学家等都致力于找出导致犯罪行为发生的重要因子，针对这些因子对犯罪人展开矫治。该学说适应了当时社会的需要：为预防犯罪活动的失败找到了合适的理由——犯罪是天生的，无法预防；摆脱了认为犯罪是由当时的社会组织引起的激进学说——按照这种学说，犯罪是当时社会的必然产物，因此，要根除犯罪就必须推翻现行社会制度。这显然是统治者所不能接受的；为加强国家对社会的控制提供了借口——既然犯罪人是隔代遗传者，是不可救药的道德堕落者，就必须把他们从社会中根除，或者永远隔离起来；提出了一些对付犯罪的新方法，指出了在对付犯罪方面进行努力的新方向。因此，自20世纪初到70年代，实证学派盛极一时。[1]矫治模式在美国甚至发展出了"医疗模式"，即将犯罪视同生病一般，监狱官员像医生对待病人一样对待犯人，通过治疗而非刑罚使犯罪人改变其反社会行为而能复归社会。[2]由于矫治模式对政府财政支持、医疗及社会福利体系要求较高，因此又被称为"刑罚福利"模式。

从20世纪初期到20世纪70年代，矫治模式在英美盛极一时。与古典模式相比，矫治模式有以下特点：①它所面对的不再是抽象的理性人，而是一个个有血有肉的具体的自然人；②它强调特殊预防，致力于采用优生学、生物学、心理学、精神病学等自然科学的成果，消除犯罪人体内的犯罪因子；③矫治模式"回避了刑事司法的问题"，"代之以对社会公正……社会保护和社会管理等的关注"；[3]④随着"犯罪人"作为"刑罚惩罚"和犯罪预防的

---

〔1〕 参见吴宗宪：《西方犯罪学史》（第2版·第1卷），中国人民公安大学出版社2010年版，第409页。

〔2〕 许福生：《刑事政策学》，中国民主法制出版社2006年版，第119页。

〔3〕 ［英］戈登·休斯：《解读犯罪预防——社会控制、风险与后现代》，刘晓梅、刘志松译，中国人民公安大学出版社2009年版，第49页。

对象而出现，专业的评判眼光开始取代公众的评价视角（如展示台）。[1]此外，矫治模式在实施条件上比古典模式要求高，尤其是：其一，它需要社会普遍相信人类天性具有柔软性和可塑性，也就是相信借由人格的改造可进而改变偏差行为；该模式运作不可或缺地需要社会对矫治成效的高度价值认同，对处遇目的的高度合意；[2]其二，矫治模式的有效运作需要大量医学、心理学、精神病学等知识、专家、技术设施和装备，因此还需要大量的金钱。20世纪70年代，随着风险的全球化，西方福利社会出现严重危机，矫治模式面临严峻的挑战。在这种情况下，以前福利制度所提供的安全网络现在没有了，国家拒绝再为普通民众不幸的命运承担责任，免遭风险的集体保险不复存在，应付风险的责任被重新私人化。[3]

1974年，在重新检验1945年1月至1967年底之间完成的一千多项有关监狱矫正、治疗的研究基础上，美国学者罗伯特·马丁森发表了《有什么效果？关于监狱改革的问题与答案》一文，对矫正的效果提出了严重的怀疑。[4]一方面，矫治模式注重对罪犯人身危险性的教育改造，为此倡导所谓的不定期刑。与古典时代不同，矫治模式下的不定期刑成了缓解监狱压力的重要手段。罪犯被判处听起来很严厉的刑罚，但在仅仅服刑1/3的刑期通常就会被释放，那么公众对司法体系的信心就会受挫。[5]另一方面，矫治模式将罪犯区分为可矫治的和不可矫治的，前者予以教育改造或行为矫正，后者则予以隔离。这种违法犯罪人口分类预防并非没有风险。"在人类科学预测技术尚未完全证实时，不得不承认实证学派研究的科学处遇有其极限。特别是本着科学化所强调的个别化处遇，在无法保证有效性外，若再加上运作的不公平性，其对人权的伤害会很大。"[6]

马丁森报告在美国引起了巨大反响，此后美国政府调整刑事政策，重新

〔1〕〔英〕戈登·休斯：《解读犯罪预防——社会控制、风险与后现代》，刘晓梅、刘志松译，中国人民公安大学出版社2009年版，第51页。

〔2〕谢煜伟："二分论刑事政策之考察与批判"，台湾大学2004年硕士学位论文，第66页。

〔3〕参见〔英〕齐格蒙·鲍曼：《后现代性及其缺憾》，郇建立、李静韬译，学林出版社2002年版，第41页。

〔4〕吴宗宪：《西方犯罪学史》（第2版·第1卷），中国人民公安大学出版社2010年版，第207页。

〔5〕刘艳萍："美国刑事政策研究——以'重重轻轻'两极化的刑事政策为视角"，中国政法大学2008年博士学位论文，第107页。

〔6〕许福生：《刑事政策学》，中国民主法制出版社2006年版，第119页。

开始对犯罪强硬，这就是正义模式。正义模式对矫治模式的取代之所以会发生在 20 世纪 70 年代并非出于偶然。1997 年鲍曼就曾感叹："在'西方'社会（或曰工业社会、资本主义社会、民主社会、现代社会）得以形成并维持的历史上，最近 30 年间是真正具有关键性的 30 年，因为在这 30 年间，人们的生活方式发生了翻天覆地的变化。恰恰是这一生活方式的变化，它决定了人们如何命名他们所经历的恐惧和焦虑，如何命名对他们的安全带来威胁的场所。"[1]正义模式主要有两方面的主张：在矫治罪犯方面，要求执行前取得被矫治人的同意；在定罪量刑方面，主要是要求公正报应，为此提出所谓的"量刑的真实性和确定性"等原则。由于在常规情况下征求罪犯的同意比较困难，司法实践中的做法主要以服监禁刑相威胁以促使罪犯达成对矫治的同意，这就将罪犯对矫治的同意权转换成罪犯在矫治和监禁之间做选择的选择权。而且，由于民众的恐惧感急切需要安抚，罪犯同意实际上不再被重视，受重视的是审判阶段对公平量刑的要求，即所谓的"应得的惩罚"。在这一点上，自由派和保守派达成了一致。保守派主张"固定而明确的刑罚"，即量刑是否符合对价表不是关注的重点，量刑是否明确而固定才是。如此一来，重刑化的立法，大幅度长时间的监禁也变得理所当然。[2]

正义模式仅施行了大约十年就被两极化刑事政策所取代，主要是因为大规模的重刑威慑给国家造成了过分的负担。为了缓解监狱的压力，同时也为了避免重蹈覆辙，刑事司法机关采取了两个方法：其一，把刑事系统的机构联合起来，并将系统理论和程序运用到犯罪管理中，识别出系统中的障碍以及快速追踪、看护和牵制，重点是目标、经济和效率；其二，选择性剥夺行为能力，即有选择地——而非全部地——对一些危险人物进行监禁。[3]根据这两种方法，以人身危险性为主要标准，将犯罪人区分为轻罪犯和重罪犯，分别处以不同性质的刑罚。一方面，对重罪犯予以监禁以剥夺犯罪能力并安抚公众。事实上，之前公众反对不定期刑，倡导量刑的真实性，就是出于对严重犯罪的恐惧。另一方面，对轻罪犯实施社区矫正，以彰显人道和节省成

---

〔1〕 [英] 齐格蒙·鲍曼：《后现代性及其缺憾》，郇建立、李静韬译，学林出版社 2002 年版，第 36 页。

〔2〕 谢煜伟："二分论刑事政策之考察与批判"，台湾大学 2004 年硕士学位论文，第 111 页。

〔3〕 参见 [英] 海泽尔·肯绍尔：《解读刑事司法中的风险》，李明琪等译，中国人民公安大学出版社 2009 年版，第 40~41 页。

本。这就是两极化刑事政策的主要内容。它包括相对报应的两极化刑事政策（轻轻重重，以轻为主）和更加报应的两极化刑事政策（轻轻重重，以重为主）两个阶段，二者以 1993 年华盛顿州出台"三振出局"法案为分界点。"三振出局"法案是指犯罪分子因特定的暴力重罪而被第三次定罪，将会被判处终身监禁，不得假释。[1]

与相对报应的两极化刑事政策不同，更加报应的两极化刑事政策不是着眼于矫治罪犯，监狱不再致力于矫正罪犯，而是致力于将罪犯隔离无害化。监禁在保护社会免受伤害这方面尽管作用很小，但很重要，因为监狱里的犯人无法跑到社区违法。[2]用后现代话语说，就是监狱不再致力于减少风险，而是致力于将风险储存到监狱中。[3]矫治模式失败后，矫治本身并没有被全部否定，而作为必要的成分吸收到两极化模式里来。20 世纪末，犯罪基因学和发展式犯罪预防延续了矫治模式的传统，希望能从犯罪人身上发现一些犯罪预兆（危险要素），辨认、预测甚至提前干预，以避免反社会行为的发生。不过，两极化模式下的矫治在内涵上已不同于以往。现在，即使是对于被实施社区矫正的罪犯，也更注重于将犯罪人作为社会风险予以控制而非矫治。之所以将他们适用社区矫正，也并非单纯地相信他们"能够"被矫正，而是因为这些罪犯所犯之罪较轻；也是因为与以往相比，社区也具有了更高的防范意识和监督功能。

（二）从规训机制为主到安全机制为主

在区分古典社会与风险社会的框架下，可以发现：在古典模式和矫治模式期间，英美以规训机制为主要的控制技术，针对个体实施惩戒与改造；正义模式和两极化模式由规训机制为主向以安全机制为主的模式转变，后者的核心从对个人的惩戒转向针对危险群体的管理。"它不再对有关越轨个体的处遇或失德个体的责任进行论述，而是考量整个刑事司法系统，并且追求整个系统的理性及高效。它注重整理及分类，对危险程度不同的犯罪人进行区分，并且更合理地实施控制策略。通过考察特定指标、采用预测表格、开展人口

---

〔1〕 刘艳萍："美国刑事政策研究——以'重重轻轻'两极化的刑事政策为视角"，中国政法大学 2008 年博士学位论文，第 120 页。

〔2〕 [加] 欧文·沃勒：《有效的犯罪预防——公共安全战略的科学设计》，蒋文军译，梅建明译校，中国人民公安大学出版社 2011 年版，第 17 页。

〔3〕 参见 [英] 海泽尔·肯绍尔：《解读刑事司法中的风险》，李明琪等译，中国人民公安大学出版社 2009 年版，第 40~41 页。

结构调查项目等方式来实现监督、监禁和控制的分组系统已经代替了对个体的诊断和回应。"〔1〕

通过比较十六七世纪对鼠疫病人的分区管理与 18 世纪对天花疾病的预防，福柯区分了两种控制技术——规训机制与安全机制。规训机制包括层级监视、规范化裁决与检查。"层级监视"通过多层次的、持续的和切实的监督活动，促使被监督者调整自己的行为，使之符合一定的规范；"规范化裁决"通过一些自然的和轻微的惩罚，在法律无力染指的领域实施管理，以缩小被监督人与规范要求之间的差距；"监视"和"规范化裁决"都是静态的权力，它们通过"检查"结合起来并在此基础上转换为动态的权力行使。〔2〕福柯认为，规范化技术在对鼠疫的分区控制中得到完美的展现。例如，将遭遇鼠疫的地区和城市严格地划分成格子，并且指示什么时候能出去，在家里以什么方式、在什么时间、必须做些什么，必须吃些什么的食物，不得有某些类型的接触等都是规范化机制的表现。〔3〕就犯罪控制而言，古典模式强调法律，矫治模式重视纪律，二者都重视规则的规训功能。规范化技术可以坚定遵守规范者的信念，可以将偏离规范者拉回规范道路上来。在早期规训体系中，"明确的是人们应当做什么，因此剩下的所有不明确的事情，就要禁止"。〔4〕该模式在罪刑法定原则提出之后转变成了"只要是法律禁止的，就不允许做，剩下的法律没有明确规定的所有事情，都可以做"的新型规训模式。这就是树立一个"正常人"的模型，要求所有的人都按照这个模型生活和做事，转变为树立一个"不正常的人"的模型，要求所有的人不要按这个模型生活和做事。无论是古典模式还是矫治模式，机能运作的核心都是规范，允许做什么和禁止做什么都由规范事先予以规定，人们只要消极地遵守规范就可以了。这种以监督、纪律、检查为主要手段的规训模式源自于一种"人性恶"的哲学理论，这种理论认为对于永远可能做坏事的人，只能"紧盯着他"。规范化

〔1〕 参见〔美〕Malcolm M. Feeley、Jonathan Simon："新刑罚学：矫治策略的出现及其启示"，乔远译，载《刑事法评论》2016 年第 2 期。
〔2〕〔法〕米歇尔·福柯：《规训与惩罚》，刘北成、杨远婴译，生活、读书、新知三联书店 2007 年版，第 193 页以下。
〔3〕〔法〕米歇尔·福柯：《安全、领土与人口》，钱翰、陈晓径译，上海人民出版社 2010 年版，第 8 页。
〔4〕〔法〕米歇尔·福柯：《不正常的人》（第 2 版），钱翰译，上海人民出版社 2011 年版，第 36 页。

技术一般情况下会在短期内取得立竿见影的效果，但是其成本也比较高，也可能会因为限制了社会一般人的自由而遭到非议。

安全机制萌芽于18世纪对天花疾病的预防实践中，此时"问题的关键将不再是施加一种纪律，尽管可能求助于纪律，而是要知道多少人染上了天花，在什么年龄，有什么后果，以及死亡率，损害和继发后果，接种有什么风险"。[1]可见，安全机制将研究对象置于一系列概率性事件的问题当中，权力对这些现象的反应则被置于成本的计算当中，这种安全机制不是在允许的和禁止的之间建立二元划分，而是确立一个被认为最合适的平均率，然后确定一个可接受底线，超出界限的事是不能被允许的。[2]预防天花的过程并不像应对麻风病和鼠疫那样一开始就设法阻止它，而是"接种"，即在人身上激发天花，然后将它置于密切的监视当中，在其可能导致全身性疾病之前就将其消灭。需要注意的是，在这个过程中，疾病被视为是集体现象而非个体现象，疾病的分布或感染疾病的风险度也将会被详细计算，并在社会大范围内保持在"正常的"额度。

在犯罪控制模式的变迁中，安全机制长期处于规训机制的辅助地位上。比如，"在现代司法系统发展的初期，即18世纪末期至19世纪初期，'危险群体'这一术语便在英国有关刑事司法政策的讨论中大量地出现过。在马尔萨斯理论（malthusian）及城市人口增长的影响下，当时的政策分析常常将刑事司法政策与管理联系起来，将犯罪作为规模较大的组织之危险性的标示，而并不直接指向个人"。[3]只是在当时的社会框架下，这种看法并未成为主导性的刑事政策。直到20世纪70年代，安全机制才终于跃居规训机制之上，其原因并非安全机制与规训机制在功能上有高下之分，而是因为社会背景条件的不同。从"以规训机制为主"到"以安全机制为主"是随着英美社会逐步风险社会化，犯罪控制模式也随之变迁的产物。规训机制面对个人，对个体实施包围和封闭，不容许任何细微之处逃脱控制；安全机制则面对人口，

---

〔1〕　〔法〕米歇尔·福柯：《安全、领土与人口》，钱翰、陈晓径译，上海人民出版社2010年版，第8页。

〔2〕　〔法〕米歇尔·福柯：《安全、领土与人口》，钱翰、陈晓径译，上海人民出版社2010年版，第5页。

〔3〕　参见〔美〕Malcolm M. Feeley、Jonathan Simon："新刑罚学：矫治策略的出现及其启示"，乔远译，载《刑事法评论》2016年第2期。

它给予人口整体一定空间，放任他们自由行动，只是在概率上实施控制。规训机制针对个体实施控制，安全机制则着眼于治理环境。安全机制没有取代规训机制，而是与规训机制一起进行社会治理，它们的联合体现了国家主导的正式控制和社会主导的非正式控制的结合。在两极化模式下，社区矫正并没有被忽视。"除监狱矫治的规模扩大之外，社区矫治的规模也不断扩大。这是因为新刑罚学并不将监狱当作能够完全矫治某一个体的特殊机构。相反，却认为它仅仅是众多处遇设施中的其中之一。"[1]

在风险思维影响下，政策制定者也更愿意从风险管控（而不是报应和惩罚）的角度进行犯罪预防的政策设计，这不仅有利于犯罪的实际控制效果，也有利于制造和谐的社会气氛。正是这一观念转变导致从规训机制到安全机制的策略更新，犯罪和犯罪人日益被视为社会危险，犯罪控制自然而然也就转变为风险管理。犯罪控制的安全机制"较少关注个体犯罪人的责任、过错、道德感、诊断、干预或处理，相反，它更关注对被认为是危险群体的识别、分类和管理"。[2]对犯罪风险实施管理和控制的前提是借助于知识、技术和专家对风险进行评估，在此基础上，有针对性地确定风险防范的具体策略和措施。西方一向有崇尚科学的传统，这也是矫治模式首先会在英美等国实施的重要条件之一。矫正模式衰退后，专家权威曾受到严峻挑战，被认为过分轻信专家意见的刑事司法机关的自由裁量权也被立法给予了更多的限制。这种极端轻视专家权威的态度在早期风险社会理论中也可以发现，当时的风险社会论者更倾向于认为风险是不可计算的。20世纪末，西方社会又刮起一阵科学风潮，这时候"出现了一些有利于矫治理论的情况，使得人们感到这样漠视矫治理论和相关犯罪改造策略显得有些轻率"。[3]社会学和犯罪学者们重新看到，科学不仅使分类、分级和犯罪人评估更容易，而且对个人责任的重构也有帮助。[4]这时候风险社会理论内部也会出现松动，一部分学者认为"在

---

[1] 参见［美］Malcolm M. Feeley、Jonathan Simon："新刑罚学：矫治策略的出现及其启示"，乔远译，载《刑事法评论》2016年第2期。

[2] 参见［英］海泽尔·肯绍尔：《解读刑事司法中的风险》，李明琪等译，中国人民公安大学出版社2009年版，第31页。

[3] 参见［英］戈登·休斯：《解读犯罪预防——社会控制、风险与后现代》，刘晓梅、刘志松译，中国人民公安大学出版社2009年版，第60页。

[4] 参见［英］海泽尔·肯绍尔：《解读刑事司法中的风险》，李明琪等译，中国人民公安大学出版社2009年版，第63页。

风险社会中，犯罪已不再是'不正常'现象，而是'与空气污染和交通堵塞一样'普通平常，犯罪风险无法消灭，只能在管理的基础上慢慢减少"；[1]何况，"由于具有非连续性、抗拒性、可转换的而非连续的以及无任何'不变的逻辑'，使得风险常常容易识别"。[2]此后，专家权威重新被重视，甚至还出现所谓的"精算司法"，即对犯罪机会和风险分布的管理和预测。

三、风险管理型犯罪控制模式的提出

（一）民众安全感与风险管理

随着以考虑风险为主要特征的后现代视角进入犯罪学领域，犯罪控制的两极化模式显现出鲜明的"风险算计"和"风险管理"的特点。

20世纪70年代以来，西方民主政治得到进一步推进，政治领导人更重视民意（选票），而生活水平相对提高的民众此时有能力（也有兴趣）关心政治的运作。在和平年代，犯罪问题无疑是民众最为关心的社会问题。在此情况下，如何控制犯罪率，如何提升民众的安全感，成为和平年代政党政治不得不考虑的首要问题。以美国为例，犯罪成为具有联邦地位的问题可追溯到20世纪20年代联邦对禁酒问题的争论。自此以来，打击犯罪的政策就不断地成为国家政治问题，特别是在涉及打击高犯罪率、城市内部冲突以及其他社会问题（如20世纪60年代民权运动和反战运动）等方面。[3]美国学者大卫·加兰德发现，美国犯罪率自20世纪60年代初起就大幅度上升，并于20世纪80年代早期达到顶峰，此时美国的犯罪率是20年代的3倍。其中，1965年到1973年间犯罪率增长最快。犯罪率增长发生在所有的领域，包括财产犯罪、暴力犯罪以及毒品犯罪。与美国相比，20世纪50年代中期以来英国犯罪率的增长也毫不逊色。根据英格兰和威尔士警方的数据，从1955年到1964年间，英国犯罪数翻了一番，从原来的50万起上升到100万起。从1975年到1990年，犯罪数又翻了一番，犯罪率从1950年的1%上升到了1994年的

---

〔1〕 参见［英］戈登·休斯：《解读犯罪预防——社会控制、风险与后现代》，刘晓梅、刘志松译，中国人民公安大学出版社2009年版，第216页。

〔2〕 参见［英］海泽尔·肯绍尔：《解读刑事司法中的风险》，李明琪等译，中国人民公安大学出版社2009年版，第27页。

〔3〕 参见刘艳萍："美国刑事政策研究——以'重重轻轻'两极化的刑事政策为视角"，中国政法大学2008年博士学位论文，第79页。

5%。[1]原因在于，第二次世界大战后，经济的飞速发展制造了大量财物，特别是便携式贵重商品的增多，例如手机等移动通信设备的普及，给盗窃罪、抢劫罪的潜在犯罪人制造了越来越多的机会，社会控制效能却被商品经济的发展所制造的城市人群关系冷漠所削弱。而且，由于大量妇女进入劳动力市场，原来待在家中的孩子由于无人看管纷纷被送往托儿所、幼儿园等机构，这样也造成白天社区中的财物缺乏足够的保卫者。越来越先进、便利的交通工具促进了财物的搬运和流通，实际上也有利于盗窃、抢劫犯罪人实施犯罪和销赃。例如，机动车的发明也造成机动车盗窃或利用机动车实施盗窃、抢劫犯罪的增多。随着犯罪率的不断增长，弥散于民众中的社会恐惧感也不断地扩散，安全价值成了西方社会的稀缺商品，这些重大变化对犯罪学理论和刑事司法政策都会产生重大影响。

为了应对犯罪率的上升以及由此带来的民众恐惧感的爆发，国家需要调整犯罪控制模式，在新形势下建构犯罪控制的社会网络。对于国家来说，犯罪控制本身是有成本的，国家不可能将所有的钱都花在犯罪控制上。而且，将大量资金投入到犯罪控制上也会给民众一个消极的暗示，那就是犯罪真的泛滥了，这反而制造了新的不安全感。对于社会来说，犯罪控制一直以来都是国家权力不容其他力量染指的领域，但是，犯罪率的上升正好又证明国家控制犯罪并没有达到民众满意的效果。早在 20 世纪 30 年代初，弗兰克·坦南鲍姆等人在"象征互动理论"基础上就已提出"标签理论"的早期学说，将矛头指向以实施犯罪控制为己任的国家或社会机构。标签理论认为，在通常情况下，如果某一或某些人（例如少年儿童）实施轻微的对社会有危害的行为，社区就要实施一定的惩罚措施，"给他或她一个教训"，防止他们进一步变坏。但是，最初有轻微的不良行为的少年儿童常常由于对社区加给他们的坏名声（消极反应）产生认同而变得越来越坏，这样就产生了与社会成员的期望相反的戏剧性结果，坦南鲍姆称之为"邪恶的戏剧化"。[2]标签理论提出之时正值矫治模式的兴盛期，因此很长时间内都没有受到重视。20 世纪60 年代，许多社会学家进一步研究标签理论，提出了许多重要观点，破除了

---

〔1〕 See Daris Garland, *The Culture of Control: Crime and Social Order in Contemporary Society*, New York: Oxford University Press, 2001, p. 90.

〔2〕 参见吴宗宪：《西方犯罪学史》，警官教育出版社 1997 年版，第 719 页。

人们对正式机构在犯罪控制中一定有用的迷信。

犯罪学研究告诉我们，不同犯罪控制模式对"罪犯的本质"具有不同的认识：古典模式持理性人说，矫治模式持危险人说；信奉决定论的实证学派认为犯罪不是自由选择的结果，而是个体要素、自然要素和社会要素共同决定的产物。犯了罪的人与普通人不一样，他们是一种社会的病人，在他们体内有一种犯罪的因子。惩罚他们并非道义责任的结果，而是社会防卫的要求。古典学派却认为，行为人即使犯了罪，也不改理性人的本性。犯罪是行为人基于趋乐避苦的本性，自由意志选择的结果，因此他们对自己所犯之罪要负一种道义上的责任。随着英美社会的风险社会化，对犯罪人的认识也发生了潜移默化的变化。正如福柯所言："针对病态的犯罪行为，社会将以两种模式加以回应，或毋宁说它将在两级提出一个同质的回答：一个是赎罪，另一个是治疗。但这两极是一个连续的制度网络的两极，实际上，它们的功能是对什么进行回应呢？当然不完全是针对疾病，因为如果只有疾病，人们将拥有的是严格意义上的治疗机构；但只有罪行也同样不准确，因为这样就只需要惩罚机关了。实际上，这整个连续体，有治疗的一极，有惩罚的一极，这整个混合的制度针对的是什么？就是危险。"[1]在风险观念的影响下，犯罪人被作为"社会危险"来看待，犯罪控制的主导思想转变为风险管理。传统社会重视社会存在对社会意识的决定，风险社会更强调社会意识对社会存在的反作用。掌握的知识越多，越难以决策；越难以决策，内心越是恐慌；越是恐慌，越容易制造出更多的风险幻象，进一步加剧不安全感。即便在犯罪率明显降低的时候，对犯罪的不安全感以及公众和政治对"增加强硬态度"的热情仍然可能有增无减。[2]为了降低监禁的成本，两极化犯罪控制模式并没有将所有罪犯都关押到监狱中，而是在风险评估的基础上被区分对待了：一部分严重犯罪人因为风险度较高，超越了社会管理的界限，而被储藏到监狱中；另一部分比较轻微的犯罪人，则基于人道主义被纳入社会管理。这并没有削弱国家的控制力，相反，在社会力量的参与下，国家的控制网络深入到社会肌体的更深处。

---

〔1〕 ［法］米歇尔·福柯：《不正常的人》（第2版），钱翰译，上海人民出版社2011年版，第26页。

〔2〕 参见［英］朱利安·罗伯茨、麦克·豪夫：《解读社会公众对刑事司法的态度》，李明琪等译，中国人民公安大学出版社2009年版，第20页。

（二）责任化战略与远距治理

在风险社会形势下，"通过'恐惧'来实施'控制'"成为当代犯罪控制的主导政策。国家为了加强社会控制或者转移民众对其他政策失败的关注，故意强调犯罪态势，以达到巩固统治的目的。谢煜伟认为，当代犯罪控制的焦点，已非特定犯罪原因的矫治，亦非特定被害原因的消除，而是转变为以潜在被害群体（社会整体）为论述对象，以维护社会安全与追求生活品质为手段，最终目的是要达到对社会整体无所不用其极，致密而细微的监控。[1] 这种做法的前提实际上是将人本身作为不安全的要素来思考。"原始的风险因子就是人本身，今天所要控制的和实施社会监督的对象是那些没有尽心按照操作规程去操作的人。"[2] 个人而不是社会成为风险管理的基本点，"好"公民被再塑成谨慎的公民。那些不能如期作出明智抉择的公民则被再塑造成不谨慎的、冒失的、应受谴责的，并应对自己的不幸负责任的人。[3] 这种区分对待导致原来统一的犯罪人类型分裂为理性犯罪人和邪恶犯罪人两种：理性犯罪人就是与社会普通人一样，具有自由意志，拥有理性判断能力的人；邪恶犯罪人则是指"那些由于能力不足、没有能力或不妥协而没有能够采取谨慎的风险选择的人"。[4] 在矫治时代，虽然也将犯罪和犯罪人视为危险，但是毕竟将矫治罪犯作为目的；虽然矫治模式也会对犯罪人实施强制，但总体而言是以理解犯罪人为前提的。以风险管理为特征的两极化模式有所不同：在风险社会形势下，"客观判断和报应性判决"被风险计算、风险的可能性评估，即精算主义所取代；司法方面的系统方案越来越强调适当地管理违法者而不是确保其复归，控制犯罪本身取代了对个人责任能力或应受惩罚性的关注；一句话，管理转化为刑事司法的主要目标。[5]

在大卫·加兰德看来，理性犯罪人是理性犯罪学的对象，邪恶犯罪人是

---

〔1〕 参见谢煜伟："二分论刑事政策之考察与批判"，台湾大学 2004 年硕士学位论文，第 69 页。

〔2〕 参见〔德〕乌尔斯·金德霍伊泽尔："安全刑法：风险社会的刑法危险"，刘国良编译，载《马克思主义与现实》2005 年第 3 期。

〔3〕 参见〔英〕海泽尔·肯绍尔：《解读刑事司法中的风险》，李明琪等译，中国人民公安大学出版社 2009 年版，第 21 页。

〔4〕 参见〔英〕海泽尔·肯绍尔：《解读刑事司法中的风险》，李明琪等译，中国人民公安大学出版社 2009 年版，第 43 页。

〔5〕 参见〔英〕海泽尔·肯绍尔：《解读刑事司法中的风险》，李明琪等译，中国人民公安大学出版社 2009 年版，第 22 页。

异者犯罪学的对象。理性犯罪学，就是传统以理性人为对象的犯罪学理论，例如古典犯罪学理论、现代理性选择理论以及日常生活理论等。异者犯罪学，则是有关那些"危险的异者"或"弃民"的犯罪学理论。日常生活理论认为，犯罪是具有某种动机的犯罪人、适宜的犯罪对象以及缺乏有力的保卫者三者结合的产物。而在一定的社会中，有动机的犯罪人的数量或比例往往是恒定的，因此，犯罪控制的关键在于减少适宜的犯罪对象，增加有力的保卫者。与日常生活理论一样，理性选择理论也将问题的重心从犯罪人身上转移到犯罪情境的改善上，而不再像矫治模式那样关心对犯罪人的改过迁善。可见，理性犯罪学论者们不以改变犯罪者的价值观与态度为目的，也不期望将犯罪者带回现行法规范的行列中。实际上，他们不将社会秩序看作是价值共识的问题。相反，他们认为人不必调整也无法调整，而是他们所处的社会流程与安排要调整。[1]与此相反，异者犯罪学论者则直接承认，"弱势群体会更容易受到最高程度风险的困扰，又缺乏必要的资源成功的风险管理"。[2]对于那些被证实的犯罪人，因为无法矫治他们的价值观和人生观，所以只需要予以隔离即剥夺其犯罪能力就可以了。

　　表面上看理性犯罪学和异者犯罪学是相对立存在的，实际上二者具有相通性。以日常生活理论为例，该理论虽属理性犯罪学，但它也承认了多元社会下人类行为的难以理解性。从某种程度上说，它将浓厚的单一道德价值观隐藏在工具理性和道德中立的外衣下，和"零容忍"的严厉政策有着极为明显的姻亲关系。[3]与异者犯罪学赤裸裸地拒绝理解犯罪，将犯罪人视为"非我族类"的异者相比，理性犯罪学不过多了一身道德中立的外衣。大卫·加兰德强调，异者犯罪学就其中心主题而言是属于后现代的：对秩序与权威的捍卫，对绝对道德标准的肯定以及对传统和常识的坚守。[4]它将犯罪人和社会普通人完全对立起来，拒绝理解他们，认为将其隔离无害化即可。这种做法实际上是将犯罪人作"非人化"处理，将他们置于社会的阴暗角落中，"让

---

〔1〕　参见谢煜伟："二分论刑事政策之考察与批判"，台湾大学2004年硕士学位论文，第103页。

〔2〕　参见［英］海泽尔·肯绍尔：《解读刑事司法中的风险》，李明琪等译，中国人民公安大学出版社2009年版，第9页。

〔3〕　参见谢煜伟："二分论刑事政策之考察与批判"，台湾大学2004年硕士学位论文，第104页。

〔4〕　See David Garland, *The Culture of Control：Crime and Social Order in Contemporary Society*，New York：Oxford University Press，2001，p.184.

他们腐烂",而不是在理解的基础上予以挽救,让他们重新返回社会。就此而言,两极化刑事政策还不如矫治模式,后者至少还尝试着去理解犯罪人。如福柯所言:"一个人是否可以判一个他并不了解的人死刑?"在古典时代和矫治时代,这都是不可想象的。犯罪的理由就是惩罚的理由,要想实施惩罚,就要了解犯罪人的本性、顽固性、邪恶程度及其利益和倾向。〔1〕而在两极化模式下,"为了有利于那些符合有效地保护被害人必要性的权衡和论证,被告人被边缘化了。这种讨论是倾向于犯罪化的。帮助(被错误地社会化的)犯罪人这种理念,已经被针对犯罪保护无辜的被害人这种理念所取代"。〔2〕犯罪人就如同地震、海啸等天灾一样,被纳入风险管理的应对模式之中。

在风险管理型犯罪控制实践中,新型策略大多从社会控制的角度展开,其中最受欢迎的是情境犯罪预防、多机构协作犯罪预防以及社区犯罪预防。情境犯罪预防的基础是理性选择理论和日常生活理论,这两个理论都认为犯罪是有动机的犯罪人与外部环境互动的结果,它们都将防范犯罪的着眼点放在外部环境而非犯罪人身上。情境犯罪预防理论认为,犯罪人方面的犯因不容易控制,但是外部环境方面的犯因比较容易控制。外部环境方面的犯因包括两方面:容易引起犯罪动机的犯罪对象以及缺乏有力的保卫者。因此,情境犯罪预防主要从目标加固和外部监视两方面展开,目标加固使犯罪人难以实现犯罪目的,外部监视则提高犯罪被发现的概率,提高犯罪的成本。出于对犯罪的恐惧,情境犯罪预防比较容易唤起被害人和社会力量的支持,事实上,许多情境犯罪预防技术是私人安保部门发明的。技术导向的情境犯罪预防比较简单易懂,自产生以来发展非常迅速,将其他犯罪预防策略远远甩在后面。多机构协作犯罪预防和社区犯罪预防则放弃了国家对犯罪预防的垄断,而是将通过加强中央与地方机构的合作,加强社会组织和民间机构甚至个人的参与,将预防责任分散化。吊诡的是,"责任化"战略得以实施的关键在于告知民众任何政府都只能在一定范围内确保一定程度的安全,不可能保障百分之百安全,从而唤起民众恐惧感。这样将控制机制更进一步内化,使预防犯罪一事成为每一个社会行动者念兹在兹的心头顾虑,实际上是当代西方犯罪

---

〔1〕 参见〔法〕福柯:"法律精神病学中'危险个人'概念的演变",苏力译,李康校,载《北大法律评论》1999年第2期,第482页。

〔2〕 参见〔德〕哈塞默尔:"面对各种新型犯罪的刑法",冯军译,载中国人民大学刑事法律科学研究中心组织编写:《刑事法学的当代展开》(上),中国检察出版社2008年版,第60页以下。

控制策略最关键的发展。[1]通过这种预防责任的再分配，即使再出现犯罪率升高的情况，国家也容易明晰责任，何况国家还在节省成本的同时增强了实际上的犯罪控制机能。在以往国家所无力控制的区域，通过私人安保市场的参与以及民众自身风险意识的提高，现在也都被纳入安全网络之中。这样实际上就扩张了国家的控制网，使得国家在公司、企业、个人等帮助下实现了"远距治理"。

四、犯罪（刑罚）问题的政治化及其解决

（一）犯罪问题政治化

在英美等国，犯罪问题的政治化（包括刑罚问题的政治化），是指在所谓的民主制度之下，为了在选举中获胜，或者为了向公众表现出一种对犯罪的强硬态度，政治家利用缺乏科学根据的公众对犯罪的恐慌，采取各种严厉的刑事政策手段，例如"毒品之战"，强调量刑法、量刑中的真相，三振出局法，等等。[2]犯罪问题的政治化始于20世纪20年代。20世纪70年代以来，随着英美民主政治得到进一步推进，政治领导人更重视民意（选票），而生活水平相对提高的民众此时有能力（也有兴趣）关心政治的运作。在此情况下，如何控制犯罪率，如何提升民众的安全感，成了和平年代政党政治不得不考虑的问题。

为应对犯罪率的上升以及由此带来的民众恐惧感的爆发，英美等国调整犯罪控制模式，在新形势下建构犯罪控制的社会网络。第一，对于国家来说，犯罪控制本身是有成本的，国家不可能将所有的钱都花在犯罪的正式控制上。如前所述，坦南鲍姆等人提出的标签理论已经指出了正式控制的缺陷，将矛头对准以实施犯罪控制为己任的国家机构。第二，将大量资金投入到犯罪的正式控制上也会给民众一个消极的暗示，那就是犯罪真的泛滥了，这反而会制造新的不安全感。第三，犯罪率的上升证明正式控制并没有达到民众满意的效果。第四，正式控制对控制犯罪的反效果被犯罪学、社会学等学科的学者所揭露。

在1975年出版的《规训与惩罚》一书中，福柯讨论了社会控制在规训社

---

〔1〕　参见谢煜伟："二分论刑事政策之考察与批判"，台湾大学2004年硕士学位论文，第67页。

〔2〕　储槐植、江溯：《美国刑法》（第4版），北京大学出版社2012年版，第293页。

会中的功能，不过他没有使用"社会控制"这个词，而是使用了"全景监视""规范化"等一系列词汇。福柯认为，从表面上看监狱失败了，事实上它从来都没有偏离自己的目标。"它促成了各种非法活动中的一种特殊形式的兴起，它能够把这种形式分离出来，暴露于光天化日之下，把后者组成一种相对封闭的但又能被渗透的环境。"〔1〕换言之，虽然作为刑罚执行的重要目标——矫正犯罪人，预防重新犯罪——没有实现，监狱却造成罪犯和普通人之间的区分，有利于对社会一般人的规训，这种规训不是事后的而是事前的，就是在违法犯罪发生之前将其消除于无形之中。在福柯之后，科恩延续了社会控制的后现代研究。对于 20 世纪 60 年代出现的"远离政府运动""远离专家运动"等倡导社会力量参与犯罪控制的活动，科恩认为这些行动实际上并没有削弱国家权力对犯罪控制的主导。相反，这些行动和举措为"政府对社会个体和习俗实施更为深刻的、更为渗透和更为持久的控制进一步提供了逻辑基础，同时也延续了政府控制的范围"。〔2〕现代社会控制已经不再仅仅是指对越轨行为的组织化应对，它还包括了很多改变人们行为的技术。〔3〕这样，国家权力对罪犯的监视和控制就不局限在监狱或教养院之中，而是弥散到社会之中。借助于社会力量，国家权力实现了对潜在犯罪人的规训和监督，这也使得国家更放心将一些轻微的罪犯放到社会上行刑或进行矫正。

（二）犯罪问题政治化的应对

最近三十多年以来，美国出现了"大规模监禁"现象，自 20 世纪 70 年代中期以来，其监禁率猛增五倍多。美国"大规模监禁"现象并不是由高犯罪率所产生的，而是一个各种严厉的刑事政策或者刑罚政治化的结果。〔4〕无独有偶，德国学者哈塞默尔也曾论及 20 世纪 70 年代以来欧洲刑法、刑事诉讼法以及刑事政策方面所发生的一些变化：在刑法方面，大量抽象危险犯进入立法，为了预防和打击层出不穷的新型犯罪，法益的表述也越来越模糊；在刑事诉讼法方面，为了增强追究犯罪的力度，各种新型科技被引入犯罪调

---

〔1〕 参见［法］米歇尔·福柯：《规训与惩罚》，刘北成、杨远婴译，生活·读书·新知三联书店 2007 年版，第 312 页。

〔2〕 参见［英］马丁·因尼斯：《解读社会控制——越轨行为、犯罪与社会秩序》，陈天本译，中国人民公安大学出版社 2009 年版，第 32 页

〔3〕 参见［英］马丁·因尼斯：《解读社会控制——越轨行为、犯罪与社会秩序》，陈天本译，中国人民公安大学出版社 2009 年版，第 37 页

〔4〕 储槐植、江溯：《美国刑法》（第 4 版），北京大学出版社 2012 年版，第 288～295 页。

查程序，被害人的权利和公诉方的权力也得到加强，借此强化各种控制手段，同时，被告人却有被边缘化的趋势，其辩护权受到了一定程度的冲击；在刑事政策方面，预防成了具有绝对支配性的理念。他认为，在这些变化背后存在着诸多"威胁性背离"，其中之一就是风险社会。现代社会存在大量风险，例如恐怖主义、环境灾难、儿童和青少年的暴力行为、失业等，这些风险支配着我们对安全和自由的讨论。[1]对这个跨国家的犯罪率的快速、持续增长，一个最可能的解释指向作为社会发展普遍模式的社会结构。尽管国家与国家之间、地区与地区之间在各种类别的罪行上可能考虑的要素有所不同。同时，尽管其社会制度和法律控制都有差别，但证据仍然证明了后现代社会的来临与社会对犯罪的易感性的日益增长之间的因果联系。[2]换言之，随着犯罪率的不断增长，民众对犯罪率的增长也越来越敏感了。实际上，"风险"和"恐惧"之间的联系不是单向的而是双向的：一方面，社会风险的增多制造了民众恐惧感的高涨；另一方面，民众恐惧感的高涨也能够制造风险增多的"幻象"。在这种情况下，不是各种风险所形成的现实威胁，而是感受到的威胁，即公民对这些风险的主观恐惧决定内部安全政策的各种方针。[3]

犯罪问题的政治化要求政府：能够防患于未然地预防犯罪，当然最好；退而求其次，也要在犯罪发生之后控制危险源，对于重罪犯能够隔离无害化，对于轻罪犯也要置于严密的社会监督之中；如果这也不能实现，就要尽可能让民众相信政府已经尽力了，做完了该做的事；如果这也不能做到，政府就会陷入危机之中，新的大选就会揭幕。可见，犯罪政治化在更大程度上使得民众的安全感而非实际犯罪率的控制，成为政府争取的首要目标。为了安抚民众，政府领导人在制定犯罪政策时过分关注短期效应，缺乏长期考虑。同时，刑事政策变更频繁，往往更强调灵活、"为我所用"，而不是真的有利于正义。甚至有时候，犯罪政策的制定并非取决于犯罪率，而是取决于政治上的其他考虑。比如说，转移民众的注意力，以掩盖犯罪问题背后更根本的社

---

〔1〕 参见［德］哈塞默尔："面对各种新型犯罪的刑法"，冯军译，载中国人民大学刑事法律科学研究中心组织编写：《刑事法学的当代展开》（上），中国检察出版社 2008 年版，第 60 页以下。

〔2〕 See David Garland, *The Culture of Control: Crime and Social Order in Contemporary Society*, New York: Oxford University Press, 2001, p. 90.

〔3〕 参见［德］哈塞默尔："面对各种新型犯罪的刑法"，冯军译，载中国人民大学刑事法律科学研究中心组织编写：《刑事法学的当代展开》（上），中国检察出版社 2008 年版，第 60 页以下。

会问题。为此，政府也可能会采取一些象征性的立法、政策或措施。就此而言，犯罪的"成功"是指"捕捉公众的想象而不是控制犯罪的成功"，因为有时候民众的恐惧不是来自于犯罪率的升高，而是来自于判断失误、过分敏感等其他的原因。在这种情况下，即使犯罪率真的降低了，民众也可能仍然被高度的不安全感所困扰。

可是，在科技和经济如此发达的今天，风险实在太广泛了，要预防所有的风险不仅不可能也没有必要。与危险不同，风险既可以带来祸害也可以带来利益，对一定风险的预防总要以无法享受风险可能带来的利益为代价。作为人类的一种心理状态，有时候民众的恐惧感来自于想象，特别是在大众传播媒体的强化下，这一点更为严重。恐惧也有感染性，在社会消极互动下，原本平淡无奇的事情也可能引起恐惧感的大爆发。恐惧感也与民众的偏好有关，例如，人们对熟悉的风险比较放松，而对不那么熟悉的风险则警惕性较强；与发生概率大但损害较小的情形相比，人们更讨厌发生概率小但损害重大的情形。因此，政府在应对民众集体恐惧时不能采取"民粹主义体制"，而应采取"协商式民主"的方式。[1]所谓民粹主义体制，就是简单地根据民众的意愿决定犯罪或刑罚政策，比如说在民众恐惧感强烈，呼吁对犯罪强硬的时候，为安抚民众而加强对犯罪的打击，却不考察是犯罪率真的提高了还是源于民众对犯罪率提高的臆想。民粹主义体制根据民意确定犯罪和刑罚政策当然无可厚非，因为在选举型社会中政治家应该充当民众的喉舌，但是民众的恐惧感有时候有道理，有时候也可能没有合理的依据。如果不假思索地对民众的恐惧做出反应，法律就可能被引入"令人遗憾甚至是危险的方向"。[2]相比而言，协商式民主是更好的选择，因为运行良好的政府当然要密切注意公众的意愿，但这种回应应为"反思和说明理由的协商性义务"所补充。"如果公众害怕微小的风险，协商式民主并不做出反应，减少该风险。它使用自身的机制驱除公众的恐惧，即通过假设，不需要根据。"[3]

---

〔1〕 参见［美］凯斯·R. 桑斯坦：《恐惧的规则——超越预防原则》，王爱民译，张延祥校，北京大学出版社 2011 年版，序言。

〔2〕 参见［美］凯斯·R. 桑斯坦：《恐惧的规则——超越预防原则》，王爱民译，张延祥校，北京大学出版社 2011 年版，序言。

〔3〕 参见［美］凯斯·R. 桑斯坦：《恐惧的规则——超越预防原则》，王爱民译，张延祥校，北京大学出版社 2011 年版，序言。

第十章

当代美国刑事政策发展新趋势及其启示[1]

一、问题的提出

近年来，随着我国开始推行宽严相济的刑事政策，对美国两极化刑事政策的研究也日益增多。对于宽严相济刑事政策与两极化刑事政策之间的关系，主要存在三种观点：同一说主张二者并无实质区别。[2]区别说则主张，二者在生成背景、基本含义、精神实质等方面都有显著区别，不宜混淆。[3]折中说主张，二者虽有差异，但其精神要旨都是在倡导刑罚轻缓的前提下，对犯罪采取区别对待的灵活策略。[4]笔者支持折中说，即认为宽严相济刑事政策与两极化刑事政策在思维逻辑与具体策略上基本一致，只是由于不同国家在政治、经济、文化上的差异，它们在具体运作模式、倾向和效果上又有所不同。

主张区别说的学者主要有三点理由：[5]第一，生成背景不同。两极化刑事政策在矫正刑危机之中产生，宽严相济刑事政策产生于对严打政策的反思之中。前者是由宽转严，后者是由严转宽，前者强调以严济宽，后者强调以宽济严。第二，基本含义不同。两极化刑事政策强调对重罪采取比原来更加严厉的政策，对轻罪采取比原来更加宽缓的政策，"重重"和"轻轻"两极

---

〔1〕 本章原载于《法商研究》2016 年第 6 期，有改动。

〔2〕 陈晓明："施行宽严相济刑事政策之隐忧"，载《法学研究》2007 年第 5 期。

〔3〕 黄华生："'宽严相济'与'两极化'之辨析"，载《法学家》2008 年第 6 期。

〔4〕 储槐植、赵合理："国际视野下的宽严相济刑事政策"，载《法学论坛》2007 年第 3 期。

〔5〕 黄华生："'宽严相济'与'两极化'之辨析"，载《法学家》2008 年第 6 期。

发展，且二元分立；宽严相济刑事政策的内涵则更为丰富，它既不是"严厉政策"和"宽大政策"的简单相加，也不是"严厉政策"和"宽大政策"的两极分化，而是要求两者有机结合，严厉与宽缓互济、互补。第三，精神实质不同。两极化刑事政策旨在纠正矫正刑的不足，偏重重刑主义；宽严相济刑事政策旨在纠正严打政策的不足，偏重宽缓。笔者认为这三点都是不成立的。①在生成背景方面，取代矫治模式的是公正模式，两极化刑事政策是在公正模式之后开始推行的。虽然自由派和保守派对公正模式有不同的理解和期待，但据刑事司法实践来看，实际适用的是保守派的强硬政策。[1]强硬政策的实施使得受刑人急剧增加，监狱人满为患，也给政府带来了沉重的经济负担，两极化刑事政策正是为了解决上述问题而生。宽严相济刑事政策也是在严打政策所造成的资源紧张与人权困境中开始推行，二者都是由过严转向折中。②在基本含义方面，两极化刑事政策也不是主张严厉政策与宽缓政策的"两极分化"，实际上，二者互为手段与目的，透过内部宽严两方面论述的互补，相互作为合理化的依据。[2]宽严相济刑事政策之"济"，通常被理解为"宽中有严，严中有宽"，其实这是刑事司法的常态，两极化刑事政策也不能违背这个规律。两极化刑事政策也不会导致刑罚理论的分裂，因为"刑罚目的因处罚对象不同而异其重点"，"符合实质的平等，即本质不同则给予不同的处理"。[3]③在精神实质方面，两极化刑事政策并非在所有国家都偏向重刑主义。实际上，"两极化刑事政策其间的界限，常随各国犯罪趋势与发展而变动，而便成为一流动性且相对性的概念"。[4]在美国，两极化刑事政策长期在"相对报应"与"更加报应"之间摆动。对于我国而言，如果立法和司法过分迎合情绪化的民意，"宽严相济"也有可能蜕变为严打政策的另一个名字。总之，即便适用环境和具体效果可能有所不同，但宽严相济刑事政策与两极化刑事政策在运作逻辑上并无实质差别。"到目前为止，打击刑事犯罪还

---

〔1〕 虽然都主张放弃社会复归，采用报应和威慑，以及划一的量刑政策，但是自由派与保守派具有不同的意图。自由派放弃社会复归是为了抑制过度宽大的处遇导致刑罚的严峻化，主张划一的量刑政策也是为了避免量刑的不平等，以便能早期释放受刑人。保守派学者主张报应、威慑和划一的量刑政策，则是意图重罚化量刑，且行刑期间绝对不可释放受刑人，以确保社会安全。参见许福生：《刑事政策学》，中国民主法制出版社2006年版，第422页。

〔2〕 陈晓明："施行宽严相济刑事政策之隐忧"，载《法学研究》2007年第5期。

〔3〕 参见许福生：《刑事政策学》，中国民主法制出版社2006年版，第424页。

〔4〕 许福生：《刑事政策学》，中国民主法制出版社2006年版，第416页。

没有什么灵丹妙药，只有'宽'和'严'两手，关键在于如何根据所处的历史时代特征，在了解犯罪现实和掌握刑事政策方法和规律的基础上，灵活运用'宽''严'两手，制定合理的反犯罪战略。"[1]

既然两种刑事政策在技术和逻辑上基本一致，研究两极化刑事政策对于宽严相济刑事政策就具有重要的借鉴意义，毕竟前者有将近四十年的历史，而后者仅实施了十余年。遗憾的是，国内关于两极化刑事政策的研究不多，且多数注重法律层面的论述，忽略了刑事政策转向背后的社会基础。美国两极化刑事政策发展相对成熟一些，其经验教训可以为我国宽严相济刑事政策的良性运作提供参考。实际上，自20世纪初期以来，犯罪学研究的重心转移到美国，从那之后美国犯罪学理论和刑事司法经验远销五大洲其他国家。托马斯·马蒂森、尼尔·克里斯蒂等学者都曾指出，欧洲国家越来越倾向于模仿美国的犯罪控制模式，即使这些模式背离了上述国家的历史传统，也无碍于此。[2]美国学者马克·莫尔分析美国过去30年间刑事政策发展变迁时强调，无论好坏，大多数国家都在文化、政治和经济上效仿美国，强硬运动同样受到其他国家的效仿。[3]法国学者索菲·博迪-根德罗同样认为，法国、英国和美国在犯罪控制上面临诸多类似问题，其中美国幅员辽阔，所面临的问题更多，对于法国和英国来说，可以对美国的经验各取所需。[4]近年来，在联合国下属的国际预防犯罪中心牵头下，各国的交流和沟通越来越频繁，这更促进了刑事政策和犯罪控制模式的趋同。目前，在刑事政策领域，我国仍处于以欧美为师的阶段，在这种情况下，研究两极化刑事政策就不再是一个纯粹的外国问题。考察20世纪70年代以后美国刑事政策转向的状况及其原因、后果，我们可以发现：当代美国刑事政策日益保守化，其根源在于美国社会的风险化；在资源有限、社会治安效果乏力的情况下，对风险控制的强调及对权力制约和权利保障的放松，使得美国刑事政策更具有压制性。对我

---

〔1〕　[法]雅克·博里康、朱琳编著：《法国当代刑事政策研究及借鉴》，中国人民公安大学出版社2011年版，前言第2页。

〔2〕　See David Garland, *The Culture of Control: Crime and Social Order in Contemporary Society*, New York: Oxford University Press, 2001, preface.

〔3〕　参见刘艳萍："美国刑事政策研究——以'重重轻轻'两极化的刑事政策为视角"，中国政法大学2008年博士学位论文，第101页。

〔4〕　参见[法]索菲·博迪-根德罗：《城市暴力的终结?》，李颖、钟震宇译，社会科学文献出版社2010年版，第6页。

国而言，要加强法治国家建设，就要重视法律，强调规范意识；要加强法治国家建设，就要重视宽严相济刑事政策的立法指导功能，避免立法重刑化，同时将刑事政策的司法适用控制在罪刑法定原则允许的范围之内。在风险社会全球化的今天，真正将刑法谦抑原则制度化、具体化，防范犯罪问题政治化，意义重大。

二、美国刑事政策转向之原因

20 世纪 70 年代，欧美刑事政策发生巨变。正如德国学者哈塞默尔指出的那样："大约自上个世纪 70 年代起（而并非是通过 2001 年 9 月 11 日的事件才引起的），在德国以及在整个西欧，刑法都有了很大的发展——在此，我不谈美国的情况。这种发展既涉及实体刑法，也涉及刑事诉讼法，其特点是刑事政策的强化，而刑事政策的强化绝对没有违背公众的意志，而是得到公民的各种正面期待和赞同。"[1] 其特点包括：立法上，处罚门槛降低，抽象危险犯大幅扩张；司法上，法益越来越模糊，以应对多变的犯罪态势；程序上，被害人参与增加，被告人却被边缘化；等等。整体来看，欧洲刑事政策日益趋向于严厉对待犯罪，后者所受到的正式控制和非正式控制都日益加强。之前人们渴望自由，现在人们更加注重安全。"今天，人们期待于刑法的主要是有效地保护法益和针对犯罪而提供安全，更少是保护受到威胁的各种基本权利。"[2]

美国也一样。1974 年，罗伯特·马丁森在《公共利益》杂志上发表《监狱改革有效在何处?》一文，其被认为是美国刑事政策转向的导火索。基于对 1945 年至 1967 年间 231 项评量研究的分析，马丁森发现：除了极少数孤立的例外，矫治模式对再犯问题未产生明显效果。[3] 此论一出，媒体一片哗然，立法与司法机关颜面尽失，矫治模式遂遭废弃。继之而起的公正模式施行不过十年，美国刑事政策又迅速转向两极化模式。这场巨变来势之猛、波及范

---

〔1〕［德］哈塞默尔："面对各种新型犯罪的刑法"，冯军译，载中国人民大学刑事法律科学研究中心组织编写：《刑法学的当代展开》（上），中国检察出版社 2008 年版，第 60 页。

〔2〕［德］哈塞默尔："面对各种新型犯罪的刑法"，冯军译，载中国人民大学刑事法律科学研究中心组织编写：《刑法学的当代展开》（上），中国检察出版社 2008 年版，第 60 页。

〔3〕See David Garland, *The Culture of Control*: *Crime and Social Order in Contemporary Society*, New York: Oxford University Press, 2001, P. 58.

围之广、影响程度之深，无不让人目瞪口呆。遗憾的是，虽然这场巨变在各个方面都刺激着人们的神经，但其发生原因却尚未探明。须知，当时矫治模式如日中天，它顶住了刑罚改革派的建议以及无休止的批评，证明了自己的优越性。学界与实务部门压倒性的看法同样是看好矫治模式的前途。福柯等人在 20 世纪 70 年代中期的作品中不约而同地强调，矫治主义的道路已经深深扎根在现代西方社会的结构中。[1]可见，矫治模式的衰退不仅让实务部门措手不及，而且也出乎理论界意料之外。

对于美国刑事政策转向的原因，学者提出了三种观点：一种观点认为，刑事政策转向与整体社会大环境的变迁没有直接的联系，但是与周期性的刑罚改革有关。这种周期性的刑罚改革，着眼于现实刑罚结构、功能的不合理性，力图通过改良的方式促进刑罚的人道化和文明化。在此需要提及两个概念：刑罚人道革命与刑罚严厉革命。刑罚人道革命发起于 18 世纪后期，当时在反对中世纪罪刑擅断、刑罚无度的基础上，古典学派提出了刑罚人道化、文明化的口号。新派在批判古典学派的基础上，进一步提出以矫治罪犯、引导犯罪人复归社会为目的的教育刑。美国曾经在刑罚人道革命中先声夺人，其监狱改革取得了举世瞩目的成就。20 世纪后期，刑罚改革派站在刑罚人道化革命立场上对矫治模式进行了严厉批判，其核心观点是：矫治模式的宗旨（社会复归）虽然是正确的，但是由于刑罚裁量者和执行者的裁量权过大，许多措施过分家长主义，并没有考虑服刑人的意愿，有侵犯服刑人自主权之嫌。可见，刑罚改革派肯定了矫治模式的合目的性，只是对其手段的妥当性提出质疑，其意图在于对矫治模式进行完善而不是颠覆它。遗憾的是，此时的美国却一反过去二百多年刑罚领域的基本发展趋势，愈来愈求助于严刑峻法，这就是"刑罚的严厉革命"。[2]它颠覆了矫治模式，背离了刑罚改革派的宗旨。刑罚改革派在自由主义立场下批评矫治模式侵犯了罪犯的自主权，实际上是希望政策决定者调整刑事政策，避免矫治的惩罚化以及惩罚的重刑化。但是，通过消除不定期刑，将定期刑立法化，以及制定量刑指南，政策决定者限制了司法者的权力，却也扩张了立法者的权力。由于立法本身倾向于重

---

〔1〕　See David Garland, *The Culture of Control: Crime and Social Order in Contemporary Society*, New York: Oxford University Press, 2001, p. 54.

〔2〕　韩铁："二十世纪后期美国刑罚领域的'严厉革命'"，载《历史研究》2012 年第 6 期。

典，经过立法之后，更加压缩了对于重大犯罪非监禁手段的讨论空间。再如，预测罪犯危险性在 20 世纪 70 年代之前往往是基于矫治罪犯的需要，在两极化刑事政策框架下却成了延长罪犯刑期的正当化根据。可见，颠覆矫治模式并不符合刑罚改革派的利益，他们所倡导的刑罚人道化、文明化在矫治模式衰退后并没有得到实现。因此，将矫治模式的崩溃归因于刑罚改革派也是不合适的。事实上，矫治模式的衰退与报应、威慑理论的复兴也令刑罚改革派的学者们迷惑不解。简言之，周期性的刑罚改革这种观点无法解释美国刑事政策转向的因果关系。

另一种观点认为，矫治模式的崩溃可以从犯罪学理论的转向去解释。这种观点认为，受批判主义文化的影响，20 世纪后期兴起的新犯罪学开始背离犯罪学的传统路径。传统的实证犯罪学主张犯罪具有可治愈性，其方法不是对犯罪的报应或威慑，而是个别化的治疗。传统犯罪学适应了 19 世纪末期以来美国社会的需要，从那时到 20 世纪 70 年代，一直是实证犯罪学的黄金时代。20 世纪 60 年代民权运动和反战运动之后，主流犯罪学观念发生转向，批判现实主义取向的新犯罪学兴起，后者从标签理论、马克思主义、科学哲学等多个角度质疑传统犯罪学的立场、价值基础与研究范式。新犯罪学学者认为，传统犯罪学是精英主义的，信赖科学与专家权威，相信矫治罪犯的可能性，这些特质使得传统犯罪学过分技术化、简单化和理想化。新犯罪学强调从社会的角度研究和看待犯罪现象，他们将注意力集中到传统犯罪学所忽视的无被害犯罪人、轻微犯罪等现象上，认为真正的问题在于犯罪控制本身，而不是控制的对象。新犯罪学带给实务部门一种新的认知，即矫治模式也是应该放弃的差别待遇和阶级压迫的工具。但是，将矫治模式的失败归因于新犯罪学的影响也是缺乏解释力的。一方面，新犯罪学承认偏差和犯罪的正常性，公正模式和两极化模式则有所不同：它们都产生于汹涌的民意对犯罪的忧虑，认为社会上大多数的犯罪都是由一少部分极端犯罪人制造的，而这些犯罪人正是制造恐惧的危险源。另一方面，新犯罪学学者与激进的社会工作者或精神医学学者一道批判自己赖以为生的学科，颠覆后者的权威，这无异于专业上的自杀。[1] 为什么犯罪学学者会批判自己的学科，并投入反叛传统

---

[1] See David Garland, *The Culture of Control: Crime and Social Order in Contemporary Society*, New York: Oxford University Press, 2001, p. 67.

的浪潮之中，这个背后的问题也是值得研究的问题。

　　第三种观点认为，矫治模式的失败需从美国社会的变迁去解释。无论是周期性的刑罚改革还是犯罪学理论的转向，相对于社会的变迁而言都只是表象。这种观点认为，美国刑事政策转向的根本原因其实是后现代社会的来临及其所带来的福利国家模式的崩溃。矫治模式又被称为"刑罚福利模式"，其实施的基础是福利国家的制度与资源支持。"福利国家最初被设想为国家运用的一种工具：它使临时不健全的人变得再次健全，并且，它鼓励那些健全的人做出更大胆的尝试。"[1]可见，福利国家模式带给犯罪人的是关怀、照顾和信任。而20世纪70年代中期之后，当高犯罪率日益成为不可忽视的社会现实时，整个社会对犯罪现象却变得缺乏耐心。据统计，美国在1970年每10万人中约有180名受刑人，到1985年上升至将近320名，即在15年内增加了大约106%。这个数字包括联邦、州立和地方监狱的受刑人数。若单独计算州立监狱，增加率就更为显著，即156%。[2]由于无力应对日益增加且无所不在的社会风险，刑罚福利主义陷入危机之中，以往有福利国家补贴、帮助的下层贫困者，都面临成为"废品"的危险。

　　笔者赞同第三种观点。只有联系社会发展的细节，才能阐明刑事政策发展的深层因果关系。以往刑事政策常被视为一种行政的、政治的、"工具-目的"性的手段，而不是一种社会议题，这显然是不合适的。其实，"政治决定的下达，还是会取决于社会习惯与感受所形成的背景，这种背景至少可以对公众所能忍受的范围以及刑罚体系人员所能执行刑罚的程度做出限制"。[3]在美国，驱逐刑的消失与市场经济对劳动力的需求紧密联系在一起，矫正刑的衰落也要联系美国社会的变化去解释。20世纪后期美国犯罪率的飙升并非因为国家权力下降、社会恶性运行或统治者疏忽大意，而是由现代社会向后现代社会的转向所致。这一转向实质上是从生产者社会向消费者社会的变身，主宰后现代社会正常运转的精神不再是"生产"而是"消费"。[4]随着社会

　　〔1〕［英］齐格蒙·鲍曼：《后现代性及其缺憾》，郇建立、李静韬译，学林出版社2002年版，第40页。
　　〔2〕［挪威］托马斯·马蒂森：《受审判的监狱》，胡菀如译，北京大学出版社2014年版，第1页。
　　〔3〕［美］大卫·葛兰：《惩罚与现代社会》，刘宗为、黄煜文译，商周出版社2006年版，第348页。
　　〔4〕参见［英］齐格蒙·鲍曼：《后现代性及其缺憾》，郇建立、李静韬译，学林出版社2002年版，第45页。

的转型，主导社会资源分配的逻辑也发生变异。"现在，风险生产和分配的'逻辑'比照着财富分配的'逻辑'（它至今决定着社会－理论的思考）而发展起来。"[1]由于风险的分配和增长，某些人比其他人受到更多的影响，这就是所谓的"社会风险地位"。[2]消费者需求越高，消费者社会也就越安全、繁荣。然而，与此同时，那些不能满足欲望的人和那些能够满足欲望的人之间的鸿沟也会越宽、越深。[3]20世纪的美国社会已成为一个市场导向的消费者社会，资源被区分为合法的和不合法的。社会的中上层人士掌握着大部分合法资源，下层贫困者则相反。为了生存，下层贫困者被迫冒险动用非法资源参与市场竞争，而那些掌握着犯罪定义权的中上层人士却已经将这些行为定义为犯罪。于是，"危险的阶层"被再次定义为罪犯阶层，监狱简直就成为日益消失的福利机构的代名词。[4]这也是以往被称为"劳动力后备军"的失业者现在被叫作"问题人口"或"过剩人口"的原因。

三、美国刑事政策转向之表现

20世纪70年代美国刑事政策的转型是美国社会秩序剧烈变动的结果。对此，英国学者齐格蒙·鲍曼指出："在'西方'社会……得以形成并维持的历史上，最近的30年间是真正具有关键性的30年，因为在这30年间，人们的生活方式发生了翻天覆地的变化。恰恰是这一生活方式的变化，它决定了人们如何命名他们所经历的恐惧和焦虑，如何命名对他们的安全带来威胁的场所。"[5]这一"翻天覆地的变化"，用时髦的话说，就是后现代社会的来临。[6]"现代性"是与"后现代性"相对应的概念。"现代性"用于描述现代时期，"后现代性"则用于描述据说紧随现代性之后的一个新的历史时期。[7]

---

〔1〕 ［德］乌尔里希·贝克：《风险社会》，何博闻译，译林出版社2004年版，第7页。

〔2〕 ［德］乌尔里希·贝克：《风险社会》，何博闻译，译林出版社2004年版，第21页。

〔3〕 ［英］齐格蒙·鲍曼：《后现代性及其缺憾》，郇建立、李静韬译，学林出版社2002年版，第44页。

〔4〕 参见［英］齐格蒙·鲍曼：《后现代性及其缺憾》，郇建立、李静韬译，学林出版社2002年版，第45页。

〔5〕 ［美］齐格蒙·鲍曼：《后现代性及其缺憾》，郇建立、李静韬译，学林出版社2002年版，第38~39页。

〔6〕 本章在同一意义上使用风险社会、后现代社会与现代性社会三个词语。

〔7〕 参见［美］道格拉斯·凯尔纳、斯蒂文·贝斯特：《后现代理论——批判性的质疑》，张志斌译，中央编译出版社2012年版，第2页。

确切地说，后现代是指 20 世纪 70 年代后期开始的这一段时期，以及始于 21 世纪初期的社会变化。后现代的特征是全球性风险，以及这种风险概率的不确定性、偶然认识性及未来风险结果、影响的不确定性。[1]"后现代这个来自美国和法国的概念进入我们思想领域很久了，人们对此曾想嗤之以鼻或付之一哂，可事实却使人们不得不予以正视。"[2]实际上，后现代哲学与传统哲学有着千丝万缕的联系，它们的对立仅仅是一种形式，其实质是对同一事物进行了不同的反思。[3]就犯罪控制而言，在全球性风险的大潮之下，美国社会整体上弥漫着一种怀疑和焦虑的心态，人们不再相信罪犯是可以矫治的，也不再相信国家是无所不能的。既然本来以为可以依靠的东西如此脆弱，一种不安全感便油然而生。随着这种不安全感的不断扩散，"安全"成为英美社会的稀缺商品，这些变化都启发了对犯罪控制和刑事政策的反思。贝克指出："风险的概念直接与反思性现代化的概念相关，风险可以被界定为系统地处理现代化自己引致的危险和不安全感的方式。"[4]目前，以后现代主义为视角研究刑事政策与犯罪控制问题在英美已成为一种潮流。

（一）犯罪学理论的后现代转向

1. 研究方法方面

其一，与传统犯罪学不同，后现代的"新犯罪学"受到福柯谱系学方法的影响，具有强烈的批判性。福柯本人并非后现代理论家，但他的思想对后现代理论的发展具有重要影响。福柯对现代性和人本主义的批判，对"人已消亡"的宣告，以及他所发展的新的社会、知识、话语和权力观点，使他成了后现代思想的一个主要源泉。[5]在尼采的影响下，福柯认为，现代性、理性、文明等传统话语具有压迫性的力量，官方通过它们达成对社会的管理和控制，但在这些"正统话语"背后却充满了混乱和无序。在福柯的研究生涯

〔1〕　〔英〕海泽尔·肯绍尔：《解读刑事司法中的风险》，李明琪等译，中国人民公安大学出版社 2009 年版，第 6 页。

〔2〕　参见〔德〕阿图尔·考夫曼：《后现代法哲学——告别演讲》，米健译，法律出版社 2000 年版，第 6 页。

〔3〕　王治河：《扑朔迷离的游戏——后现代哲学思潮研究》，社会科学文献出版社 1993 年版，第 25 页。

〔4〕　〔德〕乌尔里希·贝克：《风险社会》，何博闻译，译林出版社 2004 年版，第 19 页。

〔5〕　〔美〕道格拉斯·凯尔纳、斯蒂文·贝斯特：《后现代理论——批判性的质疑》，张志斌译，中央编译出版社 2012 年版，第 39 页。

中，前期他利用考古学方法分析了知识的可能条件以及历史的非连续性，中期又借助谱系学方法分析了权力的运作，后期在研究自我技术时又将二者结合起来。考古学和谱系学都是反传统的、批判性的，它们之间的差异仅在于"考古学试图揭示主体是一种虚构物，谱系学则力图强调构成主体的物质背景，揭示'主体化'过程的政治后果，并帮助形成对主体化实践的抵抗"。[1]福柯的思想和研究方法对 20 世纪 70 年代之后西方犯罪控制和刑事政策研究影响深远。大卫·加兰德、斯坦利·科恩、马尔科姆·菲利、大卫·格林伯格、帕特·奥马利等学者都曾受到福柯不同程度的影响，其研究重视刑事政策的社会基础，如福柯一般富有批判性。

其二，在传统社会学方法之外，大卫·加兰德等学者又吸收了经济学的方法。社会学方法主张，犯罪的主要原因是社会性的。犯罪问题解决的关键在于，在犯罪人所处的社会脉络中追踪其犯罪的社会根源，最后以适当的社会手段处理之。经济学方法则主张，在犯罪控制场域中吸收"成本－收益"的观念和技术，从犯罪预防到犯罪处置（警察、监狱、假释等事务）无不如此。[2]传统的犯罪控制往往不重视成本效益，对犯罪的预防或打击往往不惜成本。而在后现代社会框架下，随着社会危险的急剧增多，社会公众对安全的需求却越来越大；安全成为一种商品，不再是国家无偿分配的对象。于是，国家一方面展示犯罪所带来的损害，提醒社会中的每一个人或组织加强防范；另一方面将轻罪犯放到社会上行刑以节约监狱费用，将金钱花在刀刃（对危险的罪犯适用监禁）上。这种犯罪控制战略催生了私营监狱、保安业等方面的发展。

2. 研究方向方面

其一，从犯罪原因论到犯罪控制论。20 世纪 70 年代以前居主导地位的矫治犯罪学认为，只有一些异常的人会犯罪，犯罪人是与普通人不同的异常的人。正因为与普通正常人具有生物或心理上的差异，需要探讨其犯罪的原因，从而有利于"从病根下手"，对其进行矫治。在此，"动机的问题比控制的问题重要；很简单，因为犯罪行为被视为背后病源的表象，而不只是缺乏有效

---

〔1〕〔美〕道格拉斯·凯尔纳、斯蒂文·贝斯特：《后现代理论——批判性的质疑》，张志斌译，中央编译出版社 2012 年版，第 53 页。

〔2〕 See David Garland, *The Culture of Control: Crime and Social Order in Contemporary Society*, New York: Oxford University Press, 2001, p. 188.

控制所致"。[1]新犯罪学则有所不同，它认为一般人都有可能犯罪，只不过受到不同程度的社会控制，大部分都没有实施犯罪行为。新犯罪学注重后果而非原因，重视被害人所遭受的损害及其恢复，不再强调导致犯罪人犯罪的原因。相应地，为保障（潜在）被害人的利益，也提高了对犯罪控制（社会控制）手段的重视。不仅如此，在与此相关的刑罚论方面，"新刑罚学所强调的既非对个体的惩罚也非对个体的改造，它强调的是对越轨群体的识别与管理。其所关注的，并非个体行为，甚至并非社区组织的理性，而是整个的管理流程的理性。其目标也并不在于消除犯罪，而是借以系统性调整，将犯罪限制在可接受的范围内"。[2]

　　其二，从犯罪人矫治论到犯罪人预防论。传统犯罪学是回溯性的，注重对犯罪原因的探讨，主张对犯罪人进行个别化的矫治。虽然犯罪人是否会犯罪也是可能预测的，但这并不是传统犯罪学的重点。新犯罪学是前瞻性的，更重视对犯罪人的监控。在新犯罪学看来，"犯罪变成一项能够计算的风险或可以避开的意外，而不再是一项需要特别去解释的道德偏差"，"新犯罪学看待犯罪的观点则是前瞻和集合的，其目的在于计算风险并规划预防措施"。[3]传统犯罪学与新犯罪学的上述差异来自于二者对犯罪人的不同假定：对于矫治犯罪学而言，犯罪人是不同于正常人的"异类"，一个社会适应不良、需要协助的"边缘人"，其行为不容易预测；对于新犯罪学而言，"它所描绘的犯罪主体不再是一个社会适应不良、需要协助的边缘人，而不过是一个使用机会的人；我们无法改变此人的态度，但可以阻断他染指社会利益的途径"。[4]现在看来，这种观点与古典犯罪学派相仿，但在犯罪控制力度上比古典时代还要严厉。这不是一个循环。出于对刑罚效果的怀疑，今天的犯罪控制已经弥散化了。换言之，传统社会重视的是"犯罪控制"，日益风险化的后现代社会则重视"社会控制"。"在一个极端，监狱用高成本的拘禁来应对最具危险

---

〔1〕　See David Garland, *The Culture of Control: Crime and Social Order in Contemporary Society*, New York: Oxford University Press, 2001, p. 187.

〔2〕　参见［美］Malcolm M. Feeley、Jonathan Simon："新刑罚学：矫治策略的出现及其启示"，乔远译，载陈兴良主编：《刑事法评论：刑法规范的二重性论》，北京大学出版社 2018 年版，第 134 页。

〔3〕　See David Garland, *The Culture of Control: Crime and Social Order in Contemporary Society*, New York: Oxford University Press, 2001, p. 128.

〔4〕　See David Garland, *The Culture of Control: Crime and Social Order in Contemporary Society*, New York: Oxford University Press, 2001, p. 129.

的犯罪人，提供最高等级的社会安全；而在另一极端，缓刑针对风险最低的行为人，并对其进行低成本监控。"[1]

（二）犯罪控制实践的后现代转向

后现代社会转向对美国犯罪控制实践的影响，主要表现在犯罪问题的政治化。首先，随着犯罪问题成为政治人物争夺选票的重要筹码，民意受到了更大程度的重视。矫治模式倡导针对犯罪人的具体情况进行个别化的处遇，这种个别化的处遇具有很强的技术性，需要犯罪学、社会学、心理学等各领域的专家参与。随着美国社会日益风险化，专家意见受到冷落，普通民意的地位和影响力则得以提升。政治人物要想上台就需要获得选民的选票，要获得选票就要争取选民的支持，而要获得选民的支持就要在他们所关心的犯罪问题上表明自己的立场，使他们相信"问题一定会又快又好地解决"才行。不过，由于民意具有情绪性和不确定性，政治人物即使表面上附和民意，最终还是以自己所代表的利益集团的利益为依归。更进一步说，犯罪问题政治化还有利于当权者从犯罪率飙升、社会治安恶化的尴尬局面中抽身。当国家无法给予安全保障的时候，严惩罪犯便成了转移公民注意力，宣泄忧虑和恐惧的"绝招"。既然犯罪人受到了惩罚，政策决定者宣示了保护社会安全的决心，普通大众的恐惧心理得到了抚慰，他们（特别是新闻媒体）也就不再关注犯罪问题背后更根本的社会问题所在。

其次，被害人成为后现代社会关注和关心的焦点，犯罪人则愈来愈抽象，愈来愈成为一种刻板印象。[2]在矫治模式框架下，犯罪人是刑事司法处遇的核心，整个量刑过程围绕犯罪人展开。犯罪人的个人特质和生活背景等信息被小心地予以收集，以服务于量刑的个别化，被害人相对来说则是不重要的。在两极化刑事政策框架下，情况则有所不同。帮助（社会化失败的）犯罪人这种理念，已经被保护无辜被害人对抗犯罪侵害这种理念所取代。在此情形下，犯罪人更不被理解，其利益也更难以保障。确切地说，这里的"被害人"也并非个案中的具体被害人，而是一种"集体的"被害人形象。对集体被害人形象的关注，标志着犯罪控制的膨胀和强化。在"保卫社会"的口号下，

---

[1] 参见［美］Malcolm M. Feeley、Jonathan Simon："新刑罚学：矫治策略的出现及其启示"，乔远译，载陈兴良主编：《刑事法评论：刑法规范的二重性论》，北京大学出版社2018年版，第138页。

[2] See David Garland, *The Culture of Control：Crime and Social Order in Contemporary Society*, New York：Oxford University Press, 2001, p.179.

刑事法律的管辖范围得到扩张，密度得以增加，具体被害人成了集体被害人手中操纵的木偶。这些木偶和弥散社会之中的恐惧感，最终成为政策制定者加强社会控制的工具。

再次，随着犯罪问题的政治化，刑事政策更重视短期利益而非长远利益，更强调态度的表达而非实际有效的犯罪对策。20世纪70年代以后，美国统治者逐渐认识到仅靠国家力量在风险社会中进行犯罪控制是不可能的（退一步说，即使可能也难度极大，还有可能吃力不讨好），于是迅速将"不惜一切代价"的权力思维转换成"成本-收益"换算的经济学思维，在维持正式控制的同时开始发展非正式的社会控制。通过加强中央与地方的合作，加强社会组织和民间机构的参与，将犯罪预防的责任分散化。这样，国家不但节省了成本，也增强了实际的犯罪控制机能。以往国家无力控制的区域，现在通过私人保安市场的参与以及公众风险意识的提高都被纳入了安全网络之中。

最后，犯罪问题政治化对立法机关和司法机关的关系也产生了重要影响。在资本主义所标榜的三权分立框架下，立法机关和司法机关似乎是"井水不犯河水"的。但这只是表象，二者之间的权力关系实际上是动态平衡的，随着时代和国家治理形势的变化而变化。在矫治时代，司法机关在审判和行刑过程中拥有更多的自由裁量权。例如，美国自19世纪末开始实行不定期刑，立法机关虽然规定了法定刑期，但是法官或陪审团量刑时、假释审查委员会在行刑时都有极大的裁量权，这一情形直到20世纪70年代才有所改变。在风险社会形势下，社会大众出于犯罪恐惧感的压力批评司法机关未能忠实适用立法机关制定的法律，主张限缩司法机关的司法裁量空间，从而使立法的"原旨"得以信守。这时候，立法机关出于本部门的利益也趁机扩张权力，最终在对法律进行主观解释还是客观解释、司法能动还是司法克制的争论中赢得胜利。问题在于，当在犯罪问题上面临公众歇斯底里的批评和压力时，为了避免暴露国家能力的不足，立法机关也可能会制定更加严厉的法律，从而使美国刑事政策更加保守化。

四、美国刑事政策转向之后果

（一）从自由主义到保守主义

法国学者米海依尔·戴尔玛斯-马蒂曾将刑事政策模式分为两类：国家模

式和社会模式。国家模式有国家权力和刑法变量的参与，社会模式则没有。由于矫治模式、公正模式和两极化模式都有国家权力的参与，因此这里涉及的主要是刑事政策的国家模式问题。马蒂又将国家模式分为三种：自由社会国家模式、专制国家模式以及极权国家模式。在自由社会国家模式下，"自由作为首要的价值有着双重保障：一是对犯罪和越轨进行区分的保障——社会团体对个人的压力有中断；二是对国家干预的范围进行限制的保障，将国家干预仅限在犯罪领域——压力强度的限制"。[1]专制国家模式虽然也区分犯罪行为和越轨行为，但是"在专制模式的基本结构中存在着对越轨行为（只要越轨行为有或似乎有危险）进行国家反应的安全网"。[2]专制模式孕育着极权模式的萌芽，例如专制模式对行政权的偏好，在极权模式那里达到顶峰。极权国家模式强调国家权力的无限制发挥，在应对犯罪的策略上倾向于"短、平、快"的方式，主张"将所有的偏离规范的行为用一个圆圈圈起来，对犯罪行为与越轨行为不加区分地进行围追堵截，将一种思维方式与行为方式强加给所有的人"。[3]

将上述分类适用于评价美国犯罪控制模式与刑事政策，大体上可以将矫治模式对应于自由社会国家模式，将公正模式和两极化模式对应于专制国家模式。虽然矫治模式也曾被批评不当侵犯服刑人的个人自由与自主权，但是从整体上看，自由主义理念在矫治模式实施中起着主导性的作用。矫治模式主张，犯罪不是个体道德偏差的结果，而是社会相对剥夺或者先天要素造成的"疾病"，矫治犯罪人是国家不可推卸的责任。在自由主义和人道主义的影响下，社会大众对罪犯也抱有一种怜悯和同情的态度，更由于19世纪末20世纪初自然科学技术突飞猛进，人们真心相信罪犯是可以矫正的，因此，社会医疗网在矫治模式时代对刑罚网发挥了重要的补充功能。社会医疗机构的干预分两类：一类是独立的，以决定对社会构成威胁的越轨分子的自愿的或强制的治理措施；还有一类是，作为刑法体系的盟军并为犯罪人确定合适的

<hr>

〔1〕［法］米海依尔·戴尔玛斯-马蒂：《刑事政策的主要体系》，卢建平译，法律出版社2000年版，第60页。

〔2〕［法］米海依尔·戴尔玛斯-马蒂：《刑事政策的主要体系》，卢建平译，法律出版社2000年版，第122页。

〔3〕［法］米海依尔·戴尔玛斯-马蒂：《刑事政策的主要体系》，卢建平译，法律出版社2000年版，第149页。

刑罚服务。[1]

20世纪70年代，经历了60年代民权运动和反战运动，批判主义思潮在美国社会兴起。在罪犯的可矫正性上，由于大量的质疑观点出现，矫治模式赖以存续的基础动摇了。犯罪人越来越成为打击而非治疗的对象，以往对犯罪人的宽容态度在高犯罪率的社会难以容身。此时，占主导地位的公正模式和两极化模式都显现出强烈的保守主义色彩。在公正模式时期，刑罚网的作用在更大程度上被强调，社会医疗网则被认为没有作用（也是无害的）。虽然仍旧维持着犯罪与越轨的区分，但国家权力在公正模式框架下对越轨行为也有所反应。例如，精神病鉴定的标准越来越严格，吸毒、酗酒等越轨行为所遭遇的对待也越来越规范化。"风险社会控制试图去控制未来的风险，这种方法不可避免地要对一些非越轨行为人也实施控制。"[2]为了节省刑罚网过分庞大所带来的资源不足问题，犯罪人被区分对待，严重犯罪人被判处更长期的监禁刑或死刑，轻微犯罪人则被放到社会上进行矫治。宽缓政策的基础虽然是刑法谦抑，但是两极化框架下的"矫治"与矫治模式的"矫治"有所不同，前者更强调监控。由于社会大众已不再相信罪犯是可以矫治的（至少不可能在短期内得到矫治），被置于社区中行刑的轻微犯罪人实际上处于严密的监控之下，以保障需求量日增的安全感。

随着刑事政策的转变，美国社会的主流意识日益变得保守，并有向极权国家模式发展的可能性，值得警惕。大卫·加兰德曾将20世纪70年代后美国犯罪控制措施归结为两种战略：一种是适应战略，注重预防与伙伴关系；二是主权国家战略，注重加强控制与表达性的惩罚。[3]二者的主要区别在于，适应战略的重心在社会，为了节省刑法资源，国家将一部分犯罪控制的责任加诸社会大众身上，以非正式控制弥补正式控制的不足；主权国家战略的重心在国家，政策决定者出于社会稳定的考虑，迎合民意，采取排斥和严罚犯罪人的战略。这两种战略看似截然相反，实则殊途同归。其实，很多时候同

---

[1]　[法]米海依尔·戴尔玛斯-马蒂：《刑事政策的主要体系》，卢建平译，法律出版社2000年版，第73页。

[2]　[英]马丁·因尼斯：《解读社会控制——越轨行为、犯罪与社会秩序》，陈天本译，中国人民公安大学出版社2009年版，第165页。

[3]　See David Garland, *The Culture of Control: Crime and Social Order in Contemporary Society*, New York: Oxford University Press, 2001, p.140.

一种方法可以服务于不同的目的,得到不同的效果,"自由主义者提出的改革建议能够转化为保守主义者的目标"。[1]以往服务于矫治或公正模式的许多措施并未被两极化模式所废除,但其内涵有所改变,以服务于不同的目标。"具有讽刺意味的是,当保守主义者要通过立法以不确定刑的方式将罪犯从社会上清除出去时,自由主义者还在提供着理论。"[2]从适应战略看来,国家角色的权力似乎被削弱,但实际上国家权力却通过非正式控制得到加强,这正是主权国家战略实施的前提。实际上,两种战略同为后现代社会犯罪控制链上不可或缺的一环,它们的发展趋向都是权力的扩张。"进入风险社会以来,美国国家在威慑型刑事政策的指导之下,犯罪圈被快速地、果断地、决绝地放大,由此而使刑事责任范围呈急剧膨胀的态势。"[3]在此权力框架下,美国应对高犯罪率的做法更注重政治手腕而非法律措施,更趋向于权力滥用而非自律,在结果上也更有可能掩盖问题而非解决问题。

(二)从自治型法到压制型法

美国学者诺内特和塞尔兹尼克曾将社会上存在的法律现象划分为三种类型:压制型法、自治型法与回应型法。其中,压制型法是作为压制性权力的工具的法律,自治型法是作为能够控制压制并维护自己的完整性的一种特别制度的法律,回应型法则是作为回应各种社会需要和愿望的一种便利工具的法律。[4]虽然这三种法律类型并不是截然区分的,而且也不能精确地与特定的社会类型相对应,但是大体上呈现出一种从低级到高级的发展模型。自治型法的前提和基础是压制型法所取得的这种成就,同样,回应型法的基础则是法治阶段那些更加有限却更为基本的宪法基石。[5]现代社会属于自治型法阶段,这一阶段具有规则之治的各种优点,也具有不能兼具形式正义和实质正义的缺陷。对此,诺内特等人认为,在自治型法的发展取向上存在两种态

〔1〕 [美]理查德·霍金斯、杰弗里·P.阿尔珀特:《美国监狱制度——刑罚与正义》,孙晓雳、林遐译,郭建安校,中国人民公安大学出版社1991年版,第105页。

〔2〕 [美]理查德·霍金斯、杰弗里·P.阿尔珀特:《美国监狱制度——刑罚与正义》,孙晓雳、林遐译,郭建安校,中国人民公安大学出版社1991年版,第106页。

〔3〕 劳东燕:"从权利保障到风险控制",载《检察日报》2011年5月5日。

〔4〕 参见[美]诺内特、塞尔兹尼克:《转变中的法律与社会》,张志铭译,中国政法大学出版社1994年版,第16页。

〔5〕 参见[美]诺内特、塞尔兹尼克:《转变中的法律与社会》,张志铭译,中国政法大学出版社1994年版,第27~28页。

度和选择：一种是"风险小的观点"，另一种是"风险大的观点"。前者注重"法律和秩序"，强调法律和政治的界限以及对法官自由裁量权的限制，主张法律的缺陷和漏洞通过立法途径解决；后者则反对将法律与秩序相提并论，强调机构潜在的弹性和开放性的观点，法律被评价为一种批判的手段和变化的工具，在法律和政治之间没有清晰界限，法官可以通过自由裁量权弥补法律漏洞。[1]可见，"风险小的观点"在自治型法框架内进行改革，比较稳妥，不容易引起社会动荡，但是所进行的革新并不彻底。相反，"风险大的观点"所进行的革新比较彻底，缺点是风险比较大。

从实践来看，美国选择了风险大的观点，但是自治型法向回应型法的转型并不成功。与自治型法相比，回应型法对环境的要求比较严格，在一个有保障的、平稳的、更为同质化的社会环境下，回应型法会导向自由、理性，结果就是尊重个人自由的良性的社会控制。相反，在一个冲突的、异质化和风险化的环境下，回应型法会更强调安全和效率价值，其代价就是对个人自由的过分限缩。由于现代美国社会日益风险化，民众的不安全感并没有得到有效缓解，由自治型法向回应型法转型的条件并不具备。虽然安全感和不安全感都属于人的心理变化，具有情绪化的特点，它与客观的犯罪数据并无太强的关联性，但在犯罪率急剧上升时期，这种不安全感更容易发生，也更可能陷入恶性循环。由于民众呼吁对犯罪强硬化，两极化刑事政策中的宽缓政策变得萎缩，严厉政策则更加扩张。政治家无法在短期内提出具体改善社会治安状况的有效措施，在选票的压力下，转向重典就成了"可预见及理解的"选择。原先处理慢性习惯犯的刑事司法程序也逐渐体制化，"甚至于科刑处遇上设计出一套长期监禁且不得假释或缓刑之量刑政策"。[2]这样的环境既不利于法律类型的转变，也不利于控制回应型法的风险。

不管是犯罪政策还是刑罚政策的转型，最后都要落到犯罪人处遇这一最终任务上。大卫·加兰德指出，两极化刑事政策日益将犯罪人区分为理性犯罪人和邪恶犯罪人，前者是古典犯罪学的主角，能够趋乐避苦，进行理性计算，后者是刑事人类学派犯罪理论的主角，与前者相比是更加堕落、邪恶

---

〔1〕　参见［美］诺内特、塞尔兹尼克：《转变中的法律与社会》，张志铭译，中国政法大学出版社1994年版，第7页。

〔2〕　参见许福生：《刑事政策学》，中国民主法制出版社2006年版，第420页。

的人类形象。[1]虽然两极化刑事政策声称对理性犯罪人以宽缓政策对待，对邪恶犯罪人则以严厉政策处理，但是这种区别化处理只是表象，并不能掩盖两种犯罪人都被置于极端的社会控制网络之下的事实。而且，伴随着犯罪控制的进行，美国社会日益分化，横亘在犯罪人和普通人之间的鸿沟不断加深。邪恶犯罪人概念本身就鲜明地体现出美国刑事政策拒绝理解犯罪人的倾向，亦即将邪恶犯罪人视为"非我族类"的"他者"，弃之在社会的"垃圾箱"中。大卫·加兰德强调，邪恶犯罪人在美国社会中并不是均匀分布的，它在更大程度上存在于社会下层民众之中。在理性与邪恶犯罪人区分之外，两极化刑事政策还设定了正常人与犯罪人的区分，这就在"我们"与"他们"之间挖开了一条不可逾越的鸿沟。这种理解方法使得作为权力占有者的"我们"获得了心理上的安全感，但也付出了巨大的代价。"随着'我们'和'他们'之间在文化社会上的不断分野以及恐惧与不安达到全新的水平，许多人满意于一种更具压制性的国家权力的出现。"[2]不过，这种国家权力的压制性不仅针对"他们"，也针对"我们"，没有人能够逃脱安全机制的眼睛。

五、对我国的启示

审视美国两极化刑事政策之后，回过头来看看我国主导的宽严相济刑事政策。这里引入一个分析工具：架构。刑事政策的架构，即刑事政策系统内诸要素的组合形式，其核心是实体法与程序法的搭配问题。一方面，刑事政策是调节刑法、刑诉法和刑事执行法之间关系的设计师；另一方面，刑事立法、司法和执法的相互配套、相互影响和相互制约关系着刑事政策功能的发挥。刑事政策不是静态、孤立的，它需要相关配套设施的配合，后者直接影响到惩罚和预防犯罪的整体效果，关系到国家刑事法制建设的进程以及社会和谐稳定和国家长治久安。[3]刑事政策的架构也关系到犯罪控制效益的最大化，后者需要发挥刑事政策的调节作用。当立法偏重或偏轻时，刑事政策通过司法予以调节，当司法过程中定罪量刑倾向有所偏重或偏轻时，刑事政策通过立法予以调节，最终达到罪刑均衡与刑罚效益最大化。宽严相济刑事政

---

〔1〕 See David Garland, *The Culture of Control: Crime and Social Order in Contemporary Society*, New York: Oxford University Press, 2001, p. 137.

〔2〕 劳东燕："从权利保障到风险控制"，载《检察日报》2011年5月5日。

〔3〕 陈晓明："施行宽严相济刑事政策之隐忧"，载《法学研究》2007年第5期。

策在我国施行已有十余年，从理论通说与整体架构来看，政策制定者希望通过"严而不厉"的实体法与"微罪处分"的程序法达成有效的犯罪控制。根据储槐植教授的解释，"严而不厉"即刑罚轻缓，法网严密。[1]审视现在，我们可以发现刑事政策在朝"严"的方向走，如恶意欠薪、醉驾的犯罪化，在"厉"的方面却没有实质的改观。

（一）宽严相济刑事政策的架构

1. 重刑化的实体法

《刑法修正案（八）》被认为是最能够体现宽严相济刑事政策精神的立法范本。[2]其中，宽缓政策主要表现在：对已满75周岁的人犯罪的，从轻或者减轻处罚；对不满18周岁的人、怀孕的妇女和已满75周岁的人被判处拘役、三年以下有期徒刑的犯罪分子，应当宣告缓刑；一般累犯范围的缩小，如不满18周岁的人犯罪不适用累犯处罚；坦白从宽成为立法；犯罪时不满18周岁被判处五年有期徒刑以下刑罚，免除在入伍、就业时如实向有关单位报告自己曾受过刑事处罚的义务；以及13个死刑罪名的废除。严厉政策表现在：对部分严重犯罪适用限制减刑，延长有期徒刑数罪并罚的刑期，无期徒刑和有期徒刑减刑、假释实际执行刑期的延长；减刑、假释、缓刑的适用条件更为严格；特殊累犯范围扩大，特殊累犯在危害国家安全罪基础上又增加了恐怖活动犯罪和黑社会性质的组织犯罪；酒驾、飙车、恶意欠薪、组织买卖人体器官等行为的入罪化。相比于宽缓面，《刑法修正案（八）》在宽严相济刑事政策严厉面的表现更为丰富，影响也更深远。严厉政策促使我国整个刑罚体系的重刑化：伴随着终身监禁这一"死刑替代方案"的提升，有期徒刑、拘役和管制在严厉程度上也都水涨船高。这种刑罚体系的变动的潜在影响是巨大的：其一，《刑法修正案（八）》对我国刑罚的变动是体系性的修正，以后调整会比较难。其二，立法是司法和执法的上游，司法者和执法者在起诉、审判、执法程序中必然会受立法偏向的影响。

对长期自由刑的重视，源于学界两方面的认识：一种观点认为，中国刑法"死刑偏重，生刑偏轻"；另一种观点认为，中国废除死刑制度应该走一条

---

〔1〕 储槐植：《刑事一体化论要》，北京大学出版社2007年版，第21页。

〔2〕 虞浔："精辟诠释宽严相济刑事政策的样本——《刑法修正案（八）草案》解读"，载《犯罪研究》2010年第5期。

切合中国国情和实际的道路，既不可忽略国际社会的潮流，也不可操之过急、一蹴而就。立法者的担忧表现在：一旦废除死刑，犯罪率可能会上升，公众安全感会恶化。以前对死缓、无期徒刑实际刑罚执行度不足，现在反作用于审判活动，致使对死刑过度依赖。[1]现在正好相反，部分死刑罪名的废除导致司法活动对长期自由刑的依赖。其实，"死刑太重，生刑偏轻"在修辞上凸显了语义上的平衡，但在内容上却只说对了一半。很多学者出于对前半句的支持，稀里糊涂地成了后半句的拥护者。"死刑废除不能躁进"观点本身也没错，错在这个理由并不能用来为提高有期徒刑刑期和无期徒刑的实际执行率辩护。从目前我国的刑事立法和司法来看，无期徒刑作为一个重刑种，适用面过宽，适用数量多；长期自由刑在刑罚结构中地位突出，有期徒刑法定刑的幅度过大，需要加强控制。[2]

大体来说，终身刑害处有三：其一，终身刑本质上与死刑同样残忍，其让犯罪者在毫无复归社会的希望下在狱中死去，其严厉程度甚至有过之而无不及；其二，终身刑一旦引入，无论死刑有无废止，全面性的严罚倾向将使得监所人数大为增加；其三，终身刑终结了监狱矫治复归的功能，让监狱逐步成为单纯隔离社会危险源的场所。[3]此外，过长的刑期本身还会产生一些伦理问题，例如导致犯罪人产生逆反心理，重返社会后反社会心理更强烈。另外，严厉刑事政策还会改变监狱工作者的行刑理念，再加上对服刑人先入为主的"不可救药"的印象，惩罚主义可能会潜意识地成为监狱工作的主流思想。[4]

2. 微罪处分的程序法

程序法具有两方面的价值：一方面，程序法对实体法的工具价值；另一方面，程序本身具有的缓解、吸收实体冲突的独立价值和司法过程本身的程序正义。[5]宽严相济刑事政策施行之后，我国出台了一系列司法解释作为实

---

〔1〕 李晓欧："中国重刑化弊端及其限制路径——以《中华人民共和国刑法修正案（八）》为观照"，载《当代法学》2010 年第 6 期。

〔2〕 李晓欧："中国重刑化弊端及其限制路径——以《中华人民共和国刑法修正案（八）》为观照"，载《当代法学》2010 年第 6 期。

〔3〕 谢煜伟："二分论刑事政策之考察与批判"，台湾大学 2004 年硕士学位论文，第 15 页。

〔4〕 陈晓明："施行宽严相济刑事政策之隐忧"，载《法学研究》2007 年第 5 期。

〔5〕 张旭、李永红："论刑事诉讼法的位阶、位序和功能"，载陈光中主编：《诉讼法理论与实践（2003 年·刑事诉讼法学卷）》（上），中国政法大学出版社 2004 年版，第 79 页。

体法的配套措施。随着各类诉讼案件急剧增加，我国已超乎预想地提前进入"诉讼社会"。[1]程序法的价值也随之日渐突出。与传统社会相比，诉讼社会表现出了独特性质：诉讼数量急剧增长，粗糙司法现象严重，民众的正义诉求增加。[2]实体法的重刑化产生了两方面的结果：一是对刑事资源的需要增多；二是民众对错案的担忧加剧。为了与实体法相呼应，一方面，程序法为避免错案而趋于严谨，例如收回死刑核准权，规范量刑程序，借鉴对抗制诉讼模式，改进证据和证明制度等。另一方面，扩展各种微罪转介措施以节省资源，例如扩大不起诉范围、借鉴恢复性司法理念、引进刑事调解制度、规范社区矫正的程序等。

　　刑事诉讼设计的精巧化有助于实体法的施行，实体法对程序法也有相当的影响。实体法的重刑思维是否会影响程序法的运行，应该得到学者的审视。白建军教授曾经考察 1988 年至 2007 年间我国犯罪率和重刑率的数据，结果发现：尽管社会要素推动了犯罪率的上升，刑罚投入却没有因犯罪的增多而加大，新刑法实施后重刑率的确明显下降。重刑率降低的真正原因到底是刑罚本身变得适度轻缓了，还是严重犯罪本身减少了？结论是："刑罚是否轻缓了"和"严重犯罪是否减少了"没有得到确证，得到确证的是"法官群体的确不约而同地在司法实践中积极主动地控制刑罚资源的过量投入"。[3]不过，笔者认为，虽然该研究没有发现法官受重刑思维影响的证据，但我们仍不可掉以轻心，因为上述"积极主动控制刑罚资源过量投入"的原因或许是"法官因心证度不足、无法确定实体真实，而有量刑偏低之倾向"。在司法过程中，法官自由裁量权的行使有时候需要考察立法者的价值立场。因此，"如果没有对整个刑事诉讼制度关于'真实''正义'的概念有批判性的反思，也没有坚持罪疑惟轻、无罪推定的信念的话，我们只不过是以程序上的正当性来取代心中对实体'正义'无止境的焦虑与渴求"。[4]在刑事政策架构中，实体法是核心，它直接规定犯罪的责任和后果。在刑法信守重刑思维的情况

---

〔1〕　张文显："中国进入诉讼社会，案多人少亟待解决"，载 http://www.china.com.cn/news/zhuanti/2010lianghui/2010-03/08/content_ 19561678，访问日期：2011 年 7 月 10 日。

〔2〕　姜涛："诉讼社会视野下中国刑事司法模式的现代转型"，载《政法论丛》2010 年第 6 期。

〔3〕　白建军："从中国犯罪率数据看罪因、罪行与刑罚的关系"，载《中国社会科学》2010 年第 2 期。

〔4〕　谢煜伟："二分论刑事政策之考察与批判"，台湾大学 2004 年硕士学位论文，第 15 页。

下，程序法的"变质"并非危言耸听。

一方面，严谨的程序设计导致严罚的合理化。一般认为，程序法的修改朝着保障人权、追求司法公正的方向前进。但是，如果没有对程序正义理念有批判性的反思，我们只不过是用程序正当性取代心中对于实体正义的追求。在实体法上的"严罚"立法在司法体系里所可能产生的适用焦虑，巧妙地透过诉讼法上更富有程序正当性的制度设计予以填补，仿佛只要我们拥有更正当的法律程序就能够带来更正义的有罪决定，进而让量刑提升。[1]另一方面，在重刑化刑事政策下，微罪转介措施可能会促使更广泛入罪化。宽严相济刑事政策中隐藏着一种经济实用的观念，在其产生之初，"重重"就被设定为目的，而"轻轻"则不过是手段而已。即便立法者抱着宽以济严的初衷，但在民众的恐惧感持续恶化，对标签理论又缺乏认知的情况下，微罪转介措施被赋予解决刑事司法资源、监狱拥挤的任务，反而与避免标签化、矫治以及重返社会等人道诉求脱了钩。

（二）刑事政策对犯罪控制的影响

宽严相济刑事政策的施行促进了犯罪控制的内化，后者是指：犯罪控制呈现出从强调刑罚遏制到强调社会控制，从强调社会控制再到强调自我控制的趋向。在宽严相济刑事政策架构之下，犯罪控制策略日益关注犯罪人的内心、精神和灵魂；犯罪控制的范围扩展至守法人群，并已成为民众日常生活的一部分；犯罪控制的强度日益增加，而实施控制的过程日益不可见。

首先，犯罪控制模式由国家本位转向国家-社会本位。传统刑事政策重视国家暴力的使用，犯罪控制被作为国家的特权，普通民众仅是治理的对象。现代刑事政策则不再迷信刑罚的万能，基于刑罚矫治功能的有限，只能退而求其次，发挥刑罚的惩罚功能。在这种情况下，犯罪控制的内化代表着国家控制权的下降和犯罪控制责任的分散，犯罪防控不再是国家自己的事情，而是社会大众人人有份。这一放权并非晚近现代国家的一时兴起，而是因为犯罪率激增，民众被害恐惧感持续恶化的结果。为了以有限的资源应对高涨的犯罪率，同时也为了给予民众足够的安全感，国家开始吸收社区力量加强对犯罪的控制，以便腾出手去打击更严重的犯罪。从表面上看，国家对于犯罪的控制力度似乎弱了很多，实质上借助于社会触手，国家摸到了以往单纯刑

---

[1] 谢煜伟："二分论刑事政策之考察与批判"，台湾大学 2004 年硕士学位论文，第15页。

罚触摸不到的地方。犯罪控制的内化反映了刑事政策在运作上更富于技巧，有关犯罪控制的设计逐渐与周围环境融为一体，以便努力提高犯罪控制的功效和能力。

其次，从犯因控制转向情境控制。在犯罪控制策略上，古典学派重视刑罚威慑。在他们眼中，犯罪人与一般人都是意志自由能够进行幸福计算的理性人。在实证学派那里，抽象人变成了实在的个体，犯罪人之所以犯罪各有其因。实证学派重视对犯罪原因的探求，希望通过消除犯因达到对犯罪人的矫治。20世纪70年代中期，实证学派对犯罪率的持续上涨束手无策导致古典学派于80年代的复苏。在新古典主义的影响下，刑事司法重新关注刑罚的运用，但是鉴于矫治模式的破产，刑罚威慑仅止于对严重犯罪的报应和隔离无害化。另一方面，新古典主义犯罪理论在考察犯罪成本时，将情境和机会作为重点进行研究。情境控制重视对犯罪情境的改变，希望通过消除犯罪机会达到预防犯罪。其具体做法不胜枚举，如增加警铃、防盗设备，加强身份辨识，控制进出通道、出入口门禁检查，清除涂鸦，修复市容，设置明亮、无死角的环境，以及无所不在的监视器。[1]通过情境控制战略，国家犯罪控制网络变得更加细密。

再次，从强调犯罪预防转向强调被害预防。传统犯罪控制强调犯罪人的责任，有意无意地忽视了被害人。事实上，被害人在犯罪发生过程中一般不会是完全消极被动的客体，犯罪人与被害人往往有信息上的交流，被害人能够对犯罪人施加影响。犯罪互动理论认为，犯罪行为不是单向的过程，而是犯罪人与被害人互动的结果。因此，仅仅强调对犯罪人的控制是不够的，"无被害即无犯罪"，通过控制被害实施犯罪控制就成为当然的选择。相对于犯罪预防来说，被害预防更容易唤起民众的积极性。当代犯罪控制策略最关键的发展就是将控制机制予以更进一步地内化，使预防犯罪成为每一个社会行动者念兹在兹的心头顾虑。[2]其方法有三：一是唤起民众的被害意识；二是创造民众的犯罪控制责任感；三是让他们明白：如果他们没有尽到守望相助的义务，国家根本无法确保犯罪不会发生，而犯罪一旦发生，只能归咎于自己

---

〔1〕　谢煜伟："二分论刑事政策之考察与批判"，台湾大学2004年硕士学位论文，第102页。

〔2〕　谢煜伟："二分论刑事政策之考察与批判"，台湾大学2004年硕士学位论文，第89页。

没有防范得宜。[1]

最后，在重刑化刑事政策下，犯罪人和被害人趋于边缘化。边缘化是指，某些社会成员以主流社会群体成员及其行为方式赋予"局外人""下等人""异常""越轨""有害"等属性或意义的过程。[2]当前，社区矫正并没有得到良好的落实，在城乡差异、公益劳动的寻找、经费保障、人员配备等方面都存在问题。在民意倾向于重刑威慑，民众被害恐惧感持续恶化的今天，将轻微犯罪人放到社会上行刑，并不一定能得到社区的支持。这样，社区矫正就会流于形式化，其重心势必会放在管理上。这与对严重犯罪人的隔离无害化具有异曲同工之妙。边缘化同样会发生在被害人身上。传统观点认为，犯罪人和被害人是对立的，是非常不同的两种人。例如，尼尔斯·克里斯蒂认为，犯罪人是不含糊的强大和有害，而被害人是弱小的，并且对所发生的事件无可责难之处。[3]事实上，被害人和犯罪人经常属于交叉而非排斥的阵营。例如，犯罪率最高的当属社会下层的民众，但是这个阶层也是最大的被害人加工厂。

（三）两极化刑事政策的警示

两极化刑事政策——美国应对风险社会的选择——给我们敲响了警钟。处在同样的风险面前，既不能迷惑，也不能过分恐惧，恐惧和迷惑只会让我们做出错误的选择。我们应该认识到："不是各种风险所形成的现实威胁，而是感受到的威胁，即公民对这些风险的主观恐惧……决定……内部安全政策的各种方针。"[4]拨开云雾，冷静思考，这样我们才能做出正确的选择。

首先，在日益风险化的现代社会，特别是处于转型期的我国，坚持刑法谦抑性原则具有不可忽视的重要意义，否则宽严相济刑事政策会重新重刑化。两极化刑事政策在美国之所以常在"相对报应"与"绝对报应"之间摇摆，当然不能一概归之于情绪化民意的要求，官方的主动干预也是重要原因之一。比如说，"9·11"之后美国发动反恐战争，起主导作用的是政府。"欧洲国家

---

〔1〕 谢煜伟："二分论刑事政策之考察与批判"，台湾大学2004年硕士学位论文，第89页。

〔2〕 白建军：《关系犯罪学》，中国人民大学出版社2005年版，第614页。

〔3〕 ［英］詹姆斯·迪南：《解读被害人与恢复性司法》，刘仁文等译，中国人民公安大学出版社2009年版，第7页。

〔4〕 ［德］哈塞默尔："面对各种新型犯罪的刑法"，冯军译，载中国人民大学刑事法律科学研究中心组织编写：《刑事法学的当代展开》（上），中国检察出版社2008年版，第68页。

和美国的政府设法影响公众对冲突的理解，控制和操纵公众的欲念，努力获取公众的支持以维持持续的战争。"[1]过去的 20 年间，美国刑法的范围已大大扩张，主要原因既有风险社会风险源的增多增加了防卫的必要性，也有情绪化民意给轮流执政的政党巨大的压力，还有执政党基于社会管理的需要主动扩张制定法的范围。[2]这些要素导致两极化刑事政策无法走中间道路，而是日益向重刑化方向发展。这些都给我们敲响了警钟。当代中国问题的复杂性在于，我们不仅需要解决传统风险的威胁，而且需要应对现代风险的挑战。[3]重刑主义一直都是我国刑事政策的基调，所以时刻要谨记避免走回头路。特别是在立法方面，虽然现在以政策代替法律的情况不存在了，但在立法过程中，"临时性立法""象征性立法""政策入法"等现象仍然存在。要避免立法的重刑化，就要回归科学的道路，即以精确、详实的犯罪学研究为基础，进行科学立法。

其次，在刑事政策的实施过程中，应避免政治或意识形态的过分影响。犯罪问题的政治化或意识形态化并非解决犯罪问题的理性选择。基于短期利益的考虑，它通常会导致一种象征性的解决方式，其结果必然是掩盖而非解决问题。"20 世纪 70 年代之后在美国出现的大规模监禁现象表明，当民主社会的政治家为了达到一定的政治目的，将犯罪与刑罚问题政治化时，完全有可能出现与自由相背离的专制主义刑罚。"[4]对我国来说，基于国家的社会主义性质，党和政府与人民的利益是一致的，可以避免轮流执政的压力，却也无法避免犯罪问题的政治化。这是因为，任何一个国家的政府和执政党都承担着进行社会管理、维护社会稳定、促进社会进步的责任，在国家治理资源有限的情况下，为了维护社会稳定和安全，就容易进行高强度、高效率、暴风骤雨式的犯罪治理。在此特别要强调司法方面，由于我国刑事政策要求刑法适用要达到法律效果与社会效果的统一，目前在一些案件的审判过程中，民意仍然起着举足轻重的作用。虽然司法的最终正当性在于民意，适度吸纳

〔1〕　[英] 马丁·因尼斯：《解读社会控制——越轨行为、犯罪和社会秩序》，陈天本译，中国人民公安大学出版社 2009 年版，第 52 页。

〔2〕　参见何荣功：《自由秩序与自由刑法理论》，北京大学出版社 2013 年版，第 14 页。

〔3〕　参见梁根林："责任主义原则及其例外——立足于客观处罚条件的考察"，载《清华法学》2009 年第 2 期。

〔4〕　储槐植、江溯：《美国刑法》（第 4 版），北京大学出版社 2012 年版，第 295~296 页。

民意也未必会贬损司法独立，但是现实的民意具有不确定和不稳定性，因此要防止流水的民意左右法律。[1]"法不外乎人情，是中国传统法官的一种思维定势，他们认为人情整合法理、民意高于法律，民意的正当性无须经由法律来验证。"[2]由此可见，避免"政治审判""民意审判""媒体审判"，任重而道远。

再次，在刑事政策的实施过程中，无论是立法还是司法都要注意平衡安全价值与自由价值，平衡被害人、犯罪人与社会（包括国家）的利益，要始终将矫治犯罪人作为刑罚的根本目的。短视的、机会主义的运动式治理，其根源在于对社会利益的过分强调，忽视了犯罪人甚至被害人的利益。这种社会利益本位的刑事政策将安全、效率价值放在第一位，它所导致的国家刑罚权的扩张正是以个人自由的限缩为代价的。相反，个人利益本位的刑事政策往往将正当程序放在第一位。刑事司法制度是在控制犯罪模式和正当程序模式之间不断变化的，刑事司法的实际运作是控制犯罪和公平及保障公民权利的折中。[3]这种折中实际上平衡了被害人、犯罪人与社会的利益，而非将某一种利益作为绝对利益予以保护。我国刑事政策一直很重视社会利益，近年来，随着中国特色社会主义建设特别是法治国家建设的逐步推进，犯罪人和被害人的利益重新被"发现"。就目前而言，刑事领域对犯罪人利益、被害人利益和社会利益的关系处理得并不好。可以说，以往对社会利益的强调是以当事人的部分利益为代价的，现在对被害人利益的强调又以牺牲犯罪人的部分利益为代价。这说明我国刑事政策的运作尚处于实用阶段。实际上，被害人保护理论与犯罪人权利理论都建立在基本权利保障基础上，它们都是以限制刑罚权为目标的，只不过前者是以犯罪人的权利限制国家刑罚权的扩张，后者是以被害人的权利限制刑罚权的扩张。[4]可见，宽严相济刑事政策不仅意味着对被害人的同情和体贴，也是对犯罪人的尊重和理解。

最后，在刑事政策实施过程（特别是司法过程）中要注意政策与法律的

---

〔1〕 苏力："法条主义、民意与难办案件"，载《中外法学》2009 年第 1 期。

〔2〕 孙笑侠、熊静波："判决与民意——兼比较考察中美法官如何对待民意"，载《政法论坛》2005 年第 5 期。

〔3〕 ［美］哈伯特·L. 帕克：《刑事制裁的界限》，梁根林等译，梁根林校，法律出版社 2008 年版，第 173 页。

〔4〕 参见劳东燕：《刑法基础的理论展开》，北京大学出版社 2008 年版，第 293 页。

区隔，避免政策超越甚至代替法律的现象。新中国成立之初，由于法制的不健全、不完善，许多案件的裁判是在政策的参与甚至主导下进行的。现在，社会主义法制体系已经建立，刑法规定罪刑法定原则也已经有二十年之久，定罪量刑的法定化和规范化应该得到尊重。但是，由于罪刑法定原则无法解决法的普遍性与个案正义之间的冲突，也无法解决刑法体系的僵化与社会发展之间的矛盾。[1]时至今日，刑事裁判中仍然存在对审判的干预。对于上述困境，我国通说采取了实质解释的方法，即将社会危害性凌驾于刑事违法性之上，作为定罪量刑的基础。这种做法与美国法律类型发展取向上"风险大的观点"如出一辙。实质的"犯罪概念是从总体上划清罪与非罪的界限，而犯罪构成则是分清罪与非罪的具体标准"。[2]在司法过程中，由于犯罪构成成为社会危害性的事后论证工具，既难保障定罪量刑的规范性，也未必能保证判决结果符合刑事政策，因此，可取的方案是通过规范保护目的达成刑事政策与刑法体系的贯通。[3]这种做法之所以可取，是因为它对通过目的渠道进入刑法体系的刑事政策进行了严格的限制，也不违反罪刑法定原则。事实上，罪刑法定原则并不反对刑事政策对刑法体系的指导，只是将刑事政策限定为立法者的价值立场，不允许司法者打着刑事政策的口号将自己主观的价值判断引入刑法体系之中。"罪刑法定原则是形式合理性与实质合理性的统一体，它将实质合理性的内容即法律之目的及刑事政策的影响，严格限制在该刑事政策对于法律条文文字明示而确实表达的范围内。"[4]联系美国法律类型的发展取向，我国的上述做法实际上介于"风险大的观点"与"风险小的观点"之间，既能最大限度地尊重法教义学的规则，又能保证结果的可接受性。

---

[1]　参见劳东燕：《刑法基础的理论展开》，北京大学出版社2008年版，第178页。

[2]　高铭暄、马克昌主编：《刑法学》（第5版），北京大学出版社、高等教育出版社2011年版，第49页。

[3]　参见陈兴良："刑法教义学与刑事政策的关系：从李斯特鸿沟到罗克辛贯通　中国语境下的展开"，载《中外法学》2013年第5期。

[4]　劳东燕："刑事政策与刑法解释中的价值判断——兼论解释论上的'以刑制罪'现象"，载《政法论坛》2012年第4期。

第十一章

从愤怒到宽恕：纳思邦刑罚理论述评 [1]

作为人类制裁犯罪行为的主要手段，刑罚的背后有其情感价值基础。一般认为，刑罚最初是人类复仇的产物，即使在国家垄断刑罚权之后，人类的报复情感仍然是刑罚背后不可忽视的力量。就刑罚的正当性根据而言，虽然预防的分量日益增加，但报应的基础地位似乎难以撼动，对此应该如何看待？美国学者玛萨·纳思邦于2016年出版的《愤怒与宽恕：怨恨、慷慨、正义》（以下简称《愤怒与宽恕》）一书，反思了法律背后的愤怒情感。虽然本书并未将重心放在刑罚制度上，但由于暴力是引起愤怒最直接的存在，纳思邦还是对其情感基础进行了粗线条的勾勒。她认为，美国现行刑罚制度——当然不只是刑罚制度——具有浓厚的报应色彩，这种制度架构对于预防犯罪、矫正犯罪人乃至保卫社会都没有太多的益处，替代性的制度架构——例如矫正制度——应该建立在宽恕上。对此，纳思邦从伦理学乃至政治哲学的角度进行了深入挖掘，所作论证值得重视。

一、宽恕理论的内容

玛萨·纳思邦现为美国芝加哥大学法学与伦理学恩斯特·佛罗因德杰出贡献教授，美国艺术与科学院院士，她曾执教于哈佛、布朗、牛津等高等学府，著有《愤怒与宽恕》《爱的知识》《善的脆弱性》《诗性正义》《逃避人性》《正义的界限》《女性与人类发展》等，涉及古典学、政治哲学、法学、博雅教育、女性与人类发展等领域。纳思邦教授还曾担任美国哲学学会三主

---

〔1〕 本章由笔者与华中师范大学法学院讲师罗世龙博士合著。

席之一，作为当前美国最杰出、最活跃的公共知识分子之一，她被视为政治自由主义、新斯多葛学派的代表人物，其观点在欧美等国都颇有影响。[1]

纳思邦主修戏剧与古典学研究，并在哈佛大学获得博士学位，专攻古希腊哲学、情感哲学、女性主义伦理学等，研究法律时重视情感要素。本书开篇就通过古希腊悲剧《奥瑞斯提亚》引出愤怒与法律的关系问题。在该剧结尾，雅典娜以法律制度取代并终结了原本永无休止的流血报复，但复仇女神没有被赶出城邦，而是加入了城邦，并在阴间享受至尊地位。这个举动通常被理解为法律系统必须容纳且尊重黑暗的复仇激情。复仇女神加入城邦之后，其本性和行为都发生了改变：原先的她们野蛮而残忍，信奉血债血偿，现在却变得仁慈，追求民众福祉。虽然作为法律的守护者，复仇女神仍能够通过激发恐惧以威慑违法行为，但其日益理性化，能够倾听说服的声音，让怒气沉睡。这意味着报应主义背后仍然潜藏着报复的激情，后者仍会造成无休止的流血牺牲。纳思邦认为，对伤害的适当反应是前瞻的福利主义。如果只顾着惩罚犯罪人，虽然能够平息被害人与国家的愤怒，但由于犯罪人内心深处的犯罪性格得不到关注，其犯罪性仍然有可能再次爆发出来。只有慷慨地原谅犯错的犯罪人，宽恕并尽力挽救他们，才在最大程度上有益于社会。若要实现这一目的，政治制度应该严肃看待侵害行为并加以防止，但若只将谋杀犯当作突然发狂吃人的老虎，不仅无法防止类似恶行不再发生，也未给予被害人与所有人应得的尊重。就此而言，制度必须回顾过去，才能迈向未来。即使治疗病态的社会关系是首要的任务，还是必须先承认错误才有可能迈向复原，如此方能维护并强化信任，或恢复已失去的信任。[2]

纳思邦关于刑罚正当性根据的观点属于功利主义中的矫正理论。面对20世纪后期矫正理论在美国的失败，纳思邦认为，那并不意味着矫正理论在方向上有误，而是因为：为了回复报应主义者，官方在政策执行中过分着重惩罚，忽略了其他福利主义的策略；人们认为，福利主义的事前威慑将耗费过多资金，却没看到监禁也是极其昂贵的。当然，即使这些成本显而易见，执着于监禁的心态仍然存在，报应主义根植于大众心理，形塑了这类议题的论

---

〔1〕 http://ekvv. uni-bielefeld. de/blog/uninews/entry/us_ american_ philosopher_ martha_ c.

〔2〕 ［美］玛莎·纳思邦：《愤怒与宽恕：重思正义与法律背后的情感价值》，高忠义译，商周出版社2017年版，第22页。

辩。纳思邦指出，报应的严厉性经常加剧，将被告人妖魔化，认为他们与社会中善良的人如此不同。这与美国主流社会观念对少数种族的污名化、嫌恶与恐惧有关。通过监禁规模来"搞定"种族关系这种复杂的社会问题，是一种快速但无效的方法。要解决当前刑事司法的困境，就要从愤怒的心态转向宽恕的心态，结合事后惩罚与事前威慑。纳思邦认为，要怀着对同胞的爱对待犯罪行为，既要承认所发生的犯罪事实，从而表达社会对核心价值的承诺，也要会展望再整合的世界。"他整体的精神是转化的愤怒，对于已犯的错表示愤怒，但是慷慨的精神取代了只想严惩的想法。除了强调特别威慑与一般威慑，以及对于阻绝犯罪能力的关切，这样的法官也会探寻在人类容易犯错的世界里，我们如何尽可能地生活。"

　　纳思邦认为，作为报应的基底，愤怒概念是深具瑕疵的。指向恢复或偿还的愤怒，其错误在于认定做错事的人所受的痛苦可以恢复，或者有助于恢复受到损害的重要事物。[1]这种理解源自对宇宙秩序平衡的误解，人们在无助情况下往往试图重获控制，但即便被害人想讨回公道，也不一定能恢复已经受损的事物。刑事系统所代表的愤怒，希望通过施加痛苦或羞辱来降低加害者的地位，使被害者的地位相对提升。这只是一种象征性的报复，它狭隘地认为让伤害者受到羞辱是最重要的，而非考量怎样做才能提升社会的福祉。[2]纳思邦认为，宽恕应该取代愤怒成为刑罚的主要态度。宽恕包括交易式宽恕、无条件宽恕和无条件的爱与慷慨。交易式宽恕要求侵害者认错、道歉、悔罪，无条件宽恕要求被害人基于自主选择放弃愤怒的感觉，不强迫加害者悔罪。这两种宽恕都不是真正的宽恕，因为在认罪概念下，请求宽恕的程序变成了一种伤害的过程，它要求认罪、流泪、痛苦，可能会导致更严重的羞辱与贬低。"交易式宽恕不仅无法消除愤怒的恶害，似乎只是用另一个名称延续愤怒中对于报复的渴望。"[3]类似地，无条件宽恕也仅关注过去，而未思考如何建构具有实效性的未来。无条件宽恕的主体（被害人）往往表现出某种程度的

---

〔1〕　〔美〕玛莎·纳思邦：《愤怒与宽恕：重思正义与法律背后的情感价值》，高忠义译，商周出版社2017年版，第28~29页。

〔2〕　〔美〕玛莎·纳思邦：《愤怒与宽恕：重思正义与法律背后的情感价值》，高忠义译，商周出版社2017年版，第65页。

〔3〕　〔美〕玛莎·纳思邦：《愤怒与宽恕：重思正义与法律背后的情感价值》，高忠义译，商周出版社2017年版，第37页。

道德优越感。也就是说，对被害人而言，报复是一种正当目标，只是他仁慈地放弃了。其潜意识中仍然是要求偿还的，而放弃偿还的姿态又导致对他人的贬低。

纳思邦认为，真正的宽恕只能是无条件的爱与慷慨，只有无条件的爱与慷慨才能成为刑罚的基础。它完全脱离审判、认罪、悔罪、愤怒，无任何的优越感与报复心，以一种慷慨的精神展开未来的旅程，而非植根过去。面对犯罪时，时常有人主张愤怒的重要性，因为愤怒似乎可以维护被害人的尊严，展现出对人的尊重。纳思邦认为，政治领域的最重要的美德是公平正义。一个良好的社会必须保护它的人民拥有一定程度的机会或能力。要发挥保护最低限度公共福祉的功能，政治制度就应该严肃看待侵害行为并加以防止，否则不仅无法避免将来不再发生此等恶行，也未给予被害人与所有人应得的尊重。但是，严肃对待犯罪行为就必须对犯错误的人实施刑罚吗？纳思邦认为，事后的惩罚确是保护人类重要价值的方法之一，但是"惩罚"一词局限了我们的思想，让我们误以为这是针对犯罪行为唯一适当的途径。其实，我们应该想想处理犯罪问题的其他策略，刑罚的理由在于社会可以事先采用何种策略以减少犯罪。如边沁所强调的，避免错误的行为是一种复杂的任务。我们必须以最广泛的方式思考，探问营养、社会福利、教育、就业与各种建设性措施可以如何作出贡献。在发生犯罪的场合，一般人都会愤怒，但只要注意到愤怒在应然层面上是非理性的，一个理性的人往往会从愤怒切换到更为实际有效的展望式思考，想想实际上怎么才能真正增加个人或者社会福祉，就实现了从愤怒向宽恕的转化。"转化的愤怒"强调从愤怒转化为对于未来利益的建设性思考。它并非聚焦在被害人与加害人的相对地位上，也未曾想要让加害者受苦作为损害以偿还被害人，它一开始就看向社会福祉，力图建设性地运用刑罚以实现社会福祉的增加。基于转化的愤怒，被害人想要犯罪行为停止，但他可能继续爱那个人，希望对方过得好。转化的愤怒是理性且符合规范的愤怒，其思考模式既可以为个人所依循，也是社会演化的路径。

二、宽恕理论的价值

20 世纪 70 年代之前，矫治模式在美国刑事司法中占据主导地位，但是自从 70 年代起，犯罪率的持续上涨引发了学者对矫正有效性的质疑。1972 年，美国学者马丁森研究发现，除去极少和孤立的案例外，矫治对于降低罪犯再犯并没有显著效果，几乎没有任何证据支持诸如教育和职业培训、心理治疗、毒品矫治、精神外科治疗等罪犯矫治项目能够降低罪犯再犯率。[1]此前的1970 年，美国政府提出"对犯罪的战争"的口号。由于官方统计资料和新闻机构大肆渲染街头犯罪现象，公众相信犯罪问题已失去控制，要求采取更严厉的惩罚，[2]美国刑罚理论开始向主张"应得的惩罚"的正义模式转变。有些州废除了不定期刑和假释制度，有的州进一步增加和完善了死刑立法。美国《联邦综合犯罪控制法》明确指出：刑罚目标不是复归社会，而是正当惩罚和控制犯罪。尽管矫治模式的一些做法在实践中被保留下来，主流刑罚理论已然由矫治转向了报应。[3]

现在，经过四十多年的实践，监狱人口的快速膨胀令美国学者开始反思报应和隔离带来的司法恶果，重提和改良矫治刑罚目的观。根据美国前总统奥巴马的研究，当今的美国确实是一个过度惩罚的国家，无愧于"监狱之国"的称号。20 世纪 80 年代的美国监狱系统只有 50 万人，而今只有世界 5% 人口的美国却有世界上超过 25% 的囚犯，也就是说有超过 220 万人监禁于美国各级监狱系统，超过世界上任何其他一个国家，比欧洲前 35 个国家囚犯之和还要多，连俄罗斯和伊朗都相形见绌。[4]这种对于严罚的病态式追求引起学术界与实务界的反思。法学文献中矫治刑罚目的观研究热度整体增高，越来越多的刑法学者支持矫治模式；美国各州立法开始重视矫治模式的重新嵌入，联邦立法也显示出重新重视矫治刑罚目的观的趋向，联邦最高法院判例中也可以看到矫治刑罚目的日益受到重视；至于具体制度实践面向，则有逐渐被广泛采纳的问题解决型法庭、提前释放制度、犯罪记录消除制度四种典型表现。[5]《愤怒与宽恕》一书正是在这种背景下产生的。纳思邦教授主张，应该否定报应理论的规范价值，主张面向未来福利的矫治刑罚观，注重利用广泛的事前措施解决犯罪问题。这对于反思与改善美国的刑事政策、刑罚理念

---

〔1〕 See Jessica M. Eaglin, "Against Neorehabilitation", 66 SMU *Law Review*, 2013, p.200.

〔2〕 ［美］克莱门斯·巴特勒斯：《罪犯矫正概述》，龙学群译，陈新华校，群众出版社 1987 年版，第 57 页。

〔3〕 ［美］哈利·G.拉平："美国联邦监狱的罪犯矫正"，王志亮译，载《检察风云》2007 年第4 期。

〔4〕 Barack Obama, "The President's Role In Advancing Criminal Justice Reform", 130 *Harvard Law Review*, 2017, pp.811~866.

〔5〕 参见曹兴华："论美国矫治刑罚目的观复兴的四重面向"，载《山东社会科学》2017 年第 11 期。

和刑罚制度具有重要的理论参考价值和实践意义。

20 世纪 60 年代末 70 年代初，美国拥有世界上最宽松的司法系统之一，后者在 20 世纪末却成了民主制度史上最严厉的司法系统，这种来回摆动导致美国刑罚机构产生了剧烈震荡和机能障碍。[1]纳思邦正是看到这一点，才呼吁立法者在制定刑罚制度时应站在宽恕被告人的中性客观立场上，呼吁司法者在执行刑罚制度时尊重被告人的权利，在被告人与被害人之间展开沟通。真正的问题在于，如何对待犯罪人最有可能促进并维持公平且平衡的制度？纳思邦认为，事前的处遇措施不仅可以避免刑罚的缺陷，在某种程度上说也比刑罚有效。应该搞清楚何种做法能产生最好的结果，如果刑罚有用，我们就选择刑罚，但是如果只是认为做错就该受惩罚，那就不会在乎论据，无论如何都过于武断了。

（一）宽恕理论的意义

20 世纪 70 年代以后美国刑事司法系统的严厉化有许多原因，比如全球风险化所造成的民粹主义恐慌，矫正模式运行过程中执行方式的某些欠缺（如强制治疗）激起民众的反感等。问题是，严厉政策都是外在因素造成的吗？还是说美国政府所主导的制度设计使然？"国家对于发生在监狱里的事情究竟是不知道、不了解、不关心，还是被误导，或者就是想要的这样？"[2]

根据另一位美国学者的研究，美国刑事政策严厉化与其刑事司法系统的制度设计有关，对此美国政府负有不可推卸的责任。在制度设计方面，刑事司法系统的分工（警察、检察官、法官、监狱）当然有利于相互制衡，但也造成了部门之间的隔阂与相互掣肘。"作为程序上的防护装置与制度上的减轻负担，此种分工确属必要，但……这种分工也让各个单位相互隔绝。在惩罚程序中的每一个人，都可以把责任推到别人身上。"[3]比如，对于直接面对犯罪并为此疲于奔命的警察来说，期待他们善待犯罪人无疑是不现实的。检察官面临持续的胜诉压力，也不可能主张宽缓的刑事政策，事实上正是严罚让

---

〔1〕 Philip Goodman, Joshua Page and Michelle Phelps, *Breaking the Pendulum*, *the Long Struggle over Criminal Justice*, Oxford University Press, 2017, p.1.

〔2〕 ［美］劳勃·弗格森：《失控的惩罚：剖析美国刑罚体制现况》，高忠义译，商周出版社 2014 年版，第 24 页。

〔3〕 ［美］劳勃·弗格森：《失控的惩罚：剖析美国刑罚体制现况》，高忠义译，商周出版社 2014 年版，第 35 页。

他们在审判或辩诉交易中更有筹码。相比而言，不用担心选票问题的法官应该是最有理由、最应该也是最有可能以客观中立的理性立场面对犯罪的，但在日益风险化的社会治安形势下，民众对司法的不信任也影响了法官的立场。许多法官接受了"对犯罪软弱"是助长犯罪而非阻止犯罪这样的想法，也倾向于严厉的刑事政策。[1]

刑事司法系统严厉化的恶性循环始于立法。"在美国，最不负责任的惩罚者就是州与联邦的立法者。近四十年来，立法者对于惩罚的讨论更常是一种政治策略，而不是刑事正义的理性论辩。"[2]虽然严厉政策也是因应日益恶化的社会治安形势所致，但是面对民众对于犯罪情势的恐慌，刑事政策的制定者不但没能予以疏导，站在理性立场上制定长远有效的犯罪控制政策，反而为了民众手中的选票而迎合他们，导致官方刑罚理论不再寻求威慑或者矫治个别的犯罪人，而是认为社会上90%的犯罪都是由占社会总人数10%的人所犯下的，只要将这些最危险的犯罪人"处理掉"就可以一劳永逸结束对犯罪的战争。而且，"当惩罚变得太过严厉时，社会便有义务加以评估"，但是，美国政府并没有对日益严厉化的刑事政策展开有效和及时的评估，反而是为了短期的执政利益或者在连续执政的压力下，回避严厉政策所导致的恶果。[3]

其实，在面对犯罪率升高及其所引起的民粹主义恐慌这一现实状况时，政府与职能部门并不是单纯地被动应对风险，实际上也在利用风险所造成的恐惧为自己服务。其一，利用民众面对风险的恐惧心理，加强政府的权力。为了应对日益增加的社会风险，美国政府以应对紧急状况为名义加强立法，迫使民众以自由换取安全，并将行政部门的集权行为予以合理化。其二，利用民粹主义恐慌，将预防与打击犯罪的责任强加到社会组织乃至普通民众头上，如此不但可以节省政府的开支，也将打击犯罪不利的责任推卸到社会乃至普通公民头上。其三，利用民众对犯罪的恐慌，转移其注意力，分散民众

〔1〕［美］劳勃·弗格森：《失控的惩罚：剖析美国刑罚体制现况》，高忠义译，商周出版社2014年版，第168~191页。

〔2〕［美］劳勃·弗格森：《失控的惩罚：剖析美国刑罚体制现况》，高忠义译，商周出版社2014年版，第164页。

〔3〕［美］劳勃·弗格森：《失控的惩罚：剖析美国刑罚体制现况》，高忠义译，商周出版社2014年版，第309~338页。

对政治、经济、军事等其他问题的注意力，为政府的无所作为寻找借口。正是出于这些目的，美国政府不但没有倡导一种理性、客观、中立、冷静的态度应对犯罪的处理，反而有目的地制造了一种犯罪高峰的情境。如此，一方面，犯罪成为像交通事故一样的常态风险，职能部门不可能单凭一己之力实现犯罪治理；另一方面，针对犯罪的敌意和恨意，促使民众逐渐失去矫正犯罪人的耐心，转而支持更严厉的打击政策，后者又促使犯罪人抗拒惩罚，如此一来刑事司法就不可避免陷于恶性循环之中。"惩罚者会扭曲任何机制以谋求自己的利益，在监狱里的受刑人，就像日常生活中的人们，当他们受到别人不好的对待时，就会用不好的方式回应。"[1]

正是为了解决上述问题，纳思邦呼吁宽恕。刑事司法系统也需要无条件的爱，只有站在宽恕被告人这一前提下刑事司法系统才能中立、客观、理性地看待犯罪。报应主义对犯罪人的贬低，不但对于修复犯罪行为所导致的伤害无济于事，而且会造成新的伤害，促使刑事司法系统陷于惩罚的恶性循环之中。针对以往民众及司法机关所抱持的针对犯罪人的贬低和恨意，纳思邦认为，基于人道主义与社会福祉的考虑，刑事司法系统应尝试着理解犯罪人，而不是急着杀掉他们或者把他们关进监狱。"犯罪是让人愤怒的，但我们可以带着同情心看待犯罪者，犯罪者本身远比犯罪行为更好，他未来可以做好，而我们可以基于那样的想法调整刑度。同时，还要加倍投入为所有人创造好的环境条件。"[2]

宽恕理论有利于调整过分严厉的刑事司法环境，有利于避免在司法程序中将犯罪人妖魔化，有利于在理解犯罪人的基础上实施惩罚和矫正。虽然不可以走向极端（因为惩罚本身就是一种痛苦，没有痛苦就无所谓惩罚），不能因宽恕犯罪人而忽视对其实施惩罚，但也不能不试着理解他，只有在理解的基础上实施惩罚才是正当的，也是有益和有效的。正是基于同一理由，劳勃·弗格森提出惩罚的第八个特征，"受惩罚者必须仍保有值得活下去的人

---

〔1〕　［美］劳勃·弗格森：《失控的惩罚：剖析美国刑罚体制现况》，高忠义译，商周出版社 2014 年版，第 351 页。

〔2〕　［美］玛莎·纳思邦：《愤怒与宽恕：重思正义与法律背后的情感价值》，高忠义译，商周出版社 2017 年版，第 321 页。

生"。[1]只有获得社会（包括被害人及其家属）的宽恕，被告人才能在积极的刑罚执行环境中获得新生。相反，如果刑罚不具有宽恕性，或者刑罚不是在宽恕的理性背景下判处的，或者刑罚不是在平等、良性沟通的环境中执行的，被告人就会被一片敌意和恨意所围绕，他很难体会到自己对他人所造成的伤害，反而可能以为他所做的只是物竞天择适者生存所必须做的了。如此，刑罚的执行所建构的就不是一个理性的和平沟通的社会，而是一个充满仇恨彼此伤害恶性循环的社会。在这种环境中，不仅被告人很难具有"值得活下去的人生"，其他人也都一样。

（二）宽恕理论的问题

但是，即使总体上认同纳思邦的宽恕理论，也不能走向极端。首先，放弃报应理论，主张事前预防理论或矫治刑罚观，是否有充分的根据？一方面，即使从愤怒这种情感的视角分析得出报应理论对于促进社会福祉并无实际意义的结论，也不能当然地认为预防及矫治刑罚观就具有正当性。报应理论的缺陷，并不能直接证明预防理论和矫治刑罚观的合理性。预防理论、矫治刑罚观本身的缺陷如何克服，纳思邦似乎没有给出回应。而预防理论和矫治刑罚观的诸多问题，即使在现在，仍然存在巨大争议。例如，特殊预防和一般预防都没有为刑罚提供一种限制原则，特殊预防对于不需要重新社会化的人不知如何处理（例如许多过失犯罪与偶犯的轻微犯罪），特殊预防很难在实践中获得成功的社会化方案，特殊预防和一般预防存在为了预防目的而侵犯人的尊严的危险等。[2]矫治模式也并非没有问题：罪犯矫治完全无法实现预期效果，矫治刑罚观导致罪犯之间处遇不公，罪犯矫治中国家权力的不受约束性，罪犯矫治附随严重的副作用等。[3]

其次，纳思邦也注意到，作为功利主义刑罚观重要的下位类别，矫治理论可能会招致为了社会福祉而把人当作工具的强烈批判。不过，她认为自己的主张并不会出现这个问题，因为其主张的政治福利主义后果论包括保障尊

---

〔1〕［美］劳勃·弗格森：《失控的惩罚：剖析美国刑罚体制现况》，高忠义译，商周出版社 2014 年版，第 347 页。

〔2〕［德］克劳斯·罗克辛：《德国刑法学　总论》（第 1 卷），王世洲译，法律出版社 2005 年版，第 40~44 页。

〔3〕曹兴华："逾两百年来美国矫治刑罚观历史嬗变及其启示——自 1790 年核桃街拘役所改革至 2016 年 Montgomery v. Louisiana 案"，载《刑事法评论》2017 年第 1 期，第 102 页。

严及不羞辱人。这些保障是基于正义，也体现了公民权利，它们属于想要促进的后果的要素。如此一来，对于受惩罚之人就具有正当性，我们就可以对犯罪者说："为了公众福祉我们要暂时取走你的自由，以促进你身为其中一分子的社会之善。"[1]纳思邦的回应是否完全消除了预防及矫治刑罚观容易把人当作工具的弊端呢？笔者认为，从抽象来说，保障尊严及不羞辱人的原则的确可以在一定程度上限制国家权力过分膨胀，防止侵犯人权的危险。但是，保障尊严及不羞辱人的原则仍然没有为以预防及矫治为目的的刑罚提供一个具体的限制标准。另外，纳思邦对预防及矫治刑罚观所面临的其他诸多严厉批评也没有做出一个说明，这也意味着其坚持的预防及矫治刑罚观的正当性没有得到很好的论证。

最后，报应理论是否果真如纳思邦所言毫无价值呢？的确，从情感角度分析报应理论的缺陷，具有很强的说服力。然而，报应理论所彰显的直觉正义是否妥当，对此仍要结合在不同的历史背景下人们对公平正义的基本思考来判断。纳思邦认为，只要不是以未来的福祉为目的，那么刑罚就会失去正当性。以政治福利主义作为其所有论述的基本前提，则否定报应这种具有朴素正义感的情感也就有其逻辑上的必然性。但是，其一，报应理论与私人复仇、报复的情感有显著的差别，比如刑罚权被相对理性的国家垄断，报应理论受到比例性原则的限制。其二，以报应为基础的刑罚是否就只能定位于回顾过去而不面向未来呢，这也不无争议。事实上，报应只是刑罚正当性根据的基底，不是刑罚的目的，报应不影响刑罚同时追求其他目标。其三，虽然个人犯罪有被决定的一面，但是仍然离不开一定的自由意志，因此给予道义上的责任，也并非没有理论上的根据。其四，"矫治的处分要能发挥效果，必须有着惩治的威胁。"[2]无论是治疗型、培训型还是道德教育型矫正，如果没有惩罚作为基础，很难保证矫正的效果。

当然，本书并不是一定赞成报应理论作为刑罚目的的正当性，而是意在表明纳思邦绝对排斥报应理论的根本缘由和可能遭受的疑问。依此看来，纳思邦对报应理论的批评仍有值得深入的必要。在笔者看来，完全抛弃报应理

〔1〕［美］玛莎·纳思邦：《愤怒与宽恕：重思正义与法律背后的情感价值》，高忠义译，商周出版社 2017 年版，第 299 页。
〔2〕［美］劳勃·弗格森：《失控的惩罚：剖析美国刑罚体制现况》，高忠义译，商周出版社 2014 年版，第 356 页。

论的做法是不妥的。即使报应不应作为刑法的目的之一，我们也仍需要接受报应理论中的一个决定性要素——罪责原则——作为设定刑罚界限的手段。[1] 罪责作为限制，意味着不能因为预防的目的而超过行为人的罪责，但是可以低于行为人的罪责，只要刑罚不低于一般预防的最低限度。这个意义上的报应，被称之为"消极的报应主义"，即因为犯罪人实施了侵害社会的犯罪行为，所以我们可以惩罚他们。与之相对应的是"积极的报应主义"，即因为犯罪人实施了犯罪行为，我们应该惩罚他们。积极的报应主义寻求一种主动的惩罚，消极的报应主义在惩罚有意义的时候为防止惩罚扩张提供一种限制。可见，有必要将消极的报应主义作为刑罚正当化根据的基底，它与矫正理论所坚持的人道主义并不矛盾。

三、宽恕理论的适用

宽恕理论对刑事司法制度有何影响？站在无条件的爱与宽恕这一立场上，纳思邦选择"被害人影响陈述""羞辱性刑罚"以及"以社区为主导的恢复性司法"作为议题展开分析，对此也应该予以批判审视。

（一）宽恕理论与被害人影响陈述

"如果同情心能进到法院，怨恨难道不该有平等的机会吗？"在审判阶段，如果法官需要倾听犯罪人的陈述以更好地量刑，受害人及其家属是否也应对犯罪行为致其伤害出庭予以说明呢？被害人影响陈述是否值得提倡？对此，纳思邦予以否定。理由在于：其一，被害人及其家属的证词更多地只是发泄愤怒，要求报复的情绪，目的仅仅在于让犯罪者得到更重的惩罚。这些要求会让公正的法律制度走偏。其二，尤其是在英美陪审团制度下，被害人及其家属似乎比被告人更像陪审员一边的人，他们的出庭陈述将会影响陪审员聆听辩方说法的专注力。其三，允许被害人影响陈述会造成不公平。因为在不同的案件中，有的被害人活着，有的被害人死了，有的被害人有亲属，有的被害人没有亲属，支持被害人影响陈述会产生公平问题。纳思邦认为，可以辅助被害人进行某种创伤咨询，让他们面对发生在自己身上的事，并诉说他们的故事。这种治疗不包括鼓励被害人及其家属产生如何讨回公道这种报复

---

[1] [德] 克劳斯·罗克辛:《德国刑法学　总论》(第1卷)，王世洲译，法律出版社2005年版，第48页。

性的想法。即使犯罪人有义务倾听被害人及其家属的声音，也可以在量刑后予以安排。[1]

的确，被害人及其家属的陈述在实践中往往表现为对罪犯的强烈愤怒情感和要求法严惩罪犯的报复心理。从这个角度而言，拒绝被害人及其家属的陈述有一定的道理。而且，犯罪行为对被害人与社会所造成的伤害，已被列入法庭考量范围之内，被害人及其家属出庭在大多数情况下的确有发泄报复情绪的目的。即便如此，完全拒绝被害人影响陈述仍然似乎过于武断。原因在于，我们阻却非理性要素影响法官定罪量刑的路径可能并不合理。既然被告人有权出庭陈述，为了公平起见，也应给予被害人及其家属陈述的权利，即使陈述的内容不值得提倡与鼓励。这也是作为一个现代民主法治国家所应有的内涵。我们不能要求受到侵害、缺乏理性环境的个人去实现司法独立，以保障对其造成伤害的犯罪人的公平。正确的出路似乎在于，让具有专业背景的法官充当维护公平正义、促进社会福利的角色。代表正义的法律制度与法官，应该有能力辨识哪些是非理性的要素，从而在定罪量刑时不考虑这些不利于提升社会幸福的东西。

（二）宽恕理论与羞辱性刑罚

羞辱性刑罚是否具有现代意义？由于羞辱会产生贬低他人的效果，纳思邦认为羞辱性刑罚不值得提倡。纳思邦总结了五个反对羞辱性刑罚的理由：其一，羞辱性刑罚不符合基本正义而无法被接受。保护尊严与自尊自重的社会条件是一种基本价值，因此我们应该拒绝国家主导的贬低公民地位的行为，即使那些在阻吓犯罪上极富成效。其二，羞辱性刑罚实际上鼓励群众复仇。羞辱性刑罚满足了多数人贬低特定不受欢迎的人并加以污名化的愿望。而对于一个以平等精神与法治原则为基础的社会来说，将惩罚变成那种带有偏见且不像法律的力量，在应然层面上是很有问题的。其三，羞辱性刑罚的倾向会变得失控。惩罚的对象将从真正有恶害的行为，扩大到仅仅是让人不愉快的人，因此在许多时代、许多地方，宗教与性别、性取向上的少数群体被污名化。其四，羞辱性刑罚鼓励报复式的愤怒。这种惩罚会因为增强犯罪人自我认知为法外之民，并与其他法外之民联名以报复社会，从而增加了社会暴

---

[1]　[美]玛莎·纳思邦：《愤怒与宽恕：重思正义与法律背后的情感价值》，高忠义译，商周出版社2017年版，第302页。

力。从这个意义上说，也是极差的阻止手段。其五，羞辱性刑罚只会增加社会中的惩罚数量。原因在于，它看起来不如监禁严厉，时常用来取代直接的释放或假释，从而增加了社会中"强硬对待"的做法。纳思邦认为，如果必须采用惩罚，那么社会就不能只是口号上说"不得有残酷与异常的惩罚"，必须尝试让惩罚真正不具有羞辱性。[1]

在现代社会，羞辱性刑罚并没有随着历史而消失。20世纪90年代中期以来，羞辱性刑罚在美国又一次兴起。例如，对嫖娼拉客的行为人在电视报纸上进行身份曝光、让酒后驾车的行为人在颜色鲜艳的手镯上刻着"酒后驾车定罪"、要求犯罪人自我贬损、实施公开羞辱罪犯的仪式、要求犯罪人通过广告宣传自己所犯的罪和进行道歉仪式。[2]在立法上，到1996年，美国联邦和各州均通过了"梅根法"，建立了性犯罪记录的登记与公告制度。[3]羞辱性刑罚在美国的复兴，源于犯罪率剧增、监禁成本的过高、替代措施的道德谴责功能不足、预防效果之好等多重要素。我国也有学者提倡羞辱性刑罚，认为羞辱性刑罚具有报惩和防阻犯罪、宽宥或者赦免轻罪、恢复和谐等重要价值。[4]

羞辱性刑罚的正当性（包括是否违宪）是一个存有争议的问题。支持者认为，与死刑、自由刑等其他刑罚相比，羞辱性刑罚并没有更加残酷和异常，而且如果说羞辱性刑罚侵犯人的尊严，那么其他身体上的刑罚也一样存在这个问题。而反对者则坚决认为，羞辱性刑罚违背了宪法的基本精神，侵犯了人的尊严，违背了法律面前人人平等的原则；而且，羞辱性刑罚预防犯罪的效果也是值得怀疑的。纳思邦之所以反对羞辱性刑罚，根源于她的政治福利主义主张。作为国家，要建立一个充满善的社会，就要尽力避免公开的羞辱性惩罚。笔者原则上同意这一点，但是如果说要绝对禁止羞辱性刑罚，则或许操之过急。比如性犯罪记录的登记与公告，对于儿童的保护并非毫无意义。这里所要权衡的是，让犯罪人承受登记和公告性犯罪前科的不利益与保护儿

---

〔1〕［美］玛莎·纳思邦：《愤怒与宽恕：重思正义与法律背后的情感价值》，高忠义译，商周出版社2017年版，第308～309页。

〔2〕李立景："羞辱性惩罚：当代美国刑事司法的新浪潮"，载《中国人民公安大学学报（社会科学版）》2009年第4期。

〔3〕刘军："性犯罪记录之社区公告制度评析——以美国'梅根法'为线索"，载《法学论坛》2014年第2期。

〔4〕范依畴："羞辱性刑罚：传统价值及其现代复兴"，载《政法论坛》2016年第2期。

童性安全的利益之间孰轻孰重的问题。笔者认为，在某些特殊情况下，为了保护儿童免于被性侵，有必要保留性犯罪的登记与公告制度，即使后者对罪犯本身具有一定的羞辱性。比如，可以强制性犯罪的惯犯、累犯以及性侵儿童的罪犯在释放之后到所居住的社区进行性犯罪的登记和公告。这种不利益与其先前的性犯罪有关，要求其进行犯罪登记和公告不是非正义的，这也是"消极的报应主义"的要求。另外，与严重性犯罪的罪犯人格尊严受到一定程度不利益相比，相关儿童的性安全更加重要。

（三）宽恕理论与以社区为主导的恢复性司法

以社区为主导的恢复性司法是不是一种好的转化愤怒的方式？美国犯罪学家约翰·布雷思韦特认为，正式的刑事惩罚系统庞大且不具人情，极容易传达污名化或羞辱的讯息，将犯罪者看作低等、欠缺尊严且不值得关心的客体，这不利于犯罪者回归社会，相反会将其异化，促使他们认同犯罪亚文化。而且，大部分矫治并未成功地让犯罪者借由羞耻的情感来承认自己的错误。因此，许多犯罪，尤其是年轻罪犯所实施的犯罪，最好透过社区会议以支持性的类似父母管教的方式处理。其方法很复杂，包括精细的社区控制理论，以及由社区而非政府机关执行的公开羞辱与惩罚。布雷思韦特让社区变成一种刑事司法系统，通过社区会议去除犯罪者处遇的机械性并将之个人化。在社区会议中，邀请各方代表出席，协调者会让大家保持向前看与正面的态度，犯罪行为被看作是一个好人所做的坏行为，同时犯罪者人生中不好的处境也会获得关注，期望唤起人们的同情。犯罪者、被害人及亲属必须将行为与人分开，对人展现爱与接纳，对行为坚定的表示不认同，协调者利用设计出的整合仪式（例如道歉），希望各当事人之间的距离能够拉近，创造出对彼此慷慨的机会。[1]

这种重整羞耻理论是否合适呢？纳思邦认为，重整羞耻理论确实是具有前瞻性的转化型的惩罚，其虽然认为犯罪行为是错误的，但仍主张保持冷静、不愤怒、慷慨。然而，就其运作机制的公正性而言，则仍有可疑之处。例如，以社区为主导的模式会忽视程序正义与正当程序，社区会议情境本身并非一定不会产生愤怒、羞耻与羞辱，会不会导致权力失衡，能够胜任这种具有任

---

〔1〕参见［澳］约翰·布雷思韦特：《犯罪、羞耻与重整》，王平、林乐鸣译，中国人民公安大学出版社2014年版，全书。

务的协调者是否足够，以及以非正式的方式进行惩罚能够产生什么样的实际效果，都有可疑之处。纳思邦认为，即使私人系统可以运作得比公营的更好，也必须接受公众的批评与监督，接受程序正义的限制。因此，没有理由接受由社区作为正义场域的理论，或者主张正义的主要代理人应该是社区，法律只是第二顺位。[1]

相反，纳思邦认为，正确的方法在于获得司法制度的授权。司法实践中已经有借由司法制度的授权而达成整合的目标。布雷思韦特和纳思邦的共同之处在于都主张将愤怒进行转化，在以前瞻性的精神处理犯罪与惩罚问题。二者的不同之处在于是否完全脱离容易给犯罪者打上犯罪烙印的司法制度。对此，笔者赞成纳思邦的看法。国家要严肃对待犯罪行为，尊重被害人的基本权利，阻吓与预防犯罪，就必须以法律为第一顺位，重视程序正义的作用，注重公正程序的限制，接受大众的批评与监督。毕竟政治领域与私人领域有着不同的规范要求。如果完全将处理犯罪的任务私营化，那将是一件非常可怕的事情。只有在管制、社区服务这种轻微刑或在缓刑、假释的过程中，可以吸引社区作为正式惩罚的辅助，通过社区支持与道德感化等途径增强矫正效果。

四、宽恕理论的启示

当前我国刑罚目的理论种类繁杂，名称很多。例如，"减少犯罪和消灭犯罪二层次说""三项内容——两个层次说""刑罚目的二元说""三层次说"等至少十几种不同的刑罚理论。不过就其具体内容来说，中国的刑罚目的理论几乎都包括了报应理论，肯定了报应的正当性。例如，占据通说地位的刑罚目的二元论认为，刑罚的目的是预防与报应的辩证统一，其中报应性包括道义报应与法律报应。[2]惩罚改造说也认为，刑罚除了改造教育犯罪人外，还有惩罚与报应犯罪人的目的。[3]刑罚目的三层次说，也将公正惩罚犯罪作为有效预防犯罪和最大限度地保护法益之外的另一个刑罚目的。[4]以预防为

〔1〕 参见［美］玛莎·纳思邦：《愤怒与宽恕：重思正义与法律背后的情感价值》，高忠义译，商周出版社2017年版，第311~315页。

〔2〕 陈兴良：《刑法适用总论》，法律出版社1999年版，第53页；陈兴良：《刑法哲学》，中国政法大学出版社1992年版，第354~360页。

〔3〕 周振想主编：《中国新刑法释论与罪案》，中国方正出版社1997年版，第318页。

〔4〕 韩轶："刑罚目的层次性辩说——兼论刑罚的最终目的"，载《法商研究》2004年第4期；韩轶：《刑罚目的的建构与实现》，中国人民公安大学出版社2005年版，第80页。

基础的综合理论认为，在死刑中基本体现正义性报应理论，在司法程序中体现特殊预防和报应的观点。[1]在我国，通说明确将报应理论作为刑罚目的的必要组成部分，例如田宏杰、周少华等都认为，刑罚目的应当是特殊预防与报应的统一。[2]在处理报应与预防的关系时，时常主张以报应为主、预防为辅。[3]

我国学者赞成报应论的理由主要有三：一是，报应是正义与公正的要求。例如有学者认为，报应可以决定刑罚的幅度范围和适用程度，既是刑罚正义的体现，也是刑罚公正的要求。[4]二是，报应是社会常识的要求和伦理道义的体现。报应作为一种常识，深植人性，为社会所普遍认同，只要这种常识仍然在社会上通行，报应就具有其存在的合理性，同时伦理是报应论的道义基础，报应体现了刑罚的道义性。[5]三是，报应是立法和司法共同追求的目的。我国《刑法》在第5条明确规定了罪责刑相适应原则，第61条规定量刑"应当根据犯罪的事实、犯罪的性质、情节和对于社会的危害程度"，刑法分则对很多犯罪规定了死刑（有学者认为我国死刑制度主要是基于正义报应的要求而存在的），以及司法实践中以报应为基础的刑罚裁量制度，无不具有很强烈的报应色彩。

还有一部分学者虽然没有把报应作为刑罚目的的一部分，但也将其作为刑罚的正当性根据之一。例如，张明楷教授明确否认报应是刑罚的目的，但他认为报应与预防一样都是刑罚的正当化根据。而在承认报应是刑罚的正当性根据的同时，也必然把报应作为刑罚的目的。[6]又如，王刚博士认为，报应是刑罚的本质，不是刑罚的目的，但他仍然认为报应体现了刑罚的公正性，是刑罚必须首先满足的要求，在刑罚的适用和执行过程中，报应之刑是基础和根本。[7]可见，无论是将报应定性为刑罚的正当性根据还是刑罚的本质，

〔1〕 王世洲："现代刑罚目的理论与中国的选择"，载《法学研究》2003年第3期。

〔2〕 田宏杰："刑罚目的研究——对我国刑罚目的理论的反思"，载《政法论坛》2000年第6期；周少华："刑罚目的观之理论清理"，载《东方法学》2012年第1期。

〔3〕 屈耀伦："预防与报应：刑罚目的的二元构建"，载《法学评论》2006年第1期。

〔4〕 陈兴良："刑罚目的新论"，载《华东政法学院学报》2001年第3期；赵秉志：《刑法基本理论专题研究》，法律出版社2005年版，第589~600页。

〔5〕 陈兴良："刑罚目的新论"，载《华东政法学院学报》2001年第3期。

〔6〕 周少华："刑罚目的观之理论清理"，载《东方法学》2012年第1期。

〔7〕 王刚："论我国刑罚理论研究中的四个误区——刑罚目的一元论之提出"，载《法学论坛》2012年第1期。

他们在本质上都肯定了报应的正当性与合理性。当代中国仍属于崇尚报应的社会。报应论对我国刑罚制度的制定、执行与改革都具有不可忽视的影响。

正因为中国刑罚制度具有浓厚的报应色彩，导致刑罚体系偏向重刑，量刑过重，刑罚执行过程中减刑、假释等制度运作空间过于狭窄。在这种社会气氛之下，适当借鉴宽恕理论，有利于破除民众长久以来对刑法万能论和重刑主义的迷信，注重事前处遇措施的运用，保持刑法谦抑性。中国学界存在这样一种现象，即有些学者虽然在抽象上肯定刑法谦抑性，在具体事例上却更偏向于通过刑事解决。依笔者观察，无论是普通百姓还是专家学者，在愤怒与直觉正义的作用下似乎都存在着这种冲动与幻想：刑罚能够有效解决犯罪，刑罚能够带给人们安全感。因此，一旦社会出现了让人们极度愤怒的行为，下意识就会想到严惩罪犯，要么是立即启动立法程序，将其匆忙犯罪化，要么通过实质解释的途径，将其定罪处罚。但是正如纳思邦所言，愤怒所要求的偿还、贬低等报应要求，并不能成真正提升社会福祉。只有看到犯罪人也是人，看到犯罪发生的复杂性，才能尝试着理解犯罪，理解犯罪人，在此基础上施以惩罚才更有效。在判处犯罪人刑罚及其执行的过程中，也应该以理性与前瞻性的精神加以处理。一方面，如果法律制度也只关注过去，让人们长期沉浸在愤怒中，则很容易让报复盛行。事实上，惩罚犯罪人或者贬低他，并不能有效恢复法益。刑法制度应该是充满善意的，让人们懂得爱，卸下愤怒，即使惩罚也不表示它只是作为受害者发泄愤怒的管道，或者以报应精神处理侵犯者。法律究责表现出社会对重要价值的承诺，但却不要求对报复的思考；使用惩罚是为了提升个人和社会的真正福祉，而不是为了让侵犯者付出代价，得到报应。刑罚理论应该表现出理性的情绪，用合适的方式表达愤怒。我们不能仅仅用"报应是公正的要求""报应是社会常识""报应是伦理道义的体现"等表面化、抽象化的论述代替严格、规范的法律论证。

面向未来福祉的宽恕文化指引我们注重刑罚的教化功能和预防效果，将矫治犯罪人作为刑罚的重要目的。流行的报应文化不仅不利于真正解决犯罪问题，相反，它会增加整个刑事立法与司法走偏的危险。要排除报应文化的消极影响，就必须提倡对犯罪人展现出接纳与爱的宽恕精神，保持宽恕的心态。以无条件的爱与宽恕为内容的宽恕情感，是一种理智、健康的情感。它可以让人们放下愤怒，转向未来，促进社会和谐，提升社会福祉。当人人都具有这种宽恕情感时，对于罪犯的刑事惩罚无疑也就会注重社会团结，而不是将犯罪人排除在社会共同体之外。这也意味着刑罚必须注重对犯罪人的教化功能，努力引导其认识到自己的错误，改过从善，回归社会。要教化成功，促使罪犯重新回归社会，离不开矫治项目的推进。虽然矫治实践在美国经历了挫折，但其先进的理念与部分成熟的项目，仍值得在中国提倡与落实。最后，如果承认刑罚是预防犯罪、提升个人与社会福祉的有效策略之一，则应该进行更多实证研究，提供大量可靠的数据支撑，而非抽象层面的论辩。例如，终身监禁的成本与效果如何？死刑的威慑效果有多大？矫治是否更有效？等等。这些内容都是设计法律制度时应严肃思考的问题，而不能任由愤怒的情感和报应的直觉正义来决定。

第四编

外国刑法译文

第十二章
过失犯中的可预见性与规范保护目的[1]

一、问题的提出

过去数十年间，过失犯的不法如刑法教义学继子一般不被关注。人们相信，过失犯的问题属于责任问题，过失犯罪的可罚性在责任领域应被限制在合理的范围内，因此，人们满足于在该当构成要件结果的纯粹因果关联中研究建立在伤害人禁令基础上的过失不法。[2]其实，除了纯粹的事实因果关系，过失不法还应以行为人违反其所负的注意义务为前提。恩吉斯早在1930年就指出了这一点，[3]虽然只是指引性的研究，而且至今尚有争议，但是仍然逐渐被认可。无论如何，过失犯的不法就是违反注意义务的行为引起该当构成要件的结果，这一观点在刑法理论和判例中被认为是主流思想。[4]

不过，如此定义过失犯的不法，无论如何都是不充分的。实际上，并非违反注意义务的行为所引起的任何结果都满足过失犯的不法构成要件，例如

〔1〕 本章德文版（Vorhersehbarkeit und Schutzzweck der Norm in der strafrechtlichen Fahrlässigkeitslehre）原载于《整体刑法学杂志》1969年第12期，第549~557页。作者汉斯·约阿希姆·鲁道菲（Hans-Joachim Rudolphi），系德国著名刑法学家。本章由笔者翻译，载于《刑事法评论》2017年第1期。文中各部分标题为译者所加，特此注明。

〔2〕 Vgl. dazu Mezger, ModerneWege der Strafrechtsdogmatik, 1950, S. 20 ff.; Schönke-Schröder, StGB, 14. Aufl. (1969), S 59 Rdnrn. 155, 162 f., jeweils m. Nachw.

〔3〕 Untersuchungenüber Vorsatz u. Fahrlässigkeit im StrafR, S. 326ff.

〔4〕 Vgl. z. B. Niese, Finalität, Vorsatz u. Fahrlässigkeit, 1951; Gallas, ZStW 67, 42; Henkel, Festschr. f. Mezger, 1954, S. 282; Maihofer, ZStW 70, 187ff.; Krauß, ZStW 76, 19ff.; Welzel, StrafR, 10. Aufl. (1967), S. 123 f.

那些最终的不法结果与行为人违反注意义务的行为毫无关系的案件。这里以德国联邦最高法院判决的一个案件为例:[1]在本案中,虽然司机驾驶小轿车超越另外一辆汽车时违反了《道路交通规则》的禁止性规定,但是事故的发生是由小轿车的轮胎有质量瑕疵而发生爆胎所致。虽然事故与违反注意义务的行为具有因果关系,但是与德国联邦最高法院的意见不同,这里无法证立过失不法。

将过失不法解释为违反注意义务引起结果的因果关系,这种看法是不是过于片面了?这里举德国联邦最高法院备受争议的"自行车案"为例:

> 卡车司机试图从侧面超越一个骑自行车的人,因为距离过近,后者的头在超车过程中卡在卡车后轮下,骑车人当场死亡。不过,由于骑车人喝了很多酒,即使卡车司机超车时保持了规定的边距,事故也可能发生。[2]

正如德国联邦最高法院和主流观点[3]所强调的那样,在这种案件类型中,所有对符合构成要件的不法结果在刑法上的归责都落空了,因为即使行为人遵守了注意义务,结果仍可能会发生。这是否说明在违反注意义务和结果发生之间不存在因果关系?或者更确切地说,许多注意规范的目的,比如"自行车案"中卡车司机所违反的规范的目的,即超车时应注意保持适度的边距,并不是为了防范所有超出社会观念接受范围可能侵害法益的危险,也不是避免所有因违反注意义务从而提高了危险性进而引发的死亡结果?

要详细地解释过失的不法性,必须确定结果发生和违反注意义务之间的关系,这对不法的判断是至关重要的。这一问题涉及在什么时候以及何种前提条件下,违反注意义务的行为可被认为是将所引起的构成要件结果归属于行为人的充分根据?或者换一种说法,是否所有违反注意义务的行为所导致的结果都应归责于行为人,还是只有那些客观上被视为不法,也就是那些正好是行为人所违反的注意义务规范旨在预防的结果才可以?

---

〔1〕 Mitgeteilt in BGHSt 12, 79.

〔2〕 BGHSt 11, t.

〔3〕 Vgl. nur Baumann, AT, 5. Aufl. (1968), S. 259f.; Schönke - Schröder 59 Rdnrn. 159f.; Welzel, S. 131.

在民事损害赔偿法中，一直以来广泛传播的规范保护目的理论得到肯定。[1]规范保护目的理论是说，只有被违反的注意义务规范旨在保护被害人免受相关法益损害时，行为人才在客观上对因其违反注意义务的行为所引起的损害结果承担责任。德国联邦最高法院在民事判决中也持这种看法。[2]

尽管1930年恩吉斯就提出规范保护理论[3]并被多次跟进，[4]目前在刑法过失犯理论中，该理论只是偶尔被拿来解决一些客观归责问题。[5]在解释过失不法时应注意，行为人所造成的该当构成要件的结果应是其违反义务所制造的风险的实现，绝不能把所有可能引起的结果都归入其中。

二、规范保护目的理论的实质及其优势

（一）以往基于生活经验的归责排除

德国联邦最高法院的判例集收入了一个与规范保护目的理论相背离的观点。但是，那些追随规范保护目的理论的判例都被一一证明了。首先是《联邦最高法院刑法判例集卷（一）》第192页的一个判例。[6]

　　案件事实如下：电车司机打算超越路边停放的一辆汽车，一辆自行车这时也正好经过这辆汽车。电车超越汽车的行为是有问题的，因为他没有与自行车保持《德国道路交通规则》规定的必要的、最少的车间距。这一行为最终制造了一个危险，即骑自行车的人可能因为边距不够而在电车超越时受伤。这个危险没有实现。由于停在路边的汽车突然发动，骑自行车人被迫偏向电车轨道的左侧并被电车轧死。又由于电车司机可以信赖汽车司机会实施合法的行为，这个因电车司机的行为而引发的结

---

〔1〕　Vgl. nur Baumann, AT, 5. Aufl.（1968），S. 259f.；Schönke - Schröder 59 Rdnrn. 159f.；Welzel, S. 131.

〔2〕　Vgl. dazu v. Caemmerer, Das Problem des Kausalzusammenhangs im PrivatR, 1956；Lange, Gutachten f. d. 43. DJT I, 1, 1960, S. 1（38ff. J. G. Wolf, Normzweck im DeliktsR, 1962；H. Stoll, Kausalzusammenhang und Normzweck im DeliktsR, 1968；U. Huber, JZ 1969, 677.

〔3〕　AaO., S. 362；Die Kausalität als Merkmal der arafrechtlichen Tatbestände, 1931, S. 61 ff.

〔4〕　so z. B. Welzel, S. 130 f.

〔5〕　So etwa von Gimbernat Ordeig, ZStW 80, 923；Jescheck, AT, 1969, S. 387 f.；Ulsenheimer, Das Verhältnis zwischen Pflichtwidrigkeit und Erfolg bei den Fahrlässigkeitsdelikten, 1965, S. 143 ff.；Roxin, ZStW 1966, 217；Schönke-Schröder, 59 Rdnrn. 161 ff.

〔6〕　vgl. ferner etwa BGH, NJW 1957, 1526 f.；BGHSt 4, 185；12, 78；15, 112

果仍在法律允许的风险范围之内。德国联邦最高法院根据规范保护目的理论得出结论：电车司机的过失行为不应受到处罚，因为死亡结果发生的原因并不在行为人所违反的注意义务规范的保护范围之内。他们是这样表述的：只有那些因过失未注意而在刑法上造成结果发生的人，才能因过失行为而被处罚，相反，那些并非结果原因的一般性过失应被排除掉。州法院应当谴责被告，但不能把此事归责于他，因为他既没有伤害死者，也不是死亡事故发生的原因；事故的发生更多的是因为突然的、被告始料未及的小汽车的发动，让电车司机为此负责已经超出其过失的范围。

与此相反，德国联邦最高法院绝大多数判决更支持下面这种观点：

> 所有由违反注意义务的行为引起的构成要件结果都是不法结果，该不法结果是否违反注意义务的行为的相当性结果或者刚好以这种形式出现，对于肯定过失的不法性而言是毫无意义的。[1]

这个结论意味着：当被害人因他人违反注意义务的行为而受伤，在送往医院的途中发生事故而死，此时死亡结果的不法性也会被肯定。这是必然的，因为德国联邦最高法院在进行罪责审查时只要求行为人对结果具有可预见性，后者是指能够预见行为人想要实现的最终结果，而不需要预见具体的因果过程。[2]责任所关涉的是所确定不法的可谴责性。如果具体结果发生的形式和方式并不重要，它就不会被作为罪责判断的对象。德国联邦最高法院也承认，如此这般解释过失不法将会使得过失行为的可罚性被无限扩张，行为人可能会为许多其违反义务行为所带来的荒谬的结果承担责任。德国联邦最高法院试图通过以下方法限制主观的可预见性，即免除行为人对那些虽然其结果是可预见的但结果发生过程不在生活经验范围内的因果关系的责任。正如毛拉赫所言，德国联邦最高法院将之前被它高傲地从前门赶出去的相当因果关系

---

〔1〕　S. z. B. BGH, VRS 14, 30；BayObLG, VRS 36, 35；OLG Köln, NJW 1963, 2381；BGHZ 24, 21.

〔2〕　vgl. z. B. BGHSt 3, 63 f.；9, 337；12, 77；ebenso schon RGSt 35, 131；54, 351；56, 350. GA 1960, 101 f.

理论，又从后门引进来了。[1]

（二）规范保护目的理论的实质

对于德国联邦最高法院所提出的——无疑也是正确的——第一条反对意见是，[2]把对确定过失不法性有意义的因果关系的权衡放错了地方，即被安置在了过错判断阶段。[3]在判例上，这一错误也是很容易消除的，只需像毛拉赫所要求的那样，将因果关系理论放置在正确的体系性地位即不法层面上即可。[4]

不过，这并不能消除所有针对判例的疑虑。还有一个问题：是否过失不法在相当因果关系理论的帮助下真的能够被解释清楚。当我们思及那些判决的结果时，对这一问题的顾虑不言而喻。

德国联邦最高法院认为，行为人对在碰撞时起了作用的挂车刹车阀的瑕疵并不知情，但这并不重要，因为被告除了考虑由挂车造成的离心力之外还存在其他义务。在另一个判决中，德国联邦最高法院也不认为在和一辆摩托车发生碰撞时，没有固定紧而造成副驾驶座椅被甩开是减免行为人罪责的理由，因为即使座椅被固定紧了，在碰撞到障碍物时副驾驶还是会因为惯性而被抛向前方；而且，副驾驶的死亡也没有超出生活经验的范围。在"自行车案"中，德国联邦最高法院认为在不被允许的超车过程中因质量问题造成轮胎破裂的原因也不能被排除，因为交通工具存在隐藏的缺陷并在碰撞时发生作用，一般而言是可以预见的。[5]同样处理的案件还有：位于斯图加特的黑森州最高法院在行为人虽只对死者造成轻伤但由于死者特殊的血栓体质而导致其死亡的案件中，[6]以及德国联邦最高法院在两辆自行车碰撞因死者特殊的脊柱硬化而致死的案件中，[7]都认定了过失不法。

人们将这些判决及其前提进行比较，几乎不能提出反对意见，因为生活经验的确会告诉我们，很难否认交通工具会存在缺陷或者人们自身会存在一

---

〔1〕 so z. B. Maurach, GA 1960, 101 ff. ;

〔2〕 so z. B. Maurach, GA 1960, 101 ff. ; Henkel, NJW 1956, 1451 f.

〔3〕 Vgl. dazu auch schon Maurach, GA 1960, 102 ff.

〔4〕 GA 1960, 102 ff.

〔5〕 Die Entsch. sind ohne ausdrückliche Ablehnung mitgeteilt in BGHSt 12, 79; zur Kritik dieser Rspr. vgl. z. B. schon Bockelmann, Ver—kehrsstrafrechtliche Aufsätze, 1967, S. 95 ff.

〔6〕 NJW 1956, 1451 f.

〔7〕 LM 222 Nr. 1.

些特殊的情况，这些情况往往在人们轻微受伤或者出现其他小意外时导致死亡结果。但是，有时候德国联邦最高法院在类似案例中也会得出截然相反的结论，这就更加说明了，这一具体结果的发生并不在生活经验中。[1]就这种情况而言，最典型的是德国联邦最高法院[2]和德国帝国法院[3]对因受害人特殊血质造成的损害结果截然相反的判决。在此类案例中，德国联邦最高法院认为受害人的特殊血质不在生活经验的范围内，德国帝国法院却支持与之截然相反的意见。

这些为数不多的判决清楚地说明了，判例在罪责层面所进行权衡既不能保证得出一个明确、合理的审查结论，也不是在每个案例中都有明确的理由。法院在类似的案例中，对事件发生流程的相当性时而肯定时而否定。不过，这也并不令人吃惊，一旦我们认识到"一个确定的结果发生过程是否还在生活经验范围之内"这样的考虑根本没有触及关键问题，更别提对关键问题的解决了。其实，关键问题并不是关于生活经验可能性的判断，而是规范层面的问题，即行为人在法律上是否有义务考虑其行为引发某一具体结果发生的可能性，并为了避免该结果发生的可能性而停止或者不停止其行为。以过失构成要件奠定基础的规范，并非针对其保护法益所遭遇的任何一种危险，而仅针对违反注意义务而不在法律允许的风险之内或者超越了法律所允许的风险的那些危险。所有的行为，包括违反义务的行为，在生活经验范围内（即在具有引起结果的相当性的范围内）的结果可以具有不同的形式，它既可以是违反义务所造成的危险的实现，也可以仅仅被理解成实现了仍在允许风险范围内的危险。上面所讨论的"自行车案"就是一个例子：被电车超越的汽车突然发动并因此把自行车逼向了电车轨道的一边，这完全是在生活经验范围之内的。人们为了肯定过失不法而认定对违反注意义务的行为导致的结果进行归责是合理的，也就是说，为了肯定过失不法而将被违反的注意规范的保护目的和意义之外的结果引入进来。行为人可以因为结果的发生而受到处罚，即便他在法律上没有义务在作出其意识决定时考虑到结果发生的可能性，或者没有义务为了避免这种可能性而放弃其行为。

---

[1]　so etwa BGHSt 12, 80.

[2]　BGHSt 14, 52

[3]　RGSt 54, 349.

德国联邦最高法院有很多这一类的案例：自行车轮胎因质量问题而破裂以及在不被允许的超车过程中汽车突然熄火等情况都不能排除行为人的过失，因为交通工具存在缺陷并会导致事故的发生一般来说都是可以预见的。如此这般扩大过失不法的范围，也就相当于承认了自陷禁区原则，这是绝对不能赞同的。在这里，虽然相当性理论对第一步的定位很有用，但也只是确立了一个不法判断可以到达的外部界限而已。[1]如果只是根据生活经验——而不是规范性的标准——进行行为危险性的衡量，就无法在行为中区分允许的和不被允许的危险。[2]因此，发生的结果必须以行为人违反的注意义务规范为导向，因为"注意义务规范并非旨在避免结果的发生，而只是为了防止结果以特定的方式被引起"。[3]在事件流程所引起的该当构成要件结果与行为人所逾越的风险禁令之间进行具体比较以确定是否违反注意义务的危险在此后的不法结果中实现了，亦即具体发生的结果是否在所违反的注意义务规范的保护范围之内。

弄清特定注意规范的保护范围并不是特别困难，比如在道路交通领域是由立法者明确的，医生手术规则的保护范围则由判例和学说予以明确。通过目的解释的方法也可明确特定的注意义务规范的目的。如果在法律上尚未正确确定行为人的注意义务，规范保护目的理论就会发挥作用，也即向法官提出一个问题：是否应肯定行为人的注意义务，其目的恰恰是为了防止由行为人引起的这种类型之结果的发生。在这些案例中也显示，法官在确定过失不法时，并没有仅仅根据引起具体结果在客观上的可预见性。尽管这是确定行为人引起具体结果发生的注意义务的必要前提，但是仅仅基于此还无法证成该义务。对于法律规范强加给行为人的避免通过其行为造成具体结果发生的义务，需要更多的证明。这只能在规范衡量的帮助下，比如之前根据法秩序的价值立场所进行的全面的利益权衡，而不能仅靠客观的可预见性之类的经验标准来判断。

无论如何，由"规范保护目的理论"提供的细化并优化了的归责标准，至少在不法结果的客观归责时对相当性公式进行了补充。

---

〔1〕　so z. B. Lorenz，JZ 1964，180.

〔2〕　Vgl. dazu und zum folgenden Stoll，S. 20；Bockelmann，S. 205 f.，der fordert，daßErfolgsverursachung und Sorgfaltspflichtverletzung auf—einander bezogen sein müssen.

〔3〕　Gimbernat ordèig，ZSt W 80，923.

（三）规范保护目的理论与结果预见可能性

与之相反，在责任范畴内这涉及：具体的行为人是否能够基于其自身能力意识到其行为的不法性特征及因此而产生的违法性认识，并且在行为决意合法性动机的帮助下避免该行为。对行为人的责任非难，不仅在于其能够预见其最终结果包括了构成要件结果，还在于这种该当构成要件的结果的发生于他而言，作为其行为中不被允许的危险的实现是可预见的。由于对行为不法性的认识是以对奠定不法的所有要素之认识为前提，因此只有在行为人能够基本上意识到其行为具体的违法性且能够根据被其违反的法律义务去行动时方可确定。

这里并不要求行为人必须预见到因果历程的全部细节，而只要求他预见到结果的发生是其行为所导致的法益危害，也即预见到这样的事实：具体结果的发生是在被其违反的注意义务的保护范围内。而在其行为中的违法的危险具体是以何种形式和方式实现的，并不要求行为人预见到。因为那些注意义务规范所避免的危险实现的不同的可能性，在法律层面是一样的。这里通过一个例子说明：

> A醉酒驾驶导致车祸发生，X在车祸中死亡。对过失致人死亡的谴责必须以行为人能够意识到其行为中存在对他人违法的危险为前提，即意识到喝了过多的酒后不仅会使得反应能力下降，还可能因此失去控制并最终导致发生死亡结果。但与之相反，行为人不需要意识到事故的发生到底是因为行驶过快而失去控制，还是因为醉驾发生的行驶错误，不需要意识到X是死于内伤、失血过多还是事故导致的其他伤害。因为这些结果可能发生的形式都在注意义务的保护范围之内，即喝了酒不应该开车，因而它们在法律上是等值的。

三、规范保护目的理论与过失不法的阐明

（一）规范保护目的理论与允许性危险

规范保护目的理论确定过失不法的重要意义，首先在于违反义务的行为导致了许多不同的危险，有些危险是法律不允许的，有些是法律允许的。

对此，可以以斯图加特州联邦高等法院判决的一个案子为例：A汽车违

反义务地对 B 汽车超车，患有心脏病的 B 因受惊吓心肌梗死而死。[1]这里的问题是：避免因行为人违反注意义务的行为而导致的所有结果，是否为行为人所违反的注意义务的任务。对这一问题的回答，就像在我们示例中一样，是被否定的。行为人没有法律上的义务为避免他人心肌梗死这一危险而停止其行为，因此，尽管此处有注意义务规范的违反和结果的发生，但还是欠缺违法性关联。在一些意外情况中，尽管行为从另一角度看违反了注意义务规范，也不能以实际发生的结果取代在法律上不成立的指责。这个行为充其量是一个被允许的结果发生加上过失"未遂"罢了，这样一个不法并不等同于过失不法。对此，与判例相反，不能被改变具体结果的发生并不在生活经验范围之外的事实，或者，不能要求行为人对概率很小的可能性也可以预见。由于被实现了的风险在法律上是被允许的，即便行为人预见到具体结果发生的可能性，也没有法律上的义务为了避免该结果的发生而停止其——从另一方面来说违反义务的——行为。在这个例子中，如果对事情的发展并没有特别提示时，法律规定不要求行为人为了避免他人发生心肌梗死的可能性而放弃其行为。[2]

那些备受争议的案件都是按照这一原则进行解决的。在这些案件中，受害者的特殊体质是引发法益侵害的重要原因。

作为范例的判例包括：对血友病病人的侵害、对容易形成血栓的人的侵害、患有脊椎硬化的自行车驾驶员的摔倒，这些案件中致命性的结果都是由相关人员的特殊体质所导致的。判例对上述案例中的过失死亡的存在都予以了肯定。帝国最高法院在"血友病案"中，[3]以及联邦最高法院和位于斯图加特的巴登符腾堡州最高法院另外两个案例，[4]做了进一步说明。受害人头部受到石头撞击、交通事故以及骑自行车摔倒所导致的死亡结果都是可以被预见到的，在具体因果发生过程中，因失血过多而死、因肺栓塞而死以及因脊椎硬化而摔死，这些结果都不在生活经验的范围之外。这两点都是很难被否定的，因为生活经验告诉我们，

---

[1] NJW 1959, 2320.

[2] Das OLG Stuttgart, NJW 1959, 2320, gelangt hier zu dem gleichen.

[3] RGSt 54, 349; a. A. jetzt aber BGHSt 14, 52.

[4] BGH, LM S 222 Nr. 1; OLG Stuttgart, NJW 1956, 1451 f.

日常生活中有许多血友病患者，虽然概率很小，但受害者也有可能是血友病患者。

其实，这里的问题并不是相关人员的血友病、脊椎硬化或者血栓体质所导致的死亡结果是否在生活经验范围之内，而应该是规范的问题，即法律规范是否要求行为人在进行其主观意识决定时冷静地考虑了这些状况发生的可能性。如果没有特别情况发生的话，在个案中考虑被害人是否属于血友病、脊椎硬化或者血栓体质，并非法律要求的义务。清楚的是，我们可以想象到，如果一个医生在没有实际的具体依据时也必须考虑其病人是否属于血友病体质或者特别容易形成血栓的体质，并因此而调整其治疗方案，这绝对是一个过分的要求。亨克尔也曾指出过：这与医生的手术规则完全不一致，不能要求医生承担在其手术过程中所有异常结果发生的责任。[1]

（二）规范保护目的理论与结果避免可能性

接下来具有高度争议的案例类型，是本章开头所叙述的德国联邦最高法院的"自行车案"[2]和被广泛讨论的德意志帝国法院的"山羊毛案"。[3]

在"山羊毛案"中，被告是一个工厂主，该厂专门为贸易公司加工中国山羊毛制作毛笔。尽管贸易公司已经告诉被告，在加工山羊毛之前必须进行消毒，他却没有给山羊毛消毒就让员工加工毛笔。结果，很多女员工感染炭疽杆菌并死亡。事后查明，消毒液也不能完全去除山羊毛上的病菌。换言之，即使山羊毛被消毒，女员工也有可能感染病菌而死。

德国联邦最高法院和主流观点[4]认为，在这个案件中被告不应受到处罚，具体而言，该案缺少能够证明违反义务的行为和结果之间具备因果关系的证据。德国联邦最高法院的判决是这样说的：[5]

---

［1］ NJW 1956, 1451 f.

［2］ BGHSt 11, 1.

［3］ RGSt 63, 211; weitere Beispiele bei Roxin, ZStW 74, 411 f.

［4］ Vgl. Baumann, S. 260ff.; Schönke – Schröder, 59 Rdnrn. 159ff.; Welzel, S. 131 jeweils m. Nachw.

［5］ BGHSt 11, 7.

"为了根据因果关系解决刑法问题，建立在罪责原则基础上的刑法不再满足于特定事件之间纯粹在自然科学上的联系。更重要的解决方法是对人类行为进行评价，即根据法律上的评价标准判断前提条件对结果来说是否有意义。如此，当行为人的行为并未违反法律义务时，事件的发生过程就具有决定性的意义。在这种情况下，如果发生了同样的结果或者根据大量事实情况并经法官确认后没有被排除，那么由被告所制造的前提条件对于在刑法上结果的确认而言并没有意义。在这个案例中，不应肯定行为和结果之间的因果关系。"

这一观点不能被认同。正如违反交通规则的超车和骑自行车人的死亡之间存在因果关系是毫无疑问的，[1]本案的症结根本不是因果关系的问题，而是——如德国联邦最高法院所总结的那样——一个评价的问题，即被违反的"超车时应遵守一定侧边距离"的规定是否旨在防范行为人所制造的危险，这一危险是否已经发生并在骑自行车的人的死亡中得以实现。因此，首要的问题是：哪些危险是被违反的注意规范意图避免的？在"自行车案"和"山羊毛案"中，德国联邦最高法院局限于认为：行为只是将允许的危险提高到一个社会不再能容忍的程度。[2]

被逾越的禁令并非包含特定危险的一般性禁令，其对象是被提高至一定程度的危险。对确定过失不法而言，这首先意味着：必须以由违反注意义务规范的行为所制造的相应的风险事实上超过被允许的范围为前提。只有在这种情况下，此后发生的结果才处于被违反的注意规定的保护范围之内。问题是，结果发生（骑自行车的人以及女工人的死亡）的哪些前提条件可以被理解为实现了违反注意义务规范的行为在事实上所提高的风险？既可能是遵守义务规范时完全排除的结果，也可能是遵守义务规定且在被允许的风险范围内行为时也会发生的结果。这一问题不像德国联邦最高法院所认为的那样，可以通过判断因果关系来解决，而应考虑到被行为人违反的注意义务规范的保护目的。

德国联邦最高法院和主流学说的观点只有在两个前提条件下才是正确的：

---

　　〔1〕　Vgl. z. B. Spendel u. Arth. Kaufmann, beide in Festschre f. Eb. Schmidt, 1961, S. 185 ff. u. 207 ff.；Spendel, Jus 1964, 14.

　　〔2〕　Vgl. dazu Roxin, ZStW74, 431ff,；78, 217ff.

第一，针对特定法益的具体危险原则上可被分为允许的和不被允许的两部分；第二，相关注意义务规范的任务必须是禁止对这种情况而言提高了危险性的行为，结果仅仅涉及违法的、超过允许范围的风险，而被允许的风险在之后发生的结果中没有实现。这两点都没有给出。虽然立法者可以决定是否在一定程度上禁止对特定法益的危险，它也有必要对升高危险提供一个一般性的标准，而不是给出一个高出被允许的风险多大程度的百分比。法律规范的基准点只能是特定人的行为，而不可能是因果进程中不具有独立性的部分。即便如此，德国联邦最高法院仍然认为，为了将法益损害（如超车发生交通事故）的数量降到一个社会可容忍的范围内，相关注意义务规范（如超车时须保持一定距离的侧边距）的目的和意义是禁止所有超过允许范围的风险所造成的法益侵害。这无论如何都不可能成功。

规范的保护目的是避免每一个因风险被提高而发生的结果。这意味着，被认为是实现了不被允许的风险的结果的发生，都在被违反的注意义务规范的保护范围之内，因此为过失犯的不法奠定了基础。如果做了其他决定，人们会在实践的结果中咒骂注意义务规范没有效率。行为人可以反驳，即使在行为没有超过允许风险限度时也可能发生这样的结果，因此所发生的结果并非不被允许的危险的实现。如果这样的话，判决只能在极其罕见的情况下得出，即在遵守义务行为时，危险为零。而这与注意规范旨在避免所有超出一定限度的风险的目的背道而驰。[1] 当违反注意义务的行为制造了一个超出允许范围并威胁到了被保护的法益的危险，这一危险在构成要件结果中被实现，那么在上述案例中结果发生的不法性就可以被肯定。新近的见解对此也表示同意。[2]

（三）规范保护目的理论与二次损害的归责

现在开始讨论的案例是有关从第一次侵害发展而来的最终侵害是否以及在何种程度上对于界定过失不法具有重要意义。

---

〔1〕 Roxin, ZStW74, 431ff,；Jescheck, Aufbau und Behandlung der Fahrlässigkeit im nodernen StrafR, 1965, S. 17; E. A. Wolf, Kausalität von Tun u. Unterlassen, 1965, S. 27; vgl, zu dieser Fallgrupe ferner z. B. Ulsenheimer, S. 143 ff.；Arth. Kattfmann, Oehler und Spendel, alle in Festschr. f. Eb. Schmidt, S. 200, 232 bzw. 183; Kahrs, Vermeidarkeisprinzip und condition-sine-qua-non-Formel im StrafR, 1968.

〔2〕 Der Einwand Baumanns, S. 263, daßhier statt einer Verletzung nureine Gefährdung gestraft werde, greift nicht durch, den die gefährdung hat sich gerade auch in dem Unrechtserfolg realisiert.

一个典型的例子是位于策勒的下萨克森州高等法院的一个案例。[1]一个女药剂师违反医嘱卖给 A 女士过量的维生素药片，A 女士将这些药片喂给她 5 个月大的孩子，导致后者维生素中毒。孩子被送往医院之后，在那里感染流感而死。更多的例子还有：交通事故的受伤者在接受治疗交通事故所受伤害的手术时感染肺炎而死，[2]被害人被医院大火烧死，以及遗留的长期损害所引起的侵害，如截肢患者从高处摔下死亡等。

这类案件的特点是：违反注意义务规范的行为制造了两个不同的危险，一个是在第一次侵害中被实现的危险，如维生素中毒或者直接的交通事故侵害；另一个是因第一次侵害的发生而开启的第二次危险，该危险在其他情况（如感染）加入后导致最终结果的发生。一般来说，违反注意义务规范的行为都可能制造许多不同的危险，即便不像上述案件那样同时制造了危险，也会在实现第一个危险的同时带来额外伤害的风险。所发生的具体结果是否在一般生活经验范围内，对行为人来说其违反注意义务的行为所导致的结果是否可以预见，并非解决问题的法宝。[3]从事实情况来看，第二个危险只能通过第一个危险的实现产生，因此不能强制性地将违法性锁定在第二个危险上。这等于承认了自陷禁区原则，并导致违法性被无限地扩张。在这里，决定性的问题又回到了下述观点，即在最终侵害中实现的危险是否超过了允许的范围，并因而不再属于对相关人员的一般的、在法律上没有被禁止的生活风险。

就这一点，我们对这些案例进行了进一步的研究。在因违反义务规定的行为而导致的感染案件中，位于科隆的北莱茵河-维斯特法伦州最高法院认为，[4]关键在于第一次侵害（例如维生素中毒）是否削弱了身体的抵抗能力，超过了正常的风险范围并最终导致被害人感染致死的结果。法秩序无法容忍任何人以任何方式承受一个超出一般社会生活范围的被感染的风险。与此不同的是受害者在医院大火中丧命的案例。[5]虽然交通事故所导致的侵害

〔1〕 NJW 1956, 1848.

〔2〕 Vgl. z. B. BGH. VRS 20, 278.

〔3〕 So aber z. B. OLG Köln, NJW 1956, 1848; BGH, VRS 20, 278.

〔4〕 NJW 1956, 1848; ebenso z. B. Stoll, S. 28, für das ZivilR; abl. aber z. B. Maurach, AT, 3. Aufl. (1965), S. 487.

〔5〕 Hat das Opfer die Infektion dagegen selbst verschuldet, so entfällt eine Haftung des Schädigers. Vgl. dazu u. im Text.

是后面死亡结果的原因之一，但在第一次侵害和最终死亡中之间缺少违法性关联。安排交通事故的受害者住在医院并没有制造一个超过一般概率的、在火灾中死亡的危险。由于缺少违法性关联，在此不能对行为人的过失行为进行处罚。

第一次侵害造成了长期损害（如截肢或者失明，这一类的长期损害可能在很多年之后才会出现进一步的法益侵害，如致命的撞击）的案例类型制造了更多的难题。[1]第一次侵害并不像感染案例中那样只是制造了一个提高了感染概率但只是暂时的、最终可以被治愈的风险，相反，由于遗留下的长期损害在康复治疗结束后还是会带来因超过一般正常、健康人的风险而受到长期损害所带来的其他损害，如通过撞击受到的损害。对于相关受害者（例如截肢病人或盲人）来说，这并不是正常人所承担的一般风险，他们所承担的是相比较而言更高的损害风险。由于法律法规不允许这种被提高了的一般生活风险，现在的任务是将一般的、和每个人息息相关的风险与那些额外的、由长期损害造成的危险区分开来。[2]这里的问题是，由长期损害造成的或者至少长期损害是其一部分原因的最终损害，什么时候可以被认为是实现了行为人以违反义务的形式对受害者制造的额外风险？当长期损害导致了更多的损害或者受害者的死亡，而受害者对此没有过错时，上述问题的答案就是肯定的。

这里的一个例子是：行为人尽管遵守了其应遵守的一般注意义务，但还是陷入到一个危险的境遇中：作为一个盲人或者截肢者，他丧失了一些能力并因此引发了一个新的损害。如果被害人再次受害是因为他自身未完全履行其应尽的注意义务，上述侵害不是肇因于长期损害而是另外一个新的损害时，向长期损害的制造者再次归责就是有问题的。比如一个截肢者轻率地决定参加一个爬山旅行，在旅行中他因为截肢而被摔死。这里的死亡结果是由各个不同部分组成的一个最终结果，即不仅包括可归责于行为人的长期损害，也包括行为人自身的轻率。如果没有长期损害，最终侵害不会发生，但由第一次侵害造成的长期损害引发危险的可能性也可能通过受害者自身的行为被扩大，换句话说，这种可能性因受害者自身的过错行为而被扩大。结果发生的

---

[1] Vgl. zu dieser bish. nur im ZivilR erörterten Fallgrupe Stoll, S. 25 ff. ; J. G. Wolf, S. 45 ff. , jeweils m. Nachw.

[2] so für das ZivilR z. B. Stoll, S. 26 ff. ; J. G. Wolf, S. 50 ff.

最后——也是关键性的——原因是受害者未能妥当预测长期损害带来的残疾，因此没有履行其应履行的注意义务，导致另外的损害发生。这种因自己的过错而受到伤害的风险，通常会以类似的方式发生在每个人身上，这只是一般的、与每个人都息息相关的日常风险的一部分。因受害者自身过错而发生的最终损害无法归责于第一次损害的制造者，后者只是通过造成一个长期损害使得最终结果的发生成为可能而已，他的责任范围是有限制的。[1]

（四）规范保护目的理论与第三人责任范围

规范保护目的理论认为，为了更准确地限定过失不法，有必要弄清楚行为人是否以及在多大范围内对由第三人引起的损害结果承担责任。

我们通过位于策勒的下萨克森州高等法院的一个判决[2]弄清这一问题。具体案情如下：A 违反注意义务引发交通事故并致使 B 身受重伤，后者被送到医院救治，在那里他因为手术过程中医生的一个小失误而死亡。法院认为，该死亡结果是 A 的行为造成的，A 成立过失致人死亡罪。理由是：由于严重的交通事故，之后发生的死亡结果是可以被预见的。只有在医生出现重大手术失误时，刑法上的归责才会有所不同，因为这时根据一般认识来看，死亡结果不在一般的、行为人的经验范围之内，而是根据事物发展的一般过程超出了行为人的预想。由于人们的认识能力和行为能力有限，医生中等程度或微小的手术失误是应当被考虑到的，因此，该手术小失误所引发的损害结果也不在一般生活经验范围之外。[3]

仅以一般生活经验为标准解决归责问题，难以令人信服。[4]这里面的关键问题实际上是：德国刑法典中的一些命令或禁令以及从中产生的注意义务，是否保护受害者不受第三人的侵害以及在多大范围内进行保护。从这一点出发，首先可以得出一个作为结果的一般信赖原则，即一般而言，每一个公民都应该相信其他人不会利用其行为去制造一个违反义务的法益损害结果。[5]在具体的案例中，当存在特别的、由第三人引起的违法侵害的危险情况时，

---

〔1〕 Für das ZivilR eröffnet hier 254 BGB die Möglichkeit einer die verschiedenen Komponenten des die Folgeverletzungen auslösenden Geschehens berücksichtigenden Schadensteilung und damit die Mög—lichkeit, die Folgeverletzung sowohl dem Täter als auch dem Opfer zuzurechnen.

〔2〕 NJW 1958, 271.

〔3〕 Vgl. krit. unter dem Gesichtspunkt der Adäquanz Maurach, GA 1960, 97 ff.

〔4〕 Wie das OLG Celle aber auch z. B. BGHSt 3, 62.

〔5〕 vgl. dazu z. B. Welzel, S. 127 ff.

按照法秩序的价值预设就需要予以考虑。这意味着，法律规则并没有否认特殊情况出现时产生第三人侵害的可能性，如果后者在构成要件结果中得以实现，前行为人就不成立过失不法。对此，下萨克森州高等法院的判决呈现了不同的方案。

第一种可能性是，医生违反义务的行为由于第一次侵害危及生命而处于不能被防御的状态。医生既没有违反义务地进行治疗或不进行治疗，而是使用了合适的治疗方法，在此，死亡结果仅仅是由第一次侵害所造成的。在这个案例中，受害者的死亡是由交通事故的肇事者违反义务所制造的风险的实现，责任应该由他承担，医生违反义务地没有避免死亡结果的发生并不能减轻肇事者的责任。这一点在故意犯罪中也有所体现，即如果前行为人有杀人的故意，那么他只有在自己或者在医生的帮忙下阻止结果的发生时，才能避免（根据《德国刑法典》第46条）因杀人而受到处罚。如果医生拒绝帮助，那么医生自己（根据《德国刑法典》第212条和第330条）也要受到处罚，但这不会改变前行为人杀人的事实。可见，上述规则既适用于故意犯罪，也适用于过失犯罪。

另一个问题，医生在治疗过程中的行为什么时候算是导致死亡结果（比如因麻醉过重导致的死亡）的发生？如果医生的行为与其注意义务相一致，那么死亡结果应由前行为人承担责任，这是毋庸置疑的。如果医生没有遵守手术规则而导致死亡结果发生，就会是另外一回事了。在这种情况下，死亡结果的发生不再是第一次侵害（交通事故）引发的危险的实现，而是医生违反义务的行为所制造的风险的实现。前行为人在法律上对这个死亡结果的发生没有义务，因而也就不应该把账算在他的行为决意上。由于缺少医生违规操作的特别理由，他可以信赖医生会按照法律规定进行治疗。[1]在这类案件中肇事者的过失不法被否定了，不管医生的行为属于轻微、一般还是严重的手术失误。

（五）规范保护目的理论与自我危险的参与

最后，我们来讨论一下迄今为止很少被讨论的几种案例类型。这些案例类型的特征是，行为人促使他人自陷危险并因此受到伤害。这类情况包括：行为人直接促使他人做出对他自己有危险的行为（如参加爬山活动），或者行为人对别人的法益制造一个危险（如在房子里放火），通过这种方式促使第

---

[1] A. A. insoweit Schönke-Schröder, S 59 Rdnr.

人（如房子所有人或者消防队员）采取相关救援行为，从而在事情发生过程中受到损害。[1]

　　这种案例类型可以以德国联邦最高法院的"天花案"为例。[2]一个医生从印度回到德国。他在印度感染了天花，但他不知道他得的是这种病。由于在没有检查身体的情况下就开始了工作，他将天花——通过其他被他传染的人——传染给了一个牧师，后者由于传染的风险而被隔离起来。

在这类案件中存在一个问题：法秩序是否禁止自我危险行为带来的危险，以及在多大范围内禁止这种危险？该问题的关键在于：依据法秩序的价值预设，在哪些前提条件下国家的公民可以受到法律的保护，使自己免于受到第三人的唆使而做出自我危险的行为。

从上述问题出发，首先得出的结论是：正如自我伤害行为不符合构成要件、不具有可罚性一样，促使他人做出故意的、完全自己承担责任的自我伤害行为也不是违法的，因此，也不能因为故意或者过失的行为而受到处罚。如果故意教唆或者促使他人自杀行为不是被禁止的，那么帮助他人自杀的行为也应该是不被禁止的。[3]从这里可以看出，在行为人直接促使第三人做出自我危险行为，但是第三人清楚地知道自己将陷入危险的情形中，行为人的行为不具有违法性。只有当陷入危险的第三人对危险情况未能全部了解，或者第三人缺少被归责的能力而不承担所有责任时，才会得出不同的结论。

还有一种类型的案例没有解决。在这种案例类型中，行为人制造了侵害特定法益的危险，对于这个即将受到损害的法益，第三人有很强的动机去实施一个救助行为。这样，行为人给第三人制造了一个他能意识到的自我危险。这类案例的特点就是，自我危险是救助行为的组成部分之一。第三人为了保护被行为人的行为所威胁的法益才将自己陷入危险。例如，行为人过失引起房子着火，为了扑灭大火或者救出房子中的孩子，消防员被烧死。

在这类案例中，将自己陷入危险情形中的第三人是要追求一个被法律规

---

〔1〕　so z. B. der Fall desÖstOGH，JurBl. 1962，337.

〔2〕　BGHSt 17，359.

〔3〕　Vgl. dazu Rudolphi，Die Gleichstellungsproblematik der unechten Unterlassungsdelikte u. der Gedanke der Ingerenz，1966，S. 149 f.

定积极评价的结果，即救助受到违法行为威胁的法益，而这是促使完全自我负责的自我危险行为不违反法律规定的一个例外。当第三人为了避免被行为人违法行为威胁到的法益受到侵害，而在法律上有义务将自己陷入危险时，将自我陷入危险的那个第三人无论如何都在刑法规范的保护目的之内。因为，即便法律规定对这些人进行了一定的要求，如消防员在危险情况下仍要进行灭火工作，医生在极容易受到感染的情况下还是要进行治疗，法律也必须保护他们不被任意地引入危险情形之中。再比如医院的牧师，尽管医院里存在感染疾病的更大危险，他也必须在医院进行协助工作，因为对于牧师来说，就像法律为消防员规定的义务一样，他们同样要求必须进行帮助工作。

另外，将自己陷入危险境遇的人是为了追求救助目的的事实并没有证明这类人是完全值得保护的。至少在他追求的救助目的与他没有任何关系，并且救助行为给他自己带来危险的情形下，这一点是被否定的。例如，某人为了从火中的房子里救出价值甚微的财物而使自己几乎被烧死，就属于这种情形。在救助行为与所追求的法益保护明显没有关系，该法益也不被法律所重视的情况下，行为人的救助行为不被法律认可。然而，在这类极端案例的答案中也有问题。例如在一个案例中，房子被大火包围，主人为了抢救他的财产而陷入生命危险之中；在另一个案例中，根据《德国刑法典》第330条，没有救助义务的路人为了从大火中救出一个小孩而进入到大火中。这两个案例中的当事人都因此受了重伤或者致命伤，如何评价他们的行为？在这里，法律规定对救助行为的评价应该是起到决定性作用的。如果法律的态度是积极的（虽然法律并没有同样将其提升为法律义务），可以认为法律肯定这一救助行为是值得保护的。法律规定之所以在这里没有设置一个法律义务，并不是因为这里的救助法益的行为不值得保护，而只是说考虑到帮助人的情况，他的救助行为不应该被苛责为一个法律上的义务。这一点不应该对实施帮助的人不利。这使得在结果中，如果对两个相对立的法益进行权衡，而救助目的的程度高于自我危险的程度时，通过救助行为将自己陷入危险的行为人就应该被纳入到刑法规范的保护目的之中。[1]

---

[1] Vgl. dazu für das ZivilR ebenso z. B. Deutsch, JZ 1967, 643 f. , u. für das StrafR Schönke‐Schröder, 59 Rdnr. 187, die hier für völlig inadäquate Reaktionen erst im Bereiche der Schuld die individuelle Vor‐hersehbarkeit verneinen.

四、结语

我们不再思考不同案例类型及其答案的可能性。这里有两个方面很清楚：

（1）判例以及部分学说借助"可预见性理论"和一般生活经验，在责任层面对过失进行界定和解释的努力未能成功，因为这里溯及了一些前法律概念而不可能做到。

（2）借助于被违反的规范的保护目的进行规范层面的思考，过失不法已经被进一步明确及界定。这样也可以正确纠正责任问题。

尽管规范保护目的理论——其支持者也承认[1]——并没有得出一个既成的答案，但它给我们提供了一个重要的和中肯的基准点，还有一个能够准确说明过失不法的方法论原理。就像我们在一些案例类型中所进行的粗略尝试那样，规范保护目的理论需要在不同观点和适用范围中予以明确，并借助对案例材料以及法秩序的价值预设所进行的广泛分析，得出具体的判决。

---

[1]　Vgl. z. B. Rother, Haftungsbeschränkung im HaftungsR, 1965, S. 12 ff. m. Nachw.

访 谈 [1]

颜美宁：李老师您好！非常感谢您接受我们的访谈。首先，恭喜您荣获第六届"董必武青年法学成果奖"二等奖！我们知道，这个奖在法学界级别非常高，含金量非常大，可谓有口皆碑。荣获这个奖之后，您有什么感想？

李波：能得奖当然很高兴。作为一名年轻学者，能够得到学界前辈的肯定，我也是深受鼓舞。从事刑法学学术研究十多年来，一直在摸索，我一直在探寻，很多时候也彷徨过，也动摇过，但是最终都坚持下来了。今天能得这个奖，说实话我也是感慨系之。我特别感谢家人特别是我的爱人对我的支持，当初我去北大读博时，女儿才一岁多，我非常纠结。我的爱人毅然承担起家庭重任，支持我为学术梦想而拼搏奋斗，我对此非常感激。我也特别感谢老师们对我的教导和提携。这些在我的博士论文后记中都有讲述。张文教授、陈兴良教授、王新教授等诸位老师没有因为我资质一般而放弃我，而是鼓励我、提携我，正是在他们的关怀之下，我才最终在学术道路上坚持了下来。当然，不仅仅是博士期间的老师，入职中南之后，齐文远教授、夏勇教授、胡向阳院长、李宏书记以及诸位同事都给予了我许多支持。我始终认为，即使个人取得一点成绩，也不能沾沾自喜，要始终心存感恩。在我求学生涯的每一个阶段，我都曾遇到过很多很优秀的老师，他们关心我，对我寄予厚望，回想起来令我感动。记得在我上五年级的时候，一个冬天的早晨，我在早读时晕倒了，侯宪忠老师背起我就往卫生室跑。医生说是低血糖，喝了点

---

[1] 本章原载于《人民法治·法律实施》2018年第12期。采访时间为2018年6月。采访者颜美宁，当时系中南财经政法大学刑事司法学院刑法学研究生、研究生会副主席。

糖水就没事了，那时候我看见老师摸了摸头上的汗，放心地笑了。那个情景至今深深刻在我的心中，也就在那时，在我幼小的心灵中，对教师这份职业充满了崇敬和感恩。正因此，我后来走上教师岗位几乎是自然而然的。

颜美宁：听老师讲了这么多，我们也能够深深体会到老师那一份感恩之心。请问当初您为什么选择法律？又是怎样对学术研究产生兴趣的？

李波：高考成绩出来之后报志愿时，法学专业并非我的首选。我一直很喜欢文学，本来想报中文专业，我的高中同学王志忠跟我说，现在国家对法学人才特别急缺，法学专业会很有前途。在忠哥的建议下我也报了法学，并和他成为同一所大学同班同宿舍的好朋友。那时候我对法学还不太了解，以至于录取申请书来了之后，还一度想改专业，后来才发现法学很有趣、很有用，才慢慢喜欢上法学这个专业。我小学时就迷上了《三国演义》，这本书本来是我爸爸借来自己看的，后来被我横刀夺爱。他看我看得津津有味，又给我借来《封神榜》《明英烈》《西游记》等古典小说，即便识字有限，我竟然也一路读下来，而且读得兴致盎然。记得当时看书痴迷到一边吃饭一边看书，导致我左眼近视度数比右眼高出许多，因为看书时常常把书放在饭碗的左边。记得童年夏季的夜晚，妈妈把院子扫干净，在树下铺上凉席，架上蚊帐，我们在里面乘凉，抬头可以看见知了猴在梧桐树上褪下外皮，伸展开透明的翅膀。就在那样的夏夜，我在灯下看《封神榜》，几乎到第二天的清晨……高中时看了钱钟书先生的《围城》之后，写作文时有意无意地模仿。大姑家的表哥考上大学之后，把书都给了我，其中有一本汪国真诗选《年轻的潮》。我也学着写了许多诗和散文，到现在还留有一个集子叫作《摘星辰录》。对法学真正发生兴趣是在大学二年级，当时读了杨春洗教授的《刑事政策论》、张明楷教授的《外国刑法纲要》、陈兴良教授的《刑法哲学》等书之后，我才真正认识到法学的价值和意义。特别是《刑法哲学》，陈老师在书中构建的思想体系深深吸引了我，后来我写刑罚目的方面的本科毕业论文，也反映出我对刑法的偏好。正因此，我选择考刑法专业的研究生，后来又考了博士，走上刑法学术研究的道路。

颜美宁：其实下一个问题，就是问您哪位学者或者哪一论著对您影响最大？您已经回答了，那我们进入下一个问题，能描述一下您的博士生活吗？

李波：博士生活总体来说是很愉快的，即便是写博士论文期间也没有像有些博士生那样痛苦，当然这主要是因为我比较喜欢我选的题目，而且我相对来说也比较勤奋，为了写作博士论文，搜集了100多万字的资料，仅我自己做的笔记就有30多万字。这个事我的舍友赵玄是知道的。总体来看，我博士生活的大部分都是三点一线，即在宿舍、图书馆、餐厅之间往返。我的宿舍在畅春新园，窗户正好对着万泉河公园，景色优美。但我还是常去图书馆学习，可以说不是在图书馆，就是在去图书馆的路上。我记得好几次遇到我的导师王新教授，他总是劝我注意身体。每天清晨在畅春园吃过早饭，从西门进入学校，然后沿着未名湖一路走到法图，五年如一日。可以这么说，虽然我没有去过多少名山大川，但我可以自豪地说："我见过未名湖的春柳，见过未名湖的夏荷，我见过未名湖的秋枫，见过未名湖的冬雪。我见过雨中的未名湖，见过雪中的未名湖，我见过晨光中的未名湖，见过落日余晖中的未名湖。我在未名湖边度过我人生中最重要的五年，来的时候我的眼神充满迷茫，走的时候则充满希望。"除了泡图书馆，听课也很重要。除刑法之外，我还听了一些别的课程，比如苏力教授的《法社会学》、强世功教授的《法理学》等，因为他们都比较重视法社会学，我对从社会控制的角度看待法律特别是刑罚产生了兴趣。后来在江溯教授的推荐下，我看了一些大卫·加兰德的书和论文，渐渐地就想写刑罚社会学方面的题目。当然，因为过失犯的归责限制方面准备比较充分，我也比较喜欢规范保护目的这个方向，于是将刑罚研究往后推了一下。博士期间我遇到了许多志同道合的同学，比如说邵六益、邹兵建、赵玄、胡帮达、孙海波、高涛、刘敏、孔元等，我们在学习中结下了深厚的友谊。博士一年级的时候，在邵六益的组织之下，我们搞了一个学术论坛，一起读书或一些重要的论文，谁写了论文也可以在论坛上分享，听听别的同学的建议。邵六益是我们中间最有组织才能，也是最热心做论坛的，后来还做了我们党支部的书记。起初，这个论坛叫"苦逼论坛"，因为博士生一般都比较苦逼，在别人赚大钱的时候甘心坐冷板凳；后来给论坛起了个正式的名字，叫"畅春法学沙龙"，因为主要参加人员都住在畅春新园。在这个论坛中，我讲过两次，其余时间都是一起读书或做评论，我觉得对我影响很大，特别是在读学术著作以及写论文方面。读学术著作与一般的书不同，如何理解作者的意思，如何理解正确以及深刻，有一些技巧。在写论文方面，如何做到行文具有逻辑性，如何更好地论证，在不减少实质内容的情况下如何做到简洁等，也有一定的方法。那时候梁根林教授主持的"当代刑法思潮论坛"也很火，我几乎每次都参加，有时也做一些会务。这个论坛与其他一些论坛有所不同：一是水平高，主讲人和评论人都是学界权威或新秀，所讲的问题都是很前沿的，干货多。二是与一般的会议"一团和气"不同，这个论坛崇尚学术争鸣和争辩，专家学者也都要拿出自己的真本事。这种争辩有利于学生理解学术问题，最终确定自己的立场和观点。三是这个论坛具有很高的思想性，而不仅仅是就事论事。正因此，"当代刑法思潮论坛"风靡京城刑法圈。每次听后，我都会想一些延伸性的问题，有时约张文教授、车浩教授、兵建爬山时评论论坛上诸学者的观点，那时的情景令人怀念。

颜美宁：对了，刚才您说老师们对您影响很大，能给我们详细讲讲吗？

李波：可以。访学期间跟白建军教授接触比较多，每次听白老师的课之后，我们都会交谈一下。我要汇报一下一星期的学习状况，白老师再点拨指导一下。记得有一次，白老师问我今年发表了几篇论文，我自豪地说"七篇"，然后告诉他都发表在哪些期刊上。白老师语重心长地说："写论文不容易，与其追求数量，不如追求质量。用心想一个问题，精心地设计和论证，然后发表在核心期刊上，比在一般期刊上发百篇都要强！"白老师还说："学术研究不是无病呻吟，首先要有问题意识。所研究的问题必须是中国问题、现实问题（或者至少与现实有关），论文才接地气。"白老师这些经验之谈对于提升我的学术品味有很大的助益。博士期间，导师王新教授就像父亲一样关心我，指导我，让我的博士生活很幸福，我在博士论文后记中讲得比较多，这里就不多讲了。张文教授对我也非常好，无论春秋冬夏，张老师的关怀总在身边。有时是一个电话，有时是一个短信，"天气转冷，记得添衣服"，有时是一份邀请，"百望山秋高气爽，有空来游，放松一下心情"。他经常带我们去爬百望山，游颐和园，询问我们的近况，给我们解答学术上的困惑或者生活中的难题，无微不至地关心我们。记得有一次，张老师来参加杨春洗教授奖学金的评选工作，他知道我和邹兵建都申请了，也知道我和兵建关系非常好，但博士生的名额只有一个，经过慎重考虑之后，张老师想推荐兵建。那天他邀请我在校园里散步，我说兵建也在，是不是也叫上他，张老师说不用。当时聊了很多，最后聊到兵建，我说兵建才华横溢，学术水平我所不及，兵建对我学术提升有很大的影响。张老师点点头，对我说："兵建的确是不可多得的人才，不仅学术做得好，人品也是一流的。你也不错，入学以来也有很大的进步，你们要珍惜友谊，共同进步。"然后，张老师告诉我这次杨春洗奖学金他想推荐兵建，希望我能理解。那时我才恍然大悟，为了不让我产生误会，老师费了这么多心思，实在是让我感动。车浩教授也很关心我的学术发展，我曾与兵建一起做《刑法分论》课程的助教，在随堂听课以及平时交往中，也受到车老师非常大的影响。我记得《交通肇事逃逸的含义——以作为义务位阶性为视角》一文，就是受到车老师的启发才写的，后来发表在《政治与法律》上。车老师平时对我们非常好，还请我们吃过饭，很关心我们的发展。他跟我们说："一个人的学术生涯充其量也就是三十多年的时间，要有较大的发展就要善于利用时间，做好生涯规划。"从车老师最近发表论文及出书的情况来看，他的确是这样做的，而且他的计划很庞大，是"一盘很大的棋"（陈兴良教授语）。车老师还告诫我们："做学术研究尽量不要四面开花，要有自己的中心议题，在一个问题上挖深挖透，才能做出更好的成果。"车老师不但学术做得好，在教学上也投入了巨大的精力，在当今中国学术评价机制下，这种做法实在难能可贵。有件事可以证明他对学生的责任感有多么强烈。在《刑法分论》期末考试时，我们以为车老师知道考试的时间地点，就没有提前提醒他。可是那天考试快开始了，还不见车老师的踪影。我就打电话给他，没想到他不知道那天分论考试，气头上发了火。后来看到车老师写的《出题说明与最后一课》，我才知道他本来要在考试结束时对学生发表演讲寄予嘱托，告诉他们除了掌握课堂上所讲授的教义学知识之外，还要有更深厚的人道主义关怀，让他们知道平时所分析的犯罪人或被告人并不是虚拟的抽象人，他们也与你我一样，都是一个个有血有肉有感情的人。理解到这一层，才会让他们未来走上法官、检察官等岗位时，在定罪量刑时能够多一些耐心，多一些换位思考，多一些同理心。这份良苦用心令人感动。从车老师的论著——即使琐细的教义学分析——也都可以发现这种大格局。

颜美宁：一提起博士生活，老师滔滔不绝讲了这么多，让我们也深受感动，回去一定买车老师的书来看。下一个问题，您现在在研究什么？您的主要研究领域是什么？您如何看待自己研究领域的发展现状？

李波：我在读博之前主要从事犯罪学和刑事政策方面的研究，读博之后受到陈兴良教授的影响，转到刑法教义学研究上来。我的博士论文《规范保护目的与过失犯的归责限制》，就属于典型的刑法教义学研究。但是，我并不认为法教义学与刑事政策学乃至其他从经济学、社会学等角度研究刑法的做法是矛盾的。在这方面，我赞同陈兴良教授的观点，即刑法研究不仅可以从教义学即体系之内入手，也可以进行犯罪学、经济学、社会学等体系之外的角度入手。只是体系之内的刑法教义学研究是体系之外的跨学科刑法研究的基础，不应该本末倒置，轻视甚至抛弃教义学的研究范式，而应该在教义学研究的基础之上进行跨学科的研究。这种想法，我在《社科法学与法教义学共生论》一文中表达过，也得到了陈兴良教授的回应，进一步坚定了我的想法。我现在在做刑罚社会学研究，我有两个课题都是这个领域的，一个是教育部人文社科项目"刑罚社会学：学术史与方法论"，主要是从学术史和方法论的角度对刑罚社会学这一门科学进行研究，主要是一种抽象的理论研究；另一个是今年新批的国家社科基金项目"中国刑罚制度与实践的社会学分析"，从社会学的角度研究新中国成立以来刑罚制度及其运作的过程与效果，属于具体的社会研究。从社会学的外在视角来看，刑罚既是犯罪控制的重要举措，也是社会治理的重要环节。作为社会治理的要素之一，刑罚运作的效果并不一定符合政策决定者的期望，这是因为在具体实施过程中，刑罚制度可能受到社会、经济、文化等方面的影响而发生转向。如苏力教授所言，"制度的存废最终是通过严酷的制度竞争完成的""我们必须思考如何实现有效的惩罚，而不只是规定惩罚"。作为一门新兴学科，刑罚社会学将刑罚制度置于社会场域之中，致力于探讨刑罚在社会治理中所扮演的角色，探求其运作的规律与社会效果，致力于发现刑罚制度背后被遮蔽的问题，从而为政策评估、哲学反思或政治判断提供较为妥当的基础。刑罚社会学研究并不排斥刑罚的教义学、哲学或者犯罪学研究，而是独立于这些研究之外，为它们服务。我认为，刑罚社会学研究对于我国刑罚制度与实践的良性发展具有重要意义。

颜美宁：老师来中南之后，短短两年发表论文五六篇，而且都是高质量的，现在又荣获国家社科基金项目和董必武青年法学成果奖，感觉老师事业可谓一帆风顺。老师平时的生活是怎样的，可以介绍一下吗？

李波：平时生活很简单，但我算不上一帆风顺，在我考博、就业的过程中都经历过一些波折，此处省略一万字哈。为了补偿爱人五年来对我的支持，来武汉时我选择带孩子过来，让她腾出手来创业。平时生活是这样的：早晨送孩子上学回来，我就写自己的论文，下午放学接她，陪她玩玩，辅导一下她的功课。后来因为忙，找了一个托管班，由托管老师负责辅导作业。有时候学院有一些任务让青年教师协助完成，比如撰写学位点评估、本科评估的材料等。其他时间都是用在备课、教学以及科研上。我最近几个学期课比较多，而且都是在首义校区，往返就会花费很多时间。总体来说，来到中南收获很大，也是得益于领导、老师们诸多关怀以及学生们的支持。比如我的博士后导师齐文远教授，对我的生活和学术都很关心，在我来武汉之初帮我解决了不少生活上的困难。周详教授、程红教授、郭泽强教授、刘代华教授等同事都曾经给予我许多帮助。一个人照顾孩子还是有许多困难，比如孩子感冒发烧我就难以招架，我自己也没有资格生病，也不能参加学术会议等，看来当初还是低估了照顾孩子的难处。有一次晚上 11 点我突然身体难受，刘代华老师开车送我到光谷第三医院看医生。那时候真的很无助，心想我要是倒下了，孩子怎么办？后来幸好没有大病，吃了几天药就没事了，这之后我一直注意锻炼身体，也要求女儿跟我一起跑步。有一天下雨，早晨送孩子上学，我骑着电动车带着她在南湖大道上走，快走到与关山大道交界处的十字路口，一辆车疾驰而过，溅了我们一身水，虽然穿着雨衣，孩子的裤子还是湿了一块。在回去的路上，雨水打在我的脸上，一瞬间泪水就要决堤。说这些当然有些矫情，尤其是像我这样快四十岁的准中年人，更是没有资格去流泪。幸好我女儿孟佳很懂事，平时也学着独立照顾自己。在这个世界上，很多事都很难"感同身受"，别人只看到你的成果，看不到你背后的付出。很多事都只能在经历之后才会真正感觉到可贵，不经历就很难感受到。也正因此，我觉得评价别人也应该十分小心，在不清楚事实的情况下不能随意乱说，而应该在全面了解事实真相的基础上，尽可能客观公正地得出结论。就说这么多吧。

颜美宁：对于想走上学术道路的研究生同学，您有什么建议？

李波：平时要多观察，要对中国的现实状况保持敏感，即使研究学术问题最终也是为了服务于实践，在做学术时一定要先问问研究某个问题的现实意义是什么。写文章时要尽可能地搜集资料，在占有大量资料的基础上展开研究，这样才能保证自己的观点具有创新性，不会出现"自己提出的观点，别人早就提出过了"这样的窘境。再有就是，写作时要注意行文的逻辑性，不能东一句西一句，堆砌一些理论学说。理顺文章的逻辑是写好一篇文章的一半。你要清楚，为什么从这一句写起，第二句跟第一句之间的联系是什么，多问问这样的问题，就不会出现下笔千言语无伦次的情况。我在刚开始写作的时候，也是学那些名家的做法，把一些好的文章拿过来，仔细揣摩他们的写法，从中得到很多教益。

颜美宁：在非学术著作中，您最喜欢读哪一本书？

李波：我喜欢的书很多，要选出一本来可能比较难。我喜欢读诗，也写过一些歪诗，也喜欢看小说，也尝试着写过，不过没写成。写小说并不容易，小说家是一部百科全书，需要对社会现实人情冷暖有全面的认识和细致入微的体察。像陈忠实的《白鹿原》，我就很喜欢，看了很多遍。卷首的题字"小说是一个民族的秘史"，我觉得说得很贴切。写小说与写论文当然有很大的不同，写小说的人要敏感得多，但也有许多相同点。村上春树写的《我的职业是小说家》，我看了之后，感觉很多地方对于我们这些吃学术饭的人也可以借鉴。我也很喜欢村上春树，感觉他的文字很平和，读起来没有困难，但在表面看似普通的文字下面蕴含着汹涌澎湃的力量，总能够给人不期然的感动。

颜美宁：您最喜欢的一句话是什么？

李波：回首向来萧瑟处，也无风雨也无晴。

后 记

　　这本书由我之前所写的一部分论文或研究报告组成，虽然质量参差不齐，但也代表了我在学术道路上的一部分思考。因为之前出过一本《过失犯中的规范保护目的理论研究》，与此相关的论文就没再收入本书，仅收入一篇译文即《过失犯中的可预见性与规范保护目的》。此外的论文基本上都在刑法教义学与刑事政策学两个领域，因此取名《刑法教义与刑事政策》。这就是本书书名的由来。说实在的，我之前从没想过出版什么论文集，印象中那应该是知名学者学界大腕才会有的事。自己既非名家，所写也非名作，出论文集只能是浪费纸张。但是，回顾自己以往所写的论文，虽然谈不上多好，但所研究的问题即使现在看来也并没有过时。而且，当初写作时有些思虑不到之处借此机会可以弥补完善一番，让自己的研究换一种生命存在，难道不好吗？想到这，我最终还是决心出版这本论文集，并花费了几个月的时间对相关论文进行增删和修改，又加入最近所写的一篇书评和一篇研究报告，在此基础上形成了本书的雏形。

　　照例要感谢许多师长与亲朋好友的支持，尤其在这就要离开中南财经政法大学的时候！虽然之前一门心思地想回山东与家人团聚，但当离别时刻真的来临，却又如此不舍！从2016年7月入职中南到此次调动，整整三年。三年，在人的一生中，可能并不算长。但就像北大一样，中南这三年在我的生命中具有极重要的意义。中南刑法学科在中国法学界具有极高的知名度，在这里汇聚着许多知名刑法学者，比如齐文远教授、夏勇教授、康均心教授、田国宝教授、童德华教授、周详教授、程红教授、王安异教授、郭泽强教授等。刑法学界的中南学派及其所倡导的实质解释论、实质刑法观不能不对我有所影响。在齐老师等前辈学者的无私帮助和提携之下，我在学术上也取得了一定成绩（虽不算多大，但对我自己来说值得纪念），我也由博士生成长为一名学者。这个转变是在中南完成的，因此虽然我本硕博都不是在中南读的，我自认为也是一个中南人。

回首三年来的时光、人和事，令人难忘。初来中南时举目无亲，齐文远教授第一个慷慨地支持我，关心我，帮我解决了许多难题，比如我女儿的上学问题、我的住宿问题等。如果没有齐老师的帮助，我将为这一类的琐事弄得焦头烂额疲于奔命，怎么还会有时间做科研呢?! 作为博士后合作导师，齐老师对我的学术成长也颇为关心。在博士后开题时，他特意请来姚莉副校长、陈柏峰教授等知名专家学者为我把关。前年申报国家社科基金项目时，如果没有齐老师的督促，申请书可能又要因为我的懒惰拖延而胎死腹中。事实上，在截止日期之前，我真的都不想报了，也懒于组建团队了。齐老师一句"一定要报"提醒了我，他还帮我联系田国宝教授作为首席专家。项目中标后，他向我祝贺! 其实，要不是他的提醒、鼓励和帮助，怎么会有这样好的结果?! 在中南，齐老师德高望重，他将学科发展置于个人利益之上，为此殚精竭虑操心不已。前年冬天学院召开双一流建设促进会时，齐老师语重心长地说，要多关心年轻教师，多给他们发展机会，为他们排忧解难，扫除他们的后顾之忧，让他们全身心投入工作，这样也利于学院发展。听到这些话，我心里一阵阵的感动! 说实在的，齐老师对我就像父亲对自己的孩子一样，关心照顾无微不至。在中南这三年，无论遇到什么事，只要我开口求助，他从来没有说过不行，相反，他想得比我还要周到! 他多次劝我早买房子，因为房价一直在上涨，"安下家来，才好更踏实地工作"，他还帮我留心购房信息，甚至说"如果你资金有困难，我们可以帮你凑一凑"。而我对于将来是否在武汉发展一直很纠结，直到后来才告诉他。现在想来，真的对不住他! 即便如此，齐老师也没有怪我，虽然他希望我能留下来，在他身边工作，但考虑到我的家庭问题，他还是选择尊重我的意见，为我调动的事积极提供帮助。齐老师的广阔心胸，永远是我学习的榜样；他对我的知遇之恩，我永生难忘!

学院其他同事也给我许多支持和帮助：求职中南时，周详教授给齐老师写了几百字长的一篇短信推荐我，令我感动不已；面试时，苏彩霞教授提供了许多无私的帮助! 入职后，郭泽强教授领我见识大武汉的风光；夏勇教授在家中与我一番长谈，对我寄予厚望；第一次向《法商研究》投稿时，田国宝教授在他的办公室一字一句指点我写论文的情景，我至今记忆犹新；童德华教授积极建议并给我机会出版博士论文，将其纳入中南刑事法学术文库；在我有事时，程红教授也曾慷慨代我照顾孟佳；在我生病时，刘代华教授深夜驱车带我去检查；单位组织秋游时，付凤教授与孟佳形影不离，带她玩耍；与王安异教授合开《刑法分论》，也使我受益匪浅。离别之际，想起这一幕一幕，又是伤感不已！

感谢学院领导胡向阳院长、李宏书记、童德华副院长、董邦俊副院长、万里雪副书记对我的关照。在我提出调离申请之后，胡院长写了长长一篇短信给我，劝我留下。他甚至说，如果我爱人可以到武汉发展，他可以帮忙做工作。"有什么困难或要求，我们会及时向学校有关部门汇报，争取解决好。我们做的不好的地方我们检讨，进一步改进我们的工作。真诚希望你继续在学校为一流学科建设做贡献。"李宏书记也与我谈了一上午。虽然不舍，他们最终还是选择尊重我的想法。领导的关怀让即将离开的我心怀感激，这份情谊我会永远记得。我之所以选择离开，不是因为自身发展不顺利，也不是因为待遇不好，而是因为我的家人都在山东，让他们为我一个人离开山东不现实。而且，我的父母与岳父母年纪都大了，需要我们照顾。说实在的，三年来我在中南顺风顺水，与学院、人事、科研、财务等部门的同事相处都极为融洽。中南真的很好，虽然我离开了，但我希望有更多有识之士来到中南，共同把中南刑法学科做到更好。

感谢中国海洋大学法学院的桑本谦院长，给我机会回家乡任教。记得2018年7月5日，我正在回家的火车上，忽然接到桑院长的微信："李老师，你好！"礼貌之后，我回信道："我在回家的火车上，有事您直说就行哈。"桑院长回信说："我们是老乡啊，很希望你能回来工作！"一瞬间，激动与感激之情几乎让我眩晕！其实在两年前，也就是博士毕业时，我就希望能加盟海大法学院，为此车浩教授曾向桑院长做推荐，可惜由于某些原因未能如愿。现在梦想就要实现了，我的心久久不能平静。记得当初来中南面试的时候，我爱人也一起来考察。面试完之后，我们在校园中散步，走到希贤岭的树下她一下子坐下来哭了。她说她不想来武汉，父母年纪大了，武汉与山东又距离太远，读博已分居四年，难道一直要这样分下去？我无言以对。中南离我的理想很近，却离家很远；回原单位离家很近，却离理想太远。看我纠结痛苦的样子，她最终还是心软了，说先来工作吧。但我一直没有真正说服她，反而是她一点一点说服了我。入职中南之后，我努力教学科研，以三年为期，希望能够实现回家的梦想。现在，桑院长的盛情邀请圆了我的梦，我还有什么理由不满足、不加倍努力呢？

感谢中国社会科学院法学研究所的刘仁文教授，一直关心、帮助和提携我，并在百忙之中抽出宝贵时间为我这本不起眼的小书作序。后来我才知道，我跟他求序的时候，他正在繁忙的差旅途中，并有些感冒。即便如此，他还是很爽快地答应了我。再后来，刘老师不辞劳苦，于凌晨一点多发来序言初稿，特别令我感动。在序言中，刘老师将刑法教义与刑事政策的关系问题上升为一个命题并进行抽丝剥茧的深入探讨，这篇序言在《检察日报》上发表之后，引起很大的反响，当天就被转发到最高人民检察院的网站以及"刑法界""刑法教义学""规范刑法学"等多个学术公号上，朋友圈里也不断有师友转发点赞并向我索书。其实书本身并不好，就像刘老师所说，要真正打通刑法教义与刑事政策之间的关系，还需要下更多的功夫，但是这段时期跟刘老师沟通交流，不仅学到一些为文的技巧，还深切感受到刘老师对晚辈学者不遗余力的提携和关怀，老师高尚的人品和对学术近乎苛刻的追求都令我印象深刻。而且，我知道刘老师一直很忙，写作和修改这篇序言的很多时候都是在深夜，所以每次他修订稿子并转发给我，我都特别感动，甚至过意不去。虽然稿子是自己的，但这就是一篇序言而已，而且还是给别人（一个名不见经传的晚辈）写的，值得如此费心吗？可是刘老师一点也没有敷衍我，他多次打磨文字，中间与我反复交流。我深深感到，刘老师不仅对文章内容而且对文字本身包括修辞和逻辑都非常在意，感觉刘老师就像古代诗人贾岛那样，不断"推敲"，用心打造近乎完美的文字。在刘老师的书中，我尤其喜欢他的随笔集，他出的七本随笔集我都买来并拜读过多次。印象中刘老师的文章写一篇火一篇，比如"再返弗莱堡"一文就曾引起学界对学术研究的主体性问题的广泛思考。这篇序言也是如此。我觉得，刘老师的文章之所以好，就在于他善于在别人司空见惯处发现问题，善于发现真问题，所以每次都能激起大家心底的共鸣。这就是此次我从刘老师那里学到的一点心得。衷心感谢刘老师！

还要感谢海大法学院的戴昕师兄和李晟师兄。引进我的最初想法据说是在桑院长与戴昕、李晟两位师兄商议中形成的，三位师长的垂青实现了我的回家梦。感谢中南人事部的卫越男老师、郑尤老师、潘嫄老师以及海大人事部的管心老师，在办理调动过程中处处为我提供方便，并以极高效率办妥了手续。

不能不提的是，在我寄寓中南这三年时光中，陪伴在我身边的一直都是我亲爱的女儿孟佳。她的陪伴，驱散了我因想家而带来的孤单和寂寞；她的陪伴，给我的生活重新带来新的乐趣和意义。记得当初我和爱人商量，让孟佳跟我一同到武汉学习时，我们都很担心孟佳会不会不想去。即便去了，能不能顺利适应南方的气候、食物，也令我担心。没想到她爽快地答应了。在我们下了火车，背着行李赶到宿舍，开始一天的生活之后，疲倦的她也没有显露出半分的不高兴。她不像我那样多愁善感，她遗传了她的妈妈乐观开朗的性格，即使在难过的时候，也从来没有半分怨言。但我知道，她也很想念妈妈，想念爷爷奶奶，想念亲爱的妹妹，她只是不轻易表达。虽然她今年才十岁，但我仍能感受到她性格中的沉稳和坚强。很多时候，当我看到她做给妹妹的贺卡，或者写给妈妈的信，我心里就难过地想流泪。世间最痛苦的事是离别，而我家庭中的离别，都是因为我。放学回来之后，她常跟我来到小南湖畔散步。孟佳喜欢拍照，总是拿着我的手机拍来拍去，现在我的手机里还保存着许多那时候她拍的夜景。那时候因为一直处于非常忙碌的状态，几乎没有带她出去玩过。只有少数几次，在朋友邀请之下，带她去华农、武大、黄鹤楼玩过。在本该跟小伙伴一起奔跑玩耍的年龄，却因我的缘故而被关了"禁闭"，该有多无奈！虽然她有时候也撅着嘴抱怨过几次，但看到我晚上总是很晚才睡，她总是尽力不打扰我，在我写作时默默地做手工、看小人书，或者低声吟唱、跳舞……可以说，三年来我所取得的成绩（虽然不大），都是在孟佳的陪伴之下取得的。因此，这本书理应献给她！希望她能够接受她的父亲满满的歉意；希望她长大之后，能够想念这三年在武汉的生活；希望那时候，她愿意回来看看，看看这里的人，这里的物，这里的一切……

这段时间我的心情一直不能平静，有时候也会胡思乱想。迄今为止，在我的人生中有过三次重大选择，其一是去北京大学访学，在张文教授、白建军教授、陈兴良教授、王新教授等师长的鼓励和帮助下考上了北京大学的博士；其二是在陈兴良教授的推荐下，离开曲阜师范大学入职中南财经政法大学，其三就是此次从中南财经政法大学调往中国海洋大学。这三次转折并不意味着我在学术上有多么重大的提升，而是缘于师长的关照，缘于命运的眷顾，缘于冥冥之中偶然性的降临。对个人而言，不能不有所警惕，骄傲自满只能导致败亡，只有尽力而为，在正确的方向上有所准备，机遇才会降临。就像山冈庄八在《德川家康》一书中所写，才华横溢的织田信长骄横跋扈，最终为大将明智光秀所害，家康则时时提醒自己，无论身处顺境还是逆境都不走极端，坚毅隐忍，既不骄傲自大也不妄自菲薄，最终成就一代伟人。我辈凡人虽不能做到伟大，但至少可以使自己活得更有意义，更有尊严，让身边的人因为我们而感受到爱，感受到希望，感受到生活的可贵。在生命中时时刻刻都应归功于天，归功于师长，无论成败都不忘总结经验教训，如此方能立于不败之地。

2019 年 06 月 16 日初稿于中南
2020 年 7 月 9 日定稿于中海大